Grammatik verstehen Band 3: Komplexer Satz

Wolfgang Boettcher
Grammatik verstehen
Band 3: Komplexer Satz

Niemeyer

Bibliografische Information der Deutschen Bibliothek
Die Deutsche Bibliothek verzeichnet diese Publikation in der Deutschen Nationalbibliographie; detaillierte bibliografische Daten sind im Internet über http://dnb.ddb.de abrufbar.

ISBN 978-3-484-10893-6

© Max Niemeyer Verlag, Tübingen 2009
Ein Imprint der Walter de Gruyter GmbH & Co. KG
http://www.niemeyer.de

Das Werk einschließlich aller seiner Teile ist urheberrechtlich geschützt. Jede Verwendung außerhalb der engen Grenzen des Urheberrechtsgesetzes ist ohne Zustimmung des Verlages unzulässig und strafbar. Das gilt insbesondere für Vervielfältigungen, Übersetzungen, Mikroverfilmungen und die Einspeicherung und Verarbeitung in elektronischen Systemen.
Printed in Germany.
Gedruckt auf alterungsbeständigem Papier.
Satz: pagina GmbH, Tübingen
Cover design: deblik Berlin
Gesamtfertigung: AZ Druck und Datentechnik, Kempten

Inhalt

Einleitung XI

Erweiterter Satz 1

1 Herausstellungen 3
   1.1 Funktion von Herausstellungen 4
   1.2 Termini 5
   1.3 Strukturelle Besonderheiten von Herausstellungen 6
        Herausstellungen zu elliptischen Hauptsätzen 8
   1.4 Kommaregelung bei Herausstellungen 9

2 Zusätze (Appositionen) 11
   2.1 Erweiternde und identifizierende Zusätze 11
   2.2 Teilsatz-Appositionen? 13
   2.3 Grenzfälle von Zusätzen 15
   2.4 Kommasetzung bei Zusätzen 15
        Kommasetzung beim Spezialfall *Terminangaben* 16

3 Nachträge 18
   3.1 Kommasetzung bei Nachträgen 18
        Adressen- und Ortsangaben 19
        Zeitangaben 21
        Anschlüsse mit wie 22
        Ein Spezialproblem: Nachträge zu Attributen bzw. Prädikatsteilen 22

4 Heraushebungen 25
        Kommasetzung bei Heraushebungen 26

5 Einschübe 29
        Kommasetzung bei Einschüben 30

6 Partizipialkonstruktionen 31
   6.1 Partizipialgruppen 31

6.2 Partizipial ergänzbare Wortgruppen 33
6.3 Kommasetzung bei *Partizipial*gruppen und partizipial *ergänzbaren*
    Wortgruppen 35
        Sonderfall I 36
        Sonderfall II 37

7 Mehrfachbesetzung von Konstituenten 38
        Mehrfachbesetzung / Kürzung auf der Komplexitätsstufe *Wort* . . 40
        Mehrfachbesetzung / Kürzung auf der Komplexitätsstufe *Satzglied* 42
        Mehrfachbesetzung / Kürzung auf der Komplexitätsstufe *einfacher
    Satz* 43
        Mehrfachbesetzung / Kürzung auf der Komplexitätsstufe
    zusammengesetzter Satz 45
        Funktionen von Kürzung 46
        Kommasetzung bei Mehrfachbesetzungen 48

Zusammengesetzter Satz 50

1 Einige begriffliche Unterscheidungen 54
        Gesichtspunkte für die Analyse zusammengesetzter Sätze 59
        Kommasetzung bei untergeordneten Teilsätzen 60

2 Verknüpfungsprinzipien 63
  2.1 'Scharnier'-Beziehungen (= Relativbeziehungen im weiteren Sinn) . . 64
      2.1.1 Restriktive und nicht-restriktive Relativbeziehungen 66
      2.1.2 Neutrale und nicht-neutrale Relativbeziehungen 69
      2.1.3 Satzgliedwertige Relativbeziehungen 71
  2.2 'Füll'-Beziehungen (= Adverbial- und Ergänzungsbeziehungen) . . . 73
      2.2.1 Füllbeziehungen I: Ergänzungsbeziehungen 74
      2.2.2 Füllbeziehungen II: Adverbialbeziehungen 75
  2.3 Kombinationen aus Scharnier- und Füllbeziehungen 76
  2.4 Matrixsatz und Konstituentensatz 77

3 Verknüpfungstypen 78
  3.1 Verknüpfungstypen bei den Adverbialbeziehungen 78
          Folgen für die Unterscheidung Hypotaxe – Parataxe 81
          Folgen für den Begriff der Nebenordnung 81
  3.2 Verknüpfungstypen bei den Ergänzungsbeziehungen 82
          Hauptsatzförmige Verknüpfungsvariante 83
          Inhaltszentrierte Verknüpfungsvariante 84
          „Weiterführende Relativsätze" 85

3.3	Verknüpfungstypen bei den Relativbeziehungen	87
	Satz und Satzfolge	89
3.4	Verknüpfungstypen und Interpunktion	90

4 Gliedsätze – Attributsätze 92

5 Kombination von Teilsatzbeziehungen 96
   5.1 Unterordnung und Nebenordnung von Teilsätzen 97
      5.1.1 Teilsatz-Unterordnung 97
      5.1.2 Teilsatz-Geschwister 100
      5.1.3 Teilsatz-Zwillinge 101
           Kommasetzung bei Mehrfachbesetzung einer Teilsatzstelle . . . 101
      5.1.4 Ein Special 103
   5.2 Überlagerung von Teilsatzbeziehungen 105

6 Verknüpfungsbedeutungen 107
   6.1 Relativbeziehungen 108
      6.1.1 Neutrale Relativbeziehungen 108
      6.1.2 Lokale Relativbeziehungen 112
      6.1.3 Vergleichende Relativbeziehungen 113
      6.1.4 Kausale Relativbeziehungen 114
      6.1.5 Instrumentale Relativbeziehungen 115
      6.1.6 Temporale Relativbeziehungen 115
      6.1.7 Relativbeziehungen mit Beliebigkeitsmarkierung 116
   6.2 Adverbialbeziehungen 117
      Zur Kategorie Kausalität 120
      6.2.1 Kausale Adverbialbeziehungen 122
           Spielart *unspezifisch kausal* 122
           Spielart *Plausibilisierung* 124
           Spielart *Vermutung* 124
           Spielart *Bewertung* 125
      6.2.2 Konsekutive Adverbialbeziehungen 125
           Spielart *global konsekutiv* 125
           Spielart *spezifisch konsekutiv* 125
           Spielart *Folgerung* 126
      6.2.3 Finale Adverbialbeziehungen 127
           Spielart *Eignung* 127
           Spielart *Zweck/Absicht* 127
           Spielart *ungeplant* 128
      6.2.4 Konditionale Adverbialbeziehungen 129
           Spielart *unspezifisch konditional* 129
           Spielart *proportional konditional* 131

6.2.5 Konzessive Adverbialbeziehungen 132
   Spielart *unspezifisch konzessiv* 132
   Spielart *Irrelevanz* 134
6.2.6 Temporale Adverbialbeziehungen 135
   Spielart *gleichzeitig* 136
   Spielart *vorzeitig* 138
   Spielart *nachzeitig* 140
6.2.7 Modale Adverbialbeziehungen 141
   Spielart *Begleitumstand* 141
6.2.8 Konfrontierende Adverbialbeziehungen 142
   Spielart *alternativ / Alternativen fortführend* 143
   Spielart *adversativ* 143
   Spielart *kontrastiv* 144
   Spielart *begrenzend* 145
   Spielart *ersetzend* 146
   Spielart *reduzierend* 164
6.2.9 Evaluierende Adverbialbeziehungen 147
6.2.10 Moderierende Adverbialbeziehungen 147

6.3 Ergänzungsbeziehungen 149
   6.3.1 Referierende Ergänzungsbeziehungen 151
      Direkt referierend 151
      Kommasetzung und direkte Rede 153
      Indirekt referierend 154
      Importieren von Dritt-Wissen 156
      Verlaufszentriert referierend 157
      Unter Vorbehalt referierend 158
   6.3.2 Offene Ergänzungsbeziehungen 159
   6.3.3 Faktische Ergänzungsbeziehungen 160
   6.3.4 Modalisierende Ergänzungsbeziehungen 161

7 Teilsatz-Stellungen 164
   Kommasetzung an der Grenze zwischen nebenordnender und
   unterordnender Konjunktion 165

7.1 Parenthesen 167

7.2 Teilsatz-Verschränkungen 169

7.3 Topologische Auffälligkeiten 171

8 Kommentarstufen 174

9 Infinitivkonstruktionen 178
   9.1 Konstruktionen mit Infinitiv ohne Infinitivpartikel 178
   9.2 Konstruktionen mit Infinitiv und Infinitivpartikel 180
      Implizite Subjekte 184

    Reflexive Besetzungen 185
    Konjunktional erweiterte Infinitive 186
 9.3 Kommasetzung bei Infinitivgruppen 186
    Kommasetzung beim Aufeinandertreffen von nebenordnender
    Konjunktion und Infinitivkonjunktion 188

10 Elliptische Satz-Konstruktionen 190
 10.1 Kürzungen 190
    Kürzungen in dialogischen Sequenzen 192
 10.2 Fragmente 194

11 Korrelate 198
 11.1 Korrelate bei Ergänzungsbeziehungen 199
    Nominale Korrelate? 200
 11.2 Korrelate bei Adverbialbeziehungen 202
 11.3 Korrelate bei Relativbeziehungen 205

Kommentare zu den Materialien 207
Quellen 217
Register 219

Einleitung

Dieses Studienbuch richtet sich an Studierende, die Grammatik nicht nur beherrschen können, sondern auch verstehen wollen. Es soll sie dabei unterstützen, Scheu vor systematischer Grammatik abzulegen und stattdessen grammatische Phänomene mit Vergnügen zu erkunden.

Woher stammt die allgemeine Scheu vor Grammatik?

Fast alle Jugendlichen und Erwachsenen finden es wichtig und interessant, Aufbau und Funktionieren der eigenen physiologischen Organe – des Auges, des Gehörs usw. – zu untersuchen und zu verstehen. Fast niemand aber findet es interessant, das eigene 'Sozialorgan' *Sprache* zu untersuchen und in seinem Funktionieren und seinen Störungen zu verstehen. Warum ist das so? Wieso kämpfen Lehrwerke, Lehrerinnen und Lehrer mit allen möglichen Tricks, um Lernende – wenn sie sie schon nicht interessieren können – wenigstens zum Stillhalten zu bewegen, wenn die grammatische Dimension der Sprache thematisiert wird? Wodurch verlernen Schülerinnen und Schüler die kindliche Neugier auf die Beschäftigung mit der eigenen Sprache?

Ab einem bestimmten Punkt der Sprachbeherrschung beginnen Kinder, über Sprache nachzudenken und über sie zu sprechen. Dieses sprachreflexive Verhalten ist eine zentrale Komponente der sich weiterentwickelnden Sprachkompetenz. Während diese Beschäftigung mit Sprache bei kleinen Kindern noch positiv besetzt ist und experimenteller Umgang mit Sprache (z. B. eigene willentlich produzierte sprachliche Spontanbildungen) eine der kognitiven Lustquellen darstellt, führt schulischer Grammatikunterricht bei den meisten Kindern zu einem Einbruch dieses Sprachvergnügens.

Zum einen steht dahinter die schlechte Gewohnheit, Grammatikunterricht – auch in der Muttersprache – vorrangig als Normenkontrollinstanz für den Erwerb 'richtiger' sprachlicher Strukturen zu sehen. Dadurch wird Grammatikunterricht von Lehrenden und Lernenden fest mit Falsch-Richtig-Entscheidungen, mit Fehlermachen/ Fehlerahnden assoziiert und demzufolge als feindliches Gebiet wahrgenommen. Zum anderen ist es wohl auch die Hastigkeit schulischen Grammatikunterrichts, seine Zentrierung auf Fachbezeichnungen, seine oft verfrühte Systematik, die Isolierung grammatischer Formen aus komplexen funktionalen Fragestellungen, die fachliche Unsicherheit der Lehrpersonen selber usw., die diesen Einbruch verursachen.

Meine Erfahrungen mit Germanistik-Studienanfängern zeigen leider nach wie vor, dass die Mehrzahl von ihnen die Schule mit der Einstellung verlassen hat, Grammatik sei ein schwieriges und zugleich uninteressantes Terrain. Ihre Einstellung gegenüber grammatischer Analyse: Ehrfurcht und Langeweile. Viele der Studierenden vermeiden deshalb, so weit es die Studienordnungen zulassen, die Auseinandersetzung mit Grammatik. Daher entdecken viele Lehramtsstudierende erst im Studienabschnitt des Master of Education oder gar erst im Referendariat, dass sie wenig auf die Pflicht vorbereitet sind, Grammatikanalyse für Schülerinnen und Schüler anzubieten. Umso unprofessioneller greifen sie später in ihrem Unterricht auf die eigenen innerlich abgelehnten Erfahrungen mit einem meist wenig funktionalen Grammatikunterricht zurück und verlängern so das eigene Problem ins nächste Glied.

Grammatik neu entdecken

Wenn dieser Teufelskreis des eigenen als negativ erlebten Grammatikunterrichts durchbrochen werden soll, brauchen insbesondere Lehramtsstudierende eine Umstellung von einem scheubesetzten auf einen neugierigen Umgang mit grammatischen Fragestellungen. Deshalb richtet sich dieses Studienbuch ganz besonders an sie.

Diese Grammatik soll ihnen ermöglichen, grammatische Reflexion Schritt für Schritt ohne Ergebnisdruck noch einmal für sich neu zu entdecken. Und sie soll ihnen helfen zu verstehen, was einen Sprecher oder Schreiber vielleicht dazu bewegt, eine Sprachnorm zu durchbrechen. Wer jetzt oder später die deutsche Sprache oder Reflexion über die deutsche Sprache lehrt, braucht die Fähigkeit, hinter die Kulissen des Fehler-Machens zu blicken, um Lernenden eine produktive, diagnostisch fundierte Achtung vor ihren Fehlern entgegenzubringen und ihnen zugleich eine Alternative anbieten zu können.

Die vorliegende Grammatik verstehe ich als *meine Grammatik*, in dem Sinne, dass sie an vielen Stellen die *individuelle* Perspektive eines Autors erkennen lässt, der mit Vergnügen und Hartnäckigkeit auf sprachliche Strukturen und ihre Funktion schaut. Mit dieser persönlichen Art von grammatischer Erkundung und ihrer Darstellung möchte ich besonders angehende Lehrerinnen und Lehrer ermuntern, einen *eigenen* grammatischen Erkundungsgang zu beginnen und *ihre* Grammatik zu entwickeln. Nur wer eine eigene Perspektive auf grammatische Phänomene entwickelt hat, kann später Lernende dabei begleiten, mit Interesse grammatische Fragestellungen zu verfolgen und sie eigenständig kompetent zu bearbeiten.

Grammatik neu verstehen

Nach Aussage vieler Studierender ist eine ihrer großen Schwierigkeiten mit Grammatiken, dass sie dort vielen und oft eindrucksvollen Wissensbeständen von Profis gegenüberstehen, sich aber nicht am Prozess der Entwicklung und der Organisation dieses Wissens beteiligt sehen. Daher versuche ich in dieser Grammatik die ihnen nicht ganz unbekannten schulischen Grammatikgegenstände noch einmal durchzuarbeiten: etwas langsamer, in einer angemessenen Komplexität und mit dem Versuch, ihnen einen nachvollziehbaren Zugang zu der grammatischen Analyse und den dabei gewonnenen Kategorien zu verschaffen. Dabei darf die Analyse grammatischer Phänomene ruhig als komplex und anspruchsvoll wahrgenommen werden, das ist sie nämlich; sie soll aber zumindest gleichrangig als interessant und sinnvoll erlebt werden, das ist sie nämlich auch – oder kann es sein.

Interessante grammatische Fragestellungen ergeben sich überall dort, wo Sprache in gewisser Weise schiefläuft:

Mit Interesse schauen wir vor allem dann auf Sprache und Sprachgebrauch, wenn die Sprache poetisch aus der Reihe tanzt, wenn sie Pannen liefert, wenn sie Witzpointen ermöglicht oder wenn jemand durch strategischen Sprachgebrauch Einfluss auf die Sicht anderer zu nehmen versucht.

Irritiert schauen wir auf Sprache überall da, wo sie mit unserem vertrauten Sprachgebrauch kontrastiert: angesichts einer fremden Sprache, gegenüber einem für uns neuen Dialekt, gegenüber Fachsprachgebrauch (z. B. juristischer Fachsprache), gegenüber dem Sprachgebrauch von kleinen Kindern, angesichts des Sprachgebrauchs in bestimmten sozialen Situationen (z. B. Prüfungsgespräch) und von bestimmten sozialen Gruppen (z. B. Jugendsprache).

Mit Sorge schauen wir auf den Sprachgebrauch von uns selber oder von anderen, an deren Erziehung oder Ausbildung wir beteiligt sind: z. B. auf Regel-Unsicherheiten bei dem Versuch, einen korrekten Text zu schreiben. (*Muss* ein Komma an der eben unterstrichenen Stelle stehen? – Nach den Amtlichen Regeln: Ja!) Oder wir sorgen uns bezogen auf unsere Normen-Unsicherheit gegenüber grammatischen Formen, die uns falsch scheinen, aber offenbar üblich sind oder es allmählich werden (Ich komme nicht mit, weil ich muss noch arbeiten). Um solche und andere grammatische Zweifelsfälle zu erkunden und zu verstehen, werden in diesem Buch grammatische Analysen möglichst oft unter funktionaler Perspektive durchgeführt. Ob eine grammatische Form korrekt oder angemessen ist, hängt ja davon ab, in welchem Kontext man sie anschaut und welche Funktionen sie in der Verständigung hat. Welche strukturellen Vorgaben und welche Spielräume wir in der Grammatik unserer Sprache vorfinden, wird deshalb an vielen konkreten Beispielen demonstriert: an literarischen und alltagsweltlichen Textauszügen, an normativen Unsicherheiten, an sprachlichen Pannen, an Witzen.

Zu dieser funktionalen Ausrichtung gehört auch der Blick auf andere europäische Sprachen; Ziel ist, allmählich eine Orientierung zu gewinnen, wie die eigene deutsche Sprache im Konzert der anderen (europäischen) Sprachen einzuschätzen ist, wie ähnlich sie ihnen ist und wie anders als sie.

Grammatik und gesprochene Sprache

Diese Grammatik macht keine besonderen Anstrengungen, mündlichkeitsnah zu sein: Reflexion über Sprache und dabei über ihre grammatische Strukturiertheit wird vor allem bei der Rezeption von Texten und bei der Überarbeitung von eigenen und anderer Leute Texten aktiviert und entwickelt. Ansprüche an die sichere Nachvollziehbarkeit von sprachlichen Produktionen werden vor allem an schriftliche Texte und die Sätze in ihnen gestellt, besonders etwa im Rahmen gesellschaftlich relevanter Textsorten wie z. B. in juristischen oder wissenschaftlichen Texten.

Ich denke: Wenn eine Grammatik grundsätzlich auf funktionales Verstehen scharf stellt und die Vielzahl von Varianzen und normativen Irritationen innerhalb der Schriftsprache interessiert anschaut, dann hat sie das Zeug dazu, sich angemessen auf mündliche Sprachverwendung einzulassen. Dabei muss sie allerdings die anderen Produktionsbedingungen berücksichtigen: Anders als beim Schreiben findet mündliches Formulieren direkt vor den Ohren der Zuhörenden statt und erlaubt keine Überarbeitungen, bevor es rezipiert wird.

Synchrone Grammatik mit diachronen Einschüben

In dieser Grammatik geht es um eine synchronische Analyse des *gegenwärtigen* Sprachgebrauchs und dessen Regularitäten. Dennoch spielen auch *sprachhistorische* Aspekte in viele Einzelfragen hinein. Ein kurzer Blick in die Sprachgeschichte soll helfen, heutige Zustände sprachlicher Strukturen, Formen, Einheiten verständlich zu machen. Unsere heutige Sprache ist ein Zwischenzustand zwischen gestern und morgen. Daher kann der Verstoß von heute die Regel von morgen ankündigen.

Zum Aufbau des Buches

Die klassischen Gegenstände der Grammatik habe ich in drei Komplexitätsstufen gegliedert: Band 1 behandelt die Komplexitätsstufe *Wort* mit den beiden Kapiteln *Wortarten* und *Wortbildung*. In Band 2 geht es um die Komplexitätsstufe *einfacher Satz* mit den drei Kapiteln *Satzformen*, *Satzglieder* und *Attribute*. Band 3 handelt von der Komplexitätsstufe *komplexer Satz* mit den beiden Kapiteln *erweiterter Satz* und *zusammengesetzter Satz*.

Bezugnahme auf Sekundärliteratur

An einigen Stellen deute ich Kontroversen in der Sekundärliteratur an. Ich führe in dieser Grammatik aber keine expliziten Auseinandersetzungen mit der grammatischen Position von einzelnen Kolleginnen und Kollegen; eine solche Auseinandersetzung müsste angemessen ausführlich und angemessen repräsentativ sein. Das ist Alltags-Geschäft von Hochschulseminaren. *Diese* Grammatik soll Studierende zunächst einmal dafür gewinnen, ihre eigenen handwerklichen und sprachreflexiven Fähigkeiten an sprachlichen Phänomenen weiter auszubilden.

Deshalb habe ich kein Literaturverzeichnis vorgesehen. Was ich hier dennoch nennen möchte, sind ein paar derjenigen Bücher zur Grammatik, die ich schätze und die hier exemplarisch für je spezifische Studienzwecke stehen:

- Peter Gallmanns und Horst Sittas „Schülerduden-Grammatik", die eine grammatische Basisorientierung auf klare und zugewandte Art bietet;
- Peter Eisenbergs zweibändiger „Grundriss der deutschen Grammatik", der das Hirn grammatiktheoretisch in Schwung bringt und auf Trab hält;
- Judith Macheiners „Grammatisches Varieté" – als Beispiel für das grammatische Vergnügen, das man sich (und anderen) mit einer interessierten und genauen Analyse grammatischer Phänomene bereiten kann;
- Wilhelm Köllers „Funktionaler Grammatikunterricht. Tempus, Genus, Modus: Wozu wurde das erfunden?" – als früher Versuch, eine funktionale Sprachreflexion für schulische Leser zu etablieren;
- das von Rudolf Otto Wiemer herausgegebene „Bundesdeutsch – Lyrik zur Sache Grammatik", das einen bequemen ersten Zugriff auf anregendes Material zu 'Grammatik und Poesie' ermöglicht, bis man sich daran gewöhnt hat, die Überfülle sprachreflexiven Materials in der eigenen sprachlichen Umgebung selber zu sehen und zu nutzen (und dann auch die Lerner zu solchen eigenen Entdeckungen anzuregen).

Hinweise zur Benutzung der Grammatik

Diese Grammatik ist als *Studienbuch* gedacht: Sie kann Grundlage oder flankierende Lektüre zu einer Veranstaltung sein; sie ermöglicht zudem ein Selbststudium des klassischen Gegenstandsbereichs von Grammatik. *Übungen* mit *Lösungen* biete ich online auf der Homepage des Verlags an (www.niemeyer.de/boettchergrammatik).

Ein Hinweis für Hochschullehrende: Diese Grammatik kann zugleich als *Kursmaterial* strukturiert werden für eine Lehrveranstaltung mit insgesamt vier Kreditpunkten, und zwar in Form einer 3-wöchigen tutorienunterstützten Kompaktveranstaltung in der vorlesungsfreien Zeit (z. B. als 'Sommerschule' vor Eintritt in den Studienabschnitt Master of Education) oder auch als 3st. wöchentliche Lehrveranstaltung. Sie würde dann in 45 Portionen – drei Wochen à 15 Portionen bzw. 15 Wochen à 3 Portionen – gegliedert: Wortarten und Wortbildung in der ersten Woche, Satzglieder und Attribute (und vorab ggf. Satzformen) in der zweiten, erweiterter Satz und zusammengesetzter Satz in der dritten. Vorschläge zu einer solchen Kurskonzeption werden auf der Webseite des Verlags angeboten (www.niemeyer.de/boettchergrammatik).

In jedem Band findet sich ein *Register* zu relevanten Fachbegriffen. Ein Gesamtregister zu allen drei Bänden wird online angeboten (www.niemeyer.de/boettchergrammatik). Ich erläutere die Fachbegriffe fremdsprachlicher Herkunft zumindest an *einer* Stelle.

In diesem Text werden keine *fachsprachlichen Abkürzungen* verwendet, es gibt daher kein Abkürzungsverzeichnis.

Verweise innerhalb desselben Bands haben die Form (→ 183); Verweise auf einen der beiden anderen Bände erhalten zusätzlich den Band-Hinweis (→ Bd. 3: 38).

In den durchlaufenden *Haupttext* sind öfters Absätze mit *Zusatztext* in kleinerer Schrift eingebaut. In ihnen führe ich die vorher begonnene Diskussion noch ein Stück weiter oder ich ergänze Beispielsanalysen. Manchmal werden diese Exkurse auch angekündigt mit „Ein Special" oder ähnlich. Solche in kleiner Schrift gedruckten Textstellen können übersprungen werden, ohne dass man in der Hauptargumentation etwas Zwingendes verpasst.

In den laufenden Text habe ich kleine *Textfunde* (grammatische Leckerbissen) eingebaut, die auf ihre thematische Umgebung abgestimmt sind. Sie dienen der mentalen Erfrischung und sind zugleich Stimulans für grammatisches Nachdenken. Zugleich werbe ich mit solchen Textfunden für die Erkenntnis, dass Sie selber Anlässe und Materialien für eine funktionale Sprachreflexion zuhauf auf der Straße finden können, wenn Sie sich interessiert umschauen.

Zu diesen Textfunden gebe ich erst am Ende des Buchs kurze *grammatische Kommentare*, da ich davon ausgehe, dass Sie die meisten der grammatischen Pointen selber entdecken werden. Im Einzelfall sind diese Funde aber auch gleich an Ort und Stelle erläutert; dann brauchte ich sie dort als Erläuterungshilfe für das grammatische Phänomen, um das es gerade geht.

Danksagungen

Diese Überschrift klingt feierlich. Das ist gut so.

Ich danke meinem Freund und langjährigen Kollegen Horst Sitta für die Zugewandtheit und die Hartnäckigkeit, mit der er mich dazu ermuntert und dabei unterstützt hat, diese Grammatik zu schreiben.

Ich danke meinen Kollegen Heinz Menge und Klaus-Peter Wegera für spannende fachliche Diskussionen und Anregungen.

Mein Dank gilt vielen Bochumer Studierenden – allen voran Tim Meier –, die mir nach ihrer Test-Lektüre zahlreiche Anregungen zur Überarbeitung gegeben haben.

Mein Dank gilt Ingrid Furchner, die mir mit ihrer professionellen Textberatung sehr geholfen hat.

Ich danke Gabriela Ruhmann: Dass diese Einleitung so schlank und lesbar geworden ist, ist allein ihr Verdienst.

Ich danke Birgitta Zeller-Ebert und Susanne Mang vom Niemeyer Verlag – die Zusammenarbeit mit ihnen war mir ein Vergnügen.

Aachen/Bochum, den 5. Januar 2009 *Wolfgang Boettcher*

Erweiterter Satz

Worum es in diesem Kapitel geht:

Formen und Funktionen von Herausstellungen
Zusätze / Appositionen und darauf bezogene Kommaregeln
Rund um Nachträge und ihre Komma-Ansprüche
Ein unauffälliges Verfahren: Heraushebungen
Einschübe (und das Komma-Drumrum)
Partizipialkonstruktionen und ihr Komma-Bedarf
Mehrfachbesetzungen (vulgo: Aufzählung) und mehr

Im Kapitel *Satzglieder* sind wir nur auf die *unmittelbaren* um das Prädikat gescharten Satzbausteine eingegangen, die Satzglieder (Ergänzungen, Angaben, zugeordnete Satzglieder, zweitabhängige Satzglied-Zwitter und ein paar 'Spezialisten'). Der Indikator für den Status *Satzglied* war, dass im Gefolge eines solchen Satzbausteins kein Komma (oder und, oder usw.) auftaucht.

Wenn wir jetzt auf die weiteren, kommahaltigen Bausteine des einfachen Satzes bis zur Grenze *zusammengesetzter Satz* eingehen, bekommen wir es mit folgenden Phänomenen zu tun:

– *Herausstellungen:*
   Dein neuer Freund, der ist doof.
   Der ist doof, der Paul.

– *Zusätze* (Appositionen):
   Paul, ihr erster Mann, ist gestern an Krebs gestorben.
   Ihr erster Mann, Paul Meier, ist gestern gestorben.

– *Nachträge:*
   Gestern hat uns Paula besucht, und zwar zusammen mit ihrer alten Mutter.
   Ungewaschenes Obst, vor allem Süßkirschen, löst oft starke Allergien aus.
   Ausländische Firmen, insbesondere ungarische, haben derzeit Bewerbervorteile.

– *Heraushebungen:*
   Stell dir mal vor: Gestern hat mich Paul, mitten in der Nacht, angerufen.

– *Einschübe:*
   Da kommt, au weia, unser Schulleiter!
   Sie dürfen, meine Damen und Herren, hier zum Glück nicht rauchen!

– *Partizipialkonstruktionen:*
   Heftig lachend, konnte er den Fotoapparat natürlich nicht ruhig halten.
   Paul ging, die Hand in der Tasche, cool aus dem Raum.
   Vom Streit sehr müde, ging Paul früh ins Bett.

2 Erweiterter Satz

> *Franz Kafka*
>
> Eine kaiserliche Botschaft
>
> Der Kaiser – so heißt es – hat Dir, dem Einzelnen, dem jämmerlichen Untertanen, dem winzig vor der kaiserlichen Sonne in die fernste Ferne geflüchteten Schatten, gerade Dir hat der Kaiser von seinem Sterbebett aus eine Botschaft gesendet. […]
>
> (Aus „Ein Landarzt")

3 Und wir haben es zusätzlich mit einer komplexitätserzeugenden Option zu tun: Alle Komponenten können (in Zeiten semantischen Reichtums) *mehrfach* realisiert werden – *Mehrfachbesetzung* eines Bausteins.

Dabei werden wir uns häufig mit auftretenden Kommas und den entsprechenden Vorgaben in den Amtlichen Regeln befassen müssen.

1 Herausstellungen

Ein Satzteil wird nach links oder nach rechts aus dem Satzverband herausgestellt und im Satzverband durch einen rückverweisenden Ausdruck wiederaufgenommen bzw. durch einen vorausverweisenden Ausdruck angekündigt:

> Der Paul, der fehlt schon wieder.
> Der fehlt schon wieder, der Paul.

Bei *Links*herausstellungen entsteht, bildlich gesprochen, ein syntaktischer *Stau:* Hinter dem ersten (potentiellen) Subjekt Der Paul kommt direkt das zweite: der. Dieser Stau hat in gesprochener Sprache auch ein *stimmliches* Pendant: Der herausgestellte Satzteil wird betont und mit ansteigender Stimmführung gesprochen, danach stoppt der Stimmfluss zumindest kurz und setzt danach neu an. Der herausgestellte Satzteil wird durch einzelnes Komma vom Satzverband abgetrennt.

Ich rechne auch Konstruktionen wie die folgende zu den Linksherausstellungen:

> Das Glück, wir können es nicht erzwingen.

Hier folgt das rückbezügliche es nicht unmittelbar nach der Linksherausstellung im Vorfeld, sondern nach dem Finitum im Mittelfeld. Diese Konstruktion bewirkt eine etwas stärkere Freistellung des *Themas* Das Glück als die übliche Stellung

> Das Glück, das können wir nicht erzwingen.

*Rechts*herausstellungen bilden einen *Nachklapp* (= die Nachlieferung eines vorerst nur morphologisch konturierten, noch nicht inhaltlich gefüllten Satzteils); der herausgestellte Satzteil wird von dem Teilsatz davor durch einzelnes Komma abgetrennt und, wenn der Gesamtsatz weitergeht, vom nachfolgenden Teilsatz ebenfalls (also insgesamt durch paariges Komma):

> Der fehlt schon wieder, der Paul, und hat noch nicht mal Bescheid gesagt!

Herausstellungen sind – auch durch die Unterschiede zwischen Links- und Rechtsherausstellung – komplexe Phänomene; sie werden in Sprachbüchern in der Regel vorsorglich nicht thematisiert.

Herausgestellt werden können unterschiedliche Satzglied-Typen:

Linksherausstellungen:

> Das Handtuch da, heb *das* schleunigst auf!
> Dieses Thema, *darüber* möchte ich jetzt nicht reden.
> Wir, *wir* sind doch auch nicht besser dran.
> Am Brunnen vor dem Tore, *da* steht ein Lindenbaum.
> Mit Leim, *so* kann man das nicht reparieren!
> Schlafen gehen, *das* will ich jetzt nicht.
> Anderen Leuten den Dreck wegräumen, *das* will ich einfach nicht!

Rechtsherausstellungen:
> *Den* kannst du echt vergessen, diesen Mann!
> *Da* möchte ich nicht *drüber* reden, *über* dieses Thema.
> *Da* steht mein Opa, dort hinter dem Taxistand!
> Da steht ein Lindenbaum, am Brunnen vor dem Tor.
> *So* kann man das nicht reparieren, mit Leim!
> Kennst du *den* nicht, diesen Mann da drüben?
> Heb *das* bloß auf, diesen Drecklappen!
> *Das* mag ich jetzt nicht, schlafen gehen.
> *Das* will ich einfach nicht, anderen Leuten den Dreck wegräumen!

1.1 Funktion von Herausstellungen

8 Herausstellungen werden überwiegend in gesprochener Sprache verwendet, und zwar oft in affektbetonter Weise.

Die kommunikative Funktion von *Links*herausstellungen ist es, ein Thema *unüberhörbar* zu setzen (= Topikalisierung). Ihre topikalisierende Wirkung ist deutlich stärker als die einer bloßen Vorfeldstellung (obwohl diese Stellung im folgenden Beispiel bereits markiert ist):

> Diesen Mann kannst du echt vergessen.
> Diesen Mann, den kannst du echt vergessen.

9 Mit dieser topikalisierenden Funktion ist auch zu erklären, dass solche Linksherausstellungen nicht bei *eingebetteten* Nebensätzen möglich sind:

> Der Paul, der kam ganz plötzlich um die Ecke.
> *Ich erschrak sehr, als der Paul, der kam ganz plötzlich um die Ecke.

Bei einem solchen Teilsatz, dessen Bedeutung in einem *Gesamt*satz aufgeht, macht Topikalisierung keinen Sinn. *Eröffnet* der Nebensatz das Satzgefüge, ist Linksherausstellung nicht häufig, aber möglich:

> Der Paul, als der ganz plötzlich um die Ecke kam, (da) erschrak ich (aber) sehr!

10 Die kommunikative Funktion von *Rechts*herausstellungen ist demgegenüber die hörerbezogene Nachlieferung von spezifizierenden Informationen zu der zunächst meist nur pronominal thematisierten Bedeutungseinheit:

> Der kam ganz plötzlich um die Ecke, *der dicke Polizist*.

11 Rechtsherausstellungen sind (daher) auch innerhalb von Teilsätzen möglich:

> Ich erschrak sehr, als der ganz plötzlich um die Ecke kam, *der dicke Polizist*.

Ich sehe Rechtsherausstellungen also nicht als Mittel der Topikalisierung an. Zwar würde sich auch der rechte Rand einer Äußerung als prägnanter Platz für besonders Wichtiges eignen, weil er dem Hörer am besten in Erinnerung bleibt. Dagegen spricht aber die Unbetontheit der nach rechts herausgestellten Wortgruppe; sie passt zur Funktion der Nachlieferung von Informationen. Für Topikalisierung am rechten Rand stehen uns andere Konstruktionen zur Verfügung, die auch Betontheit ermöglichen:

> Und wer kam ganz plötzlich um die Ecke? Der dicke Polizist!
> Und wer ganz plötzlich um die Ecke kam, [war] der dicke Polizist!

1.2 Termini

Statt *Herausstellung* wird häufig auch die Bezeichnung *Versetzung* benutzt. Diese Bezeichnung fokussiert den *topologischen* Akt der Verschiebung eines Satzteils, während Herausstellung den *syntaktischen* Akt der Herausnahme eines Satzteils aus dem regulären Satzverbund fokussiert. Ich bevorzuge wegen der passenderen Metaphorik den Terminus Herausstellung.

Der Terminus Links*heraus*stellung ist von der *syntaxzentrierten* Sicht geprägt, die von einem *vollständigen* Satz ausgeht. Aus *kommunikativer* Sicht müsste man bei einem Satz wie
> Diesen alten Mann dort, den kenne ich doch!

eher von *Aufnahme* des Themas Diesen alten Mann dort durch das anaphorische Element den reden.

Anaphorisch bedeutet im Griechischen wörtlich *hinauftragend*. Diese Metapher bezieht sich auf die Metaphorik von *Textfluss:* Der Text wird verglichen mit einem Fluss, der bergab fließt – in unserer Schreibung also innerhalb einer Zeile von links nach rechts (und auf der Seite von oben nach unten). Anaphorisch – also *flussaufwärts* – bezeichnet dabei eine rückwärts, also nach links orientierte Bedeutungsverknüpfung. Der Gegenbegriff *kataphorisch* bedeutet entsprechend eine *flussabwärts* – also vorwärts, nach rechts – orientierte Bedeutungsverknüpfung:
> Den kenne ich doch, diesen alten Mann dort.

Statt *Linksherausstellung* wird gelegentlich auch der Terminus *Prolepse* bzw. *Prolepsis* verwendet (von griechisch prolambanein = vorwegnehmen).

In diesem Bezug ist *Linksherausstellung* ein Terminus aus der Perspektive der syntaktischen Struktur, *Prolepse* einer aus kommunikationspsychologischer Perspektive: Noch vor Abschluss der Redeplanung wird das Thema gesetzt.

Linksherausstellungen werden (zusammen mit anderen Phänomenen) auch unter dem Begriff *Freies Thema* geführt. *Frei* ist aber zum Beispiel in
> Dein neuer Freund, der kocht ja wirklich toll.

das Thema Dein Freund allenfalls aus der Perspektive des Satzverbandes: Es ist nicht fest in diesen integriert, jedoch über das anaphorische Element der mit ihm verbunden (= 'verlinkt').

Unter dem Begriff *Freies Thema* werden auch Konstruktionen geführt wie
> Apropos Kochen, ich habe einen Riesenhunger!

Hier liegt eine ganz andere Art der Verknüpfung zwischen dem Teilsatz und dem vorangestellten Apropos Kochen vor, die funktional den sog. Kommentarstufen bei bestimmten Adverbialbeziehungen (→ 466 f.) entspricht wie z. B.
> Da wir gerade vom Kochen reden, ich habe einen Riesenhunger
> (= Da wir gerade vom Kochen reden, mache ich folgende Aussage: Ich …).

Insofern finde ich solche Bezeichnungen wie *Freies Thema* zwar *nett*, aber sie vereinen sehr heterogene Phänomene, deren Struktur dadurch gerade *nicht* transparent wird.

17 Ein weiterer – eher selten gebrauchter – Terminus ist *Nominativus absolutus*. Dieser Terminus ist eher hilflos, weil er nur die Flexionsoberfläche anspricht. Zudem ist er nicht ökonomisch, weil er in dem Augenblick nicht mehr passen würde, wo – wie im Ausgangsbeispiel Diesen Mann, den kannst du echt vergessen! – der vorweggenommene Satzteil im valenzmäßig später geforderten Akkusativ steht; man müsste dann von *Accusativus absolutus* reden. Und natürlich gäbe es auch einen *Dativus absolutus* wie in

> Dem Paul, dem kannst du einfach nicht vertrauen!

und eventuell sogar einen *Genitivus absolutus* wie in

> Meiner ersten Geliebten, derer gedenke ich in langen Nächten immer wieder aufs Neue.

Interessant ist der (ebenfalls selten verwendete) lateinische Terminus *Nominativus pendens* (von lateinisch pendere / pendens = hängen / hängend): Auch in der Drucker-Fachsprache wird ein Absatzformat mit nach links vorragender erster Zeile als *hängend* bezeichnet. Dieser Terminus fokussiert also die topologische Charakteristik.

1.3 Strukturelle Besonderheiten von Herausstellungen

18 Bei einem nach links herausgestellten Satzteil wird der Kasus nicht notwendigerweise vorweg angeglichen; möglich ist auch:

> Der Klaus, den kannst du echt in der Pfeife rauchen.

Das leuchtet ein, weil die Vorweg-Angleichung bereits eine abgeschlossene Planung der kommenden Aussage voraussetzt, die bei spontaner mündlicher Äußerung gerade *nicht* üblich ist. Bei Rechtsherausstellung *muss* demgegenüber der Kasus übernommen werden:

> Den kannst du echt in der Pfeife rauchen, den Klaus! (nicht: *..., der Klaus!).

Hier muss der angemessene Kasus nur noch erinnert, nicht neu geplant werden.

19 Bei *Links*herausstellungen kann der herausgestellte Satzteil auch *nominal* wiederaufgenommen werden, sowohl eher *neutral* wie in

> Dein neuer Freund, der Typ ist ganz okay.

als auch eher *evaluierend* wie in

> Der Paul, diesen Lackaffen kannst du echt in der Pfeife rauchen.

20 Bei Voranstellung und nominaler Wiederaufnahme ist eine Verwechslung mit dem erweiternden Zusatz (→ 37) möglich, einer syntaktisch anderen Struktur mit ähnlicher Bedeutung:

> Deinen Freund, den (Typen) kann man echt vergessen
> (= Herausstellung: *einfaches* Komma).
>
> Deinen Freund, *diesen komischen Typen*, kann man echt vergessen
> (= erweiternder Zusatz: *doppeltes* Komma).

Man kann die beiden Konstruktionen kombinieren:

> Deinen Freund, *diesen komischen Typen*, den kann man echt vergessen.

Das wiederaufnehmende Pronomen der bezieht sich in diesem Fall auf den komplexen Ausdruck Deinen Freund, diesen komischen Typen insgesamt, also mit auf den Nachtrag. Das wird deutlich, wenn man den herausgestellten Satzteil, auf den sich der Nachtrag bezieht, im *Nominativ* aufführt; dann muss sich der Nachtrag diesem Kasus angleichen:

> Dein Freund, *dieser komische Typ*, den kann man echt vergessen.

Die beiden Konstruktionen Linksherausstellung und erweiternder Zusatz lassen sich daran unterscheiden, dass nur bei einer Herausstellung die zum späteren Prädikat nicht passende unmarkierte Kasusform Nominativ gewählt werden kann (also Dein Freund, den ...), während bei einem Zusatz Deinen Freund als reguläres Satzglied zum Satzverband gehört, der durch den Zusatz diesen komischen Typen nur unterbrochen wird. Hier ginge also nicht

> *Dein Freund, diesen komischen Typen, kann man echt vergessen!

Leichter auseinanderhalten lassen sich die Konstruktionen bei präpositionalen Satzgliedern:
– Herausstellung: Peter, auf den (Typen) kann man sich verlassen.
– Zusatz: Auf Peter, diesen komischen Typen, kann man sich (wenigstens) verlassen.

Nur bei *Herausstellungen* ist es möglich, den präpositionalen Rahmen erst mit der Wiederaufnahme *nachzuliefern*.

Herausstellungen sehe ich nicht als reguläre Vorvorfeld-Besetzungen bzw. Nachfeldbesetzungen an (→ Bd. 2: 42, 44): Linksherausstellungen wie Dein neuer Freund, der sind eine *einzige* in sich komplexe Struktur, bei der das Einzelkomma die beiden potentiellen Satzteil-Dubletten trennt:

> Deinen neuen Freund mag ich nicht.
> Den mag ich nicht.
> Deinen neuen Freund, den mag ich nicht.

Das gilt auch, wenn sie in Distanzstellung stehen wie bei Linksherausstellungen *manchmal*

> Dein neuer Freund, ich hab mich über den richtig geärgert.

und bei Rechtsherausstellungen *grundsätzlich*:

> Den mag ich nicht, deinen neuen Freund.

Ich habe Herausstellungen hier nur anhand der Satzart Aussagesatz vorgeführt. Sie sind aber gleichermaßen für Fragesätze und Aufforderungssätze möglich:

> Meinen neuen Freund, kennst du den schon? / Kennst du den schon, meinen neuen Freund?
> Bring den nie wieder mit her, deinen neuen Freund! / Deinen neuen Freund, bring den nie wieder mit her!

Herausstellungen sind in Hauptsätzen möglich, gleich ob diese selbstständig sind wie in

> Gestern gab es wieder viel zu tun, und Peter, der kniff mal wieder,

oder ob sie einem anderen Teilsatz untergeordnet sind:

> Sie erzählte mir, der Peter, der hätte ihr schon mal Geld geliehen.

Wenn eine Linksherausstellung mit einer nebenordnenden Konjunktion zusammentrifft, steht sie grundsätzlich rechts von dieser:

> Denn deinen neuen Freund, den mag ich nicht.

Das leuchtet ein: Die Konjunktion vermittelt zwischen diesem Satz, zu dem die Herausstellung gehört, und dem *vorausgehenden* Satz:

    Ich komme heute Abend nicht mit. Denn *deinen neuen Freund, den* mag ich nicht.

24   Bei *Nebensätzen* in Mittel- oder Endstellung ist Herausstellung nicht möglich:

    *… , weil der Peter, der mich immer so nervt.

Sie kommt allenfalls im mündlichen Sprachgebrauch im Rahmen einer Selbstkorrektur vor (dann mit Wiederholung der Nebensatzkonjunktion):

    …, *weil der Peter, weil der mich immer so nervt.*

Möglich und im mündlichen Sprachgebrauch inzwischen häufig ist die Herausstellung mit einem weil-Anschluss in *Hauptsatz*charakteristik:

    …, *weil der Peter, der nervt mich immer so.*

Herausstellungen bei Nebensätzen in Anfangsstellung sind demgegenüber möglich, wenn auch etwas seltener als bei Hauptsätzen. Zunächst eine Linksherausstellung:

    Dein Exfreund, *als der* letzte Woche hier war, (da) hat er sich ziemlich danebenbenommen.

Das optionale da ist ein Korrelat zum Nebensatz insgesamt (= *inklusive* Herausstellung) im Hauptsatz.

Häufiger ist Rechtsherausstellung:

    Als der letzte Woche hier war, dein Exfreund, (da) hat er sich ziemlich danebenbenommen.

25   Im folgenden Beispiel liegt demgegenüber keine Herausstellung vor, sondern ein unüblich früh eingeschobener Nebensatz:

    Dein Exfreund, als (d)er letzte Woche hier war, hat sich ziemlich danebenbenommen.

Die drei üblichen Nebensatz-Stellungen sind:

    Dein Exfreund hat sich, als er letzte Woche hier war, ziemlich danebenbenommen.
    Dein Exfreund hat sich ziemlich danebenbenommen, als er letzte Woche hier war.
    Als dein Exfreund letzte Woche hier war, (da) hat er sich ziemlich danebenbenommen.

Im folgenden Beispiel wiederum liegt zwar Linksherausstellung vor, hier aber innerhalb des *Hauptsatzes*:

    Dein Exfreund, als (d)er letzte Woche hier war, der hat sich ziemlich danebenbenommen.

Wenn man den unüblich früh platzierten *temporalen* Nebensatz weiter nach rechts stellt, wird die Herausstellung unauffälliger:

    Dein Exfreund, der hat sich, *als er letzte Woche hier war*, ziemlich danebenbenommen.

Herausstellungen zu elliptischen Hauptsätzen

26   Wenn Satzteile aus einem elliptischen Hauptsatz nach rechts herausgestellt werden, entstehen Konstruktionen, die auf den ersten Blick irritierend erscheinen könnten:

    Ein blöder Typ, dein Mann (zu: *Das ist* ein blöder Typ, dein Mann).

Möglich ist auch eine entsprechende Linksherausstellung (mit spezifischem Tonhöhenverlauf):

    Ihr neuer ↑Freund, ein richtiger ↓Blödmann
    (zu: Ihr neuer Freund, *das ist* ein richtiger Blödmann).

> Natürlich nicht schlecht fürs Geschäft die Geschichte mit der Puppe.
> (Aus: Ian Rankin, „Puppenspiel")

1.4 Kommaregelung bei Herausstellungen

Wird ein Satzteil aus dem Satzverband heraus an den Satzanfang gestellt (Linksherausstellung), wird er mit *einfachem* Komma abgetrennt:

> Der Peter, der fehlt schon wieder.
> Gestern gab es wieder viel Arbeit und Peter, der hat mal wieder gekniffen.
> Wir, wir sind doch auch nicht besser dran.
> Am Brunnen vor dem Tore, da steht ein Lindenbaum.

Bei *Links*herausstellungen in Satzreihen steht vor dem Bezugsausdruck, der aus dem folgenden Teilsatz herausgestellt worden ist, *kein* eröffnendes Komma:

> Wir aßen den ganzen Tag und Paul, der kotzte abends heftig.

Der erste Teilsatz schließt hier über die Konjunktion und an das Subjekt des folgenden Teilsatzes an, erst dann greift die Linksherausstellung als eine teilsatz*interne* syntaktische Komplikation. Zwischen den beiden aufeinander bezogenen subjektfähigen Ausdrücken Paul und der steht insofern *einfaches* Komma als Trennhilfe.

Wird ein Satzteil aus dem Satzverband heraus an das Satzende gestellt (Rechtsherausstellung), wird er – wenn der Gesamtsatz weitergeht – mit *paarigem* Komma abgetrennt:

> Der fehlt schon wieder, der Peter, und hat sich nicht einmal abgemeldet.

Endet der Gesamtsatz nach der Herausstellung, entfällt das zweite, schließende Komma:

> Der fehlt schon wieder, der Peter.

Dieser je nach Textumgebung *unterschiedliche* Kommabedarf hat es offenbar erschwert, Links- und Rechtsherausstellung unter *einem* Prinzip der Herausstellung zu sehen. Dementsprechend werden Links- und Rechtsherausstellung in Grammatiken oft getrennt untergebracht: die Linksherausstellung als eigenes Prinzip, die Rechtsherausstellung unter *Zusätzen* bzw. *Nachträgen*.

Auch die Amtlichen Regeln behandeln – aus meiner Sicht: fälschlicherweise – Beispiele von Linksherausstellung im Rahmen der Regel § 77 über „Zusätze oder Nachträge" (die grundsätzlich durch *paariges* Komma abgetrennt werden). Dabei wird in der betreffenden Beispielgruppe (5) mit der Charakterisierung

> Wörter oder Wortgruppen, die durch ein hinweisendes Wort oder eine hinweisende Wortgruppe angekündigt werden

zwar zunächst ein passender Beschreibungsrahmen auch für *Rechts*herausstellungen gegeben, es werden dann aber Beispiele für *identifizierende Zusätze* genannt, darunter

> „Sie, die Gärtnerin, weiß das ganz genau",

31 sowie Beispiele für *Korrelate* (= auf den anderen Teilsatz *insgesamt* bezogene Ausdrücke) bei eingebauten satzwertigen Infinitiven (die ich in den Kontext des Verfahrens *Teilsatz-Einbau* stellen würde):

> „Sie dachte nicht daran, den Job länger zu behalten, und kündigte."

32 Dann folgt eine *zweite* Charakterisierung:

> Werden Wörter oder Wortgruppen durch ein hinweisendes Wort oder eine hinweisende Wortgruppe wiederaufgenommen, so grenzt man sie mit einfachem Komma ab.

Auffällig ist, dass hier nun explizit *einfaches* Komma gefordert wird (während man bei der ersten Charakterisierung implizit die Vorgaben der Hauptregel übernahm (nämlich *paariges* Komma, außer bei Satzrandstellung). Nun folgen zunächst einige Beispiele für Linksherausstellung, darunter

> „Denn die Gärtnerin, die weiß das ganz genau",

sowie erneut Beispiele für Korrelate bei satzwertigen Infinitiven:

> „... und den Job länger zu behalten, daran dachte sie nicht und kündigte."

33 Dies ist nun freilich ein *vergiftetes* Beispiel, weil es den Problemfall *satzwertiger Infinitiv* koppelt mit dem Sonderfall eines (hier mit und) koordinierten Satzgefüges, das mit einem nebensatzwertigen Infinitiv beginnt (→ 504 ff.); auch so ist aber unstrittig, dass hier in der Anwendung der Regel § 74 E1

> Besteht die Einleitung aus einem Einleitewort und weiteren Wörtern, so gilt: (1) Man setzt das Komma vor die ganze Wortgruppe.

ein Fall für *paariges* Komma vorliegt. Dies wird deutlicher, wenn man das Beispiel an der Stelle der Auslassungspunkte probeweise füllt:

> Sie war erschöpft, und den Job länger zu behalten, daran dachte sie nicht und kündigte.

34 Die Amtlichen Regeln stellen also meiner Ansicht nach Herausstellungen in einen nicht konsistenten Regelzusammenhang, der unter der oberflächennahen Gemeinsamkeit mit ‚Ankündigung / Wiederaufnahme' heterogene Konstruktionsverfahren mischt und dabei insbesondere die *strukturelle* Unterscheidung von einfachem Komma und paarigem Komma verwischt, die ja gerade einer der wichtigen Vorteile der neuen Kommaregeln ist.

Zudem sehen sie nur Links- (nicht auch Rechts-)Herausstellungen vor. Und sie verweisen nur auf Herausstellungen zu Satzgliedern (nicht auch zu Satzgliedteilen).

2 Zusätze (Appositionen)

Zusätze sind Wortgruppen bzw. Einzelwörter, die Zusatzinformationen zu einem Ausdruck importieren. Sie stehen nach dem Ausdruck, auf den sie sich beziehen. Der Bezugsausdruck kann ein *Satzglied* sein

> Paul, ihr erster Mann, ist gestern an Krebs gestorben.

oder ein *Teil* eines Satzglieds:

> Der Bruder von Paula, meiner ersten Frau, ist gestern an Krebs gestorben.

Diese Zusätze können nur zusammen mit ihrem Bezugsausdruck verschoben werden. Aufgrund ihrer semantischen wie topologischen Bindung an den Bezugsausdruck sind sie als Satzglied-Teil einzustufen.

Zusätze werden auch als Appositionen bezeichnet (von lateinisch appositio = Hinzufügung); eine weitere gelegentlich verwendete Bezeichnung ist *Beisatz*.

Appositionen werden in den meisten Grammatiken bei den Attributen geführt, dies mit dem Argument, der Zusatz hänge von einem Satzglied(teil) ab. Nun hängt auch ein *Teilsatz* wie

> Mein Onkel, *der ein ziemlich schlechter Pianist ist*, lebt ...

von einem Satzglied (Onkel) ab. Daher werden solche Relativsätze in vielen Sprach- / Arbeitsbüchern als Attributsätze bei den Attributen abgehandelt, in Grammatiken freilich nicht: Dort werden sie aufgrund ihrer Satzförmigkeit bei den zusammengesetzten Sätzen behandelt.

2.1 Erweiternde und identifizierende Zusätze

> Gottfried Benn
>
> Der Arzt II
>
> Die Krone der Schöpfung, das Schwein, der Mensch –:
> geht doch mit anderen Tieren um!
> [...]

Zusätze liegen in zwei Varianten vor, die strukturell verwandt sind: als *erweiternder* Zusatz

> Paula Bitter, *die reichste Frau in unserer Stadt*, hat gestern ihren 30sten Geburtstag gefeiert.

und als *identifizierender* Zusatz:

> Die reichste Frau in unserer Stadt, *Paula Bitter*, hat gestern ihren 30sten Geburtstag gefeiert.

Erweiternde Zusätze schließen an *Weltwissen* (= Paula Bitter ist die reichste Frau im Ort) an, *identifizierende* Zusätze dienen der Eingrenzung und Festlegung einer Bedeutungseinheit (bei der reichsten Frau handelt es sich um Paula Bitter).

38 Man kann die strukturelle Verwandtschaft, aber auch den Konstruktionsunterschied zwischen erweiternden und identifizierenden Zusätzen gut verdeutlichen:
>Paul, ihr erster Mann, ... (= *erweiternder* Zusatz).
>Ihr erster Mann, (nämlich) Paul, ... (= *identifizierender* Zusatz).

Beide Konstruktionen lassen sich auf ein und dieselbe Prädikation mit Subjekt und Gleichsetzungsnominativ beziehen:
>Paul ist ihr erster Mann.

Der erweiternde Zusatz entspricht dem Gleichsetzungsnominativ (ihr erster Mann), der identifizierende Zusatz dem Subjekt dieser Prädikation (Paul); entsprechend gegenläufig fallen die jeweiligen Paraphrasierungen aus:
>Paul, ihr erster Mann, ... → Paul, er ist ihr erster Mann, ...
>Ihr erster Mann, (nämlich) Paul, ... → Ihr erster Mann, es ist Paul, ...

Es ist hier eine Pro-Form zum Gleichsetzungsnominativ (ihr erster Mann) und er das Personale zum Subjekt (Paul).

39 Auch anhand möglicher Interpunktionszeichen lassen sich beide Zusatz-Varianten unterscheiden: Wenn man einen Satz mit erweiterndem Zusatz wie
>Heute besucht mich Paul, mein erster Mann.

anders interpungiert, wählt man vorrangig Gedankenstrich:
>Heute besucht mich Paul – mein erster Mann.

Den entsprechenden Satz mit identifizierendem Zusatz wie
>Heute besucht mich mein erster Mann, Paul.

würde man passend mit Doppelpunkt interpungieren können:
>Heute besucht mich mein erster Mann: Paul.

Zum erweiternden Zusatz passt nach meinem Schriftempfinden Doppelpunkt schlecht:
>(*)Heute besucht mich Paul: mein erster Mann.

40 Erweiternde Zusätze stehen in der Regel im gleichen Fall wie der Bezugsausdruck; in den folgenden Fällen *müssen* sie bzw. *können* sie unabhängig vom Kasus des Bezugsausdrucks im *Nominativ* stehen:

Der Nominativ ist *vorgeschrieben*, wenn der Zusatz ohne pronominale Ausstattung steht:
>Wir haben *Herrn Dr. Morph,* bekanntester Genitiv-Experte in Deutschland, um einen Vortrag gebeten.
>*Wir haben *Herrn Dr. Morph,* bekanntesten Genitiv-Experten in Deutschland, um einen Vortrag gebeten.

Der Nominativ ist *zulässig,* wenn vor dem Nachtrag der unbestimmte Artikel oder ein anderer Pronomentyp (z. B. ein Zahlpronomen) steht:
>(*?)Wir haben *Herrn Dr. Morph,* ein bekannter Genitiv-Experte in Deutschland, um einen ...
>(*?)Wir haben *Herrn Dr. Morph,* einer der bekanntesten Genitiv-Experten in Deutschland, um einen ...

Steht der Zusatz aber mit dem *bestimmten* Artikel, ist Kasusgleichheit vorgeschrieben:
>Wir haben *Herrn Dr. Morph,* den bekanntesten Genitiv-Experten in Deutschland, um einen Vortrag gebeten.
>*Wir haben *Herrn Dr. Morph,* der bekannteste Genitiv-Experte in Deutschland, um einen Vortrag gebeten.

Auch beim Wechsel des morphologischen Formats gelten Kongruenz-Auflagen:

*Der Nachlass von ihrem Onkel, eines relativ wohlhabenden Arztes, soll für wohltätige Zwecke versteigert werden.

Zwar ist jedes der beiden Anschlussformate für sich korrekt:

Der Nachlass *von ihrem Onkel* ...
Der Nachlass *eines relativ wohlhabenden Arztes* ...,

aber der erweiternde Zusatz muss in dem Kasus stehen, den die Präposition für den Bezugsausdruck vorgibt – dem Dativ:

Der Nachlass vo<u>n</u> ihre<u>m</u> Onkel, eine<u>m</u> relativ wohlhabenden Arzt, soll für wohltätige Zwecke versteigert werden.

Vermutlich liegt es gerade auch an diesen Kongruenz-Problemen, dass unter den Zusätzen in Grammatiken vorrangig die *erweiternden* behandelt worden sind und dass das gesamte Phänomen *Apposition* – auf den Spuren der lateinischen Grammatik – anhand von Appositionen zu *nominalen* Bezugsausdrücken diskutiert worden ist.

Es gibt aber identifizierende Zusätze auch zu *nicht nominalen* Bezugsausdrücken, z. B. zu adjektivischen modalen Adverbialien:

Sie verhielt sich unkooperativ, (nämlich) aufbrausend und verletzend.

Die oben zur Strukturverdeutlichung genutzte Konstruktion x ist y, bei der identifizierende Zusätze die x-Stelle besetzen, greift analog auch hier: 'aufbrausend / verletzend ist unkooperativ'.

Wenn man das Konzept Zusätze / Apposition in dieser Weise öffnet, wird die Abgrenzung gegenüber den Nachträgen ggf. etwas komplikationsreicher.

2.2 Teilsatz-Appositionen?

Im Unterschied zu der Satzteil-Apposition bezieht sich bei Konstruktionen wie den folgenden die durch paariges Komma abgetrennte Wortgruppe auf den sie umgebenden (bzw. ihr vorausgehenden oder auch nachfolgenden) Teil*satz insgesamt*. Die semantische Funktion solcher Teilsatz-Appositionen ist in der Regel eine Kommentierung, eine metakommunikative Stellungnahme zu dem im Bezugs-Teilsatz dargestellten Sachverhalt.

Sie hat uns angerufen, eine gute Idee.
Er hat, eine Unverschämtheit ersten Ranges, uns tatsächlich gestern angerufen.

Solche Konstruktionen kann man zwar als Teilsatz-Apposition bezeichnen (und in manchen Grammatiken werden sie nur unter diesem Terminus abgehandelt), der Terminus Apposition verdeckt dabei aber mehr, als er erklärt.

Zum einen haben solche Wortgruppen keinen syntaktisch vorgegebenen Platz, eben weil sie sich auf den ganzen Teilsatz beziehen; sie können daher grundsätzlich an jedem Satzgliedrand stehen:

Paul, eine bodenlose Frechheit, hat uns gestern nichts vom Verkauf der Firma gesagt.
Paul hat, eine bodenlose Frechheit, ...
Paul hat uns, eine bodenlose Frechheit, ...
Paul hat uns gestern, eine bodenlose Frechheit, ...
usw.

Möglich sind auch Endstellung und Anfangsstellung:

> Paul hat uns gestern nichts vom Verkauf der Firma gesagt, eine bodenlose Frechheit.
> Eine bodenlose Frechheit – Paul hat uns gestern nichts vom Verkauf der Firma gesagt.

45 Zum anderen handelt es sich bei diesen Wortgruppen um *Kommentierungen;* damit entfällt die semantische Unterscheidung zwischen erweiternder und identifizierender Apposition.

Transparenter werden solche Konstruktionen, wenn sie vom komplexen Satzbau aus rekonstruiert werden als ganz normale Ergänzungsbeziehungen: Es sind verkürzte Matrixsätze (→ 449) im Verknüpfungstyp *weiterführende Satzreihe.*

> Paul hat uns nichts gesagt, (das ist) eine bodenlose Frechheit.

Hier bezieht sich der zweite Teilsatz über das *das* auf den ersten Teilsatz insgesamt zurück.

Das entsprechende Hauptsatz-Nebensatz-Gefüge wäre:

> Dass Paul uns nichts gesagt hat, ist eine bodenlose Frechheit.

46 Während sich die spezifizierenden wie auch die erweiternden Zusätze auf einen davor stehenden Ausdruck beziehen und insofern im wörtlichen Sinn *Nachgetragenes* sind, beziehen sich Teilsatz-Appositionen, die in den (betreffenden) Teilsatz eingebaut sind, auf die beiden von ihnen unterbrochenen Teile davor und danach.

Eine systematisch zutreffende Bezeichnung wäre *teilsatzbezogene kommentierende Zusätze.*

> Der Terminus *kommentierend* allein wäre nicht trennscharf genug, weil auch erweiternde Zusätze im Einzelfall kommentierend sein können (Paul, dieser blöde Typ, hat gestern ...).

47 In der *Reste-Regel* § 79

> Anreden, Ausrufe oder Ausdrücke einer Stellungnahme, die besonders hervorgehoben werden sollen, grenzt man mit Komma ab; sind sie eingeschoben, so schließt man sie mit paarigem Komma ein.

führen die amtlichen Regeln zwei Beispiele für solche Zusätze an:

> „Er hat, eine Unverschämtheit, uns auch noch angerufen."
> „Sie hat uns angerufen, eine gute Idee."

Die Regelformulierung legt die Annahme nahe, die Kommas dienten der besonderen Hervorhebung, seien also fakultativ; dies wäre eine Fehlannahme – die Kommas sind syntaktisch motiviert. Zudem wird die besondere Konstruktion dieser beiden Beispiele nicht angesprochen; sie werden vielmehr in der Beispielgruppe mit völlig heterogenen Konstruktionen gemischt (z. B. „Ja, daran ist nicht zu zweifeln." / „Das hat er gesagt, leider." / „Bitte, komm doch morgen pünktlich.") und dabei lediglich semantisch-inhaltlich sortiert: Die beiden teilsatzbezogenen kommentierenden Zusätze z. B. laufen unter *Bekräftigung.*

2.3 Grenzfälle von Zusätzen

Zusätze werden im Allgemeinen durch paariges Komma ausgegliedert. Ein Sonderfall liegt vor, wenn erweiternde Zusätze fester Bestandteil eines *historischen* Namens (auch: *Beiname*) sind; dann stehen sie in der Regel ohne Komma:

„Wilhelm der Eroberer unterwarf ganz England."

Wenn erweiternde Zusätze zu einem *Eigen*namen gehören, dann kann man entscheiden, ob sie als erweiternde Zusätze oder als fest in den komplexen Namen integrierte Wortgruppe verstanden werden sollen; in der zweiten Sicht wird das paarige Komma weggelassen:

„Frau Schmidt, geb. Kühn, hat dies mitgeteilt."

oder

„Frau Schmidt geb. Kühn hat ..."

Unter Zusatz fasse ich in diesem Bereich von Titeln und Eigennamen nur die gelegentlich als *lockere Appositionen* bezeichneten Wortgruppen, also erweiternde Zusätze wie in Paul Müller, *der Direktor*, hat gestern ... oder identifizierende Zusätze wie in Der Direktor, *Paul Müller*, hat gestern ..., nicht die sog. *engen Appositionen* wie *Direktor* Müller bzw. der Direktor *Müller,* bei denen Direktor bzw. Müller in meiner Sicht ein attributives Nomen ist (→ Bd. 2: 578 f.).

Der Unterschied zwischen *engen* und *lockeren* Appositionen ist auch an der unterschiedlichen Stimmführung erkennbar: Die Konstruktion mit attributivem Nomen wird *in einer Linie* gesprochen, die beiden Zusätze hingegen werden durch Tonhöhen-Wechsel und durch kurze Pausen an beiden Rändern des Zusatzes stimmlich *abgesetzt;* diese stimmliche Absetzung ist das Pendant zum Doppelkomma.

Unter dem Gesichtspunkt der Äußerungsproduktion liegt der Unterschied zwischen enger Apposition und den beiden Zusätzen auch darin, dass bei einer *lockeren* Apposition die Berufsinformation eine wohlbedachte, nicht automatisch vollzogene Zusatzinformation ist, während sie bei attributiven Nomen wie Direktor meist ein fest vorgesehener Teil ist.

Der Terminus Apposition ist also nicht unbedingt identisch mit dem von mir verwendeten Begriff Zusatz, sondern ggf. offener; er kann auch Fälle von nominalem Attribut umfassen.

2.4 Kommasetzung bei Zusätzen

Mit Zusätzen wird in einen (Teil-)Satz eine Information eingebracht, die den regulären syntaktischen Ablauf unterbricht – gewissermaßen ein syntaktisches *Schlagloch*, das durch paariges Komma *umstellt* wird *(Achtung: syntaktische Gefahrenstelle).*

Ohne paariges Komma entstünden bei Nachträgen innerhalb eines Teilsatzes *syntaktische Doppelgänger;* das Komma hilft also beim Zuordnen *konkurrierender* Wortgruppen zum Prädikat.

2 Zusätze (Appositionen)

51 Die Aufgabe von paarigen Kommas können teilweise auch paarige Klammern oder paarige Gedankenstriche übernehmen. Der besondere Vorteil von Klammern ist dabei, dass anhand ihrer *Form* unterschieden werden kann, wo die eingeklammerte Aussage beginnt und endet:

> Mein Freund (ein Rechtsanwalt) hat Paula (meiner Schwester) einen Risotto (ein Reisgericht) gekocht.

Diese Orientierung gibt es weder beim Komma noch beim Gedankenstrich, das macht die Sätze unübersichtlich:

> Mein Freund, ein Rechtsanwalt, hat Paula, meiner Schwester, einen Risotto, ein Reisgericht, gekocht.
> Mein Freund – ein Rechtsanwalt – hat Paula – meiner Schwester – einen Risotto – ein Reisgericht – gekocht.

Schade. Man könnte natürlich analog zu den Formen der Anführungszeichen („Beispiel" oder 'Beispiel') auch für *paariges* Komma eine positionsspezifische Doppelform erfinden, etwa so:

> Paul ‚ein Freund von Paul‚ Peter und mir‚ hat einem von uns ‚Peter‚ sein Auto geschenkt.

Dann würde der Unterschied zwischen einfachem (,) und paarigem (‚ ‚) Komma auf den ersten Blick deutlich und diese unterschiedlichen Komma-Formen würden einen Hinweis auf *Gleich*rangigkeit bzw. Rang*stufigkeit* geben.

Das paarige Komma ist für erweiternde wie für identifizierende Zusätze unstrittig. Seine Setzung wird durch die Option, bei identifizierenden Zusätzen Einleitungswörter zu setzen, nicht berührt:

> Der Schnellste von euch, (nämlich) Paul, wird zur Kreismeisterschaft geschickt.

Kommasetzung beim Spezialfall *Terminangaben*

52 Während Adressen-, Orts- und Zeitangaben *Nachträge* sind (und daher im folgenden Abschnitt behandelt werden), sind Terminangaben *Zusätze* und insofern ein *Spezialfall*. In der früheren Kommaregelung des Duden wie in den Amtlichen Regeln werden demgegenüber alle vier Fallgruppen *gemeinsam* behandelt.

Terminangaben sind teils *identifizierende* Zusätze wie z. B.

> Am Samstag, den / dem 6. Mai, werde ich nach Zürich reisen (vgl. Samstag ist der 6. Mai).
> Am 6. Mai, dem Samstag vor Pfingsten, werde ich … (vgl. Der 6. Mai ist der Samstag vor Pfingsten).

und teils *erweiternde* Zusätze:

> Am 23.4., einem Montag, will ich nach Zürich reisen (vgl. Der 23.4. ist ein Montag).

Aus meiner Sicht müsste daher in allen Fällen *paariges* Komma gesetzt werden.

53 Um die aktuelle Regelung der Kommasetzung bei Terminangaben (auch ihre *nicht* einleuchtenden Festlegungen) besser zu verstehen, hilft meines Erachtens ein Blick auf die historischen *Hintergründe*.

In der früheren Duden-Regelung (im damaligen Duden R 100 und R 45 „Datum") wurden folgende Beispiele genannt:

> „Er kommt am Montag, dem 5. September, an."
> „Er kommt am Montag, den 5. September an."

Für diesen zweiten Beispieltyp schrieb der Duden seinerzeit vor, nach September *kein* zweites Komma zu setzen, da es sich hier um eine *Aufzählung* handle. Im ersten Beispiel sah er dem 5. September dagegen aufgrund der Kasusgleichheit von am und dem als Fall von *Nachtrag* an, darum *musste* hier ein zweites (= schließendes) Komma gesetzt werden. Beide Einschätzungen waren in meiner Sicht falsch: Zum einen klappt im zweiten Beispiel weder die für *Aufzählungen* typische und-Probe

*Er kommt am Montag *und* den 5. September an.

noch die für *Nachträge* (→ 59) typische optionale und-zwar-Probe:

*Er kommt am Montag, *und zwar* den 5. September an.

Zum anderen sind die beiden Sätze zwar syntaktisch nicht ganz parallel konstruiert, aber in beiden sind die Datums-Hinweise identifizierende Zusätze; das wird leichter erkennbar, wenn man im ersten Beispiel den verschmolzenen Ausdruck am zu an dem auflöst:

Er kommt an *dem* Montag, *dem* 5. September, an
(= Ich belasse das damals vorgeschriebene schließende Komma).

Hier ist dem 5. September ein Zusatz nur zu dem Satzglied*teil* dem Montag (also bei *gemeinsamer* Präposition); beim zweiten Duden-Beispiel dagegen ist den 5. September (als adverbialer Akkusativ selbst ein mögliches komplettes Satzglied) ein Zusatz zu dem *kompletten* Satzglied am Montag (also *inklusive* dessen präpositionalem Bestandteil an).

Die neuen Amtlichen Regeln führen den zweiten Beispieltyp aus dem früheren Duden nicht an, lediglich den ersten sowie eine *Variante* des zweiten:

„Er kommt am Montag, dem 5. September(,) an."
„Er kommt Montag, den 5. September(,) an."

Bei dieser Variante sind *zwei* adverbiale Akkusative realisiert, die Komplikation des zweiten Duden-Beispieltyps liegt also nicht vor. Damit lässt sie für die Benutzenden offen, wie mit diesem Beispieltyp der *früheren* Regeln

„Er kommt am Montag, den 5. September an."

nach der *aktuellen* Regelung umzugehen sei.

Es finden sich in beruflichen Schreiben auch noch weitere Formen, bei denen der Artikel im Datumssatz ganz weggelassen wird:

Er kommt am Montag, 5. September an.
Er kommt Montag, 5. September an.

Der Kasus der Terminangabe ist daher nicht zu erkennen. Eine Analyse der Konstruktion wird dadurch erschwert, auch die Entscheidung über eine angemessene Kommasetzung. Fraglich ist zudem, wer solche Konstruktionen überhaupt als grammatisch korrekt einstufen würde.

Bei den beiden von ihnen angeführten Beispielen erlauben die Amtlichen Regeln *ohne Angabe von Gründen,* das schließende Komma wegzulassen. Indem sie von *schließendem Komma* sprechen, bestätigen sie freilich zugleich, dass sie auch hier eigentlich von Zusätzen bzw. Nachträgen ausgehen.

Die Regel*erläuterungen* im aktuellen Duden *bleiben* demgegenüber eisern bei der alten, zur Hälfte falschen Diagnose-Alternative, solche Konstruktionen seien wahlweise als *Aufzählungen* zu verstehen (dann gäbe es kein schließendes Komma) oder als *Beisatz/Zusatz* (dann müsste paariges Komma stehen); daher gebe sie das hintere Komma frei.

3 Nachträge

56 Nachträge geben Zusatzinformationen, die einen Satz oder ein Satzglied oder ein Attribut spezifizieren:

> Gestern hat uns Paula besucht, *und zwar zusammen mit ihrer alten Mutter.*
> Ungewaschenes *Obst, vor allem Süßkirschen,* löst oft starke Allergien aus.
> *Ausländische* Firmen, *insbesondere ungarische,* haben derzeit Bewerbervorteile.

Die Richtung der Spezifizierung wird häufig durch einleitende Wörter / Wortgruppen wie und zwar oder insbesondere angezeigt.

Mit der probeweisen Einsetzung solcher Einleitungswörter kann man testen, ob eine Konstruktion dieses Typs vorliegt (→ 53, 59).

> Aus dem Flyer „Ihr Zugbegleiter" im IR 2458 (Fulda-Aachen) Dezember 1992:
>
> 1 Jahr Deutschland. Für alle. Für die Hälfte.
>
> Mit der BahnCard sparen Sie die Hälfte des normalen Fahrpreises. Ein Jahr lang. In ganz Deutschland. In jedem Zug (innerhalb der Verkehrsverbünde nur in Zügen des Fernverkehrs). In der 2. Klasse.

57 Zu diesen *spezifizierenden* Nachträgen rechne ich auch Zeit- und Ortsangaben.

Fügungen wie

> Wir fuhren seinen Onkel, schon müde und mutlos mit seinen 82 Jahren, zur Untersuchung.

betrachte ich nicht als Spezialfall adjektivischer Nachträge, sondern ordne sie den *partizipial ergänzbaren* Konstruktionen zu (siehe weiter unten, → 96 ff.).

3.1 Kommasetzung bei Nachträgen

58 Wie Zusätze unterbrechen auch Nachträge den regulären syntaktischen Ablauf; diese Unterbrechungen werden durch paariges Komma umschlossen.

Für Nachträge in *fachsprachlichen,* z. B. juristischen Kontexten gibt es eine eindeutige Sonderregel: Hier werden die Nachträge *nicht* mit Kommas abgegrenzt:

> § 6 Abs. 2 Satz 3 der Verordnung.

Einige Gruppen von Nachträgen – Adressen- und Ortsangaben, Zeitangaben und die mit wie zugeordneten Nachträge – bereiten bei der Kommaregelung offenbar Probleme. Ich kommentiere diese drei Gruppierungen je einzeln.

Die Verhältnisse bei den *Literaturangaben* entsprechen denen der beiden ersten Gruppen und brauchen daher nicht eigens kommentiert zu werden.

Abschließend wird noch ein Spezialproblem erläutert: die Kommasetzung bei Nachträgen zu Attributen bzw. zu Prädikatsteilen in ganz bestimmten Stellungen.

Adressen- und Ortsangaben

Zunächst die Beispieltypen aus der früheren Duden-Regelung vor 1996:

    Thomas Meyer, <u>Heidelberg</u>, <u>Burgstr. 3</u>, hat den ersten Preis gewonnen.

und

    Thomas Meyer in Heidelberg, <u>Burgstr. 3</u> hat den ersten Preis gewonnen.

Die Duden-Regel R 91 verlangte bei diesem *zweiten* Beispiel, nach Burgstr. 3 kein Komma zu setzen, vermutlich wird dieser Beispieltyp als Fall von Aufzählung eingeschätzt. Dies wäre meines Erachtens syntaktisch unangemessen: Die für Aufzählungen typische und-Probe

    *Thomas Meyer in Heidelberg und in Burgstr. 3 ...

klappt nicht, dafür aber die für spezifizierende Nachträge typische und-zwar-Probe:

    Thomas Meyer in Heidelberg, und zwar (dort in der) Burgstr. 3, hat den ersten Preis gewonnen.

Die beiden Ausgangsbeispiele sind syntaktisch nicht parallel konstruiert: Im ersten liegen zwei gestaffelte Nachträge vor (Heidelberg zu Thomas Meyer und Burgstr. 3 wiederum zu Heidelberg), im zweiten dagegen nur einer, nämlich Burgstr. 3 zu Heidelberg; in Heidelberg selbst ist präpositionales Attribut zu Thomas Meyer.

Die Amtlichen Regeln führen in § 77 (3) den zweiten Beispieltyp (und auch einige weitere Typen) nicht mehr an (warum?); sie sehen *alle* angesprochenen Fälle einheitlich als *Nachträge* an, erlauben dann freilich – ohne nähere Begründung –, das schließende Komma wegzulassen.

Die eigenen Regelversionen der Amtlichen Regeln im *Duden* führen (in der Ausgabe 2001) den zweiten Beispieltyp nach wie vor an. Auffällig ist die Begründung, die sie den Amtlichen Regeln gewissermaßen unterschieben:

    „Man kann diese Angaben als *Aufzählungen* oder als Fügungen *mit Beisatz* auffassen, deshalb ist das letzte (schließende) Komma vor der Weiterführung des Satzes freigegeben (§ 77 (3))" (S. 65; wortgleich in K108, K109 und K110) [kursiv von mir, W. B.].

Damit versuchen sie – vermute ich – zugleich eine Ehrenrettung der früheren Duden-Regeln zu erreichen, die genau diese Diagnose-Alternative, nämlich Mehrfachbesetzung oder Nachtrag, vorgegeben haben. Der Rückzug der Amtlichen Regeln in nicht-transparente *Großzügigkeit* wird offenbar sofort mit Diagnose-Phantasien gefüllt (die in diesem Fall auch imagebezogen strategische sind). Also: lieber syntaktisch *Farbe bekennen*.

    Die gleiche Begründung findet sich auch im aktuellen Duden (2006) unter K 108, K 109 und K (110) (S. 75).

Zusätzlich zu den beiden Ausgangsbeispielen, die im engeren Sinn *Adressen*angaben darstellen, führe ich hier zwei weitere Beispiele an, die *Orts*angaben darstellen, denn um beides sollte es in der Kommaregelung gehen:

    Paul hat lange Zeit in Köln, Bahnhofstraße 15, gewohnt.
    Paul hat lange Zeit in Köln, in der Bahnhofstraße 15, gewohnt.

In beiden Versionen ist die Adressenangabe als *eine* Adverbialergänzung realisiert; die Straßenangabe ist dabei ein spezifizierender Nachtrag zum Satzgliedkern in Köln. Die *präpositionsfreie* Realisierung der Straßenangabe im ersten dieser Beispiele stellt dabei keine andere Struktur dar als die *präpositionshaltige* im zweiten (ein solches präpositionshaltiges Beispiel ist freilich in den Amtlichen Regeln bei den Adress-/Ortsangaben nicht angeführt). Ich habe das jeweils schließende Komma des Nachtrags entgegen der Vorgabe der Amtlichen Regeln *nicht* in Klammern gesetzt.

62   Zu Kontrastzwecken führen die Amtlichen Regeln (wie auch die Regelversionen im Duden von 2001 und 2006) den folgenden Beispieltyp an:

Paul hat in Köln lange Zeit in der Bahnhofstraße 15 gewohnt.

Hier liegen *zwei* Adverbialergänzungen vor; in Köln bildet den Orts-*Rahmen,* in der Bahnhofstraße 15 das Orts-*Detail;* die verbindliche Reihenfolge ist: erst Rahmen, dann Detail. Die umgekehrte Reihenfolge ist nicht möglich:

*Paul hat in der Bahnhofstraße 15 lange Zeit in Köln gewohnt.

Die Aufeinander-Bezogenheit der beiden Satzglieder wird auch intonatorisch markiert: durch leicht steigende Stimmhöhe auf in Köln und leicht fallende auf in der Bahnhofstraße 15.

Dass sich zwei selbstständige Satzglieder der gleichen semantischen Kategorie (hier *lokal*) vertragen, ohne durch und als Mehrfachbesetzung derselben Satzgliedstelle gekoppelt werden zu müssen, ist eine Besonderheit von lokalen und temporalen Satzgliedern (→ Bd. 2: 206 f.).

63   Die gegenläufige Reihenfolge ist zwar möglich, dann aber ist der Orts-Rahmen in Köln ein präpositionales Attribut, das seinem Bezugsausdruck direkt folgen muss:

Paul hat lange Zeit *in der Bahnhofstraße 15 in Köln* gewohnt.

Wenn beide Wortgruppen im Vorfeld stehen sollen, geht das nur entweder *ohne Komma* und nur als komplexes Satzglied mit in Köln als Attribut wie in

In der Bahnhofstraße 15 in Köln hat Paul lange Zeit gewohnt.

oder aber *mit Doppelkomma* in umgekehrter Reihenfolge der beiden Wortgruppen:

In Köln, in der Bahnhofstraße 15, hat Paul lange Zeit gewohnt.

Hier liegt ein *einziges* – durch Nachtrag erweitertes – Satzglied mit in Köln als Kopf vor.

64   Wenden wir uns nun den Fällen zu, die bei der Kommasetzung Probleme bereiten. Ein Beispiel wie

Paul hat lange Zeit in Köln, Bahnhofstraße 15, im Hinterhaus, 2. Stock, gewohnt.

ist strukturell doppeldeutig: In der *einen* Lesart ist es ein Satz mit zwei selbstständigen lokalen Satzgliedern, in Köln und im Hinterhaus

Paul hat lange Zeit in Köln […] im Hinterhaus […] gewohnt,

die jeweils durch einen spezifizierenden Nachtrag erweitert sind. Nach den Amtlichen Regeln *könnte* man also (und nach den früheren Duden-Regeln *musste* man) die schließenden Kommas beider Nachträge weglassen und erhielte dann

Paul hat lange Zeit in Köln, Bahnhofstraße 15 im Hinterhaus, 2. Stock gewohnt.

Dabei entstünde erneut eine doppeldeutige Struktur: im Hinterhaus könnte hier auch als Attribut zu Bahnhofstraße 15 gelesen werden.

In der *anderen* Lesart handelt es sich um ein einziges Satzglied in Form einer durchgängigen dreifachen Nachtrags-Kette:

> Paul hat lange Zeit in Köln, (und zwar dort in der) Bahnhofstraße 15, (und zwar dort) im Hinterhaus, (und zwar dort im) 2. Stock(,) gewohnt.

Hier wäre nach den Amtlichen Regeln nur dieses letzte Komma weglassbar.

Ich halte es für einfacher und syntaktisch überzeugender, diese Fälle (mit und ohne Präposition) als spezifizierende Nachträge zu sehen und grundsätzlich *paariges Komma* zu verlangen.

Wenn es aber nach den Amtlichen Regeln weiterhin erlaubt sein soll, auf das schließende Komma zu verzichten, dann sollte dies transparent gemacht werden, ggf. als Entgegenkommen gegenüber der früheren Duden-Regelung.

Zeitangaben

Während *Termin*angaben im Rahmen der *Zusätze* behandelt wurden (→ 52 ff.), werden *Zeit*angaben hier behandelt, weil sie *Nachträge* sind:

> Am kommenden Montag, (um) 14 Uhr, findet eine Vollversammlung statt.
> (Das schließende Komma nach 14 Uhr darf nach den Amtlichen Regeln weggelassen werden; ich setze aus den weiter oben erläuterten Gründen bei meinen Beispielen Nachträge in paariges Komma.)

Der zweite Teil dieser gestaffelten Zeitangabe ist ein Nachtrag. Hier greift die für Nachträge spezifische und zwar-Probe:

> Montag, und zwar (um) 14 Uhr, findet eine Vollversammlung statt.

Ohne paariges Komma gilt diese gestaffelte Zeitangabe entweder als ein *einziges* komplexes Satzglied (→ Bd. 2: 207), das auch im Vorfeld stehen kann

> Montag (um) 14 Uhr findet eine Vollversammlung statt,

oder als *zwei* temporale Satzglieder (hier auf Vor- und Mittelfeld verteilt):

> Montag findet (um) 14 Uhr eine Vollversammlung statt.

Termin-Zusatz und Zeit-Nachtrag können innerhalb eines Satzes kombiniert werden:

> Montag, den 14. November, (um) 14 Uhr, findet eine Vollversammlung statt.

Hier ist den 14. November identifizierender Zusatz zu Montag und (um) 14 Uhr Nachtrag zu Montag.

Wenn das schließende Komma hinter 14 Uhr fehlt wie in

> Montag, den 14. November, (um) 14 Uhr findet eine Vollversammlung statt,

dann entsteht vor dem Hintergrund der Amtlichen Regeln, die dieses schließende Komma freistellen, eine *strukturelle* Doppeldeutigkeit (die pragmatisch freilich auf das Gleiche hinausläuft): Entweder liegt die eben angesprochene Kombination aus Zusatz und Nachtrag vor, nur eben ohne das schließende Komma am Ende des Nachtrags. Oder aber es liegt mit Montag ... (um) 14 Uhr ein einziges, komplexes Satzglied vor, in das ein auf Montag bezogener Zusatz (den 14. November) eingebettet ist.

Anschlüsse mit wie

67 Bei mit wie eingeleiteten zugeordneten Angaben hängt es von der gewünschten Bedeutung ab, ob ein paariges Komma gesetzt werden muss oder nicht gesetzt werden darf. Das folgende Beispiel hat *mit* paarigem Komma (also als *Nachtrag*) eine andere Bedeutung als *ohne* Kommas (*dann* ist es nämlich ein konjunktionales *Attribut*):

> Ihre Tagungsaufwendungen, wie Fahrt- und Übernachtungskosten, werden Ihnen ersetzt.

Das paarige Komma ist (korrekte Kommasetzung unterstellt) eine Anweisung, Fahrt- und Übernachtungskosten als eine *offene* Beispielsliste für das zu verstehen, was mit Aufwendungen gemeint ist; man kann insofern bei der Abrechnung weitere Arten von Tagungsaufwendungen aufführen, z. B. Kopierkosten. Eine Paraphrasierung dieses Nachtrags ergäbe

> Ihre Tagungsaufwendungen – Fahrt- und Übernachtungskosten sind solche Ausgaben – …

Demgegenüber ist in

> Tagungsaufwendungen wie Fahrt- und Übernachtungskosten werden Ihnen ersetzt.

die Angabe wie Fahrt- und Übernachtungskosten eine *notwendige* nähere Bestimmung genau derjenigen Arten von Aufwendungen, die unter die Abrechnung fallen. Kopierkosten wären hier *nicht* zur Erstattung zugelassen.

Ein Spezialproblem: Nachträge zu Attributen bzw. Prädikatsteilen

68 Wenn der Nachtrag in einer bestimmten Fügungsposition steht, gab/gibt es bei den Kommaregelungen (aus meiner Sicht: unnötigerweise) Probleme.

Werfen wir zunächst einen Blick auf die früheren Duden-Regelungen:

> „Ausländische, insbesondere holländische Firmen traten als Bewerber auf."
> „Er wurde erst wieder ruhiger, als er sein Herz ausgeschüttet, d. h. alles gesagt hatte."

Der Duden verlangte in R 98 in den Fällen, wo ein (vor dem Bezugsnomen stehendes) adjektivisches Attribut bzw. ein vor dem *finiten* Prädikatsteil stehender infiniter Prädikatsteil durch spezifizierende Nachträge erweitert wird, das jeweils schließende der paarigen Kommas wegzulassen. Die Begründung war, dass das schließende Komma sonst „den Zusammenhang der Fügung […] stören" würde. Hier konkurrieren *syntaktische* und (offenbar) *rhetorische* (= stilistische, auf Vortragbarkeit ausgerichtete) Prinzipien der Kommaregelung.

69 Die Amtlichen Regeln gehen in der gleichen Sache von den beiden folgenden Beispielen aus:

> „Auf der Ausstellung waren viele ausländische, insbesondere holländische Firmen vertreten."
> „Er wird sein Herz ausgeschüttet, das heißt alles erzählt haben."

Das erste Beispiel ist genauso konstruiert wie das erste im früheren Duden, das zweite ist gegenüber dem zweiten im Duden aber in einem Punkt verändert: Hier folgt auf den – durch Nachsatz erweiterten – infiniten Prädikatsteil ein weiterer *infiniter* Prädikatsteil (haben).

Zudem haben die Amtlichen Regeln den Geltungsbereich jetzt etwas abstrakter definiert (und damit auf mögliche weitere Varianten ausgedehnt):

> Wird [...] die Erläuterung in die substantivische oder verbale Fügung einbezogen, so grenzt man sie mit einfachem Komma ab. (§ 77 (4))

Diese Regelformulierung ist freilich zugleich ein Rückschritt, weil sie weniger transparent ist als die alten Regeln: Zum einen wird nicht angegeben, warum in diesen Fällen das schließende Komma entfallen soll. Und zum anderen: Da die Amtlichen Regeln nicht konsequent zwischen *einfachem* Komma und *paarigem* Komma unterscheiden, geben sie bei dieser Sonderregel nicht an, ob hier das eröffnende oder das schließende Komma des Komma-Paars betroffen ist; sie sprechen nur *resultatsbeschreibend* von *einfachem Komma*. Nun kann man einen *Nachtrag* nicht gut mit einem *einfachen* Komma abgrenzen; man kann ihn nur auf *einer* der beiden Seiten des Nachtrags abgrenzen; es soll also nur das eröffnende Komma stehen und das schließende wegfallen.

Auch die Amtlichen Regeln gehen hier vom Status eines *Nachtrags* aus, der an sich auf *beiden* Seiten abgetrennt werden müsste, denn sie arbeiten bei der Regelung des paarigen *Gedankenstrichs* in § 84 (3) und der *Klammern* in § 86 (3) – die beide ja Äquivalente des paarigen Kommas sind – mit identischen Beispielen und setzen dabei ohne jeden Kommentar natürlich auch das *schließende* Zeichen:

> „Auf der Ausstellung waren viele ausländische – insbesondere holländische – Maschinenhersteller vertreten."
> „Auf der Ausstellung waren viele ausländische (insbesondere holländische) Maschinenhersteller vertreten."

Bei einem Beispiel des folgenden Typs bieten die derzeitigen Regelvorgaben der Amtlichen Regeln keine klare Orientierung:

> Er trank gerne <u>italienischen</u>, insbesondere sizilianischen(,?) <u>trockenen</u> Rotwein.

Hier steht der Nachtrag nicht zwischen Adjektiv und Substantiv, sondern zwischen Adjektiv und ranghöherem Adjektiv. Von Einbezug in eine *substantivische Fügung* kann man hier allenfalls indirekt sprechen. Muss bzw. darf hier das schließende Komma des Nachtrags stehen?

Im folgenden Beispielstyp kann man nicht einmal von *indirektem* Einbezug in eine *substantivische* Fügung sprechen, es handelt sich um eine *adjektivische Fügung*:

> Die Kranke lief <u>sich überanstrengend</u>, insbesondere ihr schwaches Herz überfordernd,(?) <u>schnell</u>.

Schließendes Komma – ja oder nein?

Insofern halte ich auch die (gegenüber der früheren Duden-Regelung bereits erweiterte) Definition der Amtlichen Regeln für noch zu *kasuistisch*, zu einzelfallbezogen. Angemessener fände ich eine Definition des Typs

> Steht die zu einem Attribut oder einem Prädikatsteil nachgetragene Wortgruppe *unmittelbar* vor dem zugehörigen *ranghöheren* Bezugsausdruck, so wird das schließende Komma des Nachtrags weggelassen.

Diese Definition ließe sich eindeutig anwenden (auch wenn sie einige syntaktische Kenntnisse verlangt). Bei den bisher angeführten Beispielen würde sie zutreffen und den Wegfall des schließenden Kommas verlangen. Bei Fällen wie dem folgenden würde sie demgegenüber *nicht* zutreffen, daher würde hier ein schließendes Komma stehen:

> Auf der Ausstellung waren viele ausländische, insbesondere holländische, und auch zwei deutsche Firmen vertreten.

Hier wird durch und auch zwei deutsche das durch den Nachtrag insbesondere niederländische spezifizierte Attribut ausländische im Sinne einer Mehrfachbesetzung weitergeführt, dann erst folgt der ranghöhere Bezugsausdruck Firmen. Also: paariges Komma!

[74] Zudem müsste eine Begründung angeboten werden, warum in bestimmten Fällen das schließende Komma fehlen soll, sodass diese Regelentscheidung zumindest *transparent* wird, auch wenn sie in der Sache jemandem nicht einleuchtet.

Oder aber – das ist meine Empfehlung – man lässt diese Sonderregel schlicht weg und setzt durchgängig *paariges* Komma.

Analoge Regelungen gälten dann auch für *identifizierende Zusätze* (→ 37 f.) wie z. B. in

> Die Kranke lief besorgniserregend, nämlich ihre schwachen Kräfte überfordernd,(?) schnell.

4 Heraushebungen

Während Zusätze (und viele der Nachträge) an bereits *vorhandene* Satzteile anschließen, ist Heraushebung die *fakultative* Ausgliederung durch paariges Komma von Satzteilen (Satzgliedern und Satzgliedteilen), die auch ohne paariges Komma *normal* in den Teilsatz integriert werden könnten:

> Sie hatte trotz aller guten Vorsätze wieder zu rauchen angefangen.

Und nun *mit* Heraushebung:

> Sie hatte, trotz aller guten Vorsätze, wieder zu rauchen angefangen.

Neben paarigem Komma können dazu auch paarige Gedankenstriche oder Klammern verwendet werden:

> Sie hatte – trotz aller guten Vorsätze – wieder zu rauchen angefangen.
> Sie hatte (trotz aller guten Vorsätze) wieder zu rauchen angefangen.

Herausgehobene Satzteile bekommen dadurch eine auffällige kommunikative Rolle; metaphorisch gesprochen weist Heraushebung *normalen Teilnehmern* den Status eines *wichtigen Gastes* zu.

Ich rechne ein Beispiel wie

> Er hat gestern, und zwar in bester Laune, mit uns gegessen.

nicht zu den Heraushebungen, sondern zu den spezifizierenden Nachträgen. in bester Laune allein könnte als Heraushebung klassifiziert werden, das paarige Komma würde hier selbst die Heraushebung leisten. Durch und zwar wird aber die Ausgliederung zusätzlich *lexikalisch* markiert; dadurch ist ein Weglassen des paarigen Kommas nicht mehr möglich, der Nachtrag würde nicht als *normales* Adverbiale in den Satzverband zurückfallen.

Heraushebung von Satzgliedern ist vor allem im Mittelfeld möglich.

Bedingt kann auch ein im Nachfeld stehendes Satzglied mit Komma herausgehoben werden:

> Sie hatte wieder zu rauchen angefangen, trotz aller guten Vorsätze.

Die Normalform würde sich davon nur durch fehlendes Komma bzw. in gesprochener Sprache durch fehlende stimmliche Absetzung unterscheiden. Heraushebung im Vorfeld ist nicht möglich:

> *Trotz aller guten Vorsätze, hatte sie wieder zu rauchen angefangen.

Das Vorfeld kann nur dann durch Komma vom Finitum abgetrennt werden, wenn es durch einen *Teilsatz* gefüllt ist.

Heraushebung ist *nicht* möglich bei Ergänzungen:

> Paul will sich einen Lastwagen anschaffen.
> *Paul will sich, einen Lastwagen, anschaffen.

Will man das Akkusativobjekt einen Lastwagen hervorheben, muss man das mit anderen Mitteln als der Heraushebung tun, z. B. so:

> Paul will sich *ausgerechnet* einen Lastwagen anschaffen.
> Paul will sich – *stell dir mal vor* – einen Lastwagen anschaffen.
> *Einen Lastwagen* will Paul sich anschaffen!

> *Aus dem Schreiben einer Hausverwaltung:*
> ... Alle wollen doch, eine saubere Waschmaschine, benutzen. ...

79 Heraushebung ist begrenzt auch bei Attributen möglich:

> Paula hat mir stolz die Arbeiten ihres, *von der Schulleiterin schon drei Mal ausgezeichneten*, malenden Sohns gezeigt.

Der für Heraushebungen typische Indikator *paariges Komma* ist bei herausgehobenen Attributen aus zwei Gründen *unzuverlässig:* Zum einen gerät, wenn das letzte Wort der Heraushebung unmittelbar vor dem ranghöheren Nomen zu stehen kommt wie in

> Paula hat mir stolz die Arbeiten ihres, *von der Schulleiterin schon drei Mal ausgezeichneten*(,?) Sohnes gezeigt,

das schließende Komma unter den Druck der im letzten Abschnitt diskutierten Kommaregel § 77 (4), nach der kein Komma zwischen einem Adjektivattribut und seinem direkt folgenden nominalen Bezugsausdruck (hier: Sohnes) stehen soll.

Zum anderen neigen viele Schreibende dazu, vor *präpositional* eingeleitete Attribute *grundsätzlich* ein einfaches Komma zu setzen, auch wenn sie gar nicht herausgehoben werden sollen.

Bei Attributen ist Heraushebung auf das Mittelfeld, also das Stellungsfeld zwischen Artikel und Satzgliedkern begrenzt. Heraushebung im Nachfeld stehender Attribute ist nicht möglich:

> *Er bekam das alte Auto, *seines Chefs*, geschenkt.

Kommasetzung bei Heraushebungen

80 Ihr neuer Freund singt abends, <u>ohne Hemmungen</u>, allerlei Kinderlieder.

Interessant ist an Heraushebungen, dass hier die Kommas nicht aufgrund vorgegebener syntaktischer Verhältnisse *notwendig* sind, sondern nach stilistischen bzw. argumentativen *Entscheidungen* gesetzt werden:

> Er kam, *morgens um vier Uhr,* zu uns in die Wohnung.
> Er kam *morgens um vier Uhr* zu uns in die Wohnung.

In der Amtlichen Regel werden Heraushebungen zusammen mit Nachträgen und verschiedenen weiteren Konstruktionen (insbesondere Infinitiv- und Partizipialkonstruktionen) in § 78 behandelt. Absatz (1) enthält lauter Fälle von Heraushebung, darunter z. B.

„Sie hatte(,) trotz aller guten Vorsätze(,) wieder zu rauchen angefangen."
„Sie hatte(,) bedauerlicherweise(,) wieder zu rauchen angefangen."
„Der Kranke hatte(,) entgegen ärztlichem Verbot(,) das Bett verlassen."

Allerdings werden diese Beispiele der Gruppe (1) irreführend charakterisiert als Gefüge mit *Präpositionen*, entsprechende Wortgruppen oder Wörter. Die Konstruktion Heraushebung hat strukturell nichts mit der *morphologischen* Charakteristik Präpositionalgefüge zu tun; sie hat den *Satzgliedstatus* Angabe / Adverbiale, und Adverbialien werden eben in der deutschen Sprache häufig als Präpositionalgefüge realisiert. Die Kommaregeln lenken hier also den Blick nicht auf die regelungsrelevante Beschreibungsebene.

Aus einem Werbungsschreiben einer Hotelkette vom 11.12.2002:

Im Rahmen Ihrer Tätigkeiten für die Ruhr-Universität Bochum, wurde speziell für Sie, ein Rahmenabkommen mit den Six Continents Hotels unterzeichnet. Unserer Ansprechpartnerin, Frau Berta Müller liegt dieses als Datei vor. ...

Alle drei Kommas in diesem Auszug sind falsch oder unvollständig:

Das erste Komma wurde fälschlicherweise nach dem ersten Satzglied (Im Rahmen Ihrer Tätigkeiten für die Ruhr-Universität Bochum) gesetzt; dies ist ein auch noch in Examensklausuren häufig gemachter Fehler. Vermutlich wurde es in Orientierung am Stimmverlauf in gesprochener Sprache gesetzt, wo man solche inhaltlich *schweren* ersten Satzglieder häufig durch Stimmanhebung und kleine Pause als beendet markiert. Ein weiterer Grund könnte eine Interferenz mit der englischen Kommasetzung sein: Im Englischen *müsste* nämlich nach einem solchen Adverbiale ein Komma stehen, damit danach die reguläre S-P-O-Reihenfolge starten kann. Man kann dieses erste Komma nicht als Heraushebung rechtfertigen – die ist grundsätzlich nur im Mittel- und Nachfeld möglich.

Das zweite im Text gesetzte Komma muss entfallen, oder aber es muss auch vor speziell ein Komma gesetzt werden, nämlich das *eröffnende* des paarigen Kommas einer Heraushebung. Da es sich bei Heraushebungen um syntaktisch regulär integrierte Satzglieder handelt, könnte diese Ausgliederung *zunächst* nicht intendiert, dann aber gewählt worden sein. Möglich ist auch, dass es der schreibenden Person übertrieben schien, direkt nach dem wurde (vor dem bereits ein (falsches) Komma gesetzt worden war) erneut ein Komma zu setzen.

Nach dem Nachtrag Frau Berta Müller schließlich fehlt das schließende Komma; vielleicht wurde Frau Berta Müller als Dativobjekt zu dem unmittelbar nachfolgenden Finitum liegt gesehen und vergessen, dass es ein Nachtrag zu Unserer Ansprechpartnerin ist.

Heinrich von Kleist

Das Bettelweib von Locarno

Am Fuße der Alpen, bei Locarno im oberen Italien, befand sich ein altes, einem Marchese gehöriges Schloß, das man jetzt, wenn man vom St. Gotthard kommt, in Schutt und Trümmern liegen sieht: ein Schloß mit hohen und weitläufigen Zimmern, in deren einem einst, auf Stroh, das man ihr unterschüttete, eine alte kranke Frau, die sich bettelnd vor der

Tür eingefunden hatte, von der Hausfrau aus Mitleiden gebettet worden war. Der Marchese, der, bei der Rückkehr von der Jagd, zufällig in das Zimmer trat, wo er seine Büchse abzusetzen pflegte, befahl der Frau unwillig, aus dem Winkel, in welchem sie lag, aufzustehen und sich hinter den Ofen zu verfügen. Die Frau, da sie sich erhob, glitschte mit der Krücke auf dem glatten Boden aus, und beschädigte sich, auf eine gefährliche Weise, das Kreuz; dergestalt, daß sie zwar noch mit unsäglicher Mühe aufstand und quer, wie es ihr vorgeschrieben war, über das Zimmer ging, hinter den Ofen aber, unter Stöhnen und Ächzen, niedersank und verschied.

Mehrere Jahre nachher, da der Marchese, durch Krieg und Mißwachs, in bedenkliche Vermögensumstände geraten war, fand sich ein florentinischer Ritter bei ihm ein, der das Schloß, seiner schönen Lage wegen, von ihm kaufen wollte. Der Marchese, dem viel an dem Handel gelegen war, gab seiner Frau auf, den Fremden in dem obenerwähnten, leerstehenden Zimmer, das sehr schön und prächtig eingerichtet war, unterzubringen. Aber wie betreten war das Ehepaar, als der Ritter mitten in der Nacht, verstört und bleich, zu ihnen herunter kam, hoch und teuer versichernd, daß es in dem Zimmer spuke, indem etwas, das dem Blick unsichtbar gewesen, mit einem Geräusch, als ob es auf Stroh gelegen, im Zimmerwinkel aufgestanden, mit vernehmlichen Schritten, langsam und gebrechlich, quer über das Zimmer gegangen, und hinter dem Ofen, unter Stöhnen und Ächzen, niedergesunken sei.

5   Einschübe

Einschübe sind Einzelwörter oder Wortgruppen, die in einen Satz eingelagert werden:
> Das ist ja, oh Gott, ein Drachen!
> Dies, meine Damen und Herren, sind die schönsten Bilder.

Die durch paariges Komma ausgegliederte Wortgruppe hat, wie der Terminus *Einschub* andeuten soll, keinen im engeren Sinne *thematischen* Bezug zum umgebenden Satz; Einschübe sind gewissermaßen *Fremdlinge*.

Selbst in dem Beispiel
> Ich danke Ihnen, meine Damen und Herren, für die vielen Spenden!

ist der Ausdruck meine Damen und Herren nicht auf das Ihnen zu beziehen und als verengender Nachtrag dazu zu sehen. Ein Nachtrag müsste nämlich morphologisch korrespondieren:
> Ich danke Ihnen, meinen Damen und Herren, für …

Dieser Satz wäre falsch bzw. er hätte eine andere Bedeutung.

Ob etwas eingeschoben wird – und wenn: was und wo –, ist freilich *pragmatisch motiviert*:
> „Hört, Kinder, doch mal zu!"

Hier hilft die eingeschobene Anrede Kinder, den (aus eigener Kraft nicht unbedingt klar adressierten) Imperativ zu adressieren; zugleich verleiht sie der Aufforderung Nachdruck.

Bei solchen Einschüben geht es überwiegend um Interjektionen wie ach, oh, oh weh usw.
> Da vorn kommt, au weia, unser Deutschlehrer!

und um Anredenominative wie
> Hast du eigentlich, lieber Paul, an das Geschenk für Oma gedacht?

Interjektionen und vor allem Anredenominative sind im Satzverband frei verschiebbar. Anredenominative sind als *dramaturgischer Kniff* sogar *innerhalb* eines Satzglieds platzierbar:
> Das ist ein, *meine Damen und Herren*, echter Rembrandt.

> Habe nun, ach! Philosophie,
> Juristerei und Medizin,
> Und leider auch Theologie!
> Durchaus studiert, mit heißem Bemühn.
> Da steh' ich nun, ich armer Tor!
> Und bin so klug als wie zuvor;
> […]
> (Goethe, „Faust")

5 Einschübe

Kommasetzung bei Einschüben

85 Dass bei *Anredenominativen* wie auch bei *Interjektionen* paariges Komma gesetzt werden soll, ist in der Sache unstrittig.

Dies sind auch die beiden Hauptbeispielgruppen in den Amtlichen Regeln, die für Einschübe eine eigene Regel aufmachen, freilich mit recht unscharfen *pragmatischen* Kriterien:

§ 79: Anreden, Ausrufe oder Ausdrücke einer Stellungnahme, …

Dort sind in der Beispielgruppe „Stellungnahme" u. a. zwei Fälle aufgeführt, die ich als Teilsatz-Appositionen einordne (und dort als Äquivalente von elliptischen Ergänzungsbeziehungen im Verknüpfungstyp C erläutere, → 43 ff.), nämlich

„Sie hat uns angerufen, eine gute Idee."

und

„Er hat, eine Unverschämtheit, uns auch noch angerufen."

86 Die übrigen in dieser Gruppe aufgeführten Beispiele sind in meiner Sicht ebenfalls nicht Einschübe, sondern überwiegend Fälle von Mehrfachbesetzung der syntaktischen Position Teilsatz bzw. satzwertiger Ausdruck wie z. B.:

„Ja, daran ist nicht zu zweifeln."

„Ich habe schon gegessen, danke."

Auch in der Beispielgruppe „Ausrufe" sind Fälle wie

„Was, du bist umgezogen?"

aufgeführt, die als Mehrfachbesetzung zu verstehen sind. Solche Konstruktionen können zwar im Einzelfall als Ausruf benutzt werden, das Komma ist aber nicht an den kommunikativen Status *Ausruf* gebunden.

87 Es lohnt sich in diesem Phänomenbereich nicht, stark zu regulieren, weil es sich überwiegend um mündlichkeitsnahe Formulierungen handelt, die geschriebensprachlich außer in Transkriptionen (wo die Profis ohnehin eigene Konventionen haben) nur im poetischen Kontext auftreten (da nehmen sich die Profis ohnehin ihre kleinen Freiheiten) oder im Chat (wo sowieso jeder schreibt, wie er will).

6 Partizipialkonstruktionen

Im Folgenden geht es um satzwertige *Partizipial*konstruktionen wie
> Heftig <u>lachend</u> konnte er den Fotoapparat natürlich nicht ruhig halten.

und um satzwertige *partizipial ergänzbare* Konstruktionen wie
> Paul ging, *die Hand in der Tasche,* cool aus dem Raum (= die Hand in der Tasche <u>haltend</u>).
> *Vom Streit sehr müde,* ging Paul früh ins Bett (= sehr müde <u>seiend</u>).

Partizipialgruppen und partizipial ergänzbare Wortgruppen können an (fast) jeder Position im Satz stehen:
> Vom fetten Essen erschöpft / müde, wollte Paul zu unserem Erstaunen schon früh ins Bett gehen.
> Paul wollte, vom fetten Essen erschöpft / müde, zu unserem Erstaunen schon früh ins Bett gehen.
> (*)Paul wollte zu unserem Erstaunen, vom fetten Essen erschöpft / müde, schon früh ins Bett gehen.
> (*)Paul wollte zu unserem Erstaunen schon früh, vom fetten Essen erschöpft / müde, ins Bett gehen.
> Paul wollte zu unserem Erstaunen schon früh ins Bett gehen, vom fetten Essen erschöpft / müde.

6.1 Partizipialgruppen

Partizipialgruppen werden aus zwei Gründen hier beim erweiterten einfachen Satz behandelt und *nicht* zusammen mit satzwertigen Infinitivgruppen im Rahmen von *zusammengesetzten* Sätzen:

Zum einen stehen Infinitivkonstruktionen in enger Beziehung zu satzförmigen Konstruktionen, insbesondere Nebensätzen; so gibt es bei den Ergänzungsbeziehungen zahlreiche Äquivalenzen zwischen satzförmigen und satzwertigen Konstruktionen wie z. B.
> Sie sah ihn sterben. / Sie sah, wie er starb.
> Er bemühte sich, klarer zu sprechen. / Er bemühte sich darum, dass er klarer sprach.
> Euch zu helfen ist nicht gerade ein Vergnügen. / Wenn man euch hilft, ist das nicht gerade ein Vergnügen.

Bei manchen Verben (wie sich bemühen oder versuchen) ist die Realisierung der Konstituente durch eine Infinitivkonstruktion sogar die reguläre (und die durch Nebensatz die markierte).

Auch bei den Adverbialbeziehungen gibt es einige, die vorrangig mit infinitivischen Konstituenten vorkommen, z. B.
> Um Löcher in Manteltaschen zu reparieren, nimmt man am besten einen Tacker.
> Er ging noch in die Stadt, statt weiter an seiner Dissertation zu arbeiten.
> Ohne sich noch einmal umzudrehen, ging sie fort.

6 Partizipialkonstruktionen

91 Zum andern tragen Infinitivkonstruktionen in der Regel die syntaktisch-semantische Mindestausstattung, die sie für Satzwertigkeit brauchen, mit sich:

>   Er bemühte sich *zu schwimmen.*
>   Er bemühte sich, *ans Ufer zu schwimmen.*
>   Er bemühte sich, *möglichst schnell ans Ufer zu schwimmen.*

Schon in der *nicht-*erweiterten Version ist der Infinitiv (hier mit dem impliziten Subjekt er) satzwertig.

92 Demgegenüber gewinnen Partizipialgruppen Satzwertigkeit erst durch eine entsprechende Konstruktion des Gesamtsatzes und zudem in der Regel erst ab einer gewissen inhaltlichen Ausstattung:

> *Lachend* trug er das Tablett zu ihr
> (= nicht satzwertig).
>
> *Heftig lachend,* konnte er das Tablett *natürlich* nicht mehr ruhig halten
> (= satzwertig, weil natürlich und die Gesamtaussage eine kausale Bedeutung nahelegen).
>
> *Heftig und unaufhörlich und mit dem ganzen Körper lachend* trug er das Tablett zu ihr
> (= nicht satzwertig, auch wenn die Partizipialgruppe noch reichlicher ausgestattet ist).

Für das nicht-erweiterte Partizip lachend lässt sich kein Satzkontext finden, in dem es *satzwertig* wäre:

> *Lachend konnte er das Tablett natürlich nicht mehr ruhig halten.

93 Dasselbe gilt für partizipial ergänzbare auf ein Adjektiv bezogene Wortgruppen:

> Müde ging Paul nach Hause.
> Von der ganzen Streiterei müde, ging Paul doch lieber gleich nach Hause.

Das zweite Beispiel legt eine kausale Beziehung zwischen der adjektivischen Wortgruppe und dem Rest des Hauptsatzes nahe.

94 Die logisch-semantische Beziehung einer satzwertigen Partizipialkonstruktion zum Rest des Satzes, in dem sie steht, entspricht einer der folgenden fünf Verknüpfungsbedeutungen, die auch für adverbiale Teilsatzbeziehungen möglich sind:

- häufig *kausal:*
  Vom Essen völlig erschöpft, legte sich Paula früh ins Bett (= Weil sie …).
- im Einzelfall *konditional:*
  Von dir unterstützt, könnte ich mir einen Sieg gut vorstellen (= Wenn ich …).
- sehr selten *konzessiv:*
  Von allen Seiten angefeuert, erreichte er dennoch das Ziel nur als Dritter (= Obwohl er …).
- bedingt *temporal:*
  (*)Alle Arbeiten zur Zufriedenheit erledigt, legte sich Paul genüsslich in die Badewanne (= Nachdem er …).
- *modal: Begleitumstand* (als neutralste Interpretation):
  Die Augen fest auf sein Gegenüber gerichtet, ging Paul Schritt für Schritt näher heran (…, wobei er …).

95 Das unter *temporal* angeführte Beispiel ist nach meiner Einschätzung grenzwertig, zumindest stilistisch stark markiert:

> (*)Die Arbeit zu seiner Zufriedenheit erledigt, ging Paul ins Kaffeehaus.

Solche Konstruktionen werden auch als *absoluter Nominativ* oder *Nominativus absolutus* (von lateinisch absolutus = losgelöst) bezeichnet; diese Bezeichnung macht sich also an der Nomengruppe Die Arbeit fest. Ich sehe die Konstruktion demgegenüber als von dem Partizip erledigen und dessen Valenz gesteuert, die Nominalgruppe ist dabei reguläres Subjekt zu erledigen (hier in der Verbform Partizip II). Ich gehe davon aus, dass es sich hier um eine *passivische* Basiskonstruktion handelt:

Die Arbeit zu seiner Zufriedenheit erledigt seiend, ging ...
Nachdem die Arbeit zu seiner Zufriedenheit erledigt war, ging Paul ...

Ich gehe also nicht von einer *aktivischen* Basis aus, bei der Die Arbeit sich als *Akkusativobjekt* entpuppen würde:

Nachdem er die Arbeit zu seiner Zufriedenheit erledigt hatte, ging Paul ...

Auch im heutigen Englisch (und im Französischen) gibt es solche satzwertigen Partizipialkonstruktionen, wie im Deutschen begrenzt auf *gehobenen* Sprachgebrauch:

The weather being very bad, Paul and Paula decided to stay in bed.

6.2 Partizipial ergänzbare Wortgruppen

Aus der Werbung:

DREAMSACK ... eine vielseitige Schlafunterlage für Reise, Camping und den Gebrauch zu Hause. 100% aus Seide bietet der DREAMSACK mehr Wärme in Schlafsäcken und unter Steppdecken, fühlt sich bei Hitze kühl und wohltuend an, ist perfekt für Nächte im Hotel, verschwindet problemlos in einem Rucksack oder Koffer und stellt ein ideales Geschenk dar.

Während in Partizipialgruppen wie 96

Von uns über alle Vorgänge genauestens informiert, konnte Paula sofort Entscheidungen treffen.

das mit seinen Valenzen strukturgebende Verb (informieren) zwar nicht als Finitum, aber in infiniter Form (Partizip II) die Konstruktion zusammenhält, scheinen in Wortgruppen wie den folgenden die Satzteile syntaktisch *haltlos* zu sein:

Nach dem fetten Essen ziemlich müde, zogen sich alle schnell zurück.
Den üblichen Kaugummi im Mund, ging Paula zwischen ihren Angestellten umher.
Ganz Kavalier der alten Schule, begleitete Paul seine Cousine nach Hause.

Das erste Beispiel wird oft als *Adjektivgruppe* bezeichnet, obwohl das Adjektiv müde 97
hier zwar syntaktischer Bezugspunkt für ziemlich, nicht aber strukturierendes Zentrum für die Wortgruppe Nach dem fetten Essen ist; das ist vielmehr ein (partizipial ergänzbares) Verb sein im *syntaktischen Hintergrund*.

Dass das Adjektiv müde hier als Zentrum gesehen wird, hängt möglicherweise auch damit zusammen, dass in älteren Grammatiken das Prädikativum (also ziemlich müde in Alle waren nach dem fetten Essen ziemlich müde) mit zum Prädikat gezählt wurde. müde wäre danach Prädikatsteil eines *zwei*teiligen Prädikats und übernähme, da dessen anderer Teil fehlt, die *Führung*.

Das zweite der drei Beispiele wird manchmal als *absoluter Akkusativ* oder auch 98
accusativus absolutus (von lateinisch absolutus = losgelöst) bezeichnet, weil hier ein Nomen im Akkusativ vorliegt (den Kaugummi), der nicht vom Prädikat (ging) oder einem anderen sichtbaren Verb regiert ist. Wenn man aber auch hier ein Verb in der Verb-

form Partizip I ergänzt – z. B. habend –, dann erweist sich dieser Akkusativ doch als abhängig, eben von einem Hintergrundsverb.

99 Das dritte Beispiel wird analog als *absoluter Nominativ* oder *Nominativus absolutus* bezeichnet; auch hier macht die partizipiale Ergänzung seiend aus diesem frei flottierenden Nominativ eine Nominativ*ergänzung*.

Zu dieser syntaktischen Abhängigkeit von ergänzbaren Verben kommt eine durchgängige thematische Bezogenheit hinzu: Die Subjekte der ergänzbaren Prädikate sind grundsätzlich die des Teilsatzes, in den die Konstruktionen integriert sind, also alle bzw. Paula bzw. Paul.

100 Im Lateinischen gibt es – besonders in Form des *Ablativus absolutus* – satzwertige Konstruktionen, die nicht auf Satzteile des rahmenden Satzes bezogen sind und deren Konstruktion auch nicht erst durch eine partizipiale Ergänzung transparent wird:
– In der partizipialen Variante:
Rom<u>a</u> ab hostibus delet<u>a</u>
= Rom (war) von den Feinden zerstört (worden).
– In der nominalen Variante:
Pompei<u>o</u> imperator<u>e</u>
= (als) Pompeius Herrscher (war).
Hier ist die Bezeichnung *absolutus* naheliegender.

101 Konstruktionen im Deutschen wie
Er schlief <u>den ganzen Tag</u>.
bzw.
<u>Des Abends</u> ging er wieder <u>traurigen Herzens</u> nach Hause.
kann man zwar als Fälle von absolutem Akkusativ bzw. absolutem Genitiv ansehen, es handelt sich dabei aber nicht um *satzwertige* Konstruktionen, sondern um Adverbialien mit regulärem Satzgliedstatus.

Der Terminus *absolut* fokussiert die Unabhängigkeit von einem Verb oder einem anderen Valenzträger. Dem entspricht *adverbial* in der üblichen Bezeichnung für diese Konstruktionen: *adverbialer Genitiv / Akkusativ*. Solche Wortgruppen haben nicht den Status von Objekten, sondern von Adverbialien. Möglich wäre auch, von *autonomem Genitiv / Akkusativ* zu sprechen.

> *Aus Wikkipedija (= der ripuarischen Version von Wikipedia) zum Stichwort Nominativus absolutus:*
>
> Dä **Nominativus absolutus** eßß ejjentlejj en jrammatikalische Konstrukzie vun dä aale Jriische. Datt eßß esuh en Aat Ablativus absolutus wi beij däm Lateiner äwwer em Nominativ. Op Ööscher Platt eßß et äwwer jet janz anderet. Et heijß dat dä Ööscher nid mieh wi eijn Fall kenne doot. Datt eßß dä Nominativ. Hä säät:
>   Dor Honk beijß dor Ööscher in dor Beijn'.
> Datt eßß dor Nominativus absolutus en Oche.
>
> [Ööscher = Aachener, Oche = Aachen]

102 Die logisch-semantische Beziehung der partizipial ergänzbaren Konstruktionen zum Rest des Teilsatzes, in den sie integriert sind, kann je nach den Aussageinhalten (und je nach evt. Konnektoren) *modal* oder *kausal / konditional / konzessiv* sein:

- *modal:*
  Den Kaugummi locker im Mund, ging Paula im Raum umher.
- *kausal:*
  Die eine Hand in der Tasche, konnte Paul den Ball nicht gut fangen.
- *konditional:*
  Hör mal: Den Kaugummi im Mund wie eben, *würdest* du bei meiner Chefin keine Chance haben.
- *konzessiv:*
  Den Kaugummi locker im Mund, konnte Paula ihre Nervosität *dennoch* nicht ganz verbergen.

Partizipial ergänzbare Konstruktionen sind äquivalent zu Satzgliedern und zu Adverbialsätzen: 103

Paul ging, *die Hand in der Tasche*, cool aus dem Raum.
Paul ging *mit der Hand* in der Tasche cool aus dem Raum.
Paul ging cool aus dem Raum, *wobei er die Hand in der Tasche hielt.*

> Volker Erhardt
> auf knien
> verkleinert sich der Horizont

6.3 Kommasetzung bei *Partizipial*gruppen und partizipial *ergänzbaren* Wortgruppen

Partizipialgruppen und partizipial ergänzbare Gruppen werden, wenn sie wie die folgenden *teilsatzwertig* sind, entsprechend mit Doppelkomma abgetrennt: 104

Er lief, von der ganzen Angelegenheit erregt, zu Fuß nach Hause.
Wir gingen, von der Anspannung müde, früh zu Bett.

Beide Arten von Wortgruppen *sollten* durch paariges Komma abgetrennt werden, wenn dadurch Missverständnisse vermieden werden können:

*Paula stürzte sich auf ihren Chef sauer auf ihren Mann.
→ Paula stürzte sich, auf ihren Chef sauer, auf ihren Mann.

Sie *müssen* durch paariges Komma abgetrennt werden, wenn die Wortgruppe durch einen Ausdruck im anderen Teilsatz (= ein Korrelat) angekündigt oder wiederaufgenommen wird: 105

So mit dem Kaugummi im Mund kannst du nicht gut in die Prüfung gehen!
→ So, mit dem Kaugummi im Mund, kannst du nicht gut in die Prüfung gehen!

Sonst hätte man eine modale Dublette (So mit dem Kaugummi im Mund kannst du nicht gut in die Prüfung gehen!), bei der *zwei* Wortgruppen um die Besetzung der *einen* freien Stelle eines modalen Adverbiale konkurrieren; oder aber man würde das so als Unschärfemarker verstehen.

Sie *müssen* durch paariges Komma abgetrennt werden, wenn sie mit einem weiteren Satzglied gemeinsam im Vorfeld stehen:

> Sie aus vollem Halse lachend kam auf mich zu.
> Sie, aus vollem Halse lachend, kam auf mich zu.

Ohne paariges Komma ist die Funktion der Vorfeldelemente nicht unmittelbar klar; die Partizipialgruppe ist gewissermaßen *syntaktisches Sperrgut* und muss, unabhängig von ihrer Satzwertigkeit, mit Doppelkomma 'verpackt' und damit topologisch entsorgt werden.

106 Partizipial ergänzbare *nominale* Wortgruppen werden *grundsätzlich* mit paarigem Komma abgetrennt, weil ihre wortgruppen*internen* Satzteile mit den Satzgliedern des restlichen Satzes interferieren würden:

> *Sie aß die eine Hand in der Tasche gedankenverloren ihren Apfel.
> → Sie aß, *die eine Hand in der Tasche*, gedankenverloren ihren Apfel.

Sonderfall I

107 Für das Aufeinandertreffen von neben- und unterordnender Konjunktion in *Teilsatzbeziehungen* ist die Kommasetzung geregelt: Wird ein Nebensatz (der Konstituentensatz zum *nachfolgenden* Matrixsatz ist) unmittelbar nach einer nebenordnenden Konjunktion eingebaut, wird nach der früheren Duden-Vorgabe ebenso wie nach den Amtlichen Regeln von 2004 und auch den aktuellen von 2006 das den Nebensatz eröffnende Komma *vor* die nebenordnende Konjunktion verschoben (→ Bd. 2: 437 ff.; für Infinitivgruppen → 504 ff.).

108 Konstruktionen mit satzwertigen *Partizipialgruppen* müssten analog geregelt werden; diese Fälle sind freilich weder in den alten noch in den neuen Regeln berücksichtigt. Muss also auch in Beispielen wie

> Er war nach dem Spiel direkt nach Hause gefahren und(,?) von der Niederlage völlig entmutigt, ging er gleich zu Bett.

das Komma, das die Partizipialgruppe eröffnet, *vor* die koordinierende Konjunktion und verschoben werden?

> Er war nach dem Spiel direkt nach Hause gefahren(,?) und von der Niederlage völlig entmutigt, ging er gleich zu Bett.

Im folgenden Beispiel würde das Komma vermutlich *nicht* verschoben, weil hier kein Satzgefüge neu eröffnet, sondern das begonnene lediglich verlängert wird:

> Er war nach dem Spiel direkt nach Hause gefahren und, von der Niederlage völlig entmutigt, gleich zu Bett gegangen.

109 Dieselbe Unklarheit gälte für satzwertige *Adjektiv-* und *Nominal-*Gruppen: Bei koordinierender Konjunktion wird möglicherweise das Komma verschoben

> Sie hatte lange mit der Gastgeberin gesprochen(,?) und die Zigarette lässig im Mundwinkel, stand sie nun am Kamin,

dann, wenn kein neues Satzgefüge eröffnet, sondern das begonnene verlängert wird, aber vermutlich nicht:

> Sie hatte lange mit der Gastgeberin gesprochen und, die Zigarette lässig im Mundwinkel, am Kamin gestanden.

Sonderfall II

In den Amtlichen Regeln ist in § 74 E2 für Mehrfachbesetzungen mit *Nebensatz + Satzglied* geregelt, unter welchen Bedingungen hier ein Komma gesetzt wird.

Für satzwertige Wortgruppen ist dort keine Regelung getroffen worden. Man kann aber analog formulieren: Ist in einer Mehrfachbesetzung *ein* Glied ein satzwertiger Partizipialausdruck, das *andere* ein Satzglied, dann konkurrieren die beiden Regeln, dass satzwertige Ausdrücke auf *beiden* Seiten durch Komma getrennt werden, Satzglieder dagegen *ohne* Komma nebeneinander stehen. Daher gilt folgender Regel-*Kompromiss:* Der satzwertige Partizipialausdruck erhält nur das vordere Komma, das hintere gilt als durch das Verbindungswort und ersetzt.

> Er stand, *vom Streit völlig erschöpft*, in der Ecke.
> + Er stand *verbittert* in der Ecke.
> = Er stand, *vom Streit völlig erschöpft* und *verbittert* in der Ecke.

> Sie kaute, *die linke Hand in der Tasche*, einen Apfel.
> + Sie kaute *völlig geistesabwesend* einen Apfel.
> = Sie kaute, *die linke Hand in der Tasche* und *völlig geistesabwesend* einen Apfel.

Bei umgekehrter Reihenfolge der *Zwillinge* gilt dasselbe spiegelbildlich:

> Er stand völlig verbittert und vom Streit erschöpft, in der Ecke.
> Sie kaute völlig geistesabwesend und die linke Hand in der Tasche, einen Apfel.

Wenn man will, kann man natürlich auch im Sinn einer Heraushebung (§ 78) den nicht-satzwertigen der beiden Zwillinge (= völlig verbittert bzw. völlig geistesabwesend) durch *paariges Komma* abtrennen:

> Er stand, vom Streit erschöpft, in der Ecke.
> + Er stand, *völlig verbittert*, in der Ecke.
> Er stand, völlig verbittert und vom Streit erschöpft, in der Ecke

> Sie kaute, die linke Hand in der Tasche, einen Apfel.
> + Sie kaute, völlig geistesabwesend, einen Apfel.
> Sie kaute, völlig geistesabwesend und die linke Hand in der Tasche, einen Apfel.

Angesichts der grundsätzlichen Satzwertigkeit von Infinitivgruppen leuchtet ein, dass die Amtlichen Regeln in § 75 (3) für *Infinitive* einen Freibrief einräumen:

> In den Fällen, die nicht durch § 75 (1) bis (3) geregelt sind, kann ein Komma gesetzt werden, um die Gliederung deutlich zu machen bzw. um Missverständnisse auszuschließen. Dasselbe gilt für Partizip-, Adjektiv- und entsprechende Wortgruppen (siehe § 77 (7) und § 78 (3)).

Die unbegrenzte Übertragung dieses Freibriefs auf *Partizipialgruppen* hielte ich jedoch für leichtsinnig: Während alle in § 75 aufgeführten Infinitiv-Beispiele teilsatzwertig (= Konstituenten in Ergänzungsbeziehungen) sind, gilt dies für „Partizip-, Adjektiv- und entsprechende Wortgruppen" nur im Einzelfall.

7 Mehrfachbesetzung von Konstituenten

113 In Sätzen wie

> Paul und Eva und ich gehen ins Konzert.

macht es wenig Sinn, Paul und Eva und ich als *ein* Satzglied zu sehen und diese dreigliedrige Ausstattung dann im Rahmen des Satzgliedinnenbaus zu behandeln. Denn zum Ersten hätte man dann drei Satzglied-Kerne zur Wahl (Paul – Eva – ich); zum Zweiten wäre dies ein merkwürdiger Typ von Satzglied, innerhalb dessen die drei Konstituenten beliebig umstellbar wären; zum Dritten lässt sich diese dreigliedrige Struktur topologisch variieren zu

> <u>Paul und Eva</u> gehen ins Konzert <u>und ich</u>
> <u>Paul</u> geh*t* ins Konzert <u>und Eva</u> <u>und ich</u>.

Es macht andererseits auch nicht *mehr* Sinn, Paul, Eva und ich als drei *autonome* Satzglieder zu sehen, da sie gemeinsam im Vorfeld stehen können.

114 Das ambivalente Stellungsverhalten dieses dreifach besetzten *Satzteils* lässt sich besser verstehen, wenn man von einer dreifach besetzten *Teilsatz*stelle ausgeht

> Paul geht ins Konzert und Eva geht ins Konzert und ich gehe ins Konzert,

die dann durch Weglassen gemeinsamer Komponenten auf ein ökonomisches Maß verkürzt worden ist und damit zugleich die Struktur verdeutlicht. Diese Kürzung kann bei unterschiedlichen Etappen aufhören:

> Paul geht ins Konzert und auch Eva geht ins Konzert und auch ich gehe ins Konzert.
> → Paul geht ins Konzert und (auch) Eva und ich.
> → Paul und Eva ge<u>hen</u> ins Konzert und (auch) ich.
> → Paul und Eva und ich gehen ins Konzert.
> → Paul, Eva und ich gehen ins Konzert.

Im zweiten Satz lässt sich die Kürzung auf der Basis des ersten noch gut erkennen. Im dritten ist die Doppelbesetzung der Subjektstelle bereits ein erstes Mal morphologisch integriert durch die Pluralform des Finitums.

Im vierten und fünften Beispiel sind vom zweiten und dritten Teilsatz des ersten Satzes nur noch die Subjekte übriggeblieben. Alle drei Subjekte sind ins Vorfeld integriert; im fünften Beispiel ist dabei im Unterschied zum vierten die Konjunktion und, die ein Indikator für die letzte Komponente einer Mehrfachbesetzung sein *kann*, nur noch vor ich verwendet.

115 Welche dieser fünf Versionen jemand wählt, ist nicht nur eine kürzungs*technische* Frage, sondern präsentiert den auf den ersten Blick vielleicht identisch erscheinenden Sachverhalt jeweils etwas anders: Im vierten und fünften Beispiel erscheint die Parallelhandlung als unter den drei Personen abgesprochen, im zweiten als Absprache

nur zwischen Eva und ich, im dritten zwischen Paul und Eva. Gemessen an der unauffälligen Formulierung dieser Koordination der drei Personen im fünften Beispiel kann man die Version im vierten als stärkere Markierung von Koordination ansehen (vielleicht gibt es im Vorfeld einer solchen Formulierung einen Konflikt unter diesen dreien, dessen Ende bzw. Bearbeitung mit genau dieser Formulierung angemessen angesprochen werden kann). Das erste Beispiel wirkt stark auffällig, weil die mögliche und auch übliche Kürzung hier *nicht* getilgt ist: Als Rezipient unterstelle ich – jedenfalls bei *geschriebensprachlicher* Produktion –, dass solche Redundanzen *beabsichtigt* sind, und suche die *tiefere* Bedeutung dieses Formulierungs*mehraufwands*: Soll er die Unabhängigkeit der drei Personen demonstrieren?

Die Parallelität der Handlungen der drei Personen ist im vierten und fünften Satz *morphologisch* angezeigt (durch Integration unter eine gemeinsame Pluralform), im ersten (und bedingt in den beiden folgenden) *lexikalisch* (durch auch).

Dass es sich im Ausgangsbeispiel um eine *einzige*, aber eben *mehrfach besetzte* Satzglied*stelle* handelt, hat Stellungsfolgen: Da es *eine* Satzgliedstelle ist, können die drei Besetzungen als Satzglied-Paket zusammenstehen wie im Ausgangsbeispiel. Da es sich um *drei* Besetzungen handelt, deren jede für sich satzgliedwertig ist, können sie getrennt werden, und zwar so, dass die abgespaltene(n) Besetzung(en) ins Nachfeld verschoben wird (werden):

116

    Paul und Eva *werden* morgen ins Konzert gehen und ich.
    Paul *wird* morgen ins Konzert gehen und Eva und ich.

Je nach Stellungsvariante sind Kongruenzanpassungen zwischen Finitum und ein- oder mehrfach besetzter Subjektstelle nötig (werden – wird).

Die Zusammengehörigkeit der Besetzungen der Subjektstelle wird durch Konjunktionen angezeigt (je nach Art der Zusammengehörigkeit und oder aber oder oder usw.). Wenn die Besetzungen beieinanderstehen, steht diese Konjunktion meist nur vor der Letztbesetzung, davor wird sie durch Einfach-Komma ersetzt.

Das und ist dann in der Regel ein Indikator dafür, dass nun das letzte Element folgt. Dazu zwei Differenzierungen:

117

Eine Dreifach-Besetzung wie
    Wir brauchen Butter, Zitronen und Papier-Servietten.
kann man auch so gliedern, dass die sachlich engere Zusammengehörigkeit der beiden Nahrungsmittel deutlich gemacht wird:
    Wir brauchen Butter und Zitronen sowie Papier-Servietten.
Hier zeigt und also das letzte Element einer *Sub*-Gruppe der Mehrfachbesetzung an (also das letzte aufgezählte Lebensmittel); das letzte Element der *Gesamt*-Mehrfachbesetzung wird mit sowie angeschlossen und so als kategorial unterschiedlich markiert.

Auch eine Vierfach-Besetzung kann man auf mehrere Weisen auffädeln:
    Ich brauche Butter, Sahne, Äpfel und Zitronen.
    Ich brauche Butter und Sahne, Äpfel und Zitronen.
In der zweiten Version wird die engere sachliche Zusammengehörigkeit der Milchprodukte und der Früchte deutlich gemacht.

> Bakke, bakke, Kuchen,
> Der Bäkker hat gerufen!
> Wer will gute Kuchen bakken,
> Der muß haben sieben Sachen:
> Eier und Schmalz,
> Butter und Salz,
> Milch und Mehl,
> Safran macht den Kuchen gel!
> Schieb, schieb in Ofen 'nein.

118 Mehrfachbesetzung kann man also als informationsanreicherndes Prinzip sehen, das auf jeder Komplexitätsstufe – also sowohl auf Wörter wie auf Satzglieder wie auf Teilsätze – angewandt werden kann.

Dabei spielen Mehrfachbesetzung und Kürzung zusammen: Wenn wir eine mehrfach besetzte Konstituente vorfinden, resultiert sie meistens aus einer Mehrfachbesetzung auf einer *komplexeren* Stufe mit nachfolgender Kürzung.

Im Folgenden erläutere ich dieses Zusammenspiel von Mehrfachbesetzung und Kürzung auf den einzelnen Stufen. Ich beziehe unter dieser Perspektive auch die entsprechenden Phänomene auf der Stufe Wort ein, auch wenn sie nicht im engeren Sinn Gegenstand einer Beschreibung des *erweiterten* Satzes sind.

Mehrfachbesetzung / Kürzung auf der Komplexitätsstufe *Wort*

119 Eine Kompositum-Reihung mit gleichem *Grund*wort wie z. B.

> Die Verwaltungen verlangen grundsätzlich Einnahmenrechnungen und Ausgabenrechnungen.

wird häufig zusammengezogen, indem die Dublette – hier das Grundwort -rechnungen – bei ihrem *ersten* Auftreten gekürzt wird:

> Einnahmen- und Ausgabenrechnungen.

Solche Kürzungen führen dazu, dass die beiden Besetzungen nun beieinanderstehen *müssen*, während im kürzungsfreien Ausgangsbeispiel eine der beiden Besetzungen ins Nachfeld verschoben werden könnte:

> …, weil die Verwaltungen dabei grundsätzlich Einnahmenrechnungen verlangen und Ausgabenrechnungen.
> *…, weil die Verwaltungen dabei grundsätzlich Einnahmen- verlangen und Ausgabenrechnungen.
> …, weil die Verwaltungen dabei grundsätzlich Einnahmen- und Ausgabenrechnungen verlangen.

Durch die Kürzung entsteht mit Einnahmen- ein *Wortrest*.

Bei der Reihung von Komposita mit gleichem *Bestimmungs*wort wie z. B. Eisensäge und Eisenfeile wird die Dublette – hier das Bestimmungswort Eisen- – bei ihrem *zweiten* Auftreten gekürzt: Eisensäge und -feile. Hier wird die zweite Besetzung (-feile) zum Wortrest.

120 Bei Komposita mit mehr als zwei Komponenten, von denen *zwei* gleich sind, wie z. B. Wasserzulauf und Wasserablauf entstehen *zwei* Wortreste: Wasserzu- und -ablauf.

Solche Kürzungen sind nicht möglich, wenn die gemeinsame Komponente *doppeldeutig* ist und in den beiden Komposita in unterschiedlicher Bedeutung verwendet wird:

> Was Paul grundsätzlich Probleme macht, sind *Truthähne und Wasserhähne*.
> → *Trut- und Wasserhähne.

Die hier aufgeführten Wortkürzungen sind anders einzuschätzen als Kontaminationen wie Frühmi (aus Frühstück + Mittag), bei denen es keine Dubletten gibt, die gekürzt werden. Zudem sind solche Kontaminationen *nicht* beliebig rückgängig zu machen, und sie können ihre Transparenz nach einiger Zeit verlieren – wie z. B. Modem (aus Modulator + Demodulator).

Bei *Präfix*bildungen kann die gemeinsame Wortbasis beim ersten Vorkommen gekürzt werden: an- und ausschalten, weder zu- noch abträglich. Werden auf diese Weise Präfixbildungen gereiht, deren eines ein betontes und deren anderes ein unbetontes Präfix hat, dann müssen beide Präfixe *betont* verwendet werden: Ànkauf + Verkàuf → Àn- und Verkàuf.

Bei der Reihung von *Suffix*bildungen mit gleichem Suffix können *keine* Kürzungen vorgenommen werden:

> Die schottischen Ritter waren mutig und geizig. → *mut- und geizig;
> Ein Leben in Freiheit und Schönheit → *in Frei- und Schönheit.
> Im Althochdeutschen und Mittelhochdeutschen war -heit noch ein *Nomen* mit der Bedeutung Wesen, Gestalt, Stand.

Das leuchtet ein, insofern Suffixe in der Regel keine hinreichende lexikalische Bedeutung haben, unter der sie zugänglich abgespeichert werden können. Bei *Suffixoiden* – also Suffixen, die auf dem historischen Weg vom Lexem zum Suffix noch begrenzte lexikalische Eigenständigkeit haben – sind Kürzungs-Optionen eher zu erwarten:

> Wenn sie ihre Mutter besuchen, nehmen Paul und Paula immer *Strickzeug und Werkzeug* mit.
> → (*)... *Strick- und Werkzeug.*

> Fritz Eckenga
>
> Klima-Dichtung
> *Geschichte, Vermächtnis und Auftrag*
>
> [...]
>
> Konnten die auch nichts von wissen,
> liegt ja logisch auf der Hand,
> Gletscherschmelze, Erderwärmung
> waren damals unbekannt.
>
> Zogen erst viel später gründlich
> in das Weltbewusstsein ein.
> Schlugen weder schrift- noch mündlich
> nieder sich in Reimerein.
>
> [...]

7 Mehrfachbesetzung von Konstituenten

Mehrfachbesetzung / Kürzung auf der Komplexitätsstufe *Satzglied*

123 Die folgende Konstruktion ist doppeldeutig:

> Auf dem Hof standen rostige und schmutzige Autos.

Die erste Lesart geht von der verkürzten Wiedergabe eines doppelt besetzten *Satzglieds* aus. Danach handelt es sich um *zwei* Sorten Autos:

> Auf dem Hof standen rostige Autos und schmutzige Autos.

Die doppelt auftretende Komponente Autos wurde bei ihrem *ersten* Auftreten gekürzt.

Mehrfachbesetzungen dieser Art können auch getrennt auftreten; die zweite Besetzung wird dabei grundsätzlich ins Nachfeld verschoben:

> …, weil auf dem Hof rostige Autos standen und schmutzige.
> *…, weil auf dem Hof rostige standen und schmutzige Autos.

Bei dieser Stellung wird die doppelt auftretende Komponente (= Autos) bei ihrem *zweiten* Auftreten gekürzt.

124 Die zweite Lesart geht von einer doppelt besetzten *Attributstelle* innerhalb ein und desselben Satzglieds aus; danach geht es hier nur um *eine* Sorte Autos. Man kann dies mit einem Relativsatz paraphrasieren, in dem eine doppelt besetzte Adjektiv*ergänzungs*stelle vorliegt:

> Auf dem Hof standen Autos, die (alle) rostig und schmutzig waren.

Bei Attributen, die hinreichend *gegensätzlich* sind wie in

> Auf dem Hof standen kleine und große Autos,

kommt nur die erste Lesart infrage.

125 Bei Präpositionalgruppen mit identischer Präposition (wie mit im folgenden Beispiel) kann die Präposition beim *zweiten* (und ggf. weiteren) Auftreten gekürzt werden.

> […], weil er seinen Onkel mit dem Leberfleck auf der Nase und (mit) dem netten Lächeln im Gesicht sehr mochte.

Die einzelnen Besetzungen einer mehrfach besetzten Attributstelle müssen beisammenbleiben. Eine Attributstellung wie die folgende ist ungrammatisch, zumindest grenzwertig:

> (*)…, weil er seinen Onkel mit dem Leberfleck auf der Nase sehr mochte und dem netten Lächeln im Gesicht.

126 Durch Kürzungen bei Mehrfachbesetzungen können Unklarheiten entstehen. Im folgenden Satz ist der *Geltungsbereich* (= Skopus) des *Attributs* uneindeutig:

> Er liebte goldene Löffel und Messer.

Ist hier auch von goldenen Messern die Rede?

Im folgenden Beispiel ist der Geltungsbereich des Attributs *zweiter* Stufe uneindeutig:

> Auf der anderen Straßenseite stand eine ungewöhnlich schöne und interessante Frau.

Bezieht sich ungewöhnlich nur auf das Attribut schöne oder ist die Frau ungewöhnlich schön *und* ungewöhnlich interessant? Und wie ist es, wenn statt der Konjunktion ein trennendes Komma steht:
> ... eine ungewöhnlich schöne, interessante Frau?

Man kann die Unklarheit durch Umstellung beseitigen:
> ... eine interessante und ungewöhnlich schöne Frau

bzw.
> ... eine interessante, ungewöhnlich schöne Frau.

Oder man macht ggf. die Kürzung rückgängig:
> ... eine ungewöhnlich schöne und ungewöhnlich interessante Frau.

Mehrfachbesetzung / Kürzung auf der Komplexitätsstufe *einfacher Satz*

Grundsätzlich jede Satzgliedstelle kann zwei- oder mehrfach besetzt sein: 127
> Paul singt morgens, abends und in der Nacht.
> Paul, Paula und deren beide Schwestern haben ein Gesangs-Quartett gegründet.

Auch jedes Prädikat bzw. jeder Prädikatsteil kann mehrfach besetzt sein:
> Paul <u>schimpfte, fluchte, schrie</u> – es half ihm nichts, Paula kam nicht zurück.
> Paul <u>sollte und wollte</u> uns diese Aufgabe selbstständig lösen lassen.
> Paul hatte bei der Stadtverwaltung immer wieder <u>gebettelt und gebettelt</u>, dass sie ...

Im Gefolge von Mehrfachbesetzungen können Formulierungs-Pannen bzw. Verste- 128
hens-Unsicherheiten entstehen:

> Aus dem „Gießener Anzeiger":
> Im Urlaub füttert der Automat die Fische oder aber die Oma.
> („Der Spiegel" 25/2002, S. 210 – „Hohlspiegel")

Hier ist weder morphologisch noch topologisch festgelegt, ob die Subjektstelle doppelt besetzt ist (= der Automat / die Oma) oder die Objektstelle (= die Fische / die Oma). Unser gesellschaftliches Wissen legt nahe, dass die Großeltern in die Versorgungsbresche springen, wenn ihre Kinder mit den Enkeln im Urlaub sind. Denkbar (und angesichts der wachsenden Pflegeaufwendungen für ältere Leute eine nicht ganz unrealistische Horror-Vision) ist, dass das Pflegepersonal teilweise durch Automaten ersetzt wird (die – bei diesem konkreten Beispiel – auf die häusliche Ernährungspflege von Menschen *oder* Fischen umstellbar sein müssten).

Bei einer anderen Stellung des Beispiels wäre diese strukturelle Doppeldeutigkeit nicht entstanden; die beiden alternativen jeweils eindeutigen Stellungen sind:
> Im Urlaub füttert der Automat oder aber die Oma die Fische.
> Im Urlaub füttert der Automat die Oma oder aber die Fische.
> (Ich weiß, auch hier könnte man auf Delphine als Ersatz für Pflegepersonal verweisen!)

7 Mehrfachbesetzung von Konstituenten

> *Aus dem Werbeangebot eines auf wissenschaftliche Publikationen spezialisierten Verlages:*
>
> Preislisten für Verlagsleistungen
>
> In diesen Preisen ist ein *mehrfarbiges, individuell gestaltetes Cover* enthalten. Die effektiven Autorenkosten mindern sich um die Ausschüttung der VG Wort in Höhe von ca. 380,00 EUR und dem Autorenhonorar.
> Lieferzeit ab Druckfreigabe 5 Arbeitstage

Und – gefunden?

129 Auch auf Satzebene ist ein beliebtes Sprachspiel, dass Mehrfachbesetzungen ein vorgeblich gleiches Element gemeinsam nutzen, das aber doppeldeutig ist und in jeder Besetzung eine andere Bedeutung hat. So findet bei dem Verb im folgenden Beispiel, das zwei unterschiedliche Bedeutungen hat, eine *heimliche* Valenzverschiebung statt:

> Er schlug erst das Fenster und dann den Weg zum Schloss ein.

Solche Konstruktionen werden als *Syllepsis* bezeichnet, teilweise laufen sie auch unter *Zeugma* (von griechisch zeugma = Joch: das Zusammengespannte, Plural: Zeugmata).
Bei manchen Verben sind die beiden Bedeutungen auch *morphologisch*

> Er trat die Tür ein und den Rückweg an (= unterschiedliche Präfixe).

bzw. *syntaktisch* sichtbar unterschieden:

> Ich heiße Heinz Erhardt und Sie herzlich willkommen!
> (= einfaches Verb heißen gegenüber Verbgefüge willkommen heißen).

Regulär dürfen zwei oder mehr Besetzungen also nur bei *gleicher* Bedeutung gekoppelt werden, z. B.:

> Er schlug erst das Fenster und dann das Oberlicht ein.

130 Insofern kann man eine Koordinationsprobe (→ Bd. 2: 424–426) nutzen, um zu testen, ob zwei Konstituenten zur gleichen syntaktischen Kategorie gehören:

> Paul verspeiste mit einem guten Freund und zwei Gästen das zähe Hähnchen.
> Paul verspeiste mit einem Messer und zwei Geflügelscheren das zähe Hähnchen.
> *Paul verspeiste mit einem guten Freund und einem scharfen Messer das zähe Hähnchen.

In Beispielen des folgenden Typs lässt diese Probe zwar eine Koordination *nicht* zu:

> *Du kannst mich morgen und im Hotel besuchen;

das leuchtet ein, weil hier eine temporale Konstituente mit einer lokalen koordiniert ist. Aber wenn man diese unterschiedlichen Kategorien überbrückt durch eine gemeinsame Kategorie *Beliebigkeit*, dann ist Koordination mit und möglich:

> Du kannst mich jederzeit und überall anrufen – ich helfe dir.

131 Solche Paarformeln gibt es auch im rituellen Gebrauch, z. B.

> Wir sind hier und heute zusammengekommen, um ....

In beiden Fällen wird nicht auf die zwei unterschiedlichen Kategorien *temporal* und *lokal* scharf gestellt, sondern deren Divergenz tritt in den Hintergrund einer Beliebigkeits-Charakteristik im ersten Beispiel bzw. einer Aktualitäts-Markierung im zweiten.

7 Mehrfachbesetzung von Konstituenten

Mehrfachbesetzung / Kürzung auf der Komplexitätsstufe *zusammengesetzter Satz*

> Aus dem „Südkurier":
> Mitte Mai fand ein Spaziergänger ein klagendes, eindeutig von einem Hund schwer verletztes Schmalreh auf einem Seitenweg und musste vom Jäger getötet werden.

Auf dieser Komplexitätsstufe geht es um zwei Verwendungen von Mehrfachbesetzung: zum einen um die doppelte / mehrfache Besetzung der Stelle eines abhängigen Teilsatzes innerhalb eines bereits zusammengesetzten Satzes   132

> Paul bleibt zuhause, weil er müde ist.
> → Paul bleibt zuhause, weil er müde ist *und* weil er noch arbeiten muss.

und zum andern um die doppelte oder mehrfache Besetzung der Stelle des selbstständigen Satzes selber:

> Paul bleibt heute zuhause.
> → Paul bleibt heute zuhause, Paula geht noch Badminton spielen.

Dabei werden in der Regel gemeinsame Elemente gekürzt.

Zu solchen Mehrfachbesetzungen (mit Kürzungen) und dabei möglichen Pannen   133
und Verstehensproblemen folgen hier einige Beispiele:

> Paula wollte nicht mitkommen, weil sie müde (war) und (weil) (sie) von der Krankheit noch geschwächt war.

Hier ist die Stelle eines kausalen Nebensatzes doppelt besetzt. Von der Kürzung sind alle Konstituenten-Dubletten betroffen (die Kürzungen sind in Klammern eingefügt). Will man die beiden kausalen Nebensätze auf zwei Positionen verteilen, sind keine Kürzungen möglich:

> Weil sie müde war, wollte Paula nicht mitkommen, und *(auch)* weil sie von der Krankheit noch geschwächt war.

Die Zusammengehörigkeit der beiden Begründungen wird in der Regel ersatzweise lexikalisch angezeigt (hier durch auch).

Aus einem Schreiben eines Handwerkers: 134

> Gestern ist mir ein Rechnungsfehler aufgefallen und habe ich Ihnen gleich eine korrigierte Version ausgefertigt.

Diese Satzgliedstellung wird als *Kaufmannsinversion* bezeichnet, deren Zweck es sei, (zu häufiges) ich in Erststellung (... und ich habe Ihnen ...) zu vermeiden, hier auf Kosten der topologischen Richtigkeit. Diese Inversion kommt in der Regel nur in Satzreihen nach und vor.

Wenn man diesen Satz als doppelte Besetzung der Stelle eines selbstständigen Satzes rekonstruiert, kann man von folgenden beiden Besetzungen ausgehen:

> *Gestern* ist mir ein Rechnungsfehler aufgefallen.
> *Gestern* habe ich Ihnen gleich eine korrigierte Version ausgefertigt.

7 Mehrfachbesetzung von Konstituenten

Wenn man diese beiden Besetzungen hintereinanderschaltet und die Dublettenkonstituente Gestern beim zweiten Mal weglässt, ergibt sich die o. g. Formulierung. Sie enthielte dann keinen Stellungsfehler, sondern wäre stilistisch auffällig. Der als Kaufmannsinversion bezeichnete Reihenfolgefehler läge nur dann vor, wenn man als zweite Besetzung ausginge von

> Ich habe Ihnen gleich eine korrigierte Version ausgefertigt.

135 Im folgenden Beispiel ist die Stelle eines selbstständigen Satzes doppelt besetzt; die Autorin hat das gemeinsam benutzte Satzglied beim *zweiten* Vorkommen gekürzt:

> Lieber Herr Boettcher,
> meine (wenigen) Korrekturen habe ich ebenfalls mit rot gekennzeichnet und müssten in der Version im Anhang zu finden sein.
> Herzliche Grüße, N. N.

Die in beiden Teilsätzen benutzte Wortgruppe meine (wenigen) Korrekturen wird hier freilich in unterschiedlichen syntaktischen Rollen benutzt: in der ersten Verwendung als Akkusativobjekt, in der zweiten als Subjekt. Auslöser dieser morphologischen Panne sind vermutlich die *Vorfeldstellung* (die ein Subjekt vorspiegeln könnte) und die fehlende Kasusmarkierung der Wort-*Form*.

Ein entsprechendes Problem – aber hier im Gefolge der Doppelbesetzung einer *Nebensatz*stelle – findet sich im folgenden Beispiel:

> *Aus dem Vorwort der Projektleitung Selbständige Schule zu der Sammelpublikation „Verantwortung für Qualität" 2003:*
> Prof. Bastian war an der externen Evaluation des Projekts „Schule & Co." beteiligt, das die Landesregierung von Nordrhein-Westfalen und die Bertelsmann Stiftung gemeinsam durchgeführt haben und als Vorläuferprojekt zum aktuellen Modellvorhaben gelten kann.

Funktionen von Kürzung

136 Kürzungen werden meist unter dem Terminus *Ellipse* (von griechisch elleipsis = Fehlen, Mangel, Auslassung) thematisiert. Schon durch die metaphorische Kraft dieses Terminus werden sie leicht als *Ver*kürzung, (Zer-)Störung von Ganzheit verstanden, als Beschädigung einer vollständigen und daher an sich besseren Ausgangsform.

Kürzung ist etwas positiver konnotiert als *Ellipse*: In der Kürze liegt die Würze / Bitte fass dich möglichst kurz! Eindeutig positiv wäre *Einsparung*.

137 Kürzung ist aber *funktional* und hat zwei wichtige Funktionen:
   Sie ist eine der Strategien des sorgsamen Umgangs mit der knappen Ressource Zeit (= Zeit zum Reden bzw. Schreiben ebenso wie zum Zuhören bzw. Lesen).
   Sie ist zudem eines der Mittel, um die Struktur einer Aussage zu verdeutlichen, und trägt damit zur Verstehenserleichterung bei. Hierzu einige Überlegungen:

Bei einer Ausgangsfrage mit einer Äußerungsstruktur wie

>Wohin fährst du morgen?

ist eine Antwort des Formats

>Nach Aachen!

genau auf das Auskunftsbedürfnis des Fragenden zugeschnitten und für diesen mühelos und eindeutig zu verstehen. Würde die Antwort so beginnen

>Ich fahre …,

blieben zunächst Antwortrichtungen offen, auf die sich der Zuhörende einstellen müsste:

>… nicht morgen, sondern übermorgen!
>… gar nicht, wie kommst du drauf!
>… nach Aachen.

Das würde die Verstehensarbeit unnötig erhöhen.

Aus der Sicht des Fragenden: *Weil* er mit einer fokussierten sparsamen Antwort rechnet, wäre ein *nicht*-sparender Antwortbeginn wie Ich fahre … für ihn ein Hinweis darauf, dass der Fokus der Ausgangsfrage noch nicht stimmt und erst noch etabliert werden muss.

Wenn die strukturverdeutlichende und zugleich ökonomische Funktion von Kürzungen genutzt werden soll, dann müssen diese freilich auf einen Struktur-Hintergrund beziehbar sein, der sie verständlich macht:

- Der Hintergrund steht *satzfolge*intern zur Verfügung:

  Paul war richtig gemein zu mir: Knallt die Tür, grüßt mich nicht …

- Der Hintergrund steht *sequenz*intern zur Verfügung:

  „Paul will dich besuchen!" – „Paul mich??"

- Der Hintergrund steht *situations*intern zur Verfügung:

  [gemeinsamer Einkauf mit mehreren Stationen:] „Und wohin jetzt?"

Auch *satz*intern kann ein Bezugspunkt für das angemessene Verständnis einer Kürzung zur Verfügung gestellt werden:

>Ach Paul, bin so müde!

Hier kann der Bezugspunkt die inhaltliche Information müde sein: Der Sprecher erspart sich – passend zum angesprochenen Thema *Müdigkeit* – alle vom anderen erschließbaren Aussagen-Teile (hier: zumindest das Subjekt).

Nicht alle Kürzungen sind grammatisch zulässig bzw. in der Interaktion akzeptiert.

>„Du schwarz!"
>„Ich weiß."

7 Mehrfachbesetzung von Konstituenten

Kommasetzung bei Mehrfachbesetzungen

140 Wenn eine syntaktische Position mehrfach besetzt ist, sind diese Stellenbesetzungen gleichrangig und damit einander nebengeordnet; manchmal bilden sie eine Aufzählung. Zwischen diesen Stellenbesetzungen steht je ein Komma. Die Kommas trennen also die gleichrangigen Mehrfachbesetzungen *innerhalb* einer syntaktischen Position voneinander, sie markieren hier *nicht* Grenzen *zwischen* hierarchisch unterschiedlichen Positionen.

> Dass die Amtlichen Regeln nicht mehr grundsätzlich von *Aufzählung*, sondern von *Gleichrangigkeit* sprechen, ist wichtig: *Aufzählung* ist eine – nur im Einzelfall zutreffende – semantische Beschreibung, *Gleichrangigkeit* ist eine syntaktische Kategorie; *Aufzählung* ist also *eine* der semantischen Spielarten von Gleichrangigkeit.

141 Um welche syntaktische Position es sich jeweils handelt, ist in der oben gegebenen Regelformulierung offen gelassen. Im Folgenden liste ich auf, welche Positionen dies sein können:

- ein *Attribut* innerhalb eines Satzglieds:

    Er trank schönen, alten, tiefroten Rotwein
    (= ein x-iger A → ein x^1-iger, x^2-iger A).

    Die Amtlichen Regeln weisen in § 71 E1 darauf hin, dass das Komma (richtige Kommasetzung unterstellt) Aufschluss darüber gibt, ob Gleichrangigkeit oder Unterordnung vorliegt:

    > Gelegentlich kann der Schreibende dadurch, dass er ein Komma setzt oder nicht, deutlich machen, ob er die Adjektive als gleichrangig verstanden wissen will oder nicht.

- ein *Satzglied* innerhalb eines Teilsatzes:

    Er trank Wein, Bier und Schnaps
    (= A b-te X → A b-te X^1, X^2).

- ein *abhängiger Teilsatz* innerhalb eines Gesamtsatzes:

    Sie blieben zuhause, weil er erkältet war, weil sie noch arbeiten wollte
    (= ..., x-wegen → ..., x^1-wegen, x^2-wegen).

- ein *selbstständiger Teilsatz*:

    Sie war müde und er wollte noch arbeiten
    (= X → X^1, X^2).

- eine *satzwertige Wortgruppe* innerhalb eines Gesamtsatzes (die als Zitat gekennzeichneten Beispiele stammen aus den Amtlichen Regeln):

    „Ja, daran ist nicht zu zweifeln."
    „Tatsächlich, das ist es."
    „Danke, ich habe schon gegessen."
    „Was, du bist umgezogen?"
    „Ach ja, so ist es nun einmal."
    „Oh, wie kalt das ist!"
    Ja, richtig
    (= 'X' → 'X^1', 'X^2').

142 Die Amtlichen Regeln klassifizieren solche Konstruktionen in § 79 Absatz (3) als „Ausrufe". Zwar können sie im Einzelfall als Ausruf *benutzt* werden, das Komma ist aber nicht an den

kommunikativen Status *Ausruf* gebunden. Wenn man die Ebene der *satzwertigen* Ausdrücke ergänzt, kann man hier viele der in § 79 (2) und (3) zusammengestellten Beispiele unterbringen. Die restlichen Beispiele aus diesen beiden Absätzen gehören als Fälle von Teilsatz-Apposition in den Kontext der *Zusätze*; die Beispiele aus Absatz (1) – alles Fälle von Anreden – gehören in die Gruppe der *Einschübe*. Auf diese Weise kann man die in sich sehr heterogene Reste-Regel § 79 einsparen.

Ausführungen zur Kommasetzung bei Mehrfachbesetzungen finden sich für Attribute im Kapitel *Attribute* (→ Bd. 2: 560 ff.), für Teilsätze im Kapitel *Zusammengesetzter Satz* (→ 285 ff.).

Bei den bisherigen Beispielen habe ich immer mit der vergleichsweise neutralen *additiven* Kopplung der Zwillinge und Drillinge gearbeitet und dabei die Konjunktion und bzw. *einfaches* Komma genutzt. Neben diesem additiven Anschluss sind drei weitere möglich:

– *alternativ:* Konjunktion (entweder ...) oder ggf. in Kombination mit einfachem Komma wie in

(Entweder) Paul oder Paula fährt uns zum Bahnhof.
Paul oder Paula oder ihre Schwester fährt uns zum Bahnhof.
Paul, Paula oder ihre Schwester fährt uns zum Bahnhof.

– Alternativen *weiterführend:* Konjunktion oder und danach bzw. wie in

Paul oder Paula fährt uns mit seinem bzw. ihrem Auto zum Bahnhof.
Paul oder Paula fährt uns zum Bahnhof, er bzw. sie wird vorher kurz anrufen.

– adversativ: Konjunktion aber, jedoch wie in

Sie hat Paul, aber nicht Paula zum Essen eingeladen.

Zusammengesetzter Satz

Worum es in diesem Kapitel geht:

Zum Warmlaufen: Grundbegriffe
Wie sind zusammengesetzte Sätze konstruiert?
Ein Äquivalenzsystem: fünf alternative Verknüpfungstypen
Gliedsätze und Attributsätze
Zur Kooperation von Teilsätzen innerhalb des Gesamtsatzes
Verknüpfungsbedeutungen bei
Relativbeziehungen, Adverbialbeziehungen und Ergänzungsbeziehungen
Zur Stellung der Teilsätze im Gesamtsatz
Ein Rahmen für 'Sonderlinge': Kommentarstufen
Rund um Infinitivgruppen und ihren Kommabedarf
Ellipsen: Kürzungen und Fragmente
Funktionen und Formen der Korrelate

144 Bisher ging es um Satzteile *innerhalb* von *einfachen* Sätzen, also solchen, in denen um ein einziges Finitum herum Wörter bzw. Wortgruppen funktional angeordnet sind:

> Er blieb wegen Erkrankung zuhause.

Man kann solche einfachen Sätze anreichern und in ihren Satzgliedern komplexe Aussagen unterbringen:

> Er *blieb wegen einer schweren Erkrankung an einer seltenen Art von Viren zuhause.*

Oft werden aber Aussageeinheiten in Teilsätze und teilsatzwertige Infinitive ausgelagert (syntaktisches 'Outsourcing'); dadurch entstehen zusammengesetzte Sätze.

> *Da er an einer seltenen Art von Viren schwer erkrankt war,* blieb *er zuhause.*

Hier sind die Satzteile um *zwei* Finita herum organisiert: war und blieb. Jedes Finitum ist der strukturelle Ausgangspunkt eines eigenen Teilsatzes; hier liegen also zwei Teilsätze vor. Sie werden entsprechend der aktuellen Kommaregelung durch Komma voneinander getrennt, sodass die Satzteile in zwei Prädikats-Territorien aufgeteilt werden.

145 Auf der Basis der bisherigen Analysen kann man *innerhalb* jedes der beiden Teilsätze die dort um das jeweilige Prädikat herum gruppierten Satzglieder und ihren Innenbau sowie Wortbildung und Flexionsmerkmale der dabei verwendeten Wörter untersuchen. Um die syntaktischen und semantischen Abhängigkeiten *zwischen* diesen beiden Teilsätzen geht es in diesem Kapitel.

> *Helmut Zöpfl*
> Barmherziger Samariter modern
> Ich helfe
> ich müßte helfen
> man müßte helfen
> man müßte darüber nachdenken, wie man helfen könnte
> man müßte darüber diskutieren, wie man übers Helfen nachdenken könnte
> man müßte eine Kommission bilden, in der man darüber diskutiert, wie man übers Helfen nachdenken könnte
> man müsste einen Termin für eine Tagung finden, in der man berät, welche Leute in die Kommission hineinkommen sollen, in der man diskutiert, wie man übers Helfen nachdenken könnte

Traditionell ist für syntaktische Analysen der Satz die größte Einheit. Sätze können theoretisch unendlich umfangreich sein; es wäre also schon *innerhalb* dieser Einheit *Satz* genug zu tun. Beziehungen *zwischen* zwei Sätzen kommen dabei nicht in den Blick, obwohl sie mit vergleichbaren syntaktischen Analysekategorien zu erfassen sind:

> Paul wusste, dass seine Freundin bei ihren Kollegen nicht sehr beliebt war. Das störte ihn aber nicht.

Da der erste Satz am Punkt endet, würde der Bezug des zweiten Satzes zum ersten (trotz des offensichtlich rückbezüglichen Pronomens Das) nicht untersucht, auch wenn eine Umformung zu einem *einzigen* Satzgefüge mit gleicher Sachverhaltsbedeutung wie

> Es störte Paul nicht, dass er wusste, dass seine Freundin bei ihren Kollegen nicht sehr beliebt war.

sehr wohl Gegenstand syntaktischer Analyse wäre.

Daher werden in diesem Kapitel syntaktische Beziehungen zwischen zwei *aufeinanderfolgenden* Sätzen ausdrücklich mit untersucht. Die dabei verwendeten Einheiten können die Satzgrenze – syntaktisch gesehen ein Oberflächenphänomen – überspringen. Die größte Einheit für eine syntaktische Analyse ist hier also die *Satzfolge*.

Über diese Einheit *Satzfolge* hinausgehende Phänomene von Textkohäsion (und Textkohärenz) in mehrsätzigen Texten sind Gegenstand der Textsyntax bzw. Textlinguistik; um sie geht es in dieser Grammatik nicht mehr.

Die Untersuchung des komplexen Satzbaus soll jedenfalls durchlässig sein für die Option, einen komplexen Sachverhalt mit unterschiedlichen sprachlichen Mitteln darzustellen. Die Formulierungen

> ein Topf, um Milch zu kochen – ein Topf zum Milchkochen – ein Milchtopf

sollten in ihrer *Äquivalenz* (= ihrer funktionalen Gleichwertigkeit) sichtbar gemacht werden. Äquivalent sind sie, insofern sie die Darstellung hinreichend gleicher Sachverhaltsbedeutungen ermöglichen.

Es können also je nach Textsorte, Adressat und anderen Gesichtspunkten unterschiedliche Darstellungsweisen gewählt werden. Ein (bewusst extremes) Beispiel:

Obwohl Klaus genau wusste, dass ich ihn gesehen hatte, bestritt er heftig, dass er in das Restaurant gegangen war, nachdem um 22.00 Uhr das Konzert beendet war.

Klaus, der genau wusste, dass ich ihn gesehen hatte, bestritt trotzdem heftig, dass er nach Beendigung des Konzerts um 22.00 Uhr in das Restaurant gegangen war.

Nach Beendigung des Konzerts um 22.00 Uhr war Klaus in das Restaurant gegangen, was er trotz seines (klaren) Wissens, dass ich ihn gesehen hatte, heftig bestritt.

Klaus wusste genau, dass ich ihn gesehen hatte. Trotzdem bestritt er heftig, dass er nach Beendigung des Konzerts um 22.00 Uhr in das Restaurant gegangen war.

Nachdem um 22.00 Uhr das Konzert beendet war, war Klaus in das Restaurant gegangen. Er bestritt das heftig, obwohl er genau wusste, dass ich ihn gesehen hatte.

Das Konzert war um 22.00 Uhr beendet. Danach war Klaus in das Restaurant gegangen. Ich hatte ihn gesehen. Das wusste Klaus genau. Trotzdem bestritt er es [= den Restaurantbesuch] heftig.

148 Die Sachverhaltsbedeutung ist in allen sechs Formulierungsbeispielen gleich; in allen Versionen liegen die gleichen logischen Verknüpfungen zwischen den Teilsätzen bzw. Satzteilen vor: eine temporale (nach / nachdem / danach), eine konzessive (trotz / obwohl / trotzdem), zwei Ergänzungsbeziehungen zu den Verben wissen und bestreiten (das bzw. es / dass / was) und Relativbeziehungen (Klaus – der / er / ihn).

Die drei ersten Versionen präsentieren die Gesamtaussage in einem *einzigen* zusammengesetzten Satz, wobei die beiden ersten Versionen mit vier Teilsätzen arbeiten, die dritte mit drei. Die vierte und die fünfte Version arbeiten mit einer Satzfolge aus zwei Sätzen mit jeweils zwei Teilsätzen. Die letzte Version nutzt eine Satzfolge von fünf einfachen Sätzen.

So können also mithilfe der äquivalenten Verknüpfungsmittel Darstellungen erzeugt werden, die sich in Bezug auf die Abfolge der Teilaussagen, die Ein- oder Mehrschrittigkeit der Gesamtaussage und den stilistischen Eindruck deutlich unterscheiden.

149 Will man Aussagen miteinander zu einer *komplexen Aussage* kombinieren, so braucht man dazu nicht unbedingt auch zusammengesetzte *Sätze*. Man kann komplexe Aussagen auch als Folge *einfacher* Sätze formulieren.

Es war ein vorübergehender Irrtum der Soziolinguistik, dass man z. B. kausale *Nebensätze* korrekt verwenden können müsse, um Kausalität zu kodieren. Kausalität lässt sich auch mithilfe von Präpositionen wie in

Er kam wegen seiner Verletzung nicht mit.

oder mit Konjunktionaladverbien in nebengeordneten einfachen Sätzen wie in

Er kam nicht mit. Er war nämlich verletzt.
Er war verletzt. Deshalb kam er nicht mit.

oder ohne Kausalitätsmarker darstellen:

Er kam nicht mit. Er war verletzt.

Solche Folgen einfacher Sätze sind in der Regel bei gleicher Eindeutigkeit leichter zu verstehen als zusammengesetzte, vor allem *mehrfach* zusammengesetzte Sätze.

Wir verwenden jedoch in gesprochener und vor allem in geschriebener Sprache häufig zusammengesetzte Sätze, teils aus Vertrautheit damit, teils weil es uns leichter fällt, komplexe Sachverhalte auch in zusammengesetzten Sätzen darzustellen, teils durchaus auch aus schlechter Angewohnheit; teilweise aber auch aus Sorge, dass uns einfache Sätze als Kompetenzmangel ausgelegt würden.

Unabhängig davon, welche Rolle zusammengesetzte Sätze in der eigenen Sprachproduktion spielen, brauchen wir für die Vielzahl zusammengesetzter Sätze in unserem insbesondere fachsprachlichen Text-Umfeld eine entwickelte Fähigkeit, komplexen Satzbau zu dekodieren, im schwierigen Einzelfall mithilfe expliziter grammatischer Kenntnis.

Das hilft auch im Umgang mit literarischen Texten, die – wenn sie gut sind – auch das Gesamtinstrumentarium einer Sprache, also auch zusammengesetzte Sätze, für ihre Zwecke nutzen.

> *Aus einem Beschluss des Landgerichts Darmstadt:*
> Das bloße Schauen eines Voyeurs über die Kabinentrennwand einer Damentoilette hinweg, in welcher eine Besucherin uriniert, um sich sexuell zu erregen, erfüllt den Tatbestand nicht.

1 Einige begriffliche Unterscheidungen

151 Sätze sind entweder *einfache* Sätze oder *zusammengesetzte* Sätze.
Zusammengesetzte Sätze bestehen aus zwei oder mehreren Teilsätzen. Man bezeichnet einen aus Teilsätzen bestehenden Satz auch als *Gesamtsatz* (in manchen Grammatiken auch als *Ganzsatz*), wenn man den Gegensatz von *Teil* und *Ganzem* betonen will.

152 Die Teilsätze haben entweder *Hauptsatzform* oder *Nebensatzform;* man sagt auch: Ein Teilsatz *ist* entweder Hauptsatz oder Nebensatz.
Ein vorsorglicher Hinweis: Auch ein einfacher Satz kann *Nebensatzform* aufweisen, z. B. in einer der Formen eines sog. Ausrufesatzes: Dass er das nicht kapiert! Hier würden wir aber nicht von Neben*satz* sprechen, sondern von Nebensatz*form*. In vielen (insbesondere schulischen) Grammatiken wird mit der Unterscheidung von Hauptsatz und Nebensatz nicht nur eine morphologische Charakterisierung angesprochen, sondern es werden zusätzlich zwei weitere Aussagen gemacht. Die eine bezieht sich auf die unterschiedliche *Selbstständigkeit* der zwei Teilsätze in einem Satzgefüge: Der Hauptsatz gilt als selbstständig, der Nebensatz als unselbstständig – er könne nicht für sich stehen, sondern sei grundsätzlich auf den Hauptsatz angewiesen. Die andere betrifft die syntaktische Abhängigkeit: Der Nebensatz sei grundsätzlich dem Hauptsatz *untergeordnet,* von ihm *abhängig.*
Wenn ich weiter unten die Unterscheidung Matrixsatz-Konstituentensatz einführe, wird dieses Reden von *Abhängigkeit* differenziert werden.

153 In Aussagesätzen liegt Hauptsatzform vor, wenn das Finitum in *Zweitstellung* steht wie in
>   Paul <u>isst</u> abends immer ein Stück Kuchen.

Nimmt man die beiden anderen Formate – Aufforderungssatz und Fragesatz – hinzu, dann liegt Hauptsatzform auch mit Finitum-Erststellung vor, nämlich im Aufforderungssatz-Format:
>   <u>Komm</u> doch heute Abend zum Essen!

Und Finitum-Zweitstellung findet sich auch bei Fragesätzen in der Variante Ergänzungsfrage:
>   Wer <u>kommt</u> heute Abend zum Essen?

154 Nebensatzform liegt in zwei möglichen Varianten vor:
1. Prototypische Nebensätze haben Finitum-Letztstellung mit *einleitender* Nebensatzkonjunktion (wie weil) bzw. Interrogativ-/Relativpronomen (wie wer) bzw. interrogativem/relativem Adverb (wie wo) bzw. interrogativem/relativem Präpositionaladverb (wie woher):
>   <u>Wenn</u> er die Arbeit nicht gemacht <u>hat</u>, kriegt er Krach mit mir.

Unter *topologischem* Aspekt spricht man hier von *Spann*satz (weil die ganzen Satzglieder zwischen Konjunktion und Prädikat eingespannt sind), unter dem Aspekt der spezifischen *Einleitungsmittel* von *Konjunktional*satz.

2. Einige Konditional- und ihnen nahestehende Konzessivbeziehungen haben Finitum-Erststellung ohne einleitende Konjunktion (= *Stirnsatz*):

Hat er die Arbeit gut gemacht, (dann) kriegt er ein Kompliment von mir.

Möglicherweise lässt sich diese Finitum-Erststellung sprachhistorisch zurückführen auf eine explizite Entscheidungsfrage, also

Hat er die Arbeit gut gemacht? Dann kriegt er ein Kompliment von mir.

In einigen Grammatiken wird noch eine dritte Nebensatz-Variante genannt: Bei sog. *uneingeleiteter* indirekter Rede (und auch einer Reihe von Verben der Wahrnehmung wie spüren und Verben mentaler Aktivitäten wie glauben) steht das Finitum an zweiter Satzgliedstelle (ggf. + Konjunktiv) (= *Kernsatz*):

Sie sagte, sie ist müde (/ sie sei müde).

Ein solcher 'Nebensatz' unterscheidet sich von einem Hauptsatz also nur durch den Rederahmen (Sie sagte, …) und – in geschriebener Sprache zumindest – den Modus *Konjunktiv*. Wenn das eben angeführte Beispiel so weitergeht

Sie sagte, sie sei müde. Sie habe auch lange Zeit nichts mehr gegessen. Sie werde jetzt gehen,

dann wird diese Unterscheidung offensichtlich fragwürdig, erst recht, wenn – wie z. B. in Hans Erich Nossacks Erzählung „Unmögliche Beweisaufnahme" – ganze Texte in indirekter Rede geschrieben sind.

Für mich macht es keinen Sinn, solche Kernsatz-Versionen noch als *Nebensatz* zu klassifizieren. Offenbar bezieht sich hier die Einordnung als *Nebensatz* nicht primär auf die grammatische *Form*, sondern auf den Status als *abhängiger* Teilsatz.

Wenn man diese zwei Betrachtungsebenen trennt und für die Status-Klassifikation das Begriffspaar *Matrixsatz* und *Konstituentensatz* (→ 207 f.) verwendet, kann man den Terminus *Nebensatz* im engeren Sinn für Teilsätze mit Finitum-Erst- oder -Letztstellung verwenden. Das Ausgangsbeispiel ist dann ein Satzgefüge mit hauptsatzförmigem Konstituentensatz.

> Aufklärung:
> Der Mensch denkt, Gott lenkt.

Ich beziehe auch (erweiterte) Infinitive als teilsatzwertig in die Untersuchung ein:

Er behauptet, genug gegessen zu haben.

Solche Infinitivstrukturen sind bei den Ergänzungsbeziehungen in der Regel Anschlüssen mit konjunktionalem Nebensatz äquivalent, in diesem Fall:

Er behauptet, dass er genug gegessen hat.

Bei einer Reihe von Verben ist der konjunktionale Nebensatz nicht durch einen Infinitivanschluss ersetzbar:

Sie fragte uns, ob wir zum Essen kämen.

In anderen Fällen ist demgegenüber der Infinitiv-Anschluss der üblichere wie in

Er bemüht sich, uns zu helfen.

oder der einzig mögliche:

> Es ist nicht gerade ein Vergnügen, <u>euch zu helfen</u>.

Auch bei den Adverbialbeziehungen gibt es einzelne Fälle, bei denen wahlweise Infinitivanschluss oder konjunktionaler Nebensatz möglich ist.

> Er ist weggefahren, ohne uns Bescheid zu geben / ..., ohne dass er uns Bescheid gegeben hat.

Bei der Kommaregelung werden Nebensätze und Infinitivstrukturen freilich etwas unterschiedlich behandelt (→ 164 ff., 500 ff.).

Partizipialkonstruktionen wie

> Er ging hemmungslos lachend weiter.
> Hemmungslos lachend(,) konnte er den Fotoapparat natürlich nicht ruhig genug halten.

werden im Rahmen des *erweiterten einfachen* Satzes behandelt, auch wenn sie im Einzelfall teilsatz*wertig* sind (→ 90 ff.).

158 Zwei Teilsätze (bzw. teilsatzwertige Infinitive) innerhalb eines Satzes können einander *neben*geordnet sein (= *Satzreihe* oder *Parataxe*, von griechisch para = neben und taxis = Ordnung) oder einander *über*- bzw. *unter*geordnet (= *Satzgefüge* oder *Hypotaxe*, von griechisch hypo = unter).

Der Terminus Satz*reihe* macht die Nebenordnung der Teilsätze deutlich. Der Terminus Satz*gefüge* verweist zwar auf die Architektonik des Satzbaus und damit *indirekt* auf hierarchische 'oben-unten'-Verhältnisse, der fremdsprachliche Terminus *Hypo*taxe macht diese Charakteristik aber deutlicher (und einige schulische Lerner können die Bedeutung von Hypo- vermutlich auch aus dem geometrischen Fachterminus Hypotenuse (= die *unter* dem rechten Winkel liegende Seite des rechtwinkligen Dreiecks) erschließen).

Gegenüber diesem Fachbegriff der Nebenordnung könnte der Terminus Neben*satz* zu einem Irrtum einladen: Ein *Neben*satz ist bezogen auf den Hauptsatz eben gerade *nicht neben*geordnet, sondern *unter*geordnet. Hinzu kommt, dass die terminologische Kontrastierung *Haupt*satz – *Neben*satz von Lernern im Sinne von Haupt*sache* – Neben*sache* verstanden werden könnte, ähnlich wie die Wortartbezeichnung *Haupt*wort im Kontrast z. B. zu den *Ad*jektiven und *Ad*verbien als *Bei*wörtern. Während in der Opposition *Nebenordnung – Unterordnung* das Bestimmungswort *Neben-* die *positive* Bedeutung 'gleichrangig' hat, ist es in der Opposition Hauptsatz – Nebensatz *negativ* im Sinne von 'weniger relevant'.

159 Die Termini Satzreihe und Satzgefüge werden in Grammatiken nicht einheitlich gebraucht:

Entweder man benutzt sie *nur relational* für die Beziehung zwischen (je) *zwei* Teilsätzen *innerhalb* eines Gesamtsatzes; dann *enthält* ein Gesamtsatz wie

> Paul war sauer, er hatte gehört, dass ich mich bei Paula über ihn beschwert hatte.

eine Satzreihe (= zwischen den beiden ersten Teilsätzen) und ein Satzgefüge (= zwischen den beiden letzten). Die Amtlichen Regeln z. B. sprechen dann von einer Reih*ung*.

Oder man verwendet sie (wie ich hier) *auch*, um damit Gesamtsätze insgesamt zu charakterisieren; dann *ist* ein Gesamtsatz wie

> Paul war sauer, er hatte von meiner Beschwerde gehört.

eine Satzreihe.

In diesem zweiten Fall muss man eine weitere Entscheidung treffen:

Entweder man bezeichnet (wie ich hier) einen Gesamtsatz nur dann als Satz*reihe*, wenn er ausschließlich einander *neben*geordnete Teilsätze enthält wie in

> Paul war sehr müde; er wollte nicht mehr arbeiten, er ging einfach ins Bett,

und nur dann als Satz*gefüge*, wenn er ausschließlich einander *über*- bzw. *unter*geordnete Teilsätze enthält wie in

> Sie hatte vergeblich versucht, ihn zu erreichen, bevor er abfuhr.

Dann verwendet man für Gesamtsätze, die ein Satzgefüge *und* eine Satzreihe enthalten wie

> Sie wusste, *dass* wir müde waren, *und* sie verzichtete daher auf einen Nachtbummel.
>
> Sie wusste, *dass* wir müde waren und *dass* wir früh ins Bett wollten,

grundsätzlich nur den *offenen* Terminus *zusammengesetzter Satz* bzw. *Gesamt*satz. Oder aber man bezeichnet solche zusammengesetzten Sätze *insgesamt* als Satzgefüge, wenn sie wenigstens *ein* Satzgefüge enthalten. Dann könnte man freilich aus dem gleichen Grund beide Beispielsätze auch als Satz*reihen* bezeichnen.

Denkbar wäre auch, eine *weitere* Bedingung vorzugeben: Man bezeichnet Gesamtsätze wie den ersten der beiden als Satz*reihe*, weil hier die Reihung zwischen den beiden *Haupt*sätzen vorliegt (und das Satzgefüge in den ersten dieser beiden Hauptsätze integriert ist), und Gesamtsätze wie den zweiten als Satz*gefüge*, weil hier die Reihung zwischen den beiden *Neben*sätzen vorliegt (die in den Hauptsatz integriert sind). Man würde den Terminus also nach der *ranghöchsten* Struktur wählen.

Manchmal werden Satzreihen aus *Hauptsätzen* auch als *Satzverbindung* bezeichnet. Ich sehe keinen Bedarf für eine solche zusätzliche terminologische Unterscheidung.

Zusammengesetzte Sätze, die mehrere Gleich- und Unterordnungen enthalten, werden auch als *Perioden* bezeichnet (von griechisch periodos und entsprechend lateinisch periodus = gegliederter Satz). Zusammengesetzte Sätze, die insbesondere zahlreiche Unterordnungen (auch noch unterschiedlicher Stufen) enthalten, werden – in kritischer Absicht – als *Schachtelsätze* bezeichnet. Es geht dann um Fragen der Verstehbarkeit und zudem um stilistische Fragen, die davon abhängen, in welcher Textsorte solche mehrfach zusammengesetzten Sätze verwendet werden.

Das Nacheinander von zwei oder mehreren durch Punkt (oder Ausrufe- bzw. Fragezeichen) voneinander getrennten Sätzen wird als *Satzfolge* bezeichnet.

Von einem Nebensatz kann selbst wieder ein Nebensatz abhängen, und zwar unter dem Aspekt syntaktischer *Korrektheit* (= Grammatikalität) unbegrenzt oft (unter dem Aspekt kommunikativer *Angemessenheit* (= Akzeptabilität) natürlich nur sehr begrenzt):

> Der Hut, der im Schrank, der neben der Tür, die auf den Flur, der zum Garten, der an der Straße liegt, führt, hinausgeht, steht, hängt, gehört mir.

Zusammengesetzter Satz

Die Abhängigkeitsstufung kann man durch Partiturschreibung verdeutlichen:

(0) Der Hut,   gehört mir.
(1)   , der im Schrank   hängt,
(2)   , der neben der Tür   steht,
(3)   , die auf den Flur   hinausführt,
(4)   , der zum Garten   führt,
(5)   , der an der Straße liegt,

Der Nebensatz der im Schrank ... hängt ist hier vom Hauptsatz Der Hut ... gehört mir abhängig, von ihm selbst hängt wiederum ein Nebensatz der nächsttieferen Einbettungsstufe ab und so fort.

Wir würden solche extremen Fälle von Satzgefüge (die allenfalls im Schriftsprachgebrauch vorkommen) vermutlich – mit gemischten grammatischen Mitteln – auflösen in eine Satzfolge wie z. B.

> Neben der Tür, die auf den Flur zum straßenseitigen Garten hinausführt, steht ein Schrank. Der Hut in diesem Schrank gehört mir.

In diesem Fall ergibt sich also eine Satzfolge von einem einfachen Satz und einem Satzgefüge.

162 Schüler (und viele ihrer Lehrer) haben Probleme mit der Beschreibung und Analyse von zusammengesetzten Sätzen. Aus der Hamburger Vergleichsstudie „Aspekte der Lernausgangslage und der Lernentwicklung – Klassenstufe 9 (LAU 9)" – Ende des 8. Schuljahrs, September 2000 durchgeführt (der Textauszug stammt aus Heinrich von Kleists Erzählung „Sonderbarer Rechtsfall in England"):

> „Gib an, um was für einen Satz es sich bei dem **fettgedruckten** Satz handelt:
> Man brachte ihn in Untersuchungshaft, **das Gericht wurde gehalten**, es fanden sich noch mehrere Beweise, und elf Beisitzer verdammten ihn zum Tode.
>
> A)   Hauptsatz
> B)   Nebensatz, und zwar Komparativsatz
> C)   Nebensatz, und zwar Konsekutivsatz
> D)   Nebensatz, und zwar Kausalsatz"

Diese Aufgabe hat den Rasch-Skalenwert 134 (liegt also erheblich über dem durchschnittlichen Schwierigkeitsgrad, der bei 112 lag).

15,2% der Hamburger Schülerinnen und Schüler haben diese Aufgabe korrekt gelöst. Dass die an sich nicht besonders schwierige Identifikation des fett gedruckten Teilsatzes als Hauptsatz nur so wenigen gelang, ist dramatisch und zugleich nachvollziehbar, weil der Deutschunterricht zwar einige Kenntnisse im Bereich *Wortarten* und *Satzglieder* vermittelt, kaum aber Orientierung und Kenntnisse im Bereich des *zusammengesetzten* Satzes.

Dazu kommt natürlich, dass die sog. Distraktoren (= die 'Wegzieher', also das, was den Lerner von einer vielleicht zunächst gesehenen Lösung weglockt zu einer nichtzutreffenden Antwort) hier trickreich und übermächtig konstruiert sind: Antwort A wirkt platt angesichts des Differenzierungswissens, das B bis D verlangen; es 'muss' also wohl ein Nebensatz sein, und nur zwischen B, C und D gilt es dann noch zu wählen. Zudem ist auch das Beispiel raffiniert gewählt: Dass in einem Gesamtsatz aus vier Teilsätzen kein einziger Nebensatz sein sollte, ist aus der Sicht der Schüler und ihrer Erfahrungen mit Grammatikunterricht eher unwahrscheinlich; *wenn* man aber unter diesen vier Teilsätzen unbedingt einen Nebensatz finden möchte, dann ist der fettgedruckte der relativ beste Kandidat: Nur hier findet sich ein Wort, das Schüler entfernt an einen Relativnebensatz erinnern könnte, nämlich das Pronomen das, und nur hier steht das Prädikat am Ende, sodass man annehmen könnte, es handle sich um die für Nebensätze prototypische Finitum-*Letztstellung* (dass die Reihenfolge der beiden Prädikatsteile dazu nicht passt, setzt schon eine höhere Stufe grammatischer Analysefähigkeit voraus).

Der komplexe Satzbau ist der im Deutschunterricht am wenigsten erarbeitete Ausschnitt grammatischen Wissens; weder Lehrpersonen noch Lerner haben hier differenzierte Kenntnisse bzw. den Mut und die Neugier, sich Kenntnisse zu erarbeiten.

Dies ist überraschend, da bei der Analyse literarischer wie pragmatischer Texte zusammengesetzte Sätze für Verstehens- und Stilfragen zentral sind.

Auch die Monitorfunktion bei der Überarbeitung von Texten, die man selber produziert, lebt – außer einem diffusen Sprachgefühl – von expliziten Kenntnissen darüber, was Satzkonstruktionen undeutlich oder mehrdeutig macht (und von den Verfahren, solche Passagen durch Umformungen zu verbessern).

Gesichtspunkte für die Analyse zusammengesetzter Sätze

Sätze lassen sich nach verschiedenen Gesichtspunkten charakterisieren:

163

1. nach morphologischen Gesichtspunkten:
   – einfacher Satz oder zusammengesetzter Satz?
   – bei einfachem Satz: vollständig oder unvollständig? Z. B. Musst sie mal wieder besuchen! als unvollständig (nämlich ohne Subjekt);
   – bei Teilsatz: Hauptsatzform oder Nebensatzform?
   – bei Nebensatz: Finitum-*Letztstellung* oder -*Erststellung*? Oder teilsatzwertiger Infinitiv?

> *Franz Mon*
>
> man muß was tun
> muß man was tun
> was muß man tun
> tun muß man was
>
> man hätte was getan
> hätte man was getan
> was hätte man getan
> hätte man was getan
>
> [...]

2. nach der grundsätzlichen Struktur der Verknüpfung zwischen (jeweils) zwei Teilsätzen (= Verknüpfungs-*Prinzip*): Hier werden *Ergänzungs-* und *Adverbial*-Beziehungen (als 'Füll'-Beziehungen zusammengefasst) den *Relativbeziehungen* gegenübergestellt (→ 171 ff.).
3. nach der logisch-semantischen Bedeutung dieser Verknüpfungen zwischen den Teilsätzen (= Verknüpfungs-*Bedeutung*): Hier gibt es eine zumindest grobe Unterscheidung nach *kausal, konditional* usw. Zusätzlich und *quer* zu dieser semantischen Unterscheidung wird für die Adverbialbeziehungen eine Unterscheidung nach *Kommentarstufen* eingeführt (→ 462 ff.).

4. nach dem Verknüpfungs-*Typ*. Hier werden fünf Typen unterschieden: *Satzgefüge, weiterführende Satzgefüge, weiterführende Satzreihen, Satzreihen* und *implizite Satzreihen* (→ 210, 217).
5. nach dem *topologischen* Verhalten der Teilsätze innerhalb des Gesamtsatzes.
6. nach der *interpunktorischen Realisierung* der Teilsatzbeziehung.

Kommasetzung bei untergeordneten Teilsätzen

> Aus einem Fragebogen der ARAG vom 12.1.2003:
> Bitte beantworten Sie nur die Fragen, die sich auf ihre Risiken beziehen sowie die Zusatzfragen.

164 Die Kommasetzung ist (fast ausschließlich) nach grammatischen Gesichtspunkten geregelt, nicht nach Gesichtspunkten von Stimmführung oder Stil.

Lehramtsstudierende können daher die Kommaregeln und die zugeordneten Beispiele der Amtlichen Regeln als Syntaxtraining nutzen. Und wenn sie dabei die Regelvorgaben vergleichen mit der eigenen Neigung, Kommas zu setzen oder nicht zu setzen, dann gewinnen sie zugleich Gespür und Kompetenz, um ihre zukünftigen Schüler bei deren Kampf mit der Kommasetzung zu begleiten.

165 Generell gilt: Kommas können verstanden – und benutzt – werden als Hinweise auf syntaktische 'Komplikationen'. Innerhalb eines Satzgefüges wird ein Wechsel der *Abhängigkeitsstufe* zwischen Teilsätzen durch *paariges* Komma verdeutlicht. Das macht Sinn: Der Einbau von Teilsätzen (oder satzwertigen Infinitiven usw.) macht – selbst dann, wenn er am Anfang oder Ende des übergeordneten Teilsatzes erfolgt – die Grenzen der ‚Territorien' der beiden Prädikate unklar; das paarige Komma dient als Sortierhilfe bei der Zuordnung der versammelten Satzglieder zu den beiden Prädikaten der Teilsätze.

166 Der folgende Satz enthält insgesamt drei untergeordnete Teilsätze:

Er ging, als es dunkel war, mit dem Hund spazieren, obwohl er wusste, dass das gefährlich war.

Die Partiturschreibung verdeutlicht die Konstruktion:

(0)   Er ging *[x-wann]* mit dem Hund spazieren *[trotz Y]*.
(1)   , als es dunkel war,   , obwohl er *[Z]* wusste,
(2)   , dass das gefährlich war,

Wenn der eingebaute Teilsatz am (Teil-)Satzende unmittelbar vor Semikolon, Punkt, Doppelpunkt, Frage- oder Ausrufezeichen steht, fällt das zweite, schließende Komma weg. Steht der eingebaute Teilsatz am Satzanfang, entfällt das erste, eröffnende Komma. Kommen zwei Kommas nebeneinander zu stehen, wird eines davon weggelassen.

167 Bei zusammengesetzten Sätzen kann man die Konstruktion und ihre Bedeutung nicht immer leicht überschauen. Als Beispiel ein Auszug aus einer studentischen Leistungsnachweisarbeit zur Gesprächsführung in der Klientenzentrierten Psychotherapie:

> Zusammenfassend läßt sich sagen, daß die Empathie den Versuch darstellt, das Erleben eines Andern so genau wie möglich nachzuempfinden, ohne dabei diesen Als-ob-Zustand zu verlassen und das so Wahrgenommene dem Klienten mitzuteilen.

Wer das Konzept der Klientenzentrierten Psychotherapie kennt, merkt, dass hier ein notwendiges Komma weggelassen worden ist, nämlich das die Infinitivgruppe schließende zweite Komma hinter verlassen; dadurch kippt die Bedeutung in ihr Gegenteil (nach der hier gewählten Kommasetzung dürfte der Berater dem Klienten *nichts* von dem mitteilen, was er bei ihm an Problemen gesehen zu haben glaubt). Man kann die beiden Lesarten deutlich machen:

In der von der Studentin gewählten kommalosen Version umfasst die Satzgliedstelle ohne Y die Infinitiv-Reihe aus ohne dabei diesen Als-ob-Zustand zu verlassen und das so Wahrgenommene dem Klienten mitzuteilen (= ein zweifacher Infinitiv); daher steht vor dem zweiten Infinitiv natürlich kein Komma:

dass die Empathie den Versuch [X] darstellt.
, das Erleben eines Andern nachzuempfinden [ohne Y],
, ohne dabei diesen Als-ob-Zustand zu verlassen und das so Wahrgenommene dem Klienten mitzuteilen,

Möglicherweise wurde die Studentin verführt durch eine frühere schulische Faustregel („Nach ‚und' kein Komma!"); solche Faustregeln hinterlassen – weil sie nicht helfen, die syntaktische Machart zu durchschauen, sondern eine gewaltsam vereinfachte Anweisung geben – gelegentlich ein blaues Auge.

In der sachlich angemessenen Lesart mit zusätzlichem Komma umfasst die Attributstelle X die Infinitiv-Reihe aus das Erleben eines andern [ohne Y] nachzuempfinden und das so Wahrgenommene dem Klienten mitzuteilen (= ein zweifacher Infinitiv zum valenztragenden Nomen Versuch); also ist der in den ersten Infinitiv dieser Infinitivreihe eingeschobene *untergeordnete* Infinitiv ohne dabei diesen Als-ob-Zustand zu verlassen nach verlassen mit einem Komma abzuschließen:

dass die Empathie den Versuch [X] darstellt.
, das Erleben eines Andern nachzuempfinden [ohne Y] und das so Wahrgenommene dem Klienten mitzuteilen,
, ohne dabei diesen Als-ob-Zustand zu verlassen,

Manchmal besteht die den Teilsatz einleitende Konjunktion aus zwei Teilen: 168
- Bei Konjunktionen wie zumal weil darf – abgesehen von dem verpflichtenden Komma *davor* – *kein* Komma *zwischen* die beiden Bestandteile gesetzt werden.
- Bei ausgenommen(,) dass oder je nachdem(,) ob *kann* man – zusätzlich zu dem Komma vor dieser Konjunktionsgruppe – ein *weiteres* Komma zwischen die beiden Bestandteile setzen.
- Bei auch wenn usw. liegen demgegenüber je zwei unterschiedliche syntaktische Konstruktionen zugrunde (die im mündlichen Sprachgebrauch intonatorisch unterschieden werden); man muss daher das Komma je nach der beabsichtigten Bedeutung setzen: entweder *vor* die *ganze* Wortgruppe, wenn es sich um eine mehrteilige Konjunktion handeln soll

   Ich freue mich, auch wenn du mir nur eine Karte schreibst.

   oder vor den *zweiten* Bestandteil der Wortgruppe (= die *eigentliche* Konjunktion); der erste Bestandteil ist dann ein regulärer *Satzteil* im *anderen* Teilsatz:

   Ich freue mich auch (dann), wenn du mir nur eine Karte schreibst.

   Entsprechendes gilt für sodass:

   Er ärgerte sich zeitlebens, sodass er schon früh graue Haare bekam.
   Er ärgerte sich zeitlebens so, dass er schon früh graue Haare bekam.

Die Amtlichen Regeln lassen für den konsekutiven Anschluss im ersten Beispiel die Wahl zwischen Schreibung sodass und so dass offen. Man kann im Deutschunterricht diese Rechtschreib-Option zur Differenzierung der beiden konsekutiven Anschlüsse nutzen:

Er war so müde, dass er einschlief.
Er war sehr müde, sodass er einschlief.

Gerhard Sellin

Relativsätze

der Mann
der Mann der
der Mann der der

Frau
Frau die
Frau die die

Kinder
Kinder die
Kinder die das

Haus hüten
gebar
Geld gab
starb

2 Verknüpfungsprinzipien

Werfen wir zunächst einen Blick auf einige der Termini, die in Schulgrammatiken und Sprachbüchern bei der Beschreibung von zusammengesetzten Sätzen verwendet werden:
- *Konjunktionalsatz:* Wenn er kommt, ...
- *Objektsatz:* Ich verspreche dir, *dass ich bald zu Besuch komme.*
- *Relativsatz:* ..., was er isst.
- *Kausalsatz:* Weil es regnet, ...
- *weiterführender Relativsatz:* ..., was mich sehr wunderte.

Diese Termini sind konzeptionell disparat; ihnen liegen – meist ohne dass die begrifflichen Hintergründe sichtbar gemacht werden – verschiedene Analyse-Ebenen zugrunde:
- Ein Terminus wie *Konjunktionalsatz* bezieht sich auf eine eher oberflächliche Ebene: das Vorliegen eines bestimmten *Verknüpfungsmittels*. Bei Relativsätzen müsste man statt von *Konjunktionalsatz* analog von *Pronominalsatz* sprechen, weil hier ein Pronomen das Verknüpfungsmittel ist.
- Der Terminus *Objektsatz* bezieht sich auf *Valenzgesichtspunkte* bei der Satzgliedanalyse.
- Ein Terminus wie *Relativsatz* (von lateinisch relatus = Partizip II von referre = zurücktragen, sich zurückbeziehen) bezieht sich vorrangig auf *textlinguistische* Gesichtspunkte, nämlich den Rückbezug auf vorhergehende Aussageeinheiten.
- Ein Terminus wie *Kausalsatz* markiert *semantische* Verhältnisse.
- Der Terminus *weiterführender* Relativsatz hat gar nichts mit den üblichen Relativsätzen zu tun, sondern bezieht sich auf den Verknüpfungstyp *weiterführendes Satzgefüge* und dessen textlinguistische Besonderheiten.

Solche Termini sind eher desorientierende Etiketten; sie erleichtern nicht den Aufbau eines konsistenten syntaxorientierten Analyserahmens.

Hinzu kommt, dass mit solchen Bezeichnungstraditionen nicht die Beziehung *zwischen* den beiden Teilsätzen in den Blick genommen wird, sondern nur einer der beiden Teilsätze, und zwar der jeweilige nebensatzförmige Teilsatz.

Diese Teilsatzbeziehungen werden hier zunächst entsprechend ihren unterschiedlichen Fügungsstrukturen in zwei Gruppen unterschieden (ich arbeite zunächst mit Bildern): *„Scharnier"*-Beziehungen wie in

Wer gesündigt hat, ist glücklich.

und *„Füll"*-Beziehungen wie in

Wer gesündigt hat, ist klar.

2 Verknüpfungsprinzipien

Den Scharnierbeziehungen entsprechen die *Relativbeziehungen* (im weiteren Sinn):

Wer gesündigt hat, (der) ist glücklich.
Ich kenne den Mann, der da an der Ecke steht.
Ich parke, wo ich gestern schon geparkt habe.

Die Füllbeziehungen enthalten wiederum zwei Untergruppen: *Ergänzungsbeziehungen*

Wer gesündigt hat, (das) ist klar.
Ich sehe, dass er kommt.

und *Adverbialbeziehungen:*

Er kommt erst morgen, weil sein Auto defekt ist.

2.1 'Scharnier'-Beziehungen (= Relativbeziehungen im weiteren Sinn)

172 In Sätzen dieses Typs sind die Teilsätze über eine ihnen *beiden gemeinsame* Stelle – wie durch ein Scharnier – verbunden:

Wer das getan hat, ist bescheuert.
Er erzählte alles *dèm Freund, der* ihm am nächsten stand.
Er erzählte alles *seinem besten Freund, der* für eine Woche zu Besuch war.
Der Leiter *der Abteilung, deren* Homepage du betreust, ist mein Freund.
Der Hund *meiner Schwester, die* jetzt auch in Frankfurt wohnt, ist süß.

Im ersten Beispiel ist diese Scharnierstelle eine *nicht* ausgefüllte *Satzglied*stelle (dieses Scharnier hat in beiden Teilsätzen Subjektfunktion): *X* hat das getan + *X* ist bescheuert. Im zweiten Beispiel ist das Scharnier eine noch zu spezifizierende *ausgefüllte* Satzgliedstelle (das Scharnier ist im ersten Teilsatz Dativergänzung, im zweiten Subjekt): Er erzählte alles *dem Freund X + der Freund X* stand ihm am nächsten. Im dritten Beispiel ist die Scharnierstelle *ausgefüllt* und bereits *spezifiziert:* sein *bester* Freund (= das kann nur *einer* sein). Im vierten Beispiel ist die Scharnierstelle eine noch zu spezifizierende *Attribut*stelle (das Scharnier hat auch im Nebensatz Attributstatus): Der Leiter *der Abteilung X + deren* (= die Homepage *dieser Abteilung X).* Im letzten Beispiel ist das Scharnier eine *spezifizierte* Attributstelle (es sei denn, es gäbe mehrere Schwestern mit Hunden): Der Hund *meiner Schwester + die(se Schwester)* (das Scharnier ist im Nebensatz Subjekt).

Dabei gelten für das Relativpronomen der im zweiten und dritten Beispiel bzw. die im letzten zwei syntaktische Auflagen: Hinsichtlich *Genus* und *Numerus* muss es sich nach dem jeweiligen *Bezugsnomen* im *Hauptsatz* (Freund bzw. Schwester) richten, hinsichtlich *Kasus* nach dem *Prädikat* des *Nebensatzes*. Das Relativpronomen im vierten Beispiel deren richtet hinsichtlich Genus und Numerus nach dem Bezugsnomen Abteilung im Hauptsatz, den Kasus (= possessiver Genitiv) hat es demgegenüber in *eigener* Zuständigkeit.

173 Der Nebensatz im ersten Beispiel kann zu einem *Satzglied* innerhalb des Hauptsatzes umgeformt werden und ist insofern *satzglied*wertig:

'Der das getan Habende' (/ Der Täter) ist bescheuert.

In den vier restlichen Beispielen kann man (im Einzelfall mit Mühe) aus dem Nebensatz jeweils ein *Attribut* im Hauptsatz formen:

Er erzählte alles dem *ihm am nächsten stehenden* Freund.
Er erzählte alles seinem *für eine Woche zu Besuch seienden* Freund.
Der Leiter *der* Abteilung *mit der von dir betreuten Homepage* ist mein Freund.
Der Hund meiner *jetzt auch in Frankfurt wohnenden* Schwester ist süß.

Diese Nebensätze sind insofern *attribut*wertig.

Diese beiden Gesichtspunkte – nämlich der *Satzteil-Status des Scharniers* (= Satzglied oder Attribut im Haupt- und im Nebensatz) und die *Satzglied- bzw. Attributwertigkeit* (= Wird der Nebensatz bei einer Umformung zum Satzglied oder zum Attribut?) – müssen sorgsam unterschieden werden; sie sind nicht deckungsgleich: Satzglied*wertig* ist nur das erste der fünf Beispiele; ein Satzglied *als Scharnier* haben die ersten drei Beispiele, das vierte hat ein Attribut als Scharnier, das fünfte hat ein syntaktisch asymmetrisches Scharnier.

Für das Verständnis der Konstruktion von Relativbeziehungen ist der Blick auf den Status des Scharniers der wichtigere.

Im Deutschen gibt es Relativpronomen nur für die 3. Person:

Ausgerechnet Paul, der jahrelang die Firma vorangebracht hat, wird entlassen!

Will man einen auf die 1. oder 2. Person bezogenen Relativsatz bilden, hat man zwei Optionen:

Ausgerechnet ich, der jahrelang die Firma vorangebracht hat, werde jetzt entlassen!
Ausgerechnet du, die jahrelang die Firma vorangebracht hat, wirst jetzt entlassen!

Oder man 'lenkt' sichtbar von der 3. zur 1. bzw. 2. Person um:

Ausgerechnet ich, der *ich* jahrelang die Firma vorangebracht *habe*, werde jetzt entlassen!
Ausgerechnet du, die *du* jahrelang die Firma vorangebracht *hast*, wirst jetzt entlassen!

Im Italienischen und im Spanischen gibt es diese Komplikation nicht, weil das Relativpronomen che bzw. que person*neutral* verwendet wird:

Io che *sono* il piu importante collaboratore, … (= Ich, der ich der wichtigste Mitarbeiter bin, …).
Yo que *tengo* hambre, voy al restaurante (= Ich, der ich Hunger habe, gehe ins Restaurant).

Im Englischen verwendet man – wie im Italienischen – ein personneutrales Relativpronomen who, aber – wie im Deutschen – mit dem Finitum in der *dritten* Person: me who has …

Bei den Relativbeziehungen gibt es gelegentlich Probleme mit der Platzierung des Relativnebensatzes, wenn der vorausgehende Teilsatz mehrere mögliche Bezugspunkte bietet.

2.1.1 Restriktive und nicht-restriktive Relativbeziehungen

175 In Konstruktionen wie

> Wer das getan hat, ist bescheuert.
> Er erzählte alles *dem Freund, der* ihm am nächsten stand.

ist der Nebensatz *nicht* weglassbar. Man spricht auch von *notwendigen* Teilsätzen bzw. von *restriktiven* Satzgefügen (von lateinisch restringo = fesseln, (zurück-)binden; die beiden Teilsätze des Satzgefüges sind also ‚aneinander gebunden'.

Wenn Grammatiken von restriktiven Relativ*sätzen* sprechen, ist dies streng genommen falsch: Nicht dieser Teilsatz, sondern die Relativ*beziehung* insgesamt (von der der Teilsatz nur eine Teilstruktur ist) ist restriktiv; *restriktiv* charakterisiert also eine *Beziehung; (nicht) weglassbar* beschreibt demgegenüber den Status eines *einzelnen* Teilsatzes.

Hinzu kommt, dass *weglassbar* sich auf eine *syntaktische* Option bezieht, während *restriktiv* (vage) einen *semantisch-logischen* Effekt bezeichnet: Der Bezeichnungsumfang von Freund wird durch den Relativsatz eingeschränkt ('restringiert') auf genau einen – nämlich den nahesten.

176 In einem Satzgefüge wie

> Er erzählte alles *seinem besten Freund, der* für eine Woche zu Besuch war.

ist der Nebensatz weglassbar. Man spricht von *nonrestriktiver* Relativbeziehung, gelegentlich auch von *freiem* Relativsatz.

Abgesehen davon, dass die syntaxbezogene Metapher *frei* ein relativer Begriff ist (und man dazu sagen müsste: frei im Vergleich zu *was* und frei *wovon*), wird von *freien Relativsätzen* auch dann gesprochen, wenn es sich um *satzglied*wertige Relativsätze wie Wer das getan hat, ist bescheuert handelt, die restriktiv sind.

Manchmal spricht man auch von *appositiver Relativbeziehung*. Dieser terminologische Bezug auf Appositionen hilft die Struktur solcher nonrestriktiver Relativbeziehungen zu verdeutlichen:

> Sein Vater, der ein in der ganzen Region bekannter Hufschmied war, hatte spät geheiratet.
> Sein Vater, ein in der ganzen Region bekannter Hufschmied, hatte ...
> Sein Vater – er war ein in der ganzen Region bekannter Hufschmied – hatte ...

Der Relativsatz im ersten Beispiel entspricht der Apposition im zweiten Beispiel, die ihrerseits klassischerweise strukturell als *Parenthese* (in der Tradition des Theaterspiels gesprochen: ein 'Beiseitesprechen') aufgefasst wird. Das dritte Beispiel verdeutlicht also strukturell auch die nonrestriktive Relativbeziehung im ersten. Das werden wir weiter unten (→ 243, 248) systematisch fassen (und dadurch wird die hier getätigte Aussage noch einmal klarer): Die Parenthese im dritten Beispiel entspricht der syntaktischen Konstruktion nach Verknüpfungstyp C (= Satzreihe mit wiederaufnehmendem Element, hier: er).

> Aus der „Frankfurter Allgemeinen":
>
> Ursprünglich war geplant, die Versorgung und die Sicherheit der Flüchtlinge im tschadischen Grenzgebiet zu Sudan mit europäischen Soldaten zu gewährleisten, die zu Tausenden aus den Kampfgebieten in Darfur in die Grenzregion geflohen sind.
>
> („Der Spiegel" 9/2008, S. 174 – „Hohlspiegel")

Einige Sprachbücher verwenden als Beispiele für attributwertige Relativsätze teils restriktive (= notwendige, eng angebundene) Relativbeziehungen, teils nonrestriktive (= weglassbare, eher weiterführende), ohne aber diese Unterscheidung bewusst zu machen und zu erklären. Dabei ist dieser Unterschied gerade wichtig für die in diesen Sprachbüchern geforderte Einschätzung, bei welchen vorgegebenen Relativsätzen man die Umformung in ein Attribut bevorzuge und wo man lieber den Relativsatz unverändert lassen wolle: Relativsätze lassen sich nämlich nur dann ohne Weiteres in Attribute umformulieren, wenn sie *restriktiv* sind. Wenn sie wie in dem Sprachbuch-Beispiel

„Ein leeres Fass dient oft als Wegzeichen, das nicht immer zuverlässig ist."

nonrestriktiv sind, können sie *nicht* in ein Attribut umgeformt werden:

*„Ein leeres Fass dient oft als nicht immer zuverlässiges Wegzeichen."

Die Aussage über die Unzuverlässigkeit gehört *nicht* an die Attributstelle, denn die Unzuverlässigkeit als Wegzeichen stellt sich ja erst heraus, sie war nicht etwa beabsichtigt. Die Einschätzung als nicht immer zuverlässig ist insofern eine separate *nachfolgende* Informationsportion, was durch einen nonrestriktiven Relativsatz dargestellt werden kann. Wollte man diesen Status der Zusatzinformation in der *attributiven* Position deutlich machen, ginge dies allenfalls per Klammern oder Bindestriche:

(*)„Ein leeres Fass dient oft als (nicht immer zuverlässiges!) Wegzeichen."

In Sätzen wie dem folgenden ist nicht an der syntaktischen Oberfläche erkennbar, ob eine restriktive oder nicht-restriktive Beziehung vorliegt:

Er übergab die Pistole schnell dem Polizisten, der ihm am nächsten stand.

Die zwei Lesarten sind:

dem(jenigen) Polizisten (= von mehreren), der ihm am nächsten stand;

dem (= einzigen) Polizisten, der ihm (von allen versammelten Personen) am nächsten stand.

Geschriebensprachlich lässt sich die *restriktive* Lesart durch dem*jenigen* sichern.

Bei mündlicher Realisierung würde die Betonung des Artikels *dem* Polizisten eine restriktive Lesart erzwingen, die Betonung des nominalen Kerns dem *Polizisten* eine nonrestriktive. Bei restriktiver Bedeutung würde der Bezugsausdruck dem Polizisten mitsamt dem kompletten Relativsatz in einem einheitlichen Intonationsbogen und ohne Pause vor und nach dem Relativsatz gesprochen; bei nonrestriktiver Bedeutung würde der Relativsatz vorn und hinten durch eine wenigstens kurze Pause und eventuell zusätzlich verdeutlichend durch eine andere Tonhöhenstufe aus dem Satzgefüge ausgegrenzt.

Im Englischen beispielsweise wird dieser Unterschied auch durch unterschiedliche Kommasetzung verdeutlicht: Nur bei nonrestriktiven Relativbeziehungen wird der Relativsatz durch paariges Komma abgetrennt.

Bei Adverbien wie übrigens oder auch bei Einstellungspartikeln wie ja ist nur eine *nonrestriktive* Lesart möglich:

…, dem Polizisten, der ihm ja am nächsten stand.

Im Übrigen klärt in der Regel der Kontext die zutreffende Lesart.

Nur die nonrestriktive Version ist in eine Satzreihe umformbar:
> Er gab die Pistole schnell dem Polizisten; der stand ihm am nächsten.

Die restriktive Lesart ist nicht unbedingt an das Vorliegen des *bestimmten* Artikels gebunden:
> Ich möchte *einen* Hut, wie du ihn gestern getragen hast.

Hier ist die Scharnierstelle 'x-iger Hut': Ich möchte einen *x-igen* Hut + einen solchen (= *x-igen*) Hut hast du gestern getragen. Bei diesem restriktiven Beispiel kann der Nebensatz nicht weggelassen werden, ohne dass der Hauptsatz grammatisch inkorrekt wird oder sich in seiner Bedeutung verändert (zu Ich möchte einen Hut im Sinne von *irgendeinen* Hut).

180 Bei nonrestriktiven Relativbeziehungen wie den folgenden stellt die im Relativnebensatz angesprochene Handlung einen nächsten Schritt in der zeitlichen Abfolge bzw. der argumentativen Struktur eines Sachverhalts dar:
> Paul schrieb einen Brief, den er *dann* zum Briefkasten brachte.
> Paul wollte Paula besuchen, die *aber* nicht da war.
> Paul kritisierte Paula, die ihn *deshalb* zwei Tage nicht sehen wollte.

Solche Relativbeziehungen werden in manchen Grammatiken als „weiterführende Relativsätze" bezeichnet. Ihr weiterführender Charakter liegt nicht etwa darin, dass sie in irgendeiner besonderen Weise nonrestriktiv wären – also besonders wenig auf das Bezugselement im Hauptsatz bezogen –, sondern sie stehen in einem ausgeprägten *zusätzlichen* semantischen Bezug zum Hauptsatz (→ 296 ff.): im ersten Beispiel in einem temporal-nachzeitigen (…, … dann …), im zweiten Beispiel in einem adversativen (…, … aber …), im dritten Beispiel in einem kausalen (…, … deshalb …). Man kann die Relativsatzgefüge des ersten bzw. dritten Beispiels in *temporale* bzw. *kausale* Satzgefüge umformen (also diese zusätzliche *Verknüpfungsbedeutung* fokussieren, → 300 ff.):
> *Nachdem* Paul einen Brief geschrieben hatte, brachte er *ihn* zum Briefkasten.
> *Weil* Paul Paula kritisiert hatte, wollte *sie* ihn zwei Tage nicht sehen.

Man kann alle drei Beispiele auch in Satz*reihen* umformen (also den *Verknüpfungstyp* ändern, → 209 ff.):
> Paul schrieb einen Brief, *den* brachte er *dann* zum Briefkasten.
> Paul wollte Paula besuchen; *sie* war *aber* nicht da.
> Paul kritisierte Paula, *deshalb* wollte *sie* ihn zwei Tage nicht sehen.

181 Auch ohne solche expliziten Verknüpfungssignale wie dann oder deshalb können Relativnebensätze weiterführenden Charakter haben. Bei den Relativnebensätzen gibt es keine strukturell gesicherte Grenze zwischen nonrestriktiv und nonrestriktiv-*weiterführend*.

Etwas anderes – *strukturell* Beschreibbares – ist der Verknüpfungstyp *weiterführendes Satzgefüge* bei den Adverbial- und Ergänzungsbeziehungen (→ 212, 235).

182 Die Unterscheidung *restriktiv – nicht-restriktiv* bzw. deren syntaktische Folge *weglassbar – nicht weglassbar* wird traditionell nur auf Relativbeziehungen angewandt. Warum? Auch Adverbialnebensätze sind teilweise nicht weglassbar, ohne dass sich die Bedeutung des Hauptsatzes ändert, z. B. in dem Satz
> Paula joggt immer in der Innenstadt, wenn es regnet.

Ähnlich wie in Relativbeziehungen wie Ich mag Äpfel, die noch ganz knackig sind der restriktive Relativnebensatz Folgen für den Bedeutungsumfang des Bezugsausdrucks Äpfel hat, hat der Konditionalnebensatz im o. g. Beispiel Folgen für den Bedeutungsumfang von immer: In beiden Fällen sichert der Nebensatz die Wahrheitsvoraussetzungen der im Hauptsatz gemachten Behauptung; beide sind daher nicht weglassbar. Auch solche Adverbialsatzbeziehungen kann man also als restriktiv bezeichnen.

Demgegenüber sind Kausalnebensätze oder adversative Nebensätze immer weglassbar, ohne dass der verbleibende Teil des Satzes in seiner anteiligen Bedeutung verändert wird:

Paula joggt immer in der Innenstadt, weil sie dann nicht erst Auto fahren muss.
→ Paula joggt immer in der Innenstadt.

(Sofern im Hauptsatz ein Korrelat steht (Paula joggt deshalb immer in der Innenstadt, weil ...), muss dieses natürlich ebenfalls weggelassen werden.)

Paula isst gerne Süßes, während Paul lieber scharfe Sachen mag.
→ Paula isst gerne Süßes.

2.1.2 Neutrale und nicht-neutrale Relativbeziehungen

Die lokale Scharnierstelle kann im zweiten Teilsatz innerhalb einer Präpositionalkonstruktion aufgenommen sein:

Er wohnte *auf dem Berg*, von *wo* er einen Blick auf die umgebenden Berge hatte.

Die Scharnierstelle kann im einen Teilsatz *Satzglied*, im anderen Satzglied*teil* sein:

Ich kenne *die Frau*, *deren* Hund du gefunden hast.

Hier richtet sich das Relativpronomen hinsichtlich Genus und Numerus nach dem Bezugsnomen Frau im *Hauptsatz*, es ist abhängig von dem Kopf Hund im *Nebensatz*, den Kasus (= Genitiv in possessiver Bedeutung) hat es in eigener Zuständigkeit.

Umgekehrt ist im folgenden Beispiel die Scharnierstelle im Hauptsatz ein tief eingebettetes Attribut und im Nebensatz ein Satzglied:

Ich habe den Hund des Bruders *meiner Freundin, die* gerade bei uns zu Besuch ist, richtig gern.

Hier übernimmt das Relativpronomen Genus und Numerus vom Bezugsnomen Freundin im Hauptsatz, den Kasus (und die syntaktische Rolle) vom Prädikatsverb sein im Nebensatz.

Das Relativpronomen kann auch in beiden Teilsätzen tief eingebettet sein, z. B. bei Verschränkung der Relativbeziehung mit einer infinitivisch realisierten Ergänzungsbeziehung:

Paul erfragt die Kosten der Reparatur eines *Oldtimers* der 50er Jahre, *dessen* Transport aus USA nach Deutschland er zu organisieren begonnen hat.

Als Partitur:

```
(0) Paul erfragt die Kosten
(1)         der Reparatur                                              er              begonnen hat.
(2)                 eines Oldtimers          Transport           zu organisieren
(3)                         der      Jahre, dessen    aus USA nach Deutschland
(4)                                 50er
```

2 Verknüpfungsprinzipien

> *Aus der „Aachener Zeitung":*
>
> Doch um das Areal überhaupt bebauen zu können, müssen zunächst die ehemaligen Dienstwohnungen der Vollzugsbeamten weichen, deren Skelette bereits in den Himmel ragen.
>
> („Der Spiegel" 5/2008, S. 154 – „Hohlspiegel")

185 Innerhalb dieser Scharnierbeziehungen liefern nun die semantischen Werte der *Scharnier*stelle den Verknüpfungswert der Teilsatzbeziehungen:

> Er hatte sein Haus *(dort)* gebaut, *wo* er als Kind immer gespielt hatte.
> Er hatte sein Haus *auf der Kuhwiese* gebaut, *wo* er als Kind immer gespielt hatte.
> Sie machte es *(so)*, *wie* es ihre Schwester immer gemacht hatte.
> Sie machte solche Arbeiten *ganz langsam*, *wie* auch ihre Schwester es früher gemacht hatte.
> Er war *(deshalb)* nicht zur Klausur gegangen, *weshalb* auch schon sein Freund immer gefehlt hatte: aus Prüfungsangst.
> Sie waren *(dann)* in den Raum getreten, *als* gerade die Lichter ausgingen.

Die beiden ersten Beispiele sind um ein semantisch gesehen lokales Scharnier herum konstruiert, das dritte und vierte um ein modales, das vorletzte um ein kausales, das letzte um ein temporales.

186 Terminologisch kann man *Relativbeziehung* so differenzieren: Die semantisch *neutralen* Fälle (= die *traditionellen* Relativbeziehungen) werden als *neutrale Relativbeziehungen* bezeichnet; diejenigen, die an einer *lokalen, modalen, kausalen oder temporalen* Stelle als Scharnier gekoppelt sind, werden als *lokale* usw. Relativbeziehungen bezeichnet. In diesem Fall gibt es eine terminologische Reibung zwischen diesem *weiten* Verständnis von Relativbeziehungen und dem traditionell *engen* Verständnis (= im Sinne nur der *neutralen*). Der Terminus *relativ* ist aber für beide Gruppen gut motiviert, insofern sich bei solchen Konstruktionen immer ein rückbezügliches Element findet. Insofern nehme ich solche terminologischen Irritationen in Kauf.

187 Eine Alternative wäre, wie bisher unter Relativbeziehungen nur die sehr häufige Untergruppe der *neutralen* zu verstehen und dafür die lokalen als *Lokalbeziehungen*, die modalen als *Modalbeziehungen* usw. zu bezeichnen; dann geriete man aber in Konflikt mit *kausalen, modalen, temporalen Adverbial*beziehungen (vgl. die Tabelle 325), die eine ganz andere Struktur haben.

Ein Hinweis: Im Beispiel

> *Auf dem Stuhl*, *wo* immer unsere Katze saß, sitze jetzt ich.

liegt eine *lokale* Relativbeziehung vor, bei der sich wo auf die *komplette* lokale Satzgliedstelle auf dem Stuhl rückbezieht. Demgegenüber ist

> *Auf dem Stuhl*, auf *dem* immer ...

eine *neutrale* Relativbeziehung: Hier ist dem Stuhl (= ein bestimmter Stuhl) das Scharnier, es ist selber semantisch neutral; der Eindruck einer *lokalen* Bedeutung entsteht dadurch, dass dieses *in sich* neutrale Scharnier in einem Satzglied mit *insgesamt* lokaler Bedeutung (= *auf dem Stuhl*) eingebaut ist. Die beiden Sätze haben die gleiche *Gesamt*bedeutung.

188 Ein etwas komplizierterer Fall:

> Der *Weißensee*, an *dem* wir als Kinder gespielt haben, ist inzwischen überlaufen.
> Am *Weißensee*, an *dem* wir als Kinder gespielt haben, ist es schön.

Am Weißensee, wo wir als Kinder gespielt haben, stehen jetzt Häuser.
Der Weißensee, wo wir oft als Kinder waren, ist der schönste Badesee in Europa.
*Der Weißensee, wo hinter dem Wald liegt, ist schön.

Die beiden ersten Beispiele sind *neutrale* Relativbeziehungen.

Das dritte und vierte Beispiel sind *lokale* Relativbeziehungen: Im dritten bezieht sich das lokale Relativadverb wo auf das lokale Adverbiale Am Weißensee *insgesamt*; im vierten bezieht sich wo, das seinerseits im Nebensatz ein *lokales Adverbiale* besetzt, auf der Weißensee, das im Hauptsatz das Subjekt bildet. Die lokale Charakteristik im Nebensatz entscheidet die Klassifikation: lokale Relativbeziehung.

Das letzte Beispiel ist standardsprachlich nicht korrekt, wenn auch in manchen Dialekten üblich; die Relativpartikel wo ersetzt hier das standardsprachlich vorgeschriebene Relativpronomen der.

Relativbeziehungen umfassen nicht nur Satzgefüge, deren Nebensätze man unter dem Namen *Relativsatz* in allen Grammatiken findet, sondern auch solche mit *lokaler* Verknüpfungsbedeutung, mit *Vergleichs*bedeutung, mit *temporal-gleichzeitiger* Bedeutung und – im Einzelfall – weiteren Bedeutungen; *relativ* wird hier also *weit* verstanden.

2.1.3 Satzgliedwertige Relativbeziehungen

Bei Relativbeziehungen wie

Wer dieses Bild beschädigt hat, soll sich bitte melden.
Wo er wohnt, da ist es sehr laut.

schließt der Nebensatz nicht an einen (pro-)nominalen Bezugsausdruck an wie in der Mensch, der ... oder der, der ... bzw. in der Gegend, wo ... oder dort, wo ... In manchen Grammatiken werden die Nebensätze in solchen Relativbeziehungen als „freie Relativsätze" bezeichnet, obwohl sie *restriktiv*, also nicht weglassbar sind; offenbar wurde diese Metapher gewählt, weil der Nebensatz nicht an einen anderen Ausdruck angeschlossen ist, sondern an eine ungefüllte Satzgliedstelle.

Ein vorsorglicher Hinweis: Als „freie Relativsätze" bezeichnen manche Grammatiken auch die *nicht-restriktiven* unter den attributwertigen Relativsätzen (→ 173).

Solche Relativnebensätze kann man als satzgliedwertig bzw. als Gliedsatz klassifizieren. Man kann den Nebensatz – meist mit Mühe – in ein *nominales* Satzglied umformen:

Der Beschädiger dieses Bildes soll sich bitte melden.

Die satzgliedwertigen neutralen Relativnebensätze erscheinen auf den ersten Blick strukturell verwandt mit den Ergänzungsbeziehungen:

Wer dieses Bild beschädigt hat, soll sich bitte melden.
Wer dieses Bild beschädigt hat, ist noch unklar.

Strukturell liegen hier aber grundsätzliche Unterschiede vor. Bei der satzgliedwertigen Relativbeziehung sind beide Teilsätze über das Scharnier X gekoppelt:

X hat das Bild beschädigt. + X soll sich bitte melden.

72　2 Verknüpfungsprinzipien

Bei der Ergänzungsbeziehung stellt demgegenüber der Nebensatz insgesamt das X dar, das im Hauptsatz offen gelassen ist:

X ist noch unklar; X = wer dieses Bild beschädigt hat.

192　Satzgliedwertige Relativnebensätze sind also keine Füllsätze, wie es die Ergänzungsnebensätze sind. Wenn man auch die satzgliedwertigen Relativsätze als *Glied*sätze bezeichnet, berührt das also *nicht* ihre strukturelle Andersartigkeit gegenüber den Ergänzungsnebensätzen.

Wenn die Scharnierstelle valenzgebunden ist wie in

Paula lebt (<u>dort</u>), wo es ihr gerade gefällt (= x-wo leben).
Wen ich morgen früh als Erstes auf der Uni sehe, <u>dem</u> vermache ich mein ganzes Geld (= jemandem etwas vermachen),

dann kann man auch den Relativnebensatz selber als valenzgebunden einstufen. Relativnebensätze können also wie Ergänzungsnebensätze valenzgebunden sein (Ergänzungsnebensätze sind es generell); dadurch wird ihre unterschiedliche Verknüpfungsweise aber nicht berührt.

> Volker Erhardt
> wer da glaubt, der wird selig werden
> wers glaubt, wird selig

193　Bei den bisherigen Beispielen für satzgliedwertige Relativbeziehungen zu einer Ergänzungsstelle ging es immer um die beiden Teilsätzen gemeinsame *Subjekt*stelle, die das Scharnier zwischen Haupt- und Nebensatz bildete. Bei den folgenden Beispielen ist ein beiden Teilsätzen gemeinsames *Akkusativ*- bzw. *Dativ*- bzw. *Genitiv*objekt das Scharnier:

Wen ich schön finde, mag ich. = Akkusativobjekt / Akkusativobjekt (= Den, den …, …);
Wem ich traue, schenke ich mein Herz. = Dativobjekt / Dativobjekt (= Dem, dem …, …);
Wessen ich mich schäme, gedenke ich in der Regel ungern. = Genitivobjekt / Genitivobjekt (= Dessen, dessen …, …).

Hier braucht der Hauptsatz keinen zum betreffenden Objekt passenden Kasushinweis (Wen ich schön finde, <u>den</u> mag ich), weil das Relativpronomen im Nebensatz ihn mitliefert.

194　Wenn das Scharnier im Relativnebensatz aber ein *anderes* Objekt vertritt als im Hauptsatz, dann ist ein satzgliedwertiger Relativnebensatz nur dann *ohne* Kasushinweis möglich, wenn das betreffende Objekt im Hauptsatz üblicher und damit erwartbarer – man sagt auch: unmarkierter – ist als im Nebensatz. Es gibt also eine Hierarchie der Objekte entsprechend ihren Kasus: vom *weniger* markierten Kasus zum *stärker* markierten Kasus; für das Deutsche ist dies: Nominativ – Akkusativ – Dativ – Genitiv (und dann folgen noch präpositional eingeleitete Ergänzungen). Daraus würde folgen: Wenn die Satzgliedstelle, auf die sich Neben- und Hauptsatz beziehen, im Hauptsatz einen stärker markierten Kasus hat als im Nebensatz, dann muss der Kasus im Hauptsatz durch einen pronominalen Kasushinweis expliziert werden. Die folgenden Beispiele zeigen dies systematisch:

Akkusativobjekt / Subjekt: Wen ich nett finde, erhält einen guten Job bei mir (= den / der).
Subjekt / Akkusativobjekt: *Wer viel weiß, mag ich (= der / den).
→ Wer viel weiß, den mag ich.

Dativobjekt / Subjekt: Wem ich mein Herz schenke, ist meist sehr intelligent (= dem / der).
Subjekt / Dativobjekt: *Wer viel weiß, schenke ich mein Herz (= der / dem).
→ Wer viel weiß, dem schenke ich mein Herz.

Genitivobjekt / Subjekt: Wessen ich gern gedenke, erhält von mir Geschenke (= dessen / der).
Subjekt / Genitivobjekt: *Wer sympathisch ist, gedenke ich gern (= der / dessen).
→ Wer sympathisch ist, dessen gedenke ich gern.

Dativobjekt / Akkusativobjekt: Wem ich traue, mag ich (= dem / den).
Akkusativobjekt / Dativobjekt: *Wen ich mag, traue ich auch (= den / dem). (Ginge es hier um einen etwas selbstherrlichen Pfarrer, der über seine Trauungspraxis berichtet, dann wäre dieser Satz natürlich korrekt.)
→ Wen ich mag, dem traue ich auch.

Genitivobjekt / Akkusativobjekt: Wessen ich mich schäme, mag ich nicht (= dessen / den).
Akkusativobjekt / Genitivobjekt: *Wen ich mag, schäme ich mich auch nicht (= den / dessen).
→ Wen ich mag, dessen schäme ich mich auch nicht.

Genitivobjekt / Dativobjekt: Wessen ich mich schäme, schenke ich nicht mein Herz (dessen / dem).
Dativobjekt / Genitivobjekt: *Wem ich mein Herz schenke, schäme ich mich nicht (dem / dessen).
→ Wem ich mein Herz schenke, dessen schäme ich mich nicht.

Diese Abhängigkeiten laufen unter dem Fachterminus der *Kasushierarchie*. Man sollte eigentlich sagen: der Hierarchie der *Ergänzungen*.

2.2 'Füll'-Beziehungen (= Adverbial- und Ergänzungsbeziehungen)

Bei dem folgenden Beispielsatz füllt jeder der beiden nebensatzförmigen Teilsätze eine Satzgliedstelle im Hauptsatz aus:

Wenn sie nicht mehr anruft (= Teilsatz 1), weiß ich, dass sie mich nicht mehr liebt (= Teilsatz 2).

Der Hauptsatz ist *X-falls* weiß ich *Y*. Diese beiden Satzgliedstellen werden durch die beiden Teilsätze 'gefüllt':

X-falls = wenn sie nicht mehr anruft, Y = dass sie mich nicht mehr liebt.

Beides sind also 'Füll-Beziehungen'; sie unterscheiden sich aber in ihrem syntaktischen Status und in ihrer Bedeutung:

- *X-falls* entspricht einem *konditionalen* Adverbiale im Hauptsatz, einer *nicht* valenzgebundenen Satzgliedstelle; man spricht von Adverbialsatz bzw. von Gliedsatz.
- Y entspricht einer *valenz*gebundenen Satzgliedstelle im Hauptsatz: 'jemand *weiß etwas*'; man spricht von *Ergänzungssatz* bzw. *Gliedsatz*; da die Ergänzung in diesem Beispiel ein (Akkusativ-)Objekt darstellt, kann man hier auch von *(Akkusativ-)Objektsatz* sprechen.

Diese beiden Gruppen von Teilsatzbeziehungen werden im Folgenden näher ausgeführt.

2.2.1 Füllbeziehungen I: Ergänzungsbeziehungen

196 Eine Ergänzungsbeziehung liegt vor, wenn einer der beiden Teilsätze eine *valenzgebundene* Satzgliedstelle – eine Ergänzung – des anderen Teilsatzes ausfüllt; wenn diese Stelle fakultativ ist, ist auch der entsprechende Teilsatz fakultativ:
- Subjekt: Dass er gekommen ist, (das) überrascht mich.
- Akkusativobjekt: Sie versprach, ihm möglichst bald zu helfen.
- Dativobjekt: Sie schenkte dem leider keinerlei Aufmerksamkeit, wie sorgsam er die Sitzung vorbereitet hatte.

  Hier wird die valenzgebundene Satzgliedstelle im Hauptsatz zunächst durch das *dem* vorläufig besetzt und zugleich ihr Kasus – und damit ihre syntaktische Rolle als Dativobjekt – angezeigt. Diese *Korrelate* werden weiter unten ausführlicher dargestellt (→ 530 ff., 534 ff.).
- Genitivobjekt: Er erinnerte sich (dessen) noch schwach, dass er sie schon einmal gesehen hatte.
- Präpositionalobjekt: Sie wunderte sich sehr (darüber), dass ich plötzlich im Zimmer stand.

  Der Nebensatz füllt hier *insgesamt* die *fakultative* Satzgliedstelle über X im Stellenplan des Verbs *sich wundern über X/jemand* aus (und ist wie diese *weglassbar*).

> Aus der Werbung für die Fluggesellschaft „Condor":
>
> Wir lieben Fliegen.

197 In den beiden folgenden Beispielen füllt der eine Teilsatz insgesamt eine valenzgebundene *Attribut*stelle im anderen Teilsatz aus:

Sein *Erstaunen (darüber)*, dass wir ihn besuchten, war für uns überraschend.
Ich erlebe ihn manchmal als ziemlich *begierig (darauf)*, ans große Geld zu kommen.

Der Nebensatz füllt im ersten Beispiel die Attributstelle über X des nominalen Valenzträgers *Erstaunen (über X)* aus, im zweiten die Attributstelle auf X des adjektivischen Valenzträgers *begierig (auf X)*.

198 Welches Satzglied im übergeordneten Teilsatz der Nebensatz ausfüllt (und welche Teilbedeutung er zu dem vom Valenzträger eröffneten Valenzplan beiträgt), kann nur anhand der Valenzstruktur des jeweiligen Valenzträgers geklärt werden.
- Ein zweistelliges Verb wie *gefallen* bietet in seinem Valenzplan x gefällt jemandem die Option, die Subjektstelle X durch einen Ergänzungssatz zu besetzen:

  Dass die Sonne wieder scheint, (das) gefällt mir sehr.
  In diesem Gliedsatz wird der Sachverhalt dargestellt, auf den sich die Bewertung (gefällt mir) bezieht. Dieser Sachverhalt kann beliebig komplex sein. Das Finitum bleibt im Singular, auch wenn die Nebensatzstelle zwei- oder mehrfach besetzt ist:

  Dass die Sonne wieder scheint *und* dass die Blumen blühen, (das) gefällt mir sehr.

Eine analoge Mehrfachbesetzung durch ein *Satzglied* würde dagegen zur Pluralform des Finitums führen:
> Der Sonnenschein *und* die blühenden Blumen gefa<u>llen</u> mir sehr.

- Ein zweistelliges Verb wie bedeuten bietet in seinem Valenzplan <u>x</u> bedeutet <u>y</u> die Option, jede dieser Stellen oder beide durch Ergänzungssätze zu besetzen; diese Ergänzungssätze haben dann die Subjektrolle oder/und die Rolle der Nominativergänzung:
> Dass sie ins Konzert gekommen ist, bedeutet, dass sie wieder Lust am Leben hat.

- Das zweistellige Verb sehen bietet in seinem Valenzplan jemand sieht X die Option für einen Ergänzungssatz in der Rolle des Akkusativobjekts:
> Ich sehe, dass es dir wieder gut geht.

- Das zweistellige Verb (sich) wundern bietet in seinem Valenzplan jemand wundert sich über X die Option für einen Ergänzungssatz in der Rolle des Präpositionalobjekts:
> Er wundert sich offenbar darüber, dass ich ihn nicht mehr besuche.

Die jeweiligen Verknüpfungsbedeutungen werden in einem späteren Abschnitt behandelt (→ Tabelle 406).

Je nach dem Verb (bzw. dem nominalen oder adjektivischen Valenzträger) sind nur *bestimmte* Einleitungsmittel möglich: Bei sich über X wundern oder X behaupten ist z. B. kein *ob* möglich

> *Er *wundert* sich darüber, <u>ob</u> Paul kommen wird,

bei X wissen oder X sehen dagegen schon:

> Er *weiß* genau, <u>ob</u> Paul kommen wird.

Ausrufesätze in Nebensatzform wie Dass er das nicht kapiert! kann man auch verstehen als Ellipse von Ergänzungsbeziehungen wie Dass er das nicht kapiert, das *wundert / ärgert* mich; *welcher* dieser beiden Verb-Rahmen angemessen ist, entscheidet (neben Stimmführung und Mimik) der Inhalt des Ausrufesatzes (bzw. der entsprechenden Äußerung).

2.2.2 Füllbeziehungen II: Adverbialbeziehungen

Als *Adverbialbeziehungen* bezeichne ich Teilsatzbeziehungen, bei denen einer der beiden Teilsatz-Inhalte eine Stelle des anderen Satzes ausfüllt, die dort eine *Angabe* (bzw. ein Adverbiale), also ein *nicht* valenzgebundenes Satzglied ist:

> Er blieb (<u>des</u>wegen) daheim, <u>weil</u> er völlig erschöpft war.

Der Nebensatz entspricht hier einer kausalen Satzgliedstelle X-wegen, X = 'er war völlig erschöpft'.

In den relativ wenigen Fällen, wo ein Verb ein *Adverbiale* als Ergänzung verlangt, das durch einen Teilsatz ausfüllbar ist, ist auch dieser Teilsatz valenzgebunden. Ein Beispiel ist jemanden x-wegen festnehmen. Hier könnte man diese kausale Adverbialstelle als valenzgebunden ansehen, dann wäre eine Realisierung durch einen Teilsatz wie in

> Er wurde wegen Trunkenheit am Steuer festgenommen.
> → Er wurde festgenommen, weil er betrunken Auto gefahren war.

als Fall von valenzgebundenem Adverbialsatz einzuschätzen.

2 Verknüpfungsprinzipien

202 Die Fügungsbedeutung ist meistens am lexikalischen Wert der Konjunktion ablesbar (z. B. *kausal* bei weil) – in Fällen wie dem folgenden freilich *nicht:*
> Er *muss* krank sein, dass er nicht gekommen ist.

Hier ist die Bedeutung durch einen 'Vermutungs-Indikator' (hier durch müssen) angezeigt.

Innerhalb der Gruppe der Adverbialbeziehungen gibt es einen breiten Fächer von Verknüpfungswerten; nicht zu jeder Teilsatzbeziehung gibt es auch den entsprechenden Typ von Adverbiale (z. B. nicht zu Er war schuld, insofern er uns nicht Bescheid gesagt hatte), und nicht zu allen Adverbialien gibt es entsprechende Teilsatzdarstellungen (z. B. nicht zu Trägst du mir bitte die Gläser ins Wohnzimmer?).

203 Daher empfehle ich, *nicht* unter der Bezeichnung „adverbiale Bestimmungen" nebeneinander *Satzglieder* und *Teilsätze* anzuführen, weil dies eine Eins-zu-eins-Entsprechung suggeriert und weil dann für die SchülerInnen undeutlich bleibt, ob mit „adverbialer Bestimmung" eine *Satzglied*kategorie gemeint ist oder eine *Teilsatz*kategorie; zudem ist bereits terminologisch undeutlich, wo es um Satzglieder geht und wo um Attribute, für die keine eigene Terminologie vorliegt.

Wunschsätze in einer der beiden Nebensatzformen, die im Abschnitt Satzarten aufgeführt wurden, lassen sich auch als Ellipsen von Adverbialgefügen konditionaler Art einordnen:
> Wenn er doch bloß käme(, dann wäre mir geholfen).
> Käme er doch bloß(, dann wäre mir geholfen).

2.3 Kombinationen aus Scharnier- und Füllbeziehungen

204 Relativbeziehungen und Ergänzungs-/Adverbialbeziehungen sind komplementär strukturiert; sie lassen sich daher auch kombinieren:

Relativbeziehung + Ergänzungsbeziehung:
> Neutrale Relativbeziehung: Sie behauptete (das), was sie oft in solchen Situationen behauptet.
> + Ergänzungsbeziehung: Sie behauptete, dass er süchtig sei.
> = Sie behauptete (das), was sie oft in solchen Situationen behauptet, dass er (nämlich) süchtig sei.

Relativbeziehung + Adverbialbeziehung:
> Vergleichende Relativbeziehung: Er reparierte die kaputte Tasche so, wie es sein Vater früher gemacht hatte.
> + modale Adverbialbeziehung: Er reparierte die kaputte Tasche, indem er sie zuklebte.
> = Er reparierte die kaputte Tasche so, wie es sein Vater früher gemacht hatte, indem er sie (nämlich) zuklebte. / Er reparierte die kaputte Tasche, indem er sie zuklebte, (so) wie es sein Vater früher gemacht hatte.

205 Ein sogenannter Subjektsatz kann also sowohl ein Ergänzungssatz sein
> Wer das getan hat, (das) ist unklar.

wie auch ein Relativsatz:
> Wer das getan hat, (der) ist bescheuert.

Die je andere Pro-Form – das gegenüber der – macht die unterschiedliche Struktur deutlich: Das das in der Ergänzungsbeziehung bezieht sich auf den kompletten Sachverhalt des Nebensatzes zurück, das der der Relativbeziehung auf das Subjekt im Nebensatz.

Es lassen sich auch *attributive* Ergänzungsbeziehungen und *attributwertige* Relativbeziehungen miteinander kombinieren:

> Relativbeziehung: Die Behauptung, die ich gestern gemacht habe, tut mir im Nachhinein leid.
> + Ergänzungsbeziehung: Die Behauptung, dass du ein Narziss seiest, tut mir im Nachhinein leid.
> = Die Behauptung, die ich gestern gemacht habe, dass du (nämlich) ein Narziss seiest, tut mir im Nachhinein leid.

> Geben Sie Ihr Geld so aus, wie Sie es verdient haben: mit Verstand.
> (Werbung für Audi-Leasing)

2.4 Matrixsatz und Konstituentensatz

Für Ergänzungs- und Adverbialbeziehungen (nicht aber für Relativbeziehungen, aufgrund deren *symmetrischer* Konstruktion) macht es Sinn, den Teilsatz mit der Satzglied(teil)stelle, die der andere Teilsatz ausfüllt, als Rahmensatz oder *Matrixsatz* (von lateinisch matrix = Mutter, Stamm) zu bezeichnen, den anderen Teilsatz – der diese Stelle ausfüllt – als *Konstituentensatz* (von lateinisch constituens = Partizip I zu constituere = aufstellen, hinsetzen, also etwa: etwas Errichtendes / Aufbauendes).
Bei den Ergänzungsbeziehungen ist derjenige Teilsatz der Matrixsatz, der den Valenzträger enthält (bei Gliedsätzen das Verb, bei Attributsätzen das Nomen oder auch das Adjektiv).

Auf diese Weise ergibt sich eine doppelte Unterscheidung: die von Haupt- und Nebensatz, die sich nur auf die morphologische bzw. topologische Unterschiedlichkeit bezieht, und die von Matrix- und Konstituentensatz, die sich auf die tiefer liegende semantisch-syntaktische Abhängigkeit bezieht.
Der Begriff Matrixsatz ist ein relationaler Begriff: Ein und derselbe Teilsatz kann bezogen auf einen zweiten Teilsatz Matrixsatz sein, bezogen auf einen dritten aber Konstituentensatz. Im folgenden Beispiel ist der zweite Teilsatz Konstituentensatz zum ersten und zugleich Matrixsatz zum dritten Teilsatz.

> Ich weiß genau, dass er kommen wird, sobald seine Unterrichtsstunde zu Ende ist.

Solange man – wie ich bisher – die Teilsatzbeziehungen nur anhand 'normaler' (= *nicht* weiterführender) Satzgefüge untersucht, sind Konstituentensätze grundsätzlich Nebensätze, während Matrixsätze Haupt- oder Nebensätze sein können.

Wenn im Folgenden auch weiterführende Satzgefüge und Satzreihen in die Analyse der Teilsatzbeziehungen einbezogen werden, wird die Gegenüberstellung der morphologischen Charakteristik Hauptsatz – Nebensatz und der syntaktisch-strukturellen Funktion Matrixsatz – Konstituentensatz ausdifferenziert: Auch Hauptsätze können dann Konstituentensätze zu hauptsatzförmigen oder auch nebensatzförmigen Matrixsätzen sein. Dann lohnt es sich, mit dieser doppelten Kontrastierung zu arbeiten.

3 Verknüpfungstypen

209 Zwei Teilsätze innerhalb eines zusammengesetzten Satzes können auf mehrfache Art und Weise miteinander verknüpft sein. Es gibt für die Adverbial-, die Ergänzungs- und die Relativbeziehungen unterschiedlich viele solcher Verknüpfungstypen.

Diese Verknüpfungstypen werden im Folgenden anhand der Adverbialbeziehungen erläutert und dann auch für die Ergänzungs- und die Relativbeziehungen dargestellt.

3.1 Verknüpfungstypen bei den Adverbialbeziehungen

210 In dem Satz Wegen völliger Erschöpfung blieb er daheim liegt die kausale Beziehung in der Verknüpfung eines Satzglieds (wegen völliger Erschöpfung) mit dem Satzrest (er blieb daheim).

In den fünf folgenden Sätzen liegt zwischen den beiden jeweiligen Teilsätzen die gleiche kausale Fügungsbedeutung vor, aber in unterschiedlichen Verknüpfungstypen (die insgesamt fünf Verknüpfungstypen werden – hier und gelegentlich auch im Folgenden – mit den Großbuchstaben A bis E bezeichnet):

- A Er blieb daheim, weil er völlig erschöpft war.
- B Er war völlig erschöpft, weshalb er daheim blieb.
- C Er war völlig erschöpft, deshalb blieb er daheim.
- D Er blieb daheim, denn er war völlig erschöpft.
- E Er blieb daheim, er war völlig erschöpft.

211 In Satz A ist Kausalität mithilfe einer entsprechenden Konjunktion durch die Verknüpfung von Hauptsatz und Nebensatz innerhalb eines Satzgefüges realisiert; die kausale Information steht dabei im Nebensatz. Hier ist der Hauptsatz der Matrixsatz.

212 In B ist Kausalität ebenfalls durch die Verknüpfung von Haupt- und Nebensatz innerhalb eines Satzgefüges realisiert; hier steht aber die kausale Information im Hauptsatz, auf den sich der nachgestellte Nebensatz durch ein w-Wort (weshalb) zurückbezieht. Hier ist also (im Unterschied zu A) der *Neben*satz der Matrixsatz. Der Nebensatz ist damit einerseits *ranghöher* als der Hauptsatz (nämlich Matrixsatz zu diesem) und andererseits *rangniedriger* als der Hauptsatz, insofern er sich syntaktisch an diesen 'anlehnen' muss.

Der Nebensatz kann im Verknüpfungstyp B daher nicht als *Gliedsatz* bezeichnet werden, wenn man damit den syntaktischen Status *Satzglied* meint. Streng genommen wäre hier der Hauptsatz – der Konstituentensatz – als *Gliedsatz*, und zwar als *Adverbialsatz*, konkreter: als *Kausalsatz* zu bezeichnen. Diese Teilsatz-Termini werden aber traditionell nur für abhängige Teilsätze (= Sätze in Nebensatzform) verwendet, weil diese Begrifflichkeit anhand einseitiger Beispiele, nämlich solcher des Verknüpfungstyps A, entwickelt worden ist.

In C liegt der kausale Fügungswert in der Verbindung zweier nebengeordneter Teilsätze (beides Hauptsätze), also einer Satzreihe. Dabei steht die kausale Information im ersten Hauptsatz, auf den sich – ähnlich wie in B – der zweite Hauptsatz durch ein d-Wort (deshalb) rückbezieht. Hier ist der *zweite* Teilsatz der Matrixsatz.

Der Unterschied zwischen B und C lässt sich in *pantomimischer* Metaphorik so beschreiben: Beim Verknüpfungstyp B wird im 'Weitergehen' aus dem 'weiterführenden' Teilsatz heraus (gewissermaßen ohne sich umzublicken) mit dem Daumen rückwärts über die Schulter auf den ersten Teilsatz verwiesen; bei C wird – noch mit dem Blick zurück – mit der ausgestreckten Hand auf diesen ersten Teilsatz gezeigt.

In D liegt die kausale Verknüpfungsbedeutung wie in C in der Verbindung von zwei Hauptsätzen; die kausale Information steckt hier aber im zweiten Hauptsatz, der mit einer sog. nebenordnenden Satzkonjunktion (denn) an den ersten angeschlossen wird. Denkbar wäre auch ein Konjunktionaladverb wie nämlich. Hier ist der *erste* Teilsatz Matrixsatz.

In Satz E ist eine kausale Fügungsbedeutung grammatisch nicht expliziert; Kausalität kann aber aufgrund unseres Wissens über menschliches Verhalten (dass man zuhause bleibt, wenn man völlig erschöpft ist) und auch aus dem Kontext solcher Sätze erschlossen werden. Die kausale Information liegt in diesem Fall wie in D im zweiten Hauptsatz der Satzreihe. Auch hier ist der *erste* Teilsatz Matrixsatz.

Bei der Produktion von Texten kann man zwischen impliziten und expliziten Verknüpfungsbedeutungen bewusst wechseln:

> Er sah die alte Frau fallen. Er ging weiter.

Hier kann man eine konzessive Beziehung zwischen dem ersten und dem zweiten Satz vermuten; sie wäre im Verknüpfungstyp E realisiert. Für Erzählungen sind solche *impliziten* Teilsatzbeziehungen vermutlich interessanter als

> Er sah die alte Frau fallen, trotzdem ging er weiter.

oder gar:

> Obwohl er die alte Frau fallen sah, ging er weiter.

Die erste Version präsentiert das Geschehen mit der *nicht* sozial bewerteten Verhaltensweise 'Weitergehen'; die zweite präsentiert dasselbe Geschehen, markiert aber mit dem explizit konzessiven trotzdem (= Verknüpfungstyp C) das Weitergehen als sozial abweichend; die dritte Version (= Verknüpfungstyp A) wäre eine Vorwurf verdeutlichende Darstellungsweise, die eher in die Textsorte Bericht gehörte.

> *Die Kölner Gruppe „Höhner":*
>
> Dummer ne, dummer ne, dummer ne Klore! = (Tu / Gib mir ... nen Klaren / Schnaps!)
> Dummer ne, dummer ne, dummer ne Klore!
> Hammer nit, hammer nit, hammer nit! (Haben wir nicht ...!)
> Hammer nit, hammer nit, hammer nit!
> Oh jeh! Su ne Driss, su ne Driss, su ne Driss! (= Oje So ein Mist ...!)
> Oh jeh! Su ne Driss, su ne Driss, su ne Driss!
> Jommer in en andere Kaschämm! Schämm! (= Gehen wir in eine andere Kneipe / Pinte ...!)
> Jommer in en andere Kaschämm! Schämm!
> Die Karawane zieht weiter, der Sultan hätt Doosch! (= Die Karawane zieht weiter, der Sultan hat Durst.)
>
> („Die Karawane zieht weiter" © Vogelsang Musikverlag, Text u. Musik: H. Schöner, J.-P. Fröhlich, H. Krautmacher, P. Werner, F.M. Willizil, M. Neschen, M. Riedel)

217 Im Folgenden werden diese fünf Verknüpfungstypen unter den Bezeichnungen
A   Satzgefüge,
B   weiterführendes Satzgefüge,
C   weiterführende Satzreihe,
D   Satzreihe,
E   implizite Satzreihe

geführt. Die Großbuchstaben erlauben zum einen, bei der Analyse gelegentlich mit Kürzeln zu arbeiten (= „Verknüpfungstyp B"). Zum andern helfen sie, den Verknüpfungstyp auch in den Fällen passend zu bezeichnen, wo z. B. ein Satzgefüge wie

> Er blieb zuhause, weil er keine Lust hatte.

interpunktorisch als Satz*folge* realisiert ist:

> Er blieb zuhause. Weil er keine Lust hatte!

Insbesondere Verknüpfungstyp C ist häufig als Satz*folge* realisiert:

> Er fühlte sich krank; deshalb blieb er zuhause. / Er fühlte sich krank. Deshalb blieb er zuhause.

Der oben gewählte Terminus „weiterführende Satz*reihe*" müsste also eigentlich erweitert werden zu „weiterführende Satzreihe / *Satzfolge*" (aber das würde die Bezeichnung noch aufwändiger machen).

218 Man kann systematisch zusammenstellen, welche Verknüpfungs*bedeutungen* (kausal, konsekutiv, konzessiv usw.) in welchen dieser fünf Verknüpfungs*typen* realisiert werden können.

Eine solche Zusammenstellung erfolgt für die Adverbialbeziehungen in 6.2, für die Ergänzungsbeziehungen in 6.3, für die Relativbeziehungen in 6.1.

> Auf den ersten Blick scheint eine Satzreihe wie
>> Ich gehe heute nicht mit joggen, wir haben *doch* unsere kanadischen Freunde zu Besuch.
>
> zu D zu gehören; doch wäre dann alternativ zu denn ein Kausalität verdeutlichendes Mittel. Ich halte es für angemessener, solche Einstellungspartikeln so zu verstehen, dass sie dem Hörer Vertrautheit mit der Information (= kanadischer Besuch) unterstellten, nicht aber diese Information explizit zum Grund machten. Dass dieser Besuch ein Grund ist, ist ohne explizite Kausalitätsmarker verständlich. Denkbar wäre eine solche Einstellungspartikel daher auch in D, also mit denn *kombiniert:*
>> Ich gehe heute nicht mit joggen, <u>denn</u> wir haben *doch* unsere kanadischen Freunde zu Besuch.
>
> Freilich ist eine solche Kombination eher unüblich, weil die Version mit Einstellungspartikel *allein* ja gerade davon lebt, dass diese Information mit ihrer Bedeutung dem andern vertraut ist und *nicht* explizit als Grund markiert werden muss.

219 Aus diesem Ansatz folgt meines Erachtens die Empfehlung, *Kausalität* (und entsprechend Konzessivität, Konditionalität usw.) als Wert der Beziehung *zwischen* zwei Teilsätzen (bzw. Satzteilen) anzusehen und nicht als 'Eigenschaft' *eines* Teilsatzes, der damit zum *Kausalsatz* würde. Sonst wäre etwa beim Wechsel von Verknüpfungstyp A zu Verknüpfungstyp B in einem einfachen kausalen Satzgefüge plötzlich der Hauptsatz *Kausalsatz,* was jeglicher terminologischen Tradition widerspricht, die immer nur die untergeordneten (und das heißt u. a.: die *Neben-*) Sätze als Kausalsatz usw. bezeichnet.

Folgen für die Unterscheidung Hypotaxe – Parataxe

Eine weitere Folge dieses Ansatzes ist: Wenn die Kodierungen von Kausalität in den Verknüpfungstypen

    Er blieb daheim, <u>weil</u> er völlig erschöpft war.
    Er war völlig erschöpft, <u>weshalb</u> er daheim blieb.
    Er war völlig erschöpft, <u>deshalb</u> blieb er daheim.
    Er blieb daheim, <u>denn</u> er war völlig erschöpft.

äquivalent sind, dann *relativiert* dies die Begriffe Hypotaxe – Parataxe und entsprechend auch die Unterscheidung zwischen *subordinierenden* und *koordinierenden* Konjunktionen (z. B. weil und denn): Diese Unterscheidung ist (wie die von Hauptsatz und Nebensatz) eine vorrangig morphologisch-topologische und damit stärker oberflächenbezogen als die von Matrix- und Konstituentensatz. Beide Konjunktionsarten sind syntaktische Instrumente, um innerhalb des Konstituentensatzes Kausalität zu markieren. Die funktionale Zusammengehörigkeit von Konjunktionen (wie weil und denn) und Konjunktionaladverbien (wie deshalb oder weshalb) wird so deutlicher; dies spricht noch einmal für die Verwendung eines Oberbegriffs *Konnektoren,* wie ihn einzelne Grammatiken vorsehen.

Folgen für den Begriff der Nebenordnung

Über diese Relativierung hinaus muss auch der Begriff der Nebenordnung selbst noch einmal *differenziert* werden. Es gibt nämlich *zwei* Begriffe von Nebenordnung: Eine kausale Teilsatzverbindung wie

    Paul bleibt zuhause, *denn* er fühlt sich krank.

bezeichnet man unter der *syntaktischen* Perspektive des Verknüpfungs*typs* als nebenordnend, im Kontrast zu einer unterordnenden wie

    Paul bleibt zuhause, *weil* er sich krank fühlt.

Teilsatzverbindungen wie

    Paul liest *und* Paula sieht fern.
    Paul bleibt zuhause, *aber* Paula kommt noch mit ins Konzert.

bezeichnet man auch unter der *semantischen* Perspektive der Verknüpfungs*bedeutung* als nebenordnend: Hier liegen jeweils zwei einander gleichrangige (= syntaktisch nebengeordnete) Aussagen vor, die in einem additiven bzw. adversativen Zusammenhang stehen (= semantisch nebengeordnet sind). Hier kann man daher nicht sinnvoll Matrix- und Konstituentensatz unterscheiden.

Beide Satzreihen kann man aufgrund ihrer *semantischen* Gleichrangigkeit 'umpolen' (während man Relativbeziehungen aufgrund ihrer *syntaktischen* Struktur umpolen kann):

    Paul liest *und* Paula sieht fern. → Paula sieht fern und Paul liest.

Welche der beiden Polungen man wählt, hängt vom Kontext ab. Bei einer kausalen Satzreihe mit denn klappen solche Umpolungen demgegenüber grundsätzlich nicht:

    Paul bleibt zuhause, denn er ist krank. *→ Paul ist krank, denn er bleibt zuhause.

Dieser zweite Satz ist zwar für sich möglich, hat dann aber eine *andere* Bedeutung: Paul bekommt das Zuhausebleiben nicht.

223 Die Verknüpfungsbedeutung *adversativ* kann neben einer Satz*reihe* auch als Satz*gefüge* mit der *unterordnenden* Konjunktion während realisiert werden:

> Während Paul für die Grünen kämpfte, war Paula derzeit auf Abstand zu allen Parteien.

Hier lässt sich – wie bei den Relativbeziehungen auch, aber eben aus *semantischen* Gründen – die Hauptsatz-Nebensatz-Verteilung umpolen:

> Während Paula derzeit auf Abstand zu allen Parteien war, kämpfte Paul für die Grünen.

Dabei ändert sich die Grundbedeutung nicht, lediglich die Fokussierung innerhalb dieser Grundbedeutung (nämlich auf Paul).

224 Die häufige Verwendung von Satzgefügen galt in der Sprachbarrieren-Debatte der 1970er Jahre irrtümlicherweise als ein Indikator für kognitive Leistungsfähigkeit: Nur eine explizite Darstellung von Sachverhalten in Form eines Satzgefüges galt als *elaboriert*. Satzreihen (= Verknüpfungstyp *weiterführende Satzreihe* oder *Satzreihe*) und erst recht *implizite* Realisierungen von Kausalität (= Verknüpfungstyp *implizite Satzreihe*) galten als *restringiert*.

Solche Hypothesen sind angesichts des differenziert ausgebauten Äquivalenzsystems mit seinen insgesamt fünf Optionen offensichtlich ihrerseits 'syntaxtheoretisch restringiert'.

Es gibt zu der Benutzung der unterschiedlichen Verknüpfungstypen interessante empirische Befunde: In der Entwicklung der schriftsprachlichen Fähigkeiten von jüngeren Kindern nimmt die Häufigkeit von Satzgefügen zunächst zu, dann aber wieder ab; als Grund wird vermutet, dass die Kinder alternative syntaktische Mittel zur Darstellung logischer Beziehungen entdecken, sodass sie Teilsatzgefüge – vor allem des Verknüpfungstyps *Satzgefüge* – nicht mehr so häufig zu verwenden brauchen. Ein Beispiel eines 17-jährigen Schülers:

> „[…] Nach meiner Auffassung sind Hausaufgaben ein sehr wichtiges, weil nützliches Lernmittel. Der Schüler ist gezwungen, sich auch außerhalb der Schulzeit mit dem durchgenommenen Stoff zu befassen […]"
>
> (Aus: Helmuth Feilke: „Die Entwicklung der Schriftfähigkeit", in: Günther, H. / Ludwig, O. (Hg.): Schrift und Schriftlichkeit, 2. Halbband, Berlin 1996, S. 1183)

Statt eines expliziten Verknüpfungswert-Signals (… Lernmittel. Denn der Schüler ist … im Verknüpfungstyp Satzreihe oder weil / da im Verknüpfungstyp Satzgefüge) wird hier mit der Erwartung gearbeitet, dass der Leser das Nachfolgende als Begründung lesen wird.

3.2 Verknüpfungstypen bei den Ergänzungsbeziehungen

225 Das Konzept der Verknüpfungstypen habe ich zunächst nur anhand von *Adverbial*beziehungen dargestellt. Die ersten drei der fünf Verknüpfungstypen sind aber auch für *Ergänzungs*beziehungen nutzbar:

  A   Er freute sich (darüber), dass sie doch noch gekommen war.
  B   Sie war doch noch gekommen, worüber er sich freute.
  C   Sie war doch noch gekommen; darüber freute er sich.

> Aus einem Brief an die Leser der „Stuttgarter Zeitung", die an einem Sommerkrimi-Wettbewerb teilgenommen hatten:
>
> > Manche von Ihnen hatten wir immer wieder in der Endausscheidung, und trotzdem sind Sie bei uns an irgendwelchen Kleinigkeiten immer wieder gescheitert. Dafür gebührt Ihnen unser besonderer Respekt.
>
> („Der Spiegel" 36/2008: S. 198 – „Hohlspiegel")

Bei den *Adverbialbeziehungen* – bei denen satzwertige Infinitivkonstruktionen nur eine marginale Rolle spielen – wurden für Verknüpfungstyp B immer Hauptsatz-Nebensatz-Beispiele angeführt und für Verknüpfungstyp C immer Hauptsatz-Hauptsatz-Beispiele.

Bei den *Ergänzungsbeziehungen*, bei denen Infinitivanschlüsse eine wichtige Rolle spielen (→ 474ff.), müssen bei Verknüpfungstyp B und C auch *Infinitivgruppen* in Matrix-Funktion berücksichtigt werden:

> Es gelang Paul nicht, sich (darüber) zu freuen, *dass Paula in ihrem neuen Job richtig aufblühte.*

Hier ist die satzwertige Infinitivgruppe sich über X freuen Matrix zum Nebensatz dass Paula in ihrem neuen Job richtig aufblühte; das Pro-Element da in darüber ist ein Korrelat zu diesem Nebensatz. Die Infinitivkonstruktion ist ihrerseits in den Matrixsatz X gelang Paul nicht eingebettet; diese Infinitivkonstruktion kommt – außer in Fällen mündlichen Sprachgebrauchs wie Bitte aufpassen, dass ihr nicht auf den Hund tretet! – nicht syntaktisch selbstständig vor, deshalb muss ich hier mit *dreifach* zusammengesetzten Sätzen operieren. Das Personale es ist Korrelat zu diesem satzwertigen Infinitiv.

Version C:

> *Paula blühte in ihrem neuen Job richtig auf;* sich darüber zu freuen(, das) gelang Paul nicht.

Der ursprüngliche Nebensatz ist jetzt Hauptsatz. Er bleibt Konstituentensatz zur Infinitivgruppe (das Korrelat da in darüber verweist darauf). Dieser Infinitiv – der morphologisch unveränderbar ist – bleibt in den nachfolgenden Hauptsatz X gelang Paul nicht eingebettet; das fakultative das ist das Korrelat zur Infinitivgruppe.

Bei der Umformung in Verknüpfungstyp B

> *Paula blühte in ihrem neuen Job richtig auf,* worüber sich zu freuen Paul nicht gelang.

bleibt der Nebensatz Paula ... auf unverändert, die Infinitivgruppe ebenfalls (sie kann nicht in Nebensatzform gebracht werden), also übernimmt der *Matrixsatz* zu dieser Infinitivgruppe die Nebensatzcharakteristik (= Finitum-Letztstellung ... gelang).

Wenn das Ausgangsbeispiel (Verknüpfungstyp A) lauten würde
> Paul freute sich darüber, mit eigenen Augen zu sehen, dass Paula in ihrem neuen Job aufblühte,

dann wäre zwar eine Version C möglich:
> Paula blühte in ihrem neuen Job auf, das mit eigenen Augen zu sehen, darüber freute sich Paul,

Version B aber nicht:
> *Paula blühte in ihrem neuen Job auf, was mit eigenen Augen zu sehen Paul sich freute;

hier müsste nämlich das Relativpronomen was (das die Infinitivgruppe auf den ersten Teilsatz Paula ... auf rückbezieht) *zugleich* die Funktion des Relativadverbs worüber übernehmen, das als Korrelat zu sich freuen nötig ist. In C konnte das dort notwendige Präpositionaladverb darüber im Hauptsatz noch 'nachgeschoben' werden.

Hauptsatzförmige Verknüpfungsvariante

Bei Verben der Verbgruppen 'Äußerung' und 'Annahme' wie sagen/behaupten bzw. annehmen/glauben gibt es im Verknüpfungstyp A außer dem üblichen Hauptsatz-Nebensatz-Gefüge auch eine Variante mit einem *hauptsatz*förmigen Konstituentensatz:

Er glaubt, dass er wegen seines Alters entlassen worden *sei (/ ist)*.
Er glaubt, er *sei (/ ist)* wegen seines Alters entlassen worden.

Die Konjunktivform zeigt den Status 'Konstituente' an. Sie ist in gesprochener Sprache optional, in geschriebener ist sie Standard.

Inhaltszentrierte Verknüpfungsvariante

230 Bei Verben der Verbgruppen 'Äußerung', 'Annahme' und 'Wahrnehmung' wie sagen / behaupten bzw. fühlen / sehen bzw. denken / wissen gibt es zu B wie auch zu C eine Variante B' bzw. C' (die man auf den ersten Blick mit relativischen *Vergleichs*beziehungen verwechseln könnte):

- A Paul behauptet, dass sie morgen kommen wird (/ werde).
- B Sie wird morgen kommen, was Paul *jedenfalls* behauptet.
- B' Sie wird morgen kommen, wie Paul behauptet.
- C Sie wird morgen kommen, das behauptet Paul *jedenfalls*.
- C' Sie wird morgen kommen, so behauptet Paul.

Mit dieser Variante lässt sich die Quellenangabe in den 'syntaktischen Hintergrund' rücken, sie ermöglicht eine *inhalts*zentrierte Präsentation – im Gegensatz zu der *quellen*zentrierten Standardversion Paul behauptet, dass ...

231 Ich bezeichne diese Anschlussvarianten B' und C' als *inhaltszentrierte* Varianten. Sie haben keine weiterführende Charakteristik: Sie geben lediglich über die Quelle einer Aussage bzw. Annahme bzw. Wahrnehmung Auskunft, geben aber nicht – wie bei B und C – eine *weiterführende* Information im Aussagekontext selber.

Damit hängt zusammen: Während die *weiterführenden* Versionen B und C ein Mindest-Informationsgewicht für den weiterführenden zweiten Teilsatz verlangen (damit sie sich kommunikativ überhaupt lohnen), reicht für B' bzw. C' als *kommunikative* Mindestausstattung das *grammatische* Minimum:

- B *Sie wird morgen kommen, was Paul behauptet.
  Hier muss erst im weiterführenden Teilsatz ein Satzglied hinzugefügt werden, das für eine Mindest-Relevanz dieses zweiten, inhaltlich eigenständigen *weiterführenden* Teilsatzes sorgt:
  Sie wird morgen kommen, was Paul jedenfalls behauptet.
- B' Sie wird morgen kommen, wie Paul behauptet.
- C (*)Sie wird morgen kommen, das behauptet Paul.
  Auch hier mit Satzgliederweiterung:
  Sie wird morgen kommen, das behauptet Paul jedenfalls.
- C' Sie wird morgen kommen, so behauptet Paul.

232 Die inhaltszentrierten Varianten B' und C' erlauben im Unterschied zu B und C auch Mittel- und Anfangsstellung für den Nebensatz:

- B' Sie wird, *wie* Paul behauptet, morgen kommen.
- B' *Wie* Paul behauptet, wird sie morgen kommen.

Entsprechend für Verknüpfungstyp C:
- C   Sie wird morgen kommen, das behauptet Paul jedenfalls.
- C' Sie wird morgen kommen, *so* behauptet Paul.

Auch hier ist Mittelstellung des Matrixsatzes (= innerhalb des Konstituentensatzes) möglich:
- C' Sie wird, *so* behauptet Paul, morgen kommen.

  Diese Version wird häufig in einer verkürzten Form benutzt, die die Quellenangabe auf ein Minimum reduziert:

  Sie wird, so Paul, morgen kommen.

Bei Mittel- und Endstellung von C' kann das Verknüpfungsmittel so wegfallen:
- C' Sie wird, (*so*) behauptet Paul, morgen kommen.
- C' Sie wird morgen kommen, (*so*) behauptet Paul.

Insofern könnte man annehmen, es handele sich hier um End- und Mittelstellung der weiter oben beschriebenen Variante mit *hauptsatzförmigem* Konstituentensatz:
- A   Er glaubt, er *sei* (/ *ist*) wegen seines Alters entlassen worden.
- A(?)   Er *ist* wegen seines Alters entlassen worden, glaubt er.
- A(?)   Er *ist*, glaubt er, wegen seines Alters entlassen worden.

Gegen diese Annahme, es handele sich um Stellungsvarianten innerhalb des Verknüpfungstyps A, spricht, dass in beiden fraglichen Varianten Indikativ obligatorisch ist, während für die Variante mit Hauptsatzform Konjunktiv geschriebensprachlich regulär ist. Daher betrachte ich die beiden fraglichen Varianten als Fälle von Verknüpfungstyp C' mit weggelassenem Verknüpfungsmittel.

Die inhaltszentrierte Variante B' spielt vor allem in mündlicher Sprachverwendung eine wichtige Rolle: Der Matrixsatz bietet – in Anfangs- oder Mittelstellung – dem Hörer eine Perspektive, unter der die nachfolgende bzw. bereits begonnene Aussage einzuordnen ist.

Wie ich schon gesagt habe – ich sehe keine Chance, dir hier irgendwie zu helfen.

Ich sehe, *wie ich schon gesagt habe*, keine Chance, dir hier irgendwie zu helfen.

Häufig wird der Matrixteilsatz dabei verkürzt:

Wie gesagt, ich sehe keine Chance, dir hier irgendwie zu helfen.

Ich sehe(,) wie gesagt(,) keine Chance, dir hier irgendwie zu helfen.

„Weiterführende Relativsätze"

Konstruktionen des Typs B wie z. B.

Ich bat einen Kollegen um 50 €, <u>was</u> ihn sehr überraschte.

machten früher Probleme bei der Klassifikation. Sie wurden oft als „weiterführende Relativsätze" bezeichnet. Dieser – *systematisch* gesehen irrige – Terminus ist *nachvollziehbar:* Mit *weiterführend* wurden die *Zwei*schrittigkeit dieses Verknüpfungstyps und die Nicht-Vorfeldfähigkeit angesprochen, mit *Relativsatz* der *Rückbezug* auf den ersten Teilsatz.

236 Der Terminus *weiterführend* beruht nicht auf einer grammatischen Analyse, sondern auf einem Texteindruck. Inhaltlich 'weiterführend' wirken auch Teilsatzbeziehungen im Verknüpfungstyp A: *Nicht restriktive* Relativbeziehungen in A wie
> Ich bat einen Kollegen um Hilfe, der mir 50 € lieh.

wirken 'weiterführend' im Vergleich zu *restriktiven* wie
> Ich bat einen Kollegen um Hilfe, den ich besonders gern mochte.

Solche nonrestriktiven Relativbeziehungen wirken erst recht 'weiterführend', wenn sie zugleich eine (z. B. kausale) Adverbialbeziehung im Verknüpfungstyp C enthalten:
> Ein hervorragender Tänzer war auch Markus Niderwehr, *der deshalb* auch 'Tänzer von Gottes Gnaden' genannt wurde.

Die Nebensätze im Verknüpfungstyp B wie
> Ich bat einen Kollegen um 50 €, was ihn sehr überraschte.

sind per se weiterführend (außer in der Variante mit wie, die daher topologisch entsprechend auch Erst- und Mittelstellung des Nebensatzes erlaubt).

237 Solange man die weiterführenden Satzgefüge nach dem Modell der *nicht* weiterführenden analysiert, sucht man natürlich vergeblich nach einer syntaktischen Funktion des weiterführenden Nebensatzes für den Hauptsatz; dies hat zu ausführlichen Belegen der Sonderstellung dieser weiterführenden Nebensätze und zu entsprechend abenteuerlichen Bezeichnungen (z. B. *Satzrelativsätze*) geführt. Sobald man diese weiterführenden Sätze als Teilsatz-Komponente in einem eigenen Verknüpfungstyp (eben B) untersucht und die spiegelbildliche Verteilung von Matrix- und Konstituentensatz auf Haupt- und Nebensatz erkennt, verschwindet das Merkwürdige, und sie werden normaler Teil eines Äquivalenzsystems.

> *Johann Wolfgang v. Goethe*
>
> Leiden des jungen Werthers
>
> Er kam nach Hause, nahm seinem Burschen, der ihm leuchten wollte, das Licht aus der Hand, und gieng allein in sein Zimmer, weinte laut, redete aufgebracht mit sich selbst, gieng heftig die Stube auf und ab, und warf sich endlich in seinen Kleidern auf's Bette, wo ihn der Bediente fand, der es gegen Eilf wagte hinein zu gehn, um zu fragen, ob er dem Herrn die Stiefel ausziehen sollte, das er denn zuließ und dem Diener verbot, des andern Morgens nicht in's Zimmer zu kommen, bis er ihm rufte.

238 Zu den weiterführenden Satzgefügen gibt es Entsprechungen auf der Satzglied-Ebene: Spezialisten aus den Gruppen *Bewertung* und *Aussage-Status* (→ Bd. 2: 468, 473) wie
> Paula ist zu meinem völligen Entsetzen fristlos gekündigt worden.
> Paula ist laut Auskunft ihres Chefs fristlos entlassen worden.

Den unterstrichenen Adverbialien entsprechen die Matrixsätze in einem weiterführenden Satzgefüge:

    B   Paula ist fristlos gekündigt worden, was mich völlig entsetzt hat.
    B   Paula ist – was mich völlig entsetzt hat – fristlos gekündigt worden.

bzw.

    B'   Paula ist, wie ihr Chef bekanntgegeben hat, fristlos entlassen worden.

Demgegenüber wäre eine Konstruktion, in der die beiden Sachverhalte (= Entlassung und Entsetzen) spiegelbildlich auf das Satzglied und den Satzrest verteilt sind wie in
> Mich hat die fristlose Kündigung von Paula völlig entsetzt,

äquivalent zu einem Satzgefüge im Verknüpfungstyp A:
> A   Mich hat völlig entsetzt, dass Paula fristlos gekündigt worden ist.

Entsprechend für das zweite Beispiel:
> Paulas Chef hat ihre fristlose Entlassung bekanntgegeben.
> A   Paulas Chef hat bekanntgegeben, dass sie fristlos entlassen worden ist.

Wenn ein Ergänzungsgefüge von einem valenztragenden *Nomen* im Matrixsatz abhängt wie in
> Ich war überrascht von seiner heftigen *Empörung* darüber, dass sie sehr reich ist,

dann steht als Verknüpfungstyp zwar eine weiterführende Satz*reihe* zur Verfügung
> Sie ist sehr reich; von seiner heftigen Empörung *darüber* war ich überrascht,

nicht aber ein weiterführendes Satz*gefüge:*
> *Sie ist sehr reich, von seiner heftigen Empörung *worüber* ich überrascht war.

⌐
     Im Nebenzimmer spielt ein Kind. Das stört mich.
                                                  ⌐

3.3   Verknüpfungstypen bei den Relativbeziehungen

Bei Relativbeziehungen ist aufgrund ihrer spezifischen Struktur der Unterschied zwischen den Verknüpfungstypen Satzgefüge und *weiterführendes* Satzgefüge neutralisiert. Das liegt daran, dass die Scharnierbeziehung *symmetrisch* aufgebaut ist:
> Der alte Mann, der sehr müde aussah, saß auf dem roten Sofa.

Um das Scharnier der alte Mann herum kann man daher das Satzgefüge umpolen in
> Der alte Mann, der auf dem roten Sofa saß, sah sehr müde aus.

Angesichts dieser Grundstruktur ist es nicht möglich, das eine dieser beiden Satzgefüge dem Verknüpfungstyp Satzgefüge (= A) und das andere dem Typ weiterführendes Satzgefüge (= B) zuzuordnen; damit ist zugleich die Unterscheidung Matrixsatz – Konstituentensatz instabil.

Bei Ergänzungs- und Adverbialbeziehungen ist demgegenüber die Bestimmung 'A oder B?' und die Angabe, was Matrix- und was Konstituentensatz ist, grundsätzlich unstrittig:
> Ich weiß schon, dass Paul heute nicht kommt (= A, Matrixsatz – Konstituentensatz).
> Paul kommt heute nicht, was ich schon weiß (= B, Konstituentensatz – Matrixsatz).
> Der Hund hat alles aufgefressen, weil er Hunger hatte (= A, Matrixsatz – Konstituentensatz).
> Der Hund hatte Hunger, weshalb er alles aufgefressen hat (= B, Konstituentensatz – Matrixsatz).

Die beiden Relativbeziehungen sind gewissermaßen Spiegelungen um die Achse des Scharniers. Sie verteilen die beiden Sachverhalte gegenläufig auf Hauptsatz und Nebensatz. Ihre Unterschiede liegen in der Präsentation von Vordergrund und Hintergrund bzw. in der Kontext-Einpassung und der Thema-Rhema-Dynamik.

242 Im Hinblick auf Erzählen ist der Unterschied zwischen
>An der Ecke stand ein Mann, den ich hier noch nie gesehen hatte.

und
>Ich hatte den Mann, der an der Ecke stand, hier noch nie gesehen.

natürlich relevant: Das Wahrnehmen des Mannes an der Ecke ist im ersten Fall im Vordergrund präsentiert, im zweiten als Zusatzinformation im Nebensatz.

243 Die Darstellung in Verknüpfungstyp C ist demgegenüber eindeutig möglich:
>Der alte Mann saß auf dem roten Sofa; er sah sehr müde aus.
>Der alte Mann sah sehr müde aus; er saß auf dem roten Sofa.

Auch hier ist die Unterscheidung von Matrixsatz und Konstituentensatz neutralisiert. Die beiden Beispiele sind Spiegelungen um die Achse des Scharniers Der alte Mann / er. Es handelt sich hier um die vertrauten Phänomene pronominaler Wiederaufnahme, die üblicherweise innerhalb der Textsyntax, nicht mehr im Rahmen des zusammengesetzten Satzes behandelt werden.

244 Die klassische zwei- oder dreischrittige Abfolge vom Nomen zum Pro-Nomen
>Ein Mann ...; (der Mann ...;) er ... oder Hans Maier ...; er ...

kann absichtsvoll verletzt werden, z. B. zu Beginn einer Kriminalgeschichte:
>Sie hatten ihn offenbar verschaukelt. Er hätte es sich denken können; der Anruf hatte zwar einen ersten Verdacht geweckt, aber er hatte sich von seiner Gier nach Erfolg blenden lassen. Paul Fortmann stand an der verabredeten Brücke und ärgerte sich. ...

Der stilistische Effekt dieses Starts mit der *pronominalen* Form ist, dass die Geschichte schon angefangen hat; man kommt als Leser gewissermaßen zu spät und wird in einen bereits laufenden Ereignisprozess hineingerissen.

245 Der Verknüpfungstyp D ist bei Relativbeziehungen nicht möglich. Dies leuchtet ein, weil der Rückbezug, den in Relativbeziehungen die Relativpronomen (in A) und die Personalia und Demonstrativa (in C) bzw. Pronominaladverbien wie wovon / davon leisten, nicht durch irgendwelche 'rückbezüglichen' Konjunktionen übernommen werden kann.

246 Als Relativbeziehung im Verknüpfungstyp E – also als implizite Satzreihe – könnte man den folgenden Beispielstyp ansehen:
>C An der Ecke stand ein alter Mann; der kleine Hund neben ihm weinte. ...
>E An der Ecke stand ein alter Mann; der kleine Hund weinte; ...

Während im Verknüpfungstyp C mit dem Pronomen ihm ein sichtbares *Kohäsions*mittel vorhanden ist, ist im Verknüpfungstyp E die (vermutete) Rückbeziehung von Hund zu Mann *nicht* explizit. Wir lesen dieses Beispiel dennoch – gewissermaßen auf Widerruf – als *kohärent* (ggf. merken wir im weiteren Verlauf, dass die Sätze in dieser Satzfolge inkohärent, nämlich maschinell hintereinandergestellte Einzelsätze sind).

247 Relativbeziehungen im Verknüpfungstyp Satzgefüge nutzen als Einleitungsmittel Pro-Nomen (Relativa wie ..., der ...) und Präpositionaladverbien (= weshalb, wovor, worauf). Beide kann man mit den Konjunktionen zusammen zu den Konnektoren rechnen.

Im Englischen können bei attributiven Relativsätzen die Einleitungsmittel entfallen, wenn sie eine Akkusativstelle innehaben:
> The man *(whom) I saw yesterday* seemed to be ill.

Auch bei lokalem Rückbezug braucht nur der präpositionale Teil zu stehen:
> The place *I went to last week* is really good for a picnic.

Satz und Satzfolge

Dieser Ansatz, der außer den klassischen Satzgefügen des Verknüpfungstyps A auch weitere äquivalente Verknüpfungstypen einbezieht, überspringt damit die traditionelle Grenze zwischen zusammengesetztem Satz und Satzfolge bzw. Text. So wird z. B. eine pronominale Wiederaufnahme wie
> Auf der Straße stand ein Mann. Er sah sehr müde aus.

als Relativbeziehung im Verknüpfungstyp C 'identifiziert' (das Scharnier ist hier ein Mann) und damit als äquivalent zu einer Version im Verknüpfungstyp A:
> Auf der Straße stand ein Mann, der sehr müde aussah.

Die Unterscheidung von Haupt- und Nebensatz und dementsprechend die Unterscheidung von Hypotaxe und Parataxe ist, sobald man Beispiele der Verknüpfungstypen C (und bei den Adverbial- und Ergänzungsbeziehungen auch B, D, und E) einbezieht, nicht mehr identisch mit der von Matrix- und Konstituentensatz; es sind jetzt lediglich *morphologische* Kriterien, die die Möglichkeit selbstständigen Vorkommens in Texten betreffen.

In Grammatiken wird die Unterscheidung von Hypotaxe und Parataxe oft weitergehend damit begründet, dass nur in Hypotaxen wie
> Paul ging ins Bett, weil er müde war.

der Nebensatz eine syntaktische Funktion für den anderen Teilsatz (= hier: den Hauptsatz) habe – nämlich eine Satzgliedstelle fülle –, während in Parataxen wie
> Paul ging ins Bett, wir hörten noch eine Weile Musik.

ein solcher Zusammenhang *nicht* vorliege. Hier wird jedoch mit einseitigen Beispielen gearbeitet: In einem Parataxenbeispiel wie
> Paul war müde, deshalb ging er ins Bett.

wird leichter erkennbar, dass hier der erste (= hauptsatzförmige) Teilsatz eine syntaktische Funktion für den anderen Teilsatz hat, nämlich als satzgliedwertiges 'Füllungsangebot' für das anaphorische deshalb. Und selbst das erste der beiden parataktischen Beispiele kann man als – in diesem Fall: *implizit adversative* – Teilsatzbeziehung auffassen und auf die Äquivalenz der Darstellung in A verweisen:
> Während Paul ins Bett ging, hörten wir noch eine Weile Musik.

Wir haben bei unseren Textproduktionen die Wahl, einen komplexen Sachverhalt durch eine Satzfolge, ein Satzgefüge oder auch durch Wortbildungsprodukte innerhalb eines einfachen Satzes darzustellen. Dabei spielen Aspekte wie Kürze und Leichtverständlichkeit eine Rolle, aber auch die Frage, wie gut sich mit diesen unterschiedlichen Darstellungsmöglichkeiten der Sachverhalt in den umgebenden Text einpassen lässt.

3.4 Verknüpfungstypen und Interpunktion

> Über Hummer. (3)
>
> Es lebe der König! Dies möchten wir vor allem jenen Feinschmeckern zurufen, die ihren Hummer gerade ehrfurchtsvoll zum Kochtopf tragen. Dort sollte er grundsätzlich lebendfrisch ankommen. Die Verfassung Ihres Hummers überprüfen Sie am besten, indem Sie ihn hochnehmen. Beginnt er heftig mit seinen Scheren zu rudern und den Schwanz einzurollen, sobald Sie ihn nach außen biegen, so haben Sie ein erfreulich aufgewecktes Tier vor sich. Wenn sich nichts rührt, ist dieser Hummer leider nichts für Sie. Sollten Sie einen entdecken, der zwar kräftig strampelt, aber optisch nicht besonders brilliert, weil sein Panzer nicht glatt und geschniegelt, sondern etwas hubbelig und ungepflegt aussieht, drücken Sie bitte ein Auge zu: dann ist der Panzer alt, und der Hummer hat sich nicht gerade frisch gehäutet. *Was* den Vorteil hat, daß er nicht voller Meerwasser, sondern voller Fleisch sein dürfte. *Das* seinen feinen Eigengeschmack am besten behält, wenn man den Hummer lediglich im Wurzelsud garziehen läßt. Vorher muß das Wasser kochen: dann ist der König tot. *Was* wir zum Anlaß nehmen, nächste Woche gesenkten Hauptes durch die Lande zu schreiten. *Um* nach Champignons zu gucken.
>
> (Einer der Texte aus der ehemaligen Werbetext-Serie der Firma Henkell für ihren Sekt „Henkell Trocken" in „Der Spiegel")

251 Unter einem Satzgefüge versteht man üblicherweise einen einzigen Gesamtsatz wie z. B.

> Er ging nicht mit zur Geburtstagsfeier, weil er sauer war.

Diese Teilsatzkombination kann man durch Änderung der Interpunktion aber auch als Satzfolge realisieren:

> Er ging nicht mit zur Geburtstagsfeier. Weil er sauer war.

Dies ändert zwar die *stilistische* Charakteristik und den *pragmatischen* Zusammenhang, nicht aber den Verknüpfungstyp oder die Verknüpfungsbedeutung: In beiden Versionen handelt es sich um ein kausales Satzgefüge mit hauptsatzförmigem und nebensatzförmigem (Teil-)Satz.

252 Diese Interpunktionsvariante wird je nach Textsorte als nicht korrekt oder nicht üblich eingestuft; in dem oben angeführten Werbetext war sie möglicherweise als 'cool' geplant und sollte – zusammen mit den Gourmet-Vorschlägen – Leser zur Sektmarke locken. In einer wissenschaftlichen Arbeit gilt diese markierte Interpunktion, die abhängige Nebensätze in selbstständige Stellung bringt, als Textsortenbruch. Ein Beispiel aus einer Magisterarbeit:

> Die Tabelle mit den Daten und Erklärungen zu den aus dem Bergbau hervorgegangenen Straßennamen gab vorab der Analyse nicht nur einen Einblick über die genaue Herkunft der Straßennamen, sondern sie gibt auch, dank der Analyse in Kapitel 3.4, einen Überblick über deren Verteilung auf dem Stadtplan und den Daten der Namensvergabe bzw. erstmaligen Erwähnung. *Welche* zeigt, dass sie von äußeren Faktoren wie der Zusammenlegung von den Ämtern Wanne und Eickel oder der Städtezusammenlegung von Wanne-Eickel mit Herne beeinflusst wurde. *Und dass* die Straßen sich zum einen nicht nur in der Nähe der Zechen

befinden, sondern zum anderen die nach Flözen, Schächten und Grubenfelder benannten Straßen auch noch bei den jeweils zugehörigen Zechen aufzufinden sind. *Was* vor allen Dingen bei den älteren Straßen in der damaligen Zeit zu Orientierungszwecken gedient hat.

⌐┘

Abgesehen von einzelnen morphosyntaktischen Unsicherheiten (Einblick über X, Überblick über ... den Daten der Namensvergabe ...) finden sich hier interessante 'weiterführende' Teilsatzanschlüsse mit einer sehr speziellen Interpunktion: Welche zeigt, dass ... bezieht sich vermutlich auf Verteilung, ist also ein nonrestriktives satzgliedbezogenes Relativsatzgefüge; diese Relativbeziehung funktioniert über den Punkt hinweg. Auffällig ist auch der Teilsatzanschluss mit ... Und, dass ...: Hier wird – ebenfalls über die Punktgrenze hinweg – ein Teilsatz-Zwilling angefügt, der sich als Teilsatz einer Ergänzungsbeziehung auf das valenztragende Verb zeigt bezieht. Ungewöhnlich auch der Ergänzungsbeziehungsanschluss B des letzten Satzes: Was vor allen Dingen ... – es ist der Matrixsatz zu dem zweiten Teil des Teilsatz-Zwillings davor, also zu ... die nach Flözen, Schächten und Grubenfelder benannten Straßen auch noch bei den jeweils zugehörigen Zechen aufzufinden sind; eine Umformung in Verknüpfungstyp A ergäbe: Dass die nach Flözen ... benannten Straßen ... bei den jeweils zugehörigen Zechen aufzufinden sind, hat vor allen Dingen bei den älteren Straßen in der damaligen Zeit zu Orientierungszwecken gedient. Die Autorin nutzt also weiterführende Satzgefüge (... Was ...) und sie nutzt Relativbeziehungen *in einer weiterführenden Weise* (= ... Welche zeigt, ...) und arbeitet dabei über einen an sich nicht standardgemäßen Punkt hinweg. Sie balanciert – auf diese unübliche Weise – die Portionierung ihrer Information und zugleich deren Zusammenhalt aus: ein syntaktisches „stop and go".

Entsprechend kann man auch eine Satzreihe als *Gesamtsatz* oder als *Satzfolge* realisieren, je nachdem wie eng man die Beziehung zwischen den beiden Teilsätzen herstellen und wie stark man *beide gemeinsam* von den *umgebenden* Sätzen abheben will:

Er ging nicht mit, er war müde.
Er ging nicht mit; er war müde.
Er ging nicht mit. Er war müde.

4 Gliedsätze – Attributsätze

254 In vielen Grammatiken werden die *Neben*sätze in Satzgefügen der Ergänzungs- und Adverbialbeziehungen nach dem Satzglied(teil)-Wert bezeichnet, den sie in dem *übergeordneten* Teilsatz hätten.

Gliedsätze sind danach Nebensätze, die einem *Satzglied* im Hauptsatz entsprechen:

<u>Obwohl er müde war</u>, ging er noch ins Konzert. → <u>Trotz seiner Müdigkeit</u> ging er ...

Hier ist also der konzessive Nebensatz – der zugleich Konstituentensatz ist – ein Gliedsatz; und zwar ist er entsprechend seiner Rolle als *Adverbiale* im Hauptsatz (hier = Matrixsatz) ein Adverbialsatz, entsprechend seiner *semantischen* Kontur ein Konzessivsatz.

255 Auch bei einer Ergänzungsbeziehung wie

<u>Dass er noch gekommen ist</u>, freut mich. → <u>Sein Kommen</u> freut mich.

ist der Nebensatz – der zugleich Konstituentensatz ist – ein Gliedsatz; entsprechend seiner Rolle als Ergänzung im Hauptsatz (hier = Matrixsatz) ist er ein Ergänzungssatz, entsprechend seiner semantischen Kontur kann man ihn als *unspezifisch faktisch* klassifizieren (→ 426).

Nun gibt es bei solchen Ergänzungsbeziehungen eine *zweite* Umformungsoption:

Dass er noch gekommen ist, freut mich.

→ <u>Erfreulicherweise</u> / <u>Zu meiner Freude</u> ist er noch gekommen.

Hier ist also umgekehrt der *Haupt*satz als Satzglied dargestellt.

Für solche Umformungen werden unter anderem bewertende Adverbialien (→ Bd. 2: 469 f.) genutzt. Eine solche Umpolung ist bei den *Adverbial*beziehungen nicht möglich.

Also wäre hier der *Hauptsatz* als Gliedsatz einzustufen, weil er einem Satzglied im (ehemaligen) Nebensatz entspricht (einem *bewertenden Adverbiale*). Üblicherweise werden aber nur *Neben*sätze als Glied- oder Attributsätze bezeichnet.

Auch im folgenden Beispiel (= Verknüpfungstyp B) müsste man eigentlich den *Haupt*satz als Gliedsatz einstufen:

Er ist gekommen, was mich sehr freut.

Hier ist der Hauptsatz Er ist gekommen insgesamt das Satzglied (= Subjekt), auf das das was im Nebensatz zurückgreift (<u>Sein Kommen</u> freut mich sehr), wäre also ein 'Gliedsatz'.

256 Die traditionelle Gleichung 'Nebensatz = Konstituentensatz = Gliedsatz' erweist sich bei der Analyse von Verknüpfungstypen wie B und C als falsch; sie wird aufgegeben zugunsten einer Kreuzklassifikation von Nebensatz – Hauptsatz und Konstituentensatz – Matrixsatz. Ein Nebensatz kann dann auch *Matrix*satz sein.

Analoges gilt für Attributsätze. Dies sind solche Teilsätze, die einem Attribut im Matrixsatz entsprechen:

Die Erkenntnis, *dass das Leben endlich ist*, haute ihn um. → Die Erkenntnis *X* haute ihn um.

Der Ergänzungssatz dass das Leben endlich ist ist also Attributsatz.

Attributsätze gibt es nicht nur bei den Ergänzungsbeziehungen; auch der Adverbialsatz im folgenden Beispiel ist ein solcher:

Er sang so schön, *dass ich hätte heulen mögen*. → Er sang *zum Heulen* schön.

Konsekutivnebensätze wie der in diesem Beispiel werden in Sprachbüchern in der Regel zu den *Glied*sätzen gerechnet. *Gliedsatz* wird dort offenbar nicht in der syntaktischen Lesart *einem Satzglied entsprechend* verwendet, sondern eher 'organisch' als „Teil eines Ganzen" (Rumpf und Glieder). Ich denke, wenn man solche Termini verwendet, dann sollte man die syntaktischen Äquivalenzen zwischen Teilsatz und Satzteil terminologisch genau abbilden, indem man *satzglied*wertige Teilsätze als Gliedsatz und *satzgliedteil*wertige Teilsätze als Attributsatz bezeichnet.

Bei den Relativbeziehungen ist die Bezeichnung von Relativ-Nebensätzen als *Gliedsatz* (und dabei im Einzelfall als *Subjektsatz* oder *Objektsatz* usw.) oder *Attributsatz* problematisch. Man könnte zwar den Relativnebensatz immer dann als Gliedsatz bezeichnen, wenn wie z. B. im folgenden Satz die Subjektstelle im Hauptsatz nicht besetzt und damit die Relativbeziehung eine *restriktive* (→ 175) ist:

Wer das getan hat, (der) soll sich melden.

Wenn sich der Relativnebensatz aber auf eine Subjektstelle bezieht, die *besetzt* ist, wie in

Sie wollte immer *dèn* Teddy, der mir gehörte (→ den mir gehörenden Teddy).

Sie wollte immer nur mit ihrem *grünen* Teddy spielen, den ihr Vater daher regelmäßig wusch,

wie soll man ihn dann einstufen: auch als Subjektsatz? Oder dann als Attributsatz?

Die für Relativbeziehungen spezifische Struktur des Verhältnisses zwischen den beiden Teilsätzen würde in einer solchen Klassifikation eher verstellt als erhellt.

Insofern reserviere ich das Reden von *Gliedsatz* (und zwar *Subjektsatz* oder *Objektsatz* usw.) bzw. *Attributsatz* für die Ergänzungs- und Adverbialbeziehungen. Bei Relativbeziehungen spreche ich lediglich von der Satzglied- bzw. Attribut*wertigkeit* eines Relativnebensatzes.

Man kann den Unterschied zwischen Relativbeziehungen und Ergänzungs- bzw. Adverbialbeziehungen auch anhand der bei der Umformung der jeweiligen Nebensätze in Satzglieder bzw. Attribute eingesetzten prototypischen *Wort(bildungs)mittel* verdeutlichen:

Bei *neutralen Relativ*nebensätzen handelt es sich vorrangig um eine *Partizipialisierung* des Nebensatz-Finitums. Diese Partizipien besetzen bei restriktiven *satzglied*wertigen Relativbeziehungen wie

Wer das getan *hat*, soll sich melden.

die unbesetzte Satzgliedstelle:

→ *Der das getan Habende* soll sich melden.

Alternativ kann man im Einzelfall auch zu -er-Suffigierungen umformen:

→ *Der Täter* soll sich melden.

Bei restriktiven *attribut*wertigen Relativbeziehungen wie

Sie wollte immer den Teddy, *der mir gehörte* (= einen ganz bestimmten von mehreren Teddies).

besetzen sie eine Attributstelle:

→ Sie wollte immer den *mir gehörenden* Teddy.

Entsprechend bei *non*restriktiven Relativbeziehungen wie

Sie wollte immer nur mit ihrem grünen Teddy spielen, *den ihr Vater daher regelmäßig wusch*,

sofern hier eine Umformung überhaupt angemessen erscheint:

Sie wollte immer nur mit ihrem *von ihrem Vater daher regelmäßig gewaschenen* grünen Teddy spielen.

262 Bei *Ergänzungs-* und *Adverbialnebensätzen* erfolgen solche Umformungen mit anderen Wortbildungsmitteln:

Bei *Ergänzungs*beziehungen sind es Konversionen und -ung-Suffixbildungen

– in der Funktion als Subjekt- / Objektsatz:

Dass ich schwer gestürzt bin, hat sie sehr erschreckt.
→ *Mein schwerer Sturz* hat sie sehr erschreckt (= lexikalische Konversion).
Sie sah, *wie er schwach wurde*.
→ Sie sah *sein Schwachwerden* (= syntaktische Konversion).
Sie bemühte sich darum, *ihr Kind gut zu erziehen*.
→ Sie bemühte sich um *eine gute Erziehung* ihres Kindes (= -ung-Suffigierung).

– in der Funktion als Attributsatz:

Ihre Bemühung, *vorzeitig verrentet zu werden*, ist problematisch.
→ Ihre Bemühung um *eine vorzeitige Verrentung* ist problematisch (= -ung-Suffigierung).

Bei *Adverbial*beziehungen sind es überwiegend präpositionale Adverbialien (unter Nutzung verschiedener Wortbildungsverfahren):

Sie blieb zuhause, weil sie müde war.
→ Sie blieb *aus* Mü*digkeit* zuhause (= deadjektivische *Suffix*bildung).
Sie hörte Musik, während sie ihre Dissertation umformatierte.
→ Sie hörte Musik *während* ihrer Umformatier*ung* ihrer Dissertation (= -ung-Suffigierung).

263 Wenn in vielen Sprachbüchern Attribute und Relativsätze eng aufeinander bezogen präsentiert werden, dann führt dies – wahrscheinlich beim Lehrer, sicher aber bei den Schülern – zu falschen Annahmen. Eine solche Annahme ist die, dass attributive Nebensätze nur Relativsätze sein könnten; das stimmt nicht, wie die weiter oben schon einmal angeführten attributiven Adverbial- und Ergänzungsnebensätze zeigen:

Die Kinder waren *so* komisch, *dass* wir hätten lachen können. → Die Kinder waren zum Lachen komisch.
Ihr *Erstaunen*, *dass* ich sie nun doch besuchen kam, war offensichtlich gespielt.
Unser *Wunsch*, abends alles fertig *zu haben*, war leider nicht realistisch.

264 Eine weitere Fehlannahme ist die, Relativsätze wären immer an ein Bezugs*nomen* im übergeordneten Satz bezogen; dass dies nicht stimmt, zeigen Beispiele wie

Wer schläft, sündigt nicht.
Wer das getan hat, soll sich melden.

Hier docken die Relativsätze an einer Satzglied*stelle* an.

Natürlich sind Vereinfachungen bzw. schrittweise Einführungen zulässig und oft sinnvoll, dann aber immer mit dem Hinweis, dass es noch weitere Arten gibt, 'um die man sich später kümmert'.

Die Analyse kompliziert sich bei Ergänzungsbeziehungen, wenn man nebeneinander Fälle wie die folgenden betrachtet:

Dass er noch gekommen ist, freut mich.
Die Tatsache, dass er noch gekommen ist, freut mich.

Man könnte hier argumentieren: Wenn wie im ersten Beispiel solche nominalen Ausdrücke *nicht* vorliegen, dann handelt es sich um *Glied*sätze (in diesem Fall: einen *Subjekt*satz); *wenn* sie aber (= wie im zweiten Beispiel) vorliegen, dann handelt es sich um *Attribut*sätze zu diesen nominalen Bezugsausdrücken.

Ich schlage eine andere Sicht vor: Solche nominalen Ausdrücke sind ohne relevante Veränderungen der Sachverhalts-Bedeutung weglassbar; das kann man als Beleg dafür nehmen, dass es sich um *Korrelate* handelt, die den nachfolgenden Nebensatz lediglich im Hauptsatz vertreten und damit die Rezeption des Nebensatzes erleichtern können (→ 530 ff.). Dann wären die Nebensätze in den beiden Beispielen Gliedsätze.

In diesem Zusammenhang der Satzglied- bzw. Attributwertigkeit eines Teilsatzes noch ein vorsorglicher Hinweis auf eine terminologisch-begriffliche Unklarheit, die sich in einigen Grammatiken und zahlreichen Arbeitsbüchern zum Deutschunterricht findet: Soll man in dem Gesamtsatz

Dass er kommt, freut mich.

freut mich als Hauptsatz ansehen? Dann wäre dieser Hauptsatz ja ein *unvollständiger* (nämlich subjektloser) Teilsatz. Und in einem Satz wie

Dass er nicht gekommen ist, bedeutet, dass ich alles alleine machen muss.

bestünde der Hauptsatz nur aus dem Prädikat bedeutet. Vor dem Hintergrund des Wissens, dass Nebensätze bei Ergänzungs- und Adverbialbeziehungen eine Satzgliedstelle des Hauptsatzes ausfüllen können, müsste man transparenter Weise die durch die Nebensätze 'übernommenen' Satzgliedstellen abstrakt mit angeben. Die Hauptsätze in den beiden genannten Beispielen wären dann also X freut mich bzw. X bedeutet Y.

Bei einem attributwertigen Beispiel wie

Kennst du den Mann, der dort auf dem Boden sitzt?

ist der Hauptsatz Kennst du den x-igen Mann?

5 Kombination von Teilsatzbeziehungen

268 Bislang ging es um die Bestimmung der syntaktischen Beziehung, die ein bestimmter Teilsatz zu einem zweiten hat.

Sobald in einem Gesamtsatz drei Teilsätze stehen, z. B. ein Hauptsatz und zwei Nebensätze, geht es um die syntaktischen Beziehungen innerhalb von drei Teilsatztandems: Hauptsatz – Nebensatz^1, Hauptsatz – Nebensatz^2, Nebensatz^1 – Nebensatz^2.

Entsprechendes gilt für die Beziehungen zwischen drei oder mehr (Teil-)Sätzen, die zu einer Satzfolge gehören.

269 Durch die doppelte Unterscheidung von Hauptsatz/Nebensatz und von Matrixsatz/Konstituentensatz ergeben sich Komplikationen für die Partiturschreibung, von der es (→ 161, 166) zunächst hieß, sie verdeutliche die Konstruktion eines mehrfach zusammengesetzten Satzes. Wenn es sich ausschließlich um Teilsatzbeziehungen in A handelt wie bei

Dass im Nachbarhaus eine Party begonnen hatte, hinderte ihn nicht daran, dass er das Kapitel zu Ende schrieb,

dann entspricht die Verteilung auf die Partiturzeilen direkt der Einbettungstiefe der jeweiligen Teilsätze:

(0)   hinderte ihn nicht daran,
(1) Dass im Nachbarhaus eine Party begonnen hatte,   dass er das Kapitel zu Ende schrieb.

Ein und derselbe Matrixsatz
    X hatte ihn nicht an Y gehindert.

enthält die beiden Ergänzungssatzgliedstellen, die durch die beiden Konstituentensätze ausgefüllt werden. Die beiden Konstituentensätze sind insofern einander gleichgestellt. Beide stehen auf der Zeile (1).

270 Wenn man das Ausgangsbeispiel in eine Kombination aus Verknüpfungstyp B und A umformt, also in

Im Nachbarhaus hatte eine Party begonnen, was ihn nicht daran hinderte, dass er das Kapitel zu Ende schrieb,

dann kann man die Partiturdarstellung entweder nach dem Gesichtspunkt Hauptsatz/Nebensatz/Nebensatz zweiter Stufe folgendermaßen vornehmen:

(0) Im Nachbarhaus hatte eine Party begonnen,
(1)   was ihn nicht daran hinderte,
(2)   dass er das Kapitel zu Ende schrieb.

Oder man richtet die Partiturdarstellung nach dem Gesichtspunkt Matrixsatz/Konstituentensatz; dann muss der zweite Teilsatz (..., was ...) als Matrixsatz zu den beiden anderen Teilsätzen auf die Zeile (0) platziert werden:

(0)   was ihn nicht daran hinderte,
(1) Im Nachbarhaus hatte eine Party begonnen,   dass er das Kapitel zu Ende schrieb.

Die Teilsatzkombinationen werden in zwei Schritten dargestellt: zum einen unter dem Gesichtspunkt der *Unter- und Nebenordnung* von Teilsätzen und zum anderen unter dem Gesichtspunkt der *Überlagerung* von Teilsatzbeziehungen.

5.1 Unterordnung und Nebenordnung von Teilsätzen

Wenn ein Gesamtsatz drei Teilsätze umfasst, von denen zwei Nebensatzform haben, dann können diese beiden Nebensätze zueinander in unterschiedlicher Beziehung stehen.

Die entsprechende Fragestellung ist auch schon bei den Satzgliedern (→ Bd. 2: 434) und bei den Attributen (→ Bd. 2: 552–557) verfolgt worden.

Zwei *Satzglieder* in einem einfachen Satz sind bezogen auf das Prädikat dieses Satzes entweder *Geschwister* wie in
    Paula isst mit Vergnügen Bockwurst.
oder *Zwillinge* wie in
    Paula isst morgens und abends Bockwurst.
oder *einander zugeordnet* wie in
    Paula isst Bockwurst in der Regel mit Ketchup.

Zwei *Attribute* innerhalb eines Satzglieds sind bezogen auf den Kopf des Satzglieds entweder *Geschwister* wie in
    das Haus ihres Freundes in München
    = Das Haus steht in München, es gehört ihrem Freund.
oder *Zwillinge* wie in
    das Haus ihres Freundes und Geschäftspartners ...
oder *einander untergeordnet* wie in
    das Haus ihres Freundes in München
    = Das Haus gehört ihrem Münchner Freund – wo es steht, wird nicht gesagt, vermutlich in München.

Entsprechend wird im Folgenden nun untersucht, wie zwei Nebensätze innerhalb eines Gesamtsatzes aufeinander bezogen sein können. Auch hier werden drei mögliche Bezugsarten unterschieden: Teilsatzunterordnung – Teilsatzgeschwister – Teilsatzzwillinge. Dabei werden jeweils die unterschiedlichen Verknüpfungstypen berücksichtigt.

5.1.1 Teilsatz-Unterordnung

Im Verknüpfungstyp A können die beiden Nebensätze einander übergeordnet bzw. untergeordnet sein:

    A   Ich kaufe dir, was du essen willst von dem, was da auf dem Buffet rumliegt.

Hier ist der zweite Relativsatz vom ersten Relativsatz abhängig, der erste (mitsamt dem zweiten) ist vom Hauptsatz abhängig.

Diese gestufte Abhängigkeit gibt es auch im Verknüpfungstyp B (hier anhand einer Ergänzungsbeziehung):

    B   Sie liebte ihn, was ihn stark verunsicherte, was sie immer wieder aufs Neue überraschte.

Hier wird zwar die gleiche Nebensatz einleitende Wortform was verwendet wie in A, es handelt sich aber um eine gestaffelte Ergänzungsbeziehung, bei der das Relativum was jeweils auf den kompletten vorausgehenden Teilsatz zurückbezogen ist. Der zweite w-Nebensatz ist vom ersten abhängig, insofern ein Wegnehmen des ersten zugleich dem zweiten den syntaktischen und thematischen Boden entzöge:

> Sie liebte ihn, was ihn stark verunsicherte, was sie immer wieder aufs Neue überraschte.
>
> → *Sie liebte ihn, was sie immer wieder aufs Neue überraschte.
>
> (Dieser Satz ist zwar – u. U. nicht nur syntaktisch – durchaus sinnvoll, entspricht aber nicht der Restbedeutung des um den mittleren Teilsatz gekürzten Ausgangssatzes.)

Demgegenüber kann man den zweiten w-Nebensatz weglassen, ohne die Bedeutung des ersten zu beeinträchtigen:

> Sie liebte ihn, was ihn stark verunsicherte, was sie immer wieder aufs Neue überraschte.
>
> → Sie liebte ihn, was ihn stark verunsicherte.

Der zweite w-Teilsatz ist hier zugleich der ranghöchste Teilsatz, der erste w-Teilsatz der zweithöchste und der Hauptsatz der rangniedrigste. Die Umformung in A macht das deutlich:

> A   Es überraschte sie immer wieder aufs Neue, dass es ihn stark verunsicherte, dass sie ihn liebte.

274 Hier wird noch einmal deutlich: Wenn man die weiterführenden Satzgefüge – also Verknüpfungstyp B – in die Teilsatz-Analysen einbezieht, dann wird der Begriff der *Abhängigkeit* zweideutig: Abhängig ist zum einen ein Nebensatz von einem Hauptsatz (bzw. einem *übergeordneten* Nebensatz), zum anderen ein Konstituentensatz von einem Matrixsatz. Bei Verknüpfungstyp A ist der Hauptsatz (bzw. der *übergeordnete* Nebensatz) zugleich der Matrixsatz – der Begriff Abhängigkeit ist hier also konsistent; bei Verknüpfungstyp B ist aber der Hauptsatz (bzw. der *übergeordnete* Nebensatz) der Konstituentensatz und der (*untergeordnete*) Nebensatz der Matrixsatz. Genauso wird bei diesen Erläuterungen der Begriff *übergeordnet* (und das Pendant *untergeordnet*) ambivalent: Im Verknüpfungstyp A ist ein Teilsatz, der einem anderen Teilsatz übergeordnet ist, dessen Matrixsatz; im Verknüpfungstyp B ist dagegen der einem anderen Teilsatz untergeordnete Teilsatz dessen Matrixsatz.

275 Daher kann man diese beiden Begriffe *Abhängigkeit* und *Über- / Unterordnung* nur *relativ* zu dem jeweiligen Verknüpfungstyp benutzen. Oder man arbeitet grundsätzlich mit einer *Kreuz*klassifikation aus Matrixsatz – Konstituentensatz (als der 'tieferen' syntaktischen Klassifikation) und Hauptsatz – Nebensatz (als der 'flacheren' syntaktischen Klassifikation), das ist sicherer. Die adjektivischen Begriffspaare *unabhängig/ abhängig* und *übergeordnet/ untergeordnet* können sich dann auf beide Begriffspaare beziehen; man muss sie insofern umsichtig benutzen.

Dieses begriffliche Zwielicht ist dadurch entstanden, dass die Mehrzahl der Grammatiken zum zusammengesetzten Satz mit einseitiger Kost genährt worden sind, nämlich fast ausschließlich mit Teilsatzbeziehungen im Verknüpfungstyp A.

276 Für die Kombination von Satzgefügen (= Verknüpfungstyp A) und weiterführenden Satzgefügen (= B) gibt es verschiedene Restriktionen:

Man kann in eine *Ergänzungsbeziehung* des Verknüpfungstyps A wie z. B.

> Ich weiß, dass Paul krank ist.

nicht ein *weiterführendes* (in diesem Fall: kausales) Satzgefüge wie

> Paul ist krank, weshalb seine Frau mich öfter um Rat bittet.

einbetten, weil hier sonst auf *ein und denselben* Teilsatz *zwei Matrix*sätze zugreifen würden:

*→ Ich weiß, dass Paul krank ist, weshalb seine Frau mich öfter um Rat bittet.

Dieser Gesamtsatz ist zwar in sich korrekt, hätte aber eine *andere* Bedeutung als die beiden Ausgangssätze, nämlich: Pauls Frau bittet mich um Rat, weil ich von Pauls Krankheit weiß. Dann würde sich der weiterführende Teilsatz weshalb ... nicht nur auf den unterstrichenen Teilsatz beziehen, sondern auf den unterstrichenen Teilsatz *und* den zugehörigen Matrixsatz (= Ich weiß, ...). Diese *andere* Lesart würde bei Umformung in Verknüpfungstyp A so lauten:

Pauls Frau bittet mich öfter um Rat, weil ich weiß, dass Paul krank ist.

Aus dem gleichen Grund kann man weiterführende Satzgefüge wie

Paul ist sehr krank, weshalb seine Frau mich öfter um Rat bittet.

auch nicht in *Adverbialbeziehungen* des Verknüpfungstyps A wie

Paul beendet vorzeitig seinen Job, weil er sehr krank ist.

einbetten:

*→ Paul beendet vorzeitig seinen Job, weil er sehr krank ist, weshalb seine Frau mich öfter um Rat bittet.

Auch diese Einbettung wäre nur dann korrekt, wenn der kausale Teilsatz im Verknüpfungstyp B (weshalb ...) sich auf das *ganze* Satzgefüge davor (= den unterstrichenen Teilsatz *und* den Matrixsatz davor) bezöge, wenn also Pauls Frau mich *wegen des vorzeitigen Job-Endes* um Rat bäte (und nicht wegen der Krankheit).

Demgegenüber ist eine Kombination in Verknüpfungstyp D + C möglich:

Paul wird seinen Job vorzeitig beenden. Er ist nämlich sehr krank. Seine Frau bittet mich deshalb öfter um Rat.

Dabei ist der Rückbezug von deshalb zweideutig: Es kann sich auf den *vorhergehenden* Satz beziehen oder auf die Kombination der *beiden* vorhergehenden Sätze.

Man kann weiterführende Satzgefüge wie

Paul ist sehr krank, weshalb seine Frau mich öfter um Rat bittet.

daher nur einbetten in *nicht restriktive Relativbeziehungen* wie

Paul, der sehr krank ist, wird (deshalb) seinen Job vorzeitig beenden.

→ Paul, der sehr krank ist, weshalb mich seine Frau öfter um Rat bittet, wird seinen Job vorzeitig beenden.

In Relativbeziehungen gibt es keine Matrix-Rolle, also auch keinen konkurrierenden Zugriff auf den Teilsatz, der die Kausalinformation enthält. Es gibt weitere Umformungsmöglichkeiten, z. B.

Paul, dessen Frau mich öfter um Rat bittet, weil er sehr krank ist, wird seinen Job vorzeitig beenden.

Man kann B-Teilsätze an B-Teilsätze anhängen:

Paul ist sehr krank, was ich von ihm weiß, weshalb mich seine Frau öfter um Rat bittet.

In ein Satzgefüge des Verknüpfungstyps A umgeformt ergibt sich daraus:

Pauls Frau bittet mich öfter um Rat, weil ich von Paul weiß, dass er sehr krank ist.

5 Kombination von Teilsatzbeziehungen

Solche B-Teilsatzketten kann man theoretisch beliebig weiterführen:

> Paul ist sehr krank, was ich von ihm weiß, weshalb mich seine Frau öfter um Rat bittet, was Paul nicht so recht ist, was mich in eine schwierige Lage bringt, was seiner Frau aber gleich ist.

Eine Umformung in eine A-Teilsatzkette ergäbe:

> Pauls Frau ist es gleich, dass es mich in eine schwierige Lage bringt, dass es Paul nicht so recht ist, dass sie mich öfter um Rat bittet, weil ich von ihm weiß, dass er sehr krank ist.

280 Die B-Version ist erheblich leichter *rezipierbar* als die A-Version, weil sie die jeweils nächste Sachverhaltsportion erst dann bringt, wenn die vorherige abgeschlossen vorliegt. Demgegenüber bleibt in der A-Version immer mindestens ein Satzteil offen, der erst durch den folgenden Teilsatz gefüllt wird.

Die B-Versionen sind aber auch leichter produzierbar, weil man nicht bereits bei der Äußerung eines Sachverhalts die Anschlussoptionen mitplanen muss, sondern die Aussage schrittweise nachdifferenzieren kann.

281 Insofern werden solche B-Teilsätze in Gesprächen häufig als Nachklapp verwendet, z. B. dann, wenn man zunächst keine Weiterführung des eigenen Redebeitrags beabsichtigt hatte, sich dann aber 'unterwegs' entschließt, den eigenen Beitrag zu 'verlängern', sei es, weil der Gesprächspartner nicht die Sprecherrolle übernimmt, sei es, weil der andere durch seine Hörerkommentare einen Konflikt erahnen lässt, dem man dann lieber – noch im eigenen Turn – vorbeugt. Ein (fingiertes) Beispiel:

Peter:	Paul:
Stell dir mal vor, deine neue Freundin hat mich morgen zu ihrem Geburtstag eingeladen (O) was aber bei mir sowieso nicht klappen wird.	ah ja
	Ah ja, na schade

Peter könnte seinen Redebeitrag mit ... *eingeladen* als abgeschlossen geplant haben; er findet die Einladung an sich gut. Da Paul mit seinem Hörerkommentar *ah ja* offenbar zögerlich oder gar distanziert reagiert und Peter ahnt, dass Eifersucht im Spiel sein könnte, entschließt er sich, seinen Beitrag zu verlängern und vorsorglich erst einmal anzudeuten, dass er der Einladung *nicht* folgen wird; diese Verlängerung kann er mühelos mithilfe von Aussagen im Verknüpfungstyp C (... *Das wird aber ...*) oder eben B tun: ..., *was aber* ... Auf diese Weise kann er Pauls Folgeäußerung abwarten, und die fällt nicht sehr einladend aus.

5.1.2 Teilsatz-Geschwister

282 Im Verknüpfungstyp A können zwei Nebensätze unterschiedlicher Verknüpfungsbedeutung *gleichrangig* und *voneinander unabhängig* auf ein und denselben Hauptsatz bezogen sein:

> Nachdem die Gäste gegangen waren, legte er sich ins Bett, weil er völlig müde war.

Entsprechend können sich auch zwei Anschlüsse des Verknüpfungstyps B *unterschiedlicher* Bedeutung auf ein und denselben vorausgehenden Hauptsatz beziehen; hier ein Beispiel mit Ergänzungsbeziehung und kausaler Adverbialbeziehung:

> Sie liebte ihn, was ihn stark verunsicherte und weshalb er immer wieder ausbrechen wollte.

Eine Umformung von B in C ist mühelos möglich:

> Sie liebte ihn, das verunsicherte ihn stark und deshalb wollte er immer wieder ausbrechen.

Bei Umformung in A hingegen gibt es eine Komplikation: Hier muss der Konstituentensatz (Sie liebte ihn) wiederholt werden, weil die *Ergänzungs*beziehung mit einer anderen Konjunktion auf ihn zugreift als die kausale *Adverbial*beziehung:

> Dass sie ihn liebte, verunsicherte ihn stark, und weil sie ihn liebte, wollte er immer wieder ausbrechen.

oder, etwas glatter, mithilfe eines kausalen Adverbiale:

> Dass sie ihn liebte, verunsicherte ihn stark, und wegen dieser Liebe wollte er immer wieder ausbrechen.

5.1.3 Teilsatz-Zwillinge

Im Verknüpfungstyp A können zwei Nebensätze dieselbe Teilsatzstelle besetzen:

> Ich weiß genau, *dass* du wieder gesund wirst, *dass* du wieder ganz munter sein wirst.
> Ich weiß genau, dass du wieder gesund (wirst) *und* (dass du wieder) ganz munter sein wirst.

Hier hängt von dem Matrixsatz ich weiß X genau nur diese eine Ergänzungsstelle X ab, die von beiden Konstituentensätzen gemeinsam gefüllt wird. Insofern sind auch diese beiden Konstituentensätze einander *nebengeordnet*, aber nicht – wie bei den 'Teilsatz-Geschwistern' – als einander komplettierende *unterschiedliche* Anschlüsse, sondern als *Doppel*besetzung *ein und derselben* Satzgliedstelle (= 'Teilsatz-Zwilling').

Die gleiche Option gilt für Verknüpfungstyp B:

> Sie liebte ihn, was ihn stark verunsicherte und (was ihn) immer wieder zu Ausbruchsversuchen trieb.

Dieses Beispiel ergibt in die Verknüpfungstypen C bzw. A umgeformt:

> C Sie liebte ihn, das verunsicherte ihn stark und (das) trieb ihn immer wieder zu Ausbruchsversuchen.
> A Dass sie ihn liebte, verunsicherte ihn stark und trieb ihn immer wieder zu Ausbruchsversuchen.
> Hier wird aus dem Nebensatz-Zwilling von Verknüpfungstyp B ein Hauptsatz-Zwilling.

Kommasetzung bei Mehrfachbesetzung einer Teilsatzstelle

Zwischen die Elemente der Mehrfachbesetzung wird ein *einzelnes* Komma gesetzt. Ich unterscheide drei Anwendungsfälle:

(1) Mehrfachbesetzung einer Nebensatzstelle: …, x-wegen → …, x^1-wegen, x^2-wegen.

> Sie blieben zuhause, weil er müde war, weil er ins Bett wollte.

(2) Mehrfachbesetzung einer Hauptsatzstelle: X → X^1, X^2.

> Sie war müde, er wollte noch arbeiten.

Die Amtlichen Regeln fassen in § 71 beide Fälle als „gleichrangige (nebengeordnete) Teilsätze"; gleichrangig bzw. nebengeordnet sind aber sowohl die von mir hier angeführten Teilsatz-Zwillinge (= Mehrfachbesetzung) wie auch die weiter oben angesprochenen Teilsatz-Geschwister: Bei Teilsatz-Geschwistern ist aber die Ersetzung des trennenden Kommas durch Konjunktionen wie und nicht (ohne Weiteres) möglich.

> Sie bleibt immer zuhause, wenn es regnet, weil sie sich nicht erkälten möchte.
> → *Sie bleibt immer zuhause, wenn es regnet *und* weil sie sich nicht erkälten möchte.

Da mir die Unterscheidung von Teilsatz-Geschwistern und Teilsatz-Zwillingen diagnostisch wichtig erscheint, muss ich statt Gleichrangigkeit / Nebenordnung eine engere Begrifflichkeit wählen: Mehrfachbesetzung.

(3) Mehrfachbesetzung einer *satzwertigen* Wortgruppe: 'X' → 'X¹', 'X²'.
Ja, genau der!

> *In einer Sauna auf der Tür zu den geschlechtergetrennten Ankleideräumen:*
>
> *Auf der Tür zu den Männern:*
>
> **Stop**
> nur für
> **Herren**
>
> *Auf der Tür zu den Frauen:*
>
> **Stop**
> nur für
> **Damen**
>
> Gemeint war natürlich: Stop! Nur für Herren bzw. Stop! Nur für Damen.

286 Das Einzel-Komma zwischen den Elementen einer Mehrfachbesetzung kann durch bestimmte Verbindungswörter ersetzt werden, und zwar durch
- und, sowie / wie (in der Bedeutung von und), sowohl ... als / wie (auch), weder ... noch, nicht ... noch;
- oder, entweder ... oder;
- bzw. / beziehungsweise.

287 Bei allen anderen Verbindungswörtern (z. B. aber) bleibt das Komma erhalten:

> Sie blieben zuhause, weil er müde war, weil sie noch arbeiten wollte.
> Sie blieben zuhause, weil er <u>einerseits</u> müde war, weil sie <u>andererseits</u> noch arbeiten wollte.
> *aber:* Sie blieben zuhause, <u>sowohl</u> weil er müde war <u>als</u> <u>auch</u> weil sie noch arbeiten wollte.
>
> Sie war müde, er wollte noch arbeiten.
> <u>Einerseits</u> war sie müde, <u>andererseits</u> wollte er noch arbeiten.
> *aber:* Sie war müde <u>bzw.</u> er wollte noch arbeiten.
>
> Ja, ich werde morgen kommen.
> Ja, <u>aber</u> ich werde morgen kommen.
> *aber:* Ja <u>und</u> ich werde morgen sicher kommen.

288 Trotz eines Komma ersetzenden Verbindungswortes *darf* man ein Komma setzen, wenn man damit eine Doppeldeutigkeit vermeiden oder eine Verstehensverzögerung verhindern (oder auch nur die syntaktische Gliederung verdeutlichen) möchte:

> Er schenkte das Buch seinem Bruder(,) <u>und</u> mir brachte er etwas aus Italien mit.

Man könnte hier bei *nicht* gesetztem Komma zunächst lesen:

> Er schenkte das Buch seinem Bruder und mir ...

> Alles Schlechte wünsch' ich Dir
> Fern vom Halse, bleibe mir
> Alles, Unheil treffe Dich
> Niemals, aber denk' an mich!

Selbst mit den Kommas wirkt die Zeilengliederung stark verstehenssteuernd (hier: verstehens*fehl*steuernd), unterstützt von der gedichtstypischen Großschreibung des ersten Worts in jeder neuen Zeile (die wir, an normale Texte gewöhnt, als Beginn eines neuen Hauptsatzes interpretieren, was die Suggestion des Zeilenumbruchs noch verstärkt).

Zwischen zwei Kommaregeln kann *Konkurrenz* entstehen: Die weiter oben (→ 165) erläuterte Regel verlangt *paariges* Komma zur Abgrenzung untergeordneter Teilsätze, die Regel zur Mehrfachbesetzung verlangt zwischen den Zwillingen (bzw. Drillingen) jeweils *einfaches* Komma, das durch passende Konjunktionen ersetzt werden kann. Wenn nun wie in

> Er blieb aus Müdigkeit <u>und</u> weil er noch etwas arbeiten wollte, zuhause.

eine zweifache Besetzung einer kausalen Konstituente vorliegt (Kausal-Zwilling), deren eines Glied (aus Müdigkeit) ein Satzteil und deren anderes (weil … wollte) ein untergeordneter Teilsatz ist, dann gilt folgender Regel-Kompromiss: Der Teilsatz erhält nur das hintere des eigentlich notwendigen paarigen Kommas, das vordere wird durch das Verbindungswort *und* ersetzt. Dasselbe gilt umgekehrt im folgenden Beispiel:

> Er blieb, weil er noch arbeiten wollte <u>und</u> aus Müdigkeit zuhause.

Auf der Grundlage der Amtlichen Regeln ließe sich natürlich argumentieren, dass auch eine Version mit schließendem Komma nach Müdigkeit korrekt sei, nämlich als ein Fall von Heraushebung, einer in § 78 angesprochenen weiteren Kommaregel:

> Er blieb, aus Müdigkeit, zuhause.

Entsprechend dann eben auch

> Er blieb, aus Müdigkeit und weil er noch arbeiten wollte, zuhause.
> Er blieb, weil er noch arbeiten wollte und aus Müdigkeit, zuhause.

Nicht erwähnt werden in den Amtlichen Regeln komplexere Fälle dieser Art (= Drillinge) wie

> Er blieb <u>aus Müdigkeit</u> und <u>weil er noch arbeiten wollte</u> und auch <u>aus genereller Kontaktscheu</u> zuhause.

und spiegelbildlich

> Er blieb, weil er noch arbeiten wollte und aus Müdigkeit und auch weil er generell kontaktscheu war, zuhause.

Aus dem o. g. Regel-Kompromiss lässt sich aber mühelos ableiten, dass im ersten dieser beiden Drillingsbeispiele kein Komma gesetzt wird, weil hier der eröffnende und der schließende 'Drilling' *Satzglieder* sind; demgegenüber muss im zweiten Beispiel an beiden Rändern der Mehrfachbesetzung ein Komma stehen, weil hier der eröffnende und der schließende 'Drilling' *Teilsätze* sind.

5.1.4 Ein Special

Es gibt eine weitere – nach heutigen Vorstellungen *ungrammatische* – Art, Teilsätze aufeinander zu beziehen:

Das Lied „Mit dem Pfeil, dem Bogen" (Text von Friedrich Schiller, 1803, Musik von Anselm Weber, 1804) gehört zum Lied-Gemeingut. Es steht im „Wilhelm Tell" (3. Aufzug) und wird dort von einem Kind gesungen. Die dritte (und letzte) Strophe lautet:

> Ihm gehört das Weite
> Was sein Pfeil erreicht,
> Das ist seine Beute,
> Was da kreucht und fleugt.

Wie die vier Teilsätze aufeinander zu beziehen sind, ist weder inhaltlich noch durch die Interpunktion klar geregelt.

Diese Strophe wird häufig als Beleg für eins der sprachlichen Kürzungsverfahren genannt: das sog. Apokoinu (von griechisch koinon = das Gemeinsame)(→ Bd. 2: 85 ff.), bei dem ein sprachlicher Ausdruck *zweimal* benutzt wird. Man geht davon aus, dass in dieser Strophe der dritte Teilsatz (= 3. Zeile) der Bezugssatz sowohl für den 2. Teilsatz (= 2. Zeile) wie auch für den 4. Teilsatz (= 4. Zeile) ist. Der doppelt genutzte Hauptsatz wäre also eine Überblendung von zwei Satzgefügen

> Was sein Pfeil erreicht,
> Das ist seine Beute.

und

> Das ist seine Beute,
> Was da kreucht und fleugt.

mit Kürzung der Hauptsatz-Dublette, die bei einer solchen Überblendung entstehen würde.

In dieser Strophe kann man noch ein zweites potentielles Koinon aufspüren: Was sein Pfeil erreicht. Dieser Relativnebensatz kann sich sowohl auf Weite beziehen (= ... das Weite, was / das sein Pfeil erreicht) wie auch auf Das in der dritten Zeile. Bei dieser Lesart wäre ein und derselbe Relativnebensatz *attribut*wertig zu Weite und *satzglied*wertig zu Das.

293 Schaut man sich die Erscheinungsform dieser Strophe in *nicht*-literaturwissenschaftlichen Ausgaben an, z. B. in Liedsammlungen, dann scheint diese Apokoinu-Konstruktion Irritation zu erzeugen und die Herausgeber versuchen auf unterschiedliche Art, diese Irritation zu beseitigen, z. B. durch folgende Schreibung:

> Ihm gehört das Weite,
> was sein Pfeil erreicht:
> Das ist seine Beute,
> was da kreucht und fleugt.

Hier *kann* durch die Interpunktion (Doppelpunkt nach der 2. Zeile) der *zweite* Teilsatz (= 2. Zeile) auf den *ersten* Teilsatz bezogen gelesen werden; die Teilsätze in der 2. und der 4. Zeile werden auf diese Weise zwei verschiedenen Hauptsatz-Territorien zugeteilt. Das Apokoinu ist beseitigt.

294 In der folgenden Textgestalt

> Ihm gehört das Weite,
> was sein Pfeil erreicht;
> das ist seine Beute,
> was da kreucht und fleugt.

legt der Herausgeber die apokoinu*freie* Lesart durch Semikolon anstelle des Doppelpunkts (bzw. des deutungsoffenen Kommas im Original) nahe.

Wieder anders die folgende Version:

> Ihm gehört die Weite:
> Was sein Pfeil erreicht,
> Das ist seine Beute,
> Was da kreucht und fleucht.

Hier wird die Lesart Apokoinu ausdrücklich *gesichert* durch einen Doppelpunkt am Ende der ersten Zeile.

Dafür hat der Herausgeber hier eine ihm vielleicht nicht einleuchtende Wortbildung verändert: Im Original steht das Weite als eine *syntaktische* Konversion. Er setzt stattdessen die Weite, also eine Suffixbildung: Die althochdeutsche Wortform war wītī, die mittelhochdeutsche wīte.

5.2 Überlagerung von Teilsatzbeziehungen

Ein Teilsatz kann, wie in 5.1 dargestellt, auf einen anderen Teilsatz als *Konstituenten*satz oder als Teilsatz*geschwister* oder als Teilsatz*zwilling* bezogen sein.

Er kann aber zugleich noch in einer weiteren Beziehung zu diesem anderen Teilsatz bzw. zu einem dritten Teilsatz stehen; solche Dreiecksbeziehungen sind (wie im wahren Leben) teilweise sehr komplex.

Ein Beispiel für eine solche *Überlagerung* in einem Satz mit *zwei* Teilsätzen:

> Sein Freund, der deshalb nie mehr eingeladen wurde, hatte sich auf dem Fest völlig betrunken.

In diesem Satzgefüge bestehen zwischen den beiden Teilsätzen zwei simultane Teilsatzbeziehungen: zum einen eine Relativbeziehung im Verknüpfungstyp A Sein Freund – der, zum anderen eine Kausalbeziehung im Verknüpfungstyp C:

> Sein Freund hatte sich auf dem Fest völlig betrunken = deshalb …

Man kann diese beiden Teilsatzbeziehungen auch in anderen Verknüpfungstypen-Kombinationen darstellen:

> Sein Freund hatte sich auf dem Fest völlig betrunken. Er wurde deshalb nie mehr eingeladen
> (= beide in C).

> Sein Freund hatte sich auf dem Fest völlig betrunken, weshalb er nie mehr eingeladen wurde
> (= Kausalbeziehung in B, Relativbeziehung in C).

> Weil sein Freund sich auf dem Fest völlig betrunken hatte, wurde er nie mehr eingeladen
> (= Kausalbeziehung in A, Relativbeziehung in C).

Bei einem Satz wie

> Er war weggegangen, deshalb traf ich ihn nicht an.

liegen zwei gleichrangige Hauptsätze vor. Sie stellen eine Mehrfachbesetzung dar, die beiden Hauptsätze werden durch Komma voneinander getrennt; das Komma ist durch Konjunktionen wie und ersetzbar:

> Er war weggegangen und deshalb traf ich ihn nicht an.

Zwischen den beiden Hauptsätzen liegt zugleich eine kausale Adverbialbeziehung des Verknüpfungstyps C vor: Der erste Hauptsatz ist Konstituentensatz zum zweiten Hauptsatz; der bezieht sich mit dem Pronominaladverb deshalb auf den Konstituentensatz zurück.

Die beiden Hauptsätze sind also unter dem Gesichtspunkt selbstständigen Vorkommens gleichrangig, unter dem Gesichtspunkt der Matrix-Konstituenten-Beziehung ungleichrangig. Die Kommasetzung richtet sich nach dem ersten Gesichtspunkt.

Bei einer Darstellung des Ausgangsbeispiels im Verknüpfungstyp A entsteht eine unter beiden Gesichtspunkten ungleichrangige Konstruktion:

Weil er weggegangen war, traf ich ihn nicht an.

298 Ein Beispiel für *Überlagerungen* in einem Satz mit *drei* Teilsatzbeziehungen:

Obwohl die Kinder genau wussten, dass wir schlafen wollten, machten sie Krach.

Hier kann man folgendermaßen vorgehen: Zunächst nummeriert man die einzelnen Teilsätze:

(1) Obwohl die Kinder genau wussten, (2) dass wir schlafen wollten, (3) machten sie Krach.

Dann bestimmt man für jeweils zwei Teilsätze den Fügungswert und den Verknüpfungstyp:

(1+3) Obwohl die Kinder X genau wussten, machten sie Krach.
 = Adverbialbeziehung (konzessiv) im Verknüpfungstyp A; 1 ist Konstituentensatz, 3 ist Matrixsatz; 1 ist Nebensatz, 3 ist Hauptsatz.

(1+3) Obwohl die Kinder X genau wussten, machten sie Krach.
 = Relativbeziehung im Verknüpfungstyp C (die Kinder – sie); 1 ist Nebensatz, 3 ist Hauptsatz.

(1+2) ... wussten, dass wir schlafen wollten:
 = Ergänzungsbeziehung im Verknüpfungstyp A: 1 ist Matrixsatz zu 2, 2 ist Nebensatz 2. Stufe und damit 1 als Nebensatz erster Stufe untergeordnet.

Ein und derselbe Teilsatz – hier der Nebensatz 1 – kann also zugleich Konstituentensatz innerhalb *einer* Teilsatzbeziehung und Matrixsatz innerhalb einer *anderen* sein.

299 Dann kann man die vorliegenden Teilsatzbeziehungen in anderen Verknüpfungstypen-Kombinationen darstellen, z. B. den folgenden:

(1) Die Kinder wussten genau, (2) dass wir schlafen wollten. (3) Trotzdem machten sie Krach.
(1) Wir wollten schlafen, (2) das wussten die Kinder genau. (3) Trotzdem machten sie Krach.
(1a) Die Kinder, (2) die genau wussten, (3) dass wir schlafen wollten, (1b) machten trotzdem Krach.

Weitere Kombinationen kann man bilden, indem man die Teilsätze mit Hilfe von Wortbildungsmitteln als Satzglied bzw. Satzgliedteil darstellt:

Wir wollten schlafen. → unser Wunsch nach Schlaf (= *lexikalische* Konversion);
Das wussten die Kinder genau. → das Wissen der Kinder (= bereits lexikalisierte *syntaktische* Konversion).

Und auf dieser Basis dann:

Wir wollten schlafen. Trotz ihres Wissens darum machten die Kinder Krach.
Trotz ihres Wissens um unseren Wunsch nach Schlaf machten die Kinder Krach.

6 Verknüpfungsbedeutungen

Bei der Analyse der unterschiedlichen Funktionen von Satzgliedern im einfachen Satz wurde gezeigt, dass die valenzgebundenen Satzglieder für die 'Grundausstattung' der Sachverhaltsaussage zuständig sind, die Adverbialien überwiegend für die situationsbezogene Ausdifferenzierung. Einige – die sog. aussagekommentierenden – Adverbialien verdeutlichen den epistemischen Status, z.B. die Geltungssicherheit der gesamten Aussage (durch nach meiner Kenntnis oder vielleicht) bzw. die evaluative Stellungnahme (z. B. durch leider oder zu meinem Bedauern). Schließlich fungiert eine Gruppe von Einstellungspartikeln, die nur bedingt Satzglied-Status haben, als dialogsteuernde Spezialisten, mit denen der Sprecher (bzw. Schreiber) seine eigene Einstellung zu dem Sachverhalt andeutet und den Hörer (bzw. Leser) auf diese Einstellung zu verpflichten versucht (ja, doch, denn usw.).

Vor dem Hintergrund dieses funktionalen Tableaus der Satzglieder (und der dabei verwendeten Mittel) nun ein erster Blick auf die Funktion der Konstituenten- und Matrixsätze bei den Teilsatzbeziehungen:

Für die *Grundausstattung* (Subjekt und Nominativergänzung, Objekte) sind zum einen die *Konstituenten*sätze von *Ergänzungs*beziehungen zuständig

> *Sein Kommen* freut mich. – *Dass er gekommen ist*, freut mich.

und zum anderen die *neutralen Relativ*beziehungen:

> *Der Täter* muss ein Schwein sein. – *Wer das getan hat*, muss ein Schwein sein.

Die *situationsbezogene Ausdifferenzierung* leisten überwiegend die Konstituentensätze von Adverbialbeziehungen:

> Er ging erst *nach der letzten Zugabe* weg. – Er ging erst weg, *nachdem die letzte Zugabe gespielt worden war*.

Dazu kommen die lokalen, modalen usw. Relativbeziehungen:

> Das Halsband lag *an der Stelle mit dem höchsten Grasbewuchs*. – Das Halsband lag (dort), *wo das Gras am höchsten war*.
>
> Er hat das *sehr schön* gemacht. – Er hat es (so) gemacht, *wie sein Vater es früher immer gemacht hatte*.

Bei der Formulierung des *epistemischen* Status und bei den *evaluativen* Auskünften sind vorrangig die *Matrix*sätze von *Ergänzungs*beziehungen beteiligt

> *Vermutlich* ist sie schon zuhause. – *Ich vermute*, dass sie schon zuhause ist.
>
> Sie ist *leider* nicht mehr gekommen. – *Ich finde es schade*, dass sie nicht mehr gekommen ist;

außerdem die *Konstituenten*sätze einiger *Adverbial*beziehungen in ihrer *epistemischen* Lesart (= auf Kommentarstufe I → 462 ff.)

> *Vermutlich* ist sie schon zuhause. – *Wenn ich mich nicht irre*, ist sie schon zuhause.

6 Verknüpfungsbedeutungen

und die Konstituentensätze einiger (*in sich* epistemischer) Adverbialbeziehungen:

An dem Unglück ist Paul schuld, insofern er uns nicht über das Problem informiert hat.

303 Die *dialogsteuernde* Funktion der Einstellungspartikeln kann am ehesten durch die *Matrix*sätze von *Ergänzungs*beziehungen *paraphrasiert* (nur begrenzt auch *übernommen*) werden:

Er ist *doch* noch jung. → *Du solltest (wie ich) berücksichtigen*, dass er noch jung ist.

Willst du ihm *denn* nicht helfen? → *Ich bin verwundert*, dass du ihm nicht helfen willst.

Ich kann *ja* nicht alles zugleich tun.
→ *Ich nehme an, du stimmst mit mir überein*, dass ich nicht alles zugleich tun kann.

6.1 Relativbeziehungen

304 Für einen ersten Überblick werden die innerhalb der Relativbeziehungen möglichen Verknüpfungsbedeutungen tabellarisch zusammengestellt.

Die Tabelle ist in Form einer Kreuzklassifikation strukturiert: horizontal nach sechs Bedeutungsgruppen und vertikal nach den Verknüpfungstypen. Für die Relativbeziehungen sind die Verknüpfungstypen A (= Satzgefüge) und C (= weiterführende Satzreihe) möglich.

Die Tabelle unterscheidet beim Verknüpfungstyp A nach restriktiv und nonrestriktiv (Verknüpfungstyp C ist grundsätzlich nur für nonrestriktive Relativbeziehungen möglich).

6.1.1 Neutrale Relativbeziehungen

305 Neutrale Relativbeziehungen sind *negativ* definiert: Der untergeordnete Teilsatz des Satzgefüges ist *nicht* auf ein Scharnier mit lokaler oder vergleichender usw. Bedeutung bezogen, sondern entweder auf eine nominale Ergänzung *insgesamt* oder ein Nomen *innerhalb* eines beliebigen Satzglieds.

Als Satzgefüge (Verknüpfungstyp A):

Satzglied-Scharnier, restriktiv: Wer schläft, (der) sündigt auch.
Attribut-Scharnier, restriktiv: *Der Mann, der da hinten steht, ist mein Vater.*
Satzglied-Scharnier, nonrestriktiv: *Der alte Mann, der inzwischen sehr müde aussah, weinte.*
Attribut-Scharnier, restriktiv: *Ich kenne den Freund der Frau, deren Hund überfahren wurde.*
Satzglied- / Attribut-Scharnier, restriktiv: *Ich kenne die Frau, deren Hund überfahren wurde.*
Attribut- / Satzglied-Scharnier, restriktiv: *Ich kenne den Freund der Frau, die neben euch wohnt.*

Als weiterführende Satzreihe (Verknüpfungstyp C):

Der alte Mann weinte; er *sah inzwischen sehr müde aus.*

6.1 Relativbeziehungen

Relativbeziehungen:	als *Teilsatz*:	
	Satzgefüge HS + NS oder NS + HS (restriktiv = r, nonrestriktiv = nr)	*weiterführende Satzreihe* HS + HS (mit Personale oder so oder d-Morphem)
neutral relativ	Wer schläft, (der) sündigt auch. (r)	
	Der Mann, der da hinten steht, ist mein Vater. (r)	
	Der Mann, der inzwischen sehr müde aussah, weinte. (nr)	Der Mann weinte, er sah inzwischen sehr müde aus.
lokal relativ	Wo früher Wiesen waren, (da) stehen jetzt lauter Häuser. (r)	
	In der Gegend, wo wir Pilze sammeln, gibt es angeblich Bären. (r)	
	Am Fluss, wo früher Wiesen waren, steht jetzt ein Hotel. (nr)	Am Fluss steht jetzt ein Hotel; früher waren da Wiesen.
vergleichend relativ:		
– *unspezifisch* vergleichend	Er argumentiert (so), wie er Sport treibt. (r)	
	Er fuhr so langsam, wie er noch nie gefahren war. (r)	
	Er fuhr sehr langsam, wie er noch nie gefahren war. (nr)	Er fuhr sehr langsam, so (langsam) war er noch nie gefahren.
– *unterscheidend* vergleichend	Sie benahm sich *anders*, als sie sich letztes Mal benommen hatte. (r)	
– *hypothetisch* vergleichend	Er rannte, als *wäre* eine Spinne hinter ihm her. (r)	
	Er rannte so schnell, als wenn er verfolgt *würde*. (r)	
kausal relativ	Weshalb Paul entlassen wurde, kündigen sie jetzt auch mich. (r)	
	Paul wurde wegen Trunkenheit entlassen, weshalb jetzt vermutlich auch mir gekündigt werde. (nr)	Paul wurde wegen Trunkenheit entlassen, deshalb wird jetzt vermutlich auch mir gekündigt.
instrumental relativ	Wodurch du die Tür geöffnet hast, öffne jetzt auch das Auto! (r)	
	Paula knackte das Auto durch Ausbohren des Schlosses, wodurch sie jetzt auch die Tür öffnen will. (nr)	Paula knackte das Auto durch Ausbohren des Schlosses, dadurch will sie jetzt auch die Tür öffnen.
temporal relativ:		
– *gleichzeitig*	Als Paula abreiste, schien die Sonne. (r)	
	Morgens, als Paula abreiste, schien die Sonne. (nr)	Morgens schien die Sonne, da reiste Paula ab.

> *Aus einer Magisterarbeit zu Aspekten der Klientenzentrierten Gesprächsführung:*
> Der Klient erhält eine große Aktivität in einem Gespräch. Der Therapeut dient lediglich dazu, ihm zu helfen, seine Gefühle und Einstellungen besser zu verstehen und den Klienten zu ermutigen, diese zu äußern, indem der Therapeut „den Inhalt dessen, was der Klient gesagt hat, wiederholt und klärt". Weiterhin gibt Rogers an, …

306 Die neutrale Relativbeziehung wird auch für zwei spezielle *Thematisierungs*-Konstruktionen genutzt, die der besonderen *Hervorhebung* dienen. Die erste ist:

> Es war *mein Bruder,* der das Problem endlich ansprach.
> *Mein Bruder* war es (/der), der das Problem endlich ansprach.

Die Thematisierungs-Konstruktion entsteht dadurch, dass das Subjekt des Ausgangsbeispiels (mein Bruder) abgespalten wird zum Subjekt eines eigenen Teilsatzes, an den der Satzrest dann als Relativnebensatz *angeschlossen* wird. Diese Konstruktion ist weitaus fokussierender als eine bloße Markierung durch Satzteil-*Stellung* (und im Mündlichen durch *Betonungs*verteilung):

> Mein Bruder sprach das Problem endlich an.

307 Die zweite Konstruktion ist:

> Wer mir besonders gut gefallen hat, war Paul.

Auch in dieser Thematisierungs-Konstruktion ist das Subjekt eines nicht-zusammengesetzten Satzes

> Besonders gut hat mir Paul gefallen,

hier also Paul, abgespalten zum Subjekt eines eigenen Teilsatzes, dem der Satzrest als Relativnebensatz *vorangestellt* wird. Mit dieser Variante wird häufig eine *evaluierende* Aussage präsentiert, auf die – als Rhema – dann der evaluierte Sachverhaltsausschnitt folgt.

Beide Konstruktionen arbeiten mit der gleichen prädikativen Grundstruktur (x ist y); beide sind an die – jeweils *gegenläufige* – Teilsatzreihenfolge gebunden.

Diese Konstruktionen werden auch als *Spaltsatz* bezeichnet. Der Terminus geht darauf zurück, dass in diesen Konstruktionen ein Satzglied vom Satzrest abgespalten und als Subjekt eines eigenen Teilsatzes genommen wird.

Gelegentlich unterscheidet man die beiden Varianten so, dass die erste als *echter* und die zweite als *unechter* Spaltsatz bezeichnet wird. Das macht wenig Sinn, weil es eine der beiden Varianten zum Prototyp erklärt.

308 Diese Abspaltung ist nicht nur mit dem *Subjekt* des Ausgangssatzes möglich wie in den beiden oben genannten Beispielen, sondern auch mit *Ergänzungen* wie z. B. in

> Es war *der Nachbar, den* wir gesehen hatten. (← Wir hatten den Nachbarn gesehen.)
> Es war Paul, dem wir das Geld gegeben hatten. (← Wir hatten Paul das Geld gegeben.)

Begrenzt ist sie auch mit *Adverbialien* möglich:

> Es war *in Köln, wo* wir sein Fehlen bemerkten. (← Wir bemerkten sein Fehlen in Köln.)
> Es war *spät abends, als* wir sein Fehlen bemerkten. (← Wir bemerkten sein Fehlen erst spät abends.)
> (*)Es war *aus Kummer, weshalb* sie so viel trank. (← Aus Kummer trank sie so viel.)

Alternativ sind hier auch Thematisierungs-Konstruktionen mithilfe von *Ergänzungs*beziehungen möglich:

> Es war *in Köln,* dass wir sein Fehlen bemerkten. (← Wir bemerkten sein Fehlen in Köln.)
> Es war *aus Kummer,* dass sie so viel trank. (← Aus Kummer trank sie so viel.)

Anstelle eines neutralen Relativanschlusses wird zunehmend wo als semantisch *offenes* Relativadverb verwendet, z. B.:   309

> Wir haben *am Abend,* wo / an dem auch Paula dabei sein konnte, noch ausführlich gefeiert.
> *In heißen Debatten,* wo / in denen schon alle den Überblick verloren haben, sagt man viel Verletzendes.

In diesen Verwendungen ist wo nicht mehr auf seine ursprüngliche lokale Bedeutung festgelegt. Diese semantische Ausdehnung ist nicht verwunderlich, weil wir nach dem Muster von *Raum*-Angaben auch *Zeit*-Angaben und zahlreiche weitere abstrakte Situations-Angaben machen (und wir verwenden auch die entsprechenden Metaphern wie Zeitraum oder Textraum). Auch bei den Präpositionen an, in in den Präpositionalangaben, auf die sich wo zurückbezieht, ist diese semantische Öffnung festzustellen.

Der Gebrauch von wo in neutralen Relativbeziehungen, wo (= das eben war eine solche textraumbezogene Verwendung) es keine *adverbiale* Funktion hat, ist standardsprachlich nicht korrekt:

> *Der Mann, wo ich gestern gesehen habe, …
> *Der, wo gestern mein Fahrrad gestohlen hat, …

In oberdeutschen Sprachvarietäten, insbesondere dem Alemannischen, wird das Relativadverb wo   310
regulär statt des Relativpronomens der, die, das usw. verwendet. Hier – für Information und Vergnügen zugleich – eine Darstellung aus der alemannischen Version von Wikipedia:

> „Im Alemannische fangt s Relativpronome grundsätzlig mit *w (wo)* a – des isch au in allene andere oberditsche Dialäkt eso. Drotz ass mer em-s nit asiiht, verdrittet *wo* in dr Biispiil, wu folge, e Nominativ oder e Akkusativ:

Zugerisch (Z) un Kaiserstiähler (K) Alemannisch		
Nominativ-wo	Z	En aarme Bueb, *wo* käni Eltere mëë hed, isch …
…	K	E arme Bue, *wu* kenni Eltere meh het, isch…
…	Z	De säb, *wo* gloge hed, hed bschisse.
…	K	Sälle, wu gloge hed, hed bschisse.
Akkusativ-wo	Z	De Wy, *wo* ner trunke hend, isch süeß gsy.
…	K	Dr Wii, *wu* ner drunke hän, isch siäß gsii.
…	Z	S Bescht, *wo* s uftischet hend, isch nüüd gsy, won äim gschmöckt het.
…	K	S Bescht, *wu* si ufdischt hän, isch nyt gsii, wu eim gschmeckt het.

Bim e Dativ-Bezug mueß dur e zuesätzlig Pronome im Dativ (zum Biispiil *em, eren*) dittlig gmacht wäre, was gmeint isch:

Ort	Alemannisch	Standard	nogmacht
Z	De Paziänt, won *em* de Tokter en Ysprützig macht, isch ...	dem	wo ihm der Doktor
K	Dr Paziänt, wun *em* dr Dokter e Spritzi git, isch ...		
Z	D Schnyderi, won *ere* d Näämaschine gflickt ha, het ghüröòtet.-*	der	wo (ich) ihr
K	D Schniideri, wun *ere* d Nähjmaschin gflickt han, het ghirate.-*		
Z	D Puure, wo me *ne* iri Häimen uufkaufft hed, sind veraarmet.	denen	wo man ihnen
K	D Büüre, wu mer *ne* ihri Hef ufkaüft het, sin verarmt.		
Z	Die säbe Hüener, won *ene* d Buebe Fädere uuszëërt hend, sind ...	denen	wo ihnen die Buben
K	Sälli Hiähner, wun *ene* d Buebe Fädere rüszupft hän, sin ...		

–*Do isch *i* (*ich*) üsgfalle; meglig, aber wenniger elegant, wär aü *wun i n ere* ...

Mit Dativ-Bezug kenne aü diä Relativsätz üsgfiährt wäre, wu im Standardditsche e Relativpronome im Genitiv (*dessen, deren*) hän:

Ort		Standard	nogmacht
Standartditsch	Der Krämer, *dessen* Ware gepfändet wurde, ist ...		
Züridütsch	Dr Chräämer, won *em si* War pfändt woorden escht ...	dessen	wo ihm seine
	Dr Chräämer, wo *si* War pfändt woorden escht ...	dessen	wo seine
Kaiserstuehl	Dr Grämer, wun *em si* War pfändet wore isch ...	dessen	wo ihm seine
	Dr Grämer, wu *si* War pfändet wore isch ...	dessen	wo seine
	Dr Grämer, wu d War *vun em* pfändet wore isch ...	dessen	wo ... von ihm

Dr Bezug ka au dur e Präposition mit Dativ härgstellt wäre:

Ort		Standard	nogmacht
Zug	Dëë Ofizier, wo d Soldate dur s Füür dure wäärid *für ene*, dëë ...	für den	wo ... für ihn
Kaiserstuehl	Dä Offiziär, wu d Soldate dur s Fiir duri wäre *fir-e*, dä ...		
Zug	Die Auto, wo s *mit ene* verunglückt sind, ...	mit denen	wo ... mit ihnen
Kaiserstuehl	Diä Aüto, wu si *mit ene* verunglickt sin, ...		

6.1.2 Lokale Relativbeziehungen

311 Bei lokalen Relativbeziehungen ist die in *beiden* Teilsätzen vorliegende Scharnierstelle des Satzgefüges im *Neben*satz ein lokales Adverbiale:

Als Satzgefüge (Verknüpfungstyp A):

Satzglied-Scharnier, restriktiv: Wo früher Wiesen waren, (da) stehen jetzt Häuser.
Satzglied-Scharnier, restriktiv: In dem Tal, wo wir gèstern waren, gibt es angeblich Braunbären.
Satzglied-Scharnier, nonrestriktiv: Am Fluss, wo früher Wiesen waren, steht jetzt ein Hotel.

Als weiterführende Satzreihe (Verknüpfungstyp C):
> Am Fluss steht jetzt ein Hotel; dort waren früher Wiesen.

> Aus dem „rtv"-Fernsehmagazin über den Schauspieler Mehmet Kurtulus:
> 1974 zog seine Familie nach Deutschland und landete auf dem Hamburger Flughafen, seine Schauspielausbildung erhielt er ebenfalls dort.
> („Der Spiegel" 45/2008: S. 190 – „Hohlspiegel")

6.1.3 Vergleichende Relativbeziehungen

Bei den vergleichenden Relativbeziehungen ist die den beiden Teilsätzen gemeinsame Scharnierstelle im Nebensatz eine modale Stelle (x-wie):

Als Satzgefüge (Verknüpfungstyp A):
> Satzglied-Scharnier, restriktiv: Er singt (so), wie er aussieht!
> Satzglied-Scharnier, restriktiv: Das Kind lief *so schnell*, wie seine Beinchen es trugen.
> Satzglied-Scharnier, nonrestriktiv: Sie sang *ohne Vibrato*, wie schon ihre Großmutter gesungen hatte.

Als weiterführende Satzreihe (Verknüpfungstyp C):
> Sie sang *ohne Vibrato;* so hatte schon ihre Großmutter gesungen.

Zu den vergleichenden Relativbeziehungen gehören auch Versionen, die an *Modalverben* im Nebensatz gebunden sind. Sie sind grundsätzlich restriktiv:
> Sie lief so schnell, wie sie laufen *konnte.*

Solche modalverbhaltigen vergleichenden Relativbeziehungen werden oft *elliptisch* realisiert; je nach Umfang der Verkürzung muss das Komma an unterschiedliche Positionen gesetzt werden:
> Sie lief so schnell, *wie* sie konnte.
> Sie lief, so schnell sie konnte.

Diese Relativbeziehungen sind auch mit den anderen Modalverben möglich:
> Sie lief nur so schnell, wie sie *wollte.*
> Sie lief genau so schnell, wie sie *sollte.*
> Sie lief, so schnell sie *durfte.*

Das Scharnier kann Teil einer *Komparations*-Struktur sein:
> Sie verhielt sich anders, als sie es sonst tat.
> Sie trank *mehr*, als gut für sie war.
> Sie lief *doppelt so* schnell, wie sie erwartet hatte.

Die beiden folgenden Beispiele sind *hypothetische* Vergleiche:
> Paul blickte sie an, wie wenn / als ob / als wenn sie seine Feindin *wäre.*
> Paul blickte sie an, als *wäre* sie seine Feindin.

Diese Strukturen kann man als Ellipsen folgender Ausgangssätze ansehen:

> Paul blickte sie an, wie [er sie anblicken würde,] wenn sie seine Feindin *wäre*.
> Paul blickte sie an, wie [er sie anblicken würde,] *wäre* sie seine Feindin.

Diese Rekonstruktion würde zugleich die unterschiedliche Finitumstellung in den beiden Ausgangsbeispielen verständlich machen: Sie geht auf die jeweils andere Nebensatzform des *konditionalen* Teilsatzes zurück – Finitum-Letztstellung im ersten, Finitum-Erststellung im zweiten Beispiel.

Und dass bei der zweiten Paraphrase anstelle des als ein wie eingesetzt werden muss, hat historische Gründe (→ Bd. 1: 374–376): Die Ersetzung des historisch älteren als durch wie ist bei (komplexen) Konjunktionen wie als wenn / (ob) noch nicht abschließend vollzogen.

316   Eine ähnlich elliptische Struktur bieten Beispiele wie

> Sie lächelte ihm zu, wie [ ] um ihm Mut zuzusprechen.

Auch hier ist der größte Teil des vergleichend-relativischen Nebensatzes [= sie ihm zulächeln würde] weggelassen; der erweiterte Infinitiv um ihm Mut zuzusprechen ist ein satzwertiger Infinitiv finaler Bedeutung, man kann ihn in einen Finalnebensatz umformen:

> ..., wie [sie ihm zulächeln würde,] wenn sie ihm Mut zusprechen *wollte*.

Zur Erinnerung: weil + wollen bzw. – bei diesen hypothetischen Vergleichen – wenn + wollen haben *finale* Bedeutung (→ 348 f.).

317   Eine vorsorgliche Warnung: Der durch wie eingeleitete Teilsatz in einem Beispiel wie

> Dieses Zitat stammt, wie Ihnen bekannt sein dürfte, von Reinhard Meckerer.

ist nicht etwa ein vergleichender Relativsatz (bei dem man dann über das fehlende Subjekt grübeln müsste), sondern ein bei bestimmten Verben in Ergänzungsbeziehungen möglicher wie-Anschluss (der alternativ zu einem was-Anschluss gewählt werden kann):

> Dieses Zitat stammt, was Ihnen bekannt sein dürfte, von Reinhard Meckerer.

Es handelt sich dabei um eine Variante der sog. weiterführenden Satzgefüge (→ 415 f.). Der wie- bzw. was-Nebensatz ist Matrixsatz zum umgebenden Hauptsatz, der insgesamt das Subjekt des Nebensatzes bildet.

6.1.4 Kausale Relativbeziehungen

318   Bei den kausalen Relativbeziehungen ist die in *beiden* Teilsätzen des Satzgefüges vorliegende Scharnierstelle im *Neben*satz eine kausale Stelle (= x-wegen):

Als Satzgefüge (Verknüpfungstyp A):

> Satzglied-Scharnier, *restriktiv:* Weshalb neulich mein Kollege entlassen wurde, (deshalb) kündigen sie jetzt auch mir: angeblich respektloses Verhalten der Chefin gegenüber!
> Satzglied-Scharnier, *nonrestriktiv:* Paul wurde *wegen angeblich respektlosem Verhalten* entlassen, weshalb sie jetzt vermutlich auch mir kündigen werden.

Als weiterführende Satzreihe (Verknüpfungstyp C):

> Paul wurde *wegen angeblich respektlosem Verhalten* entlassen; deswegen werden sie jetzt vermutlich auch mir kündigen.

6.1.5 Instrumentale Relativbeziehungen

Bei den instrumentalen Relativbeziehungen ist die in beiden Teilsätzen des Satzgefüges vorliegende Scharnierstelle im *Neben*satz eine modal-instrumentale Stelle (= durch X):

Als Satzgefüge (Verknüpfungstyp A):

> Satzglied-Scharnier, *restriktiv:* Wodurch mein Bruder reich wurde, (dadurch) will auch ich reich werden.
> Satzglied-Scharnier, *nonrestriktiv:* Er reparierte seine Manteltaschen immer *mit Zweikomponentenkleber,* womit auch sein Vater schon immer Löcher repariert hatte.

Als weiterführende Satzreihe (Verknüpfungstyp C):

> Er reparierte seine Manteltaschen immer *mit Zweikomponentenkleber,* damit hatte auch sein Vater schon immer Löcher repariert.

6.1.6 Temporale Relativbeziehungen

Temporalbeziehungen werden in der Regel in einer Reihe mit den kausalen, konditionalen usw. bei den *Adverbial*beziehungen – also den 'Füllbeziehungen' – untergebracht. Die Verhältnisse sind aber etwas komplexer; bei temporalen Beziehungen der *Gleichzeitigkeit* sind nämlich zwei Einordnungen möglich. Die erste ist eine Kategorisierung als temporale *Relativbeziehung* (also als *Scharnier*beziehung), hier mit x-wann als Scharnier-Satzglied:

Als Satzgefüge (Verknüpfungstyp A):

> Satzglied-Scharnier, *restriktiv:* Als er in Paris war, fand dort die Weltausstellung statt.
> = Er war x-wann in Paris; x-wann fand dort die Weltausstellung statt (= x-wann ist Scharnier).

> Satzglied-Scharnier, *nonrestriktiv:* Abends, als er zurückkam, war auch sie schon wieder da.
> = Er kam abends zurück; abends war auch sie schon wieder da (= abends ist Scharnier).

Als weiterführende Satzreihe (Verknüpfungstyp C):

> Abends kam er zurück, da war sie schon wieder da.

Gleich*zeitigkeit* operiert – wie Gleich*artigkeit,* Personen- oder Gegenstands-*Gleichheit* usw. – mit einer Scharnier-Konstruktion.

Zum anderen kann man diese Teilsatzbeziehung auch als Adverbialbeziehung (also als *Füll*beziehung) einordnen:

> Die Weltausstellung fand x-wann statt; x-wann = als er in Paris war.

Insofern werden die temporal-gleichzeitigen Beziehungen zum einen unter den Relativbeziehungen aufgeführt und zum anderen – im Verbund mit weiteren Temporalbeziehungen – bei den Adverbialbeziehungen.

322 Die konstruktionelle Nähe dieser Temporalbeziehungen der Gleichzeitigkeit zu den Relativbeziehungen zeigt sich auch daran, dass man sie ohne große Bedeutungsänderung syntaktisch 'umpolen' kann:

> A: <u>Als</u> er mit Paula in Paris war, fand dort die Weltausstellung statt.
> → Er war mit Paula in Paris, <u>als</u> dort die Weltausstellung stattfand.
> C: Er war mit Paula in Paris; <u>da</u> fand dort die Weltausstellung statt.
> → In Paris fand die Weltausstellung statt. <u>Da</u> war er mit Paula dort.

Man kann auch vorzeitige und nachzeitige Temporalbeziehungen umpolen; dann werden aus den vorzeitigen nachzeitige und umgekehrt:

> Er hatte die Tagesschau geguckt, *bevor* sie zu Besuch kam.
> → *Nachdem* er die Tagesschau geguckt hatte, kam sie zu Besuch.

Solche Umpol-Optionen haben weder andere Adverbialbeziehungen noch die Ergänzungsbeziehungen:

> Er blieb zuhause, <u>weil</u> das Wetter regnerisch wurde.
> → *<u>Weil</u> er zuhause blieb, wurde das Wetter regnerisch.
> Er spürte genau, <u>dass</u> es mir schlecht ging.
> → *<u>Dass</u> er genau spürte, ging es mir schlecht.

6.1.7 Relativbeziehungen mit Beliebigkeitsmarkierung

323 *Alle* Relativbeziehungen können eine *Beliebigkeits*markierung erhalten:

> Paula aß, was *(auch) immer* ihr schmeckte (Scharnier ist die Akkusativergänzung x-was).

In *mündlicher* Sprachverwendung kann die lexikalische Beliebigkeitsmarkierung entfallen und durch ein betontes und mit steigender Tonhöhe gesprochenes ↑wás ersetzt werden:

> Paula aß, ↑wás ihr schmeckte.

Beliebigkeitsmarkierungen in anderen Relativbeziehungen sind z. B.

> Paula tanzte, wo *(auch) immer* Platz war.
> Paula sang, wie *(auch) immer* es ihr gerade in den Sinn kam.
> (Das es ist hier obligatorisch, es vertritt in dieser elliptischen Konstruktion den Infinitiv zu singen.)
> Paula sang, wann *(auch) immer* sie eine gute Akustik zur Verfügung hatte.

324 Bei den folgenden, ähnlich aufgebauten Nebensätzen ist das was *nicht* rückbezogen auf ein Bezugselement im Hauptsatz (es liegt *kein* Scharnier vor); es handelt sich hier nicht um *Relativ*beziehungen, sondern um *Adverbial*beziehungen, und zwar um Varianten der Konzessivbeziehungen (→ 364 ff.):

> Paul schwieg, was (auch) immer Paula sagte / ..., was Paula auch sagte.

Zur Verdeutlichung eine Paraphrase:
Paul schwieg, *auch wenn* Paula X oder Y oder Z usw. sagte.

Die Paraphrase ohne lexikalische Beliebigkeitsmarkierung, die bei den Relativbeziehungen möglich ist (Paula aß, ↑wás ihr schmeckte) ist hier *nicht* möglich:
*Paul schwieg, ↑wás Paula sagte.

Weitere derartige Konzessiv-Beziehungen sind z. B.:
Paul ist richtig reich, woher auch immer er das viele Geld hat.
Wie auch immer Paul sich anstrengte, er kriegte die Tür nicht auf.

Herta Müller

Niederungen

[…] Ich verstand nicht, weshalb das Sterben immer hinter den Wänden der Häuser blieb und man es nie sehen konnte, oder nur dann, wenn es fertig war, obzwar man ein Leben lang daneben wohnte.
 Einmal war ein Mann auf freiem Feld gestorben. Der Blitz hatte ihn erschlagen. Es war der erste Mann dieser Frau, die dann ihren Schwager heiratete, der dann an einer Lungenkrankheit starb, die dann jahrelang alleinblieb, weil sie niemand mehr heiratete, die dann, als ihr Sohn, der dem Lumpensammler, der im Sommer durchs Dorf zog, glich und wie kein anderer im Dorf ein Büschel graues Haar unter der Schläfe hatte, erwachsen war, einen Mann aus dem Nachbardorf heiratete, der noch immer am Leben ist und sein Kind selber zur Taufe tragen mußte, weil niemand Pate sein wollte, da jeder glaubte, der Tod werde auch ihn nehmen, wenn er mit dem Kind dieser Frau in Berührung komme.
 Später, als ich in die Stadt kam, sah ich das Sterben auf der Straße, ehe es noch fertig war.
[…]

6.2 Adverbialbeziehungen

Für einen ersten Überblick werden die innerhalb der Adverbialbeziehungen möglichen Verknüpfungsbedeutungen tabellarisch zusammengestellt.

Die Tabelle ist in Form einer Kreuzklassifikation strukturiert: horizontal nach 10 Bedeutungsgruppen und vertikal nach den max. fünf Verknüpfungstypen; zusätzlich wird auf die Realisierbarkeit als Satzglied bzw. Attribut verwiesen.

Adverbialbeziehungen mit der Verknüpfungsbedeutung 'Irrelevanz' sind bei den *Konzessiv*-Beziehungen untergebracht, nicht wie in einigen anderen Grammatiken bei den *Konditional*-Beziehungen.

Die *koordinativen* Teilsatzbeziehungen mit und und verwandten Konjunktionen (sowohl ... als auch ... / weder ... noch ... und ähnlichen) werden als neutral angesehen und unter Mehrfachbesetzung dargestellt (→ 286 f.).

6 Verknüpfungsbedeutungen

Adverbialbeziehungen (Kommentarstufe I, II, III)	als Satzteil satzgliedwertig = ø / attributwertig = (a)	Satzgefüge HS+NS / NS+HS (mit Konjunktion)	als Teilsatz weiterführendes Satzgefüge HS + w-Morphem im NS	weiterführende Satzreihe HS + d-Morphem o. ä. im HS	Satzreihe HS + HS (mit Konjunktor)	implizite Satzreihe HS - HS
kausal:						
- unspezifisch	wegen X	Weil ..., ...	..., weshalb ...	..., deshalb ...	Er blieb zuhause, deshalb regnete es.	Er blieb zuhause, es regnete.
- Plausibilisierung	angesichts X sicher ...	Er ist sicher müde, wo er (doch) ... / Er war müde, hatte er doch ...			Er ist sicher müde, schließlich hat er ...	
- Vermutung		Er muss fort sein, dass er nicht öffnet.		Er öffnet nicht, also (/ daher) muss er ...	Er muss ..., denn er öffnet nicht.	
- Bewertung		Du bist dumm, dass du nicht mitmachst.				
konsekutiv:						
- global			..., so dass er ...	..., folglich / also ...		(Es regnete; er blieb zuhause.)
- spezifisch	zum Lachen komisch (a) / zum Lachen zu traurig	..., so x-ig, dass ... / ..., zu x-ig, als dass ...		So x-ig war er, ... / ..., dazu war er zu x-ig.		
- Folgerung	angesichts dieser Lage	So wie die Dinge hier liegen, fahre ich (besser) ab. / Wenn die Dinge ... so ..., ...		Die Dinge liegen hier sehr merkwürdig, insofern fahre ich (besser) ab.		Die Dinge liegen hier sehr merkwürdig, ich ...
final:						
- Eignung	zum X-en,	... das Messer, um Brot zu schneiden.	Er will Brot schneiden, wozu er ...	Er will Brot schneiden, dazu braucht er ...	Er braucht ein Messer, er will ...	Er braucht ein Messer, er will ...
- Zweck / Absicht	zwecks X	Damit er Ruhe gibt, kriegt er ein Eis.		Er soll Ruhe geben, deshalb kriegt er ...		
- ungeplant			Er kaufte einen Schirm, um ihn kurze Zeit später im Bus stehenzulassen.		Er kaufte einen Schirm, ließ ihn aber kurze Zeit später im Bus stehen.	Er kaufte einen Schirm, kurze Zeit später ließ er ihn ...
konditional:						
- unspezifisch	bei x / im Falle X	Wenn / sofern ..., ... / Wenn nicht ...	(*) ..., ansonsten ich hierbleibe.	(Vielleicht) ..., dann ... / Vielleicht ..., sonst / andernfalls ...		
- proportional	je nach X	Ich helfe ihm, je nachdem ob / wie /		Er will X oder Y tun; je nachdem helfe ...		
konzessiv:						
- unspezifisch	trotz X	Obwohl ..., ... / Auch wenn ..., ...		..., trotzdem schlief er ein.	Er schlief ein, dabei war draußen ...	Sie schrie ihn an, er schwieg. ...
- Irrelevanz	trotz aller X	Wes (auch) immer er sagte, sie schwieg.		(Er sagte alles Mögliche, trotzdem ...)		
temporal:						
- vorzeitig	nach X / seit X	Nachdem er gegessen hatte, ... / Seitdem sie gekommen war, war ...	Er hatte gegessen, worauf / bevor er ...	Er hatte gegessen, danach ... / Sie war (...) gekommen, seitdem ...		

6.2 Adverbialbeziehungen

Adverbialbeziehungen (Kommentarstufe I, II, III)	als Satzteil satzgliedwertig = ø / attributwertig = (a)	als Teilsatz Satzgefüge HS+NS / NS+HS (mit Konjunktion)	weiterführendes Satzgefüge HS + w-Morphem im NS	weiterführende Satzreihe HS + d-Morphem o. Ä. im HS	Satzreihe HS + HS (mit Konjunktor)	implizite Satzreihe HS - HS
- gleichzeitig	bei X, während X	Als er die Tür öffnete, lief die Katze ... Während er in den USA war, gab es ...	Er öffnete gerade die Tür, als die ...	Er öffnete gerade die Tür, da lief ... Er war (...) in den USA, währenddessen ...		
- nachzeitig	vor X bis X	Bevor wir essen, möchte ich noch ... Bis wir fertig sind, werde ich ...		Wir essen (gleich); vorher möchte ich ... Wir essen (gleich); bis dahin werde ich ...		
modal:						
- instrumental	mittels / durch X	Er weichte die Farbe auf, dadurch dass ...	..., wodurch er ...	...; dadurch ...		
- Ausführung	mit X	Er löste das Problem, indem er Paul anrief.		Er rief Paul an; so löste er das Problem.		
- Begleitumstand	bei stetigem Umrühren ohne Umrühren	..., ohne sie umzurühren / ohne dass ...	Er ..., wobei er die Suppe umrührte. ..., wobei er sie *nicht* umrührte.	Er ...; dabei rührte er sie um. Er ...; dabei rührte er sie nicht um.		
konfrontierend:						
- alternativ					Wir gehen essen oder wir gehen ins Bett.	
- alternativenfortführend					...Dann hilft Paul dir bzw. Paula hilft uns.	
- adversativ					A hat uns besucht, aber er fuhr bald wieder.	
- kontrastiv	gegenüber X	Während A zu klein war, war B zu groß.	A ..., wohingegen B zu groß war.	A war zu klein; demgegenüber war B ...	A war zu klein, B wiederum war ...	A war zu klein, B war zu groß.
- ersetzend	statt X	Statt zu arbeiten, sah er fern.		Er sollte eigentlich arbeiten, stattdessen ...	Er arbeitete nicht, sondern er sah fern.	Paul sah fern; er sollte arbeiten.
- begrenzend	außer X	Außer dass sie den Tisch deckt, tut sie nichts.		Sie deckt den Tisch; sonst / außer dem tut sie ...		
- reduzierend		Er hörte uns nicht zu, kaum dass er uns ins Zimmer ließ. / ..., geschweige denn dass er uns recht gab.			Er hörte uns nicht zu; er ließ uns kaum ins Zimmer.	
evaluierend:						
- explizierend	bezüglich X	Seine Arbeit ist innovativ, insofern sie ...		Seine Arbeit ...; insofern ist sie innovativ.		
- eingrenzend		Seine Arbeit ist, was den Stil angeht, gut.				
- Bemessungsbezug	für einen 14-Jährigen	Dafür dass er erst 14 ist, spielt er gut.		Er ist erst 14; dafür spielt er gut.	(Er ist erst 14; er spielt aber gut.)	
- Vorbehalt (I)	nach meiner Kenntnis	Soviel ich weiß, lebt er in Frankfurt.				
moderierend:						
- thematisierend (II)	bezüglich X	Was nun Paul angeht, so finde ich ihn ...				

6 Verknüpfungsbedeutungen

326 In schulischen Sprach- bzw. Arbeitsbüchern wird traditionell mit einer *kleinen* Anzahl von Verknüpfungsbedeutungen gearbeitet: temporal, kausal – manchmal *inklusive* konditional, konzessiv, konsekutiv, manchmal exklusiv – und modal – manchmal inklusive instrumental, manchmal exklusiv.

Dadurch werden zahlreiche real existierende Teilsatzbeziehungen exkommuniziert: Entweder werden sie durch die Bindung der grammatischen Analysen an die vom Schulbuch oder der Lehrperson vorgegebenen flurbereinigten Beispielsätze gar nicht erst in den Blick genommen, wie z. B. Sätze der Art

Sie *muss* im Garten sein, dass sie nicht aufmacht,

oder aber sie werden wie

Diese Arbeit ist interessant, insofern sie …

gewaltsam einer der Standardkategorien zugewiesen (in diesem Fall vermutlich *modal*), oder sie werden wie

Sie gingen vergnügt nachhause, wobei sie den Schlitten auf dem Rücken trugen.

anhand ihrer strukturellen Besonderheiten in die Kuriositätensammlung der sog. weiterführenden Relativsätze entsorgt, ohne zumindest ihre spezielle Verknüpfungsbedeutung zu erkunden.

327 Natürlich geht es nicht darum, den Schülerinnen und Schülern eine komplexe, fertige semantische Klassifikation zu verordnen, sondern es geht um zweierlei: Die Lehrperson sollte *selber* mit der vorhandenen Komplexität und Differenziertheit innerhalb der Teilsatzbeziehungen *rechnen* und *furchtlos* mit ihr umgehen können. Und die Schüler sollte sie dann – auf der Basis der in den Schulbüchern präsentierten Minimal-Klassifikation – dazu ermuntern, an realen Beispielen die jeweiligen Bedeutungen zu untersuchen und dabei mit einer Fülle von Verknüpfungsbedeutungen zu rechnen, die der Komplexität von Sachverhalten und dem gesellschaftlichen Bedarf, sich darüber zu verständigen, gerecht werden kann.

Also sollte es *nicht* heißen: 'Wir unterscheiden temporale, kausale, konditionale, konsekutive, konzessive und modale Adverbialbeziehungen', sondern zumindest: 'Wir gehen schon einmal aus von … und rechnen damit, dass wir unterwegs noch einige weitere, auf den ersten Blick vielleicht irritierende Adverbialbeziehungen finden werden'.

Zur Kategorie Kausalität

328 Die Kategorien
- kausal,
- konsekutiv,
- final,
- konditional und
- konzessiv (+ Irrelevanz)

werden manchmal als Variationen von Kausalität (dann in einem *erweiterten* Verständnis) präsentiert. Mir scheint es sinnvoll, zwar den semantischen Zusammenhang dieser Kategorien anzusprechen, aber diese Kategorien (dennoch) *einzeln* aufzuführen:

Bei einer *kausalen* Beziehung zwischen zwei Sachverhalten ist einer der beiden als 329
Ursache oder als *Grund* für den anderen angegeben:
> Das Eis schmilzt, weil die Umgebungstemperatur 23° ist (= Ursache).
> Paul bleibt zuhause, weil er müde ist (= Grund).

Bei einer *konsekutiven* Beziehung wird dieser Ursache- bzw. Grund-Zusammenhang aus der Gegenrichtung betrachtet:
> Die Umgebungstemperatur ist 23°, sodass das Eis schmilzt.
> Paul ist müde, sodass er zuhause bleibt.

Eine *finale* Beziehung kann als „kausal + wollen" paraphrasiert werden:
> Paul kauft Paula ein Eis, *damit* sie bessere Laune kriegt. = ..., *weil* er *will*, dass ...

Eine *konditionale* Beziehung stellt – vor bzw. unabhängig von einem Einzelfall – 'wenn-dann'-Zusammenhänge her, ist also charakterisiert durch einen hohen Grad an Abstraktion und Verallgemeinerung):
> Wenn es heute Abend regnet, bleiben wir zuhause. / Wenn es regnet, braucht man die Balkonblumen nicht zu gießen.

Im Nachhinein kann daraus auf das reale Ereignis bezogen eine kausale Beziehung werden:
> Weil es gestern Abend geregnet hat, sind wir zuhause geblieben. / Weil es die ganze Zeit geregnet hat, brauchten wir die Balkonblumen nicht zu gießen.

Bei *konzessiven* Beziehungen wird ein *überraschenderweise nicht wirksamer Gegen-* 330
grund angeführt:
> Paula ist mit ihrem Leben unzufrieden, obwohl sie eine erfolgreiche, gesunde und schöne Frau ist.

Hinter dieser Aussage können wir eine *kausale* Sicht rekonstruieren
> Paula müsste eigentlich mit ihrem Leben zufrieden sein, weil sie eine erfolgreiche, gesunde und schöne Frau ist.

oder eine *konditionale:*
> Frauen sind in der Regel mit ihrem Leben zufrieden, wenn sie erfolgreich, gesund und schön sind.

Irrelevanz-Beziehungen können als *kumulative* Version *konzessiver* Beziehungen pa- 331
raphrasiert werden (deshalb werden sie bei den konzessiven behandelt):
> Was auch immer er tat, er bekam diese Aufgabe einfach nicht gelöst.
> (= Obwohl er X tat und obwohl er Y tat und obwohl er Z tat usw., er ...)
>
> Was (auch) immer du tust, du wirst diesen Job nicht kriegen.
> (= Wenn du X tust und auch wenn du Y tust und auch wenn du Z tust usw., du ...)

6.2.1 Kausale Adverbialbeziehungen

332 Die kausalen Teilsatzbeziehungen gehören zu den wenigen Adverbialbeziehungen, die in allen fünf in dieser Grammatik unterschiedenen Verknüpfungstypen realisiert werden können. Das mag mit der kulturellen Relevanz dieser Kategorie in unserer Welt zusammenhängen: Kausalität ist – zumal für technik-orientierte Kulturen wie die unsere – zentral.

333 Für die Kodierung von Kausalität stehen außer den kausalen Adverbialbeziehungen (in allen fünf Verknüpfungstypen) wie
> Er blieb zuhause, weil er müde war.

die folgenden sprachlichen Optionen zur Verfügung:
- der Einbau des begründungshaltigen Teilsatzes in ein auf Kausalität spezialisiertes *Verb* und dessen Valenzrahmen (= X *liegt* an Y):
  > Er blieb zuhause; das lag daran, dass er müde war. / Dass er zuhause blieb, lag daran, dass er müde war.
- der Einbau des begründungshaltigen Teilsatzes in einen auf Kausalität spezialisierten *nominalen* Rahmen (= X ist der *Grund* für Y):
  > Er blieb zuhause; der Grund dafür war, dass er müde war. / Der Grund dafür, dass er zuhause blieb, war, dass ...
- die Realisierung als Satzglied:
  > Er blieb aus Müdigkeit zuhause (= aus als auf Kausalität spezialisierte *Präposition*).
- die Realisierung durch *Wortbildungs*produkte:
  > Er blieb müdigkeitshalber zuhause (= -halber als inzwischen reihenbildendes *Wortbildungs-Suffix*).

334 In der Bedeutungsgruppe Kausalität kann man vier Spielarten unterscheiden (alle Beispiele hier im Verknüpfungstyp A):
- *unspezifisch kausal:* Er blieb zuhause, weil / da er müde war.
- *Plausibilisierung:* Er ist sicher müde, wo er doch die ganze Nacht gefeiert hat.
- *Vermutung:* Sie muss im Garten sein, dass sie nicht aufmacht.
- *Bewertung:* Du bist ganz schön dumm, dass du nicht mitmachst!

Spielart *unspezifisch kausal*

335 Für die Bedeutung dieser Spielart sind im Verknüpfungstyp Satzgefüge weil und da die beiden Standard-Konjunktionen. weil wird deutlich häufiger verwendet als da. Zudem hat es eine Option mehr: Es kann in einem *negierbaren* Satzgefüge verwendet werden:
> Paul ist zuhause geblieben, weil er krank war.
> → Nein, Paul ist *nicht* zuhause geblieben, weil er *krank* war, sondern weil er *kein Geld* hatte.

Mit da ist diese Negierung nicht möglich:
> Paul ist zuhause geblieben, da er krank war.
> → Nein, *Paul ist *nicht* zuhause geblieben, da er *krank* war, sondern da er *kein Geld* hatte.

Der Satz Paul ist nicht zuhause geblieben, da er krank war ist zwar in sich möglich, er ist aber nicht die Verneinung des *Ausgangs*-Satzgefüges, sondern stellt einen *neuen* Sachverhalt dar: Er gibt den Grund für das *Nicht*-Zuhausebleiben an.

336 Die kausale Konjunktion weil hat sich (wie auch da) historisch aus einer zunächst *temporalen* Bedeutung entwickelt: Sie geht zurück auf einen adverbialen Akkusativ die wîle und wurde mit der Zusatzkonjunktion daȝ als Konjunktionalverband verwendet; das dass wurde weggelassen.

Gelegentlich begegnen wir den morphologischen Reflexen dieses adverbialen Akkusativs noch in der (regional oder absichtlich altertümlich verwendeten) Version alldieweil. Sie wird z. B. von Wilhelm Christhelf Siegmund Mylius in seiner 1782 in Berlin erschienenen deutschen Übersetzung von Voltaires „Candide" benutzt; in dieser Übersetzung heißt es im 5. Kapitel („Seesturm, Schiffbruch, Erdbeben, Schicksal des Magister Panglos, Kandidens und des Wiedertäufers Jakob Schwezinger"):

> Panglos tröstete die Anwesenden, und gab ihnen die Versichrung; daß es gar nicht anders sein könte, weil die Welt aufs Beste eingerichtet sei. Denn, sagte er, wenn zu Lissabon ein unterirdischer Brand ist, kan keiner zu Wien und Berlin sein, sintemal es unmöglich, daß ein Ding an mehr als an einem Orte zugleich sein kan, *alldieweil* alles was da ist, gut ist.

Seit dem 15. Jahrhundert dominiert zunehmend die kausale Lesart. Im 19. Jahrhundert – z. B. bei Ludwig Tieck in „Wunder der Liebe" (geschrieben 1803) – wird weil zwar noch temporal verwendet, aber bereits im altertümlichen Gebrauch:

> Alles schläft, weil er noch wacht,
> Wann der Stern der Liebe lacht,
> Goldne Augen auf ihn blicken,
> Schaut er trunken von Entzücken
> Mondbeglänzte Zaubernacht.

Wir verwenden weil auch heute noch – in der Regel, ohne es zu ahnen – in der *temporalen* Bedeutung: im Refrain des u. a. als Geburtstagslied genutzten Liedes „Freut euch des Lebens":

> Freut euch des Lebens,
> weil noch das Lämpchen glüht;
> pflücket die Rose,
> eh' sie verblüht!

Vermutlich unterlegen wir diesem weil spontan eine *kausale* Bedeutung, die hier einigermaßen Sinn macht (und bei Gesanges-Lyrik haben wir ohnehin niedrige Genauigkeitsansprüche).

Das Lied mit dem Text von Martin Usteri wurde 1793 in Zürich im privaten Rahmen erstaufgeführt, unter Nutzung zweier Melodienauszüge (die der Musiker Isaac Hirzel improvisierend kombinierte); erstmals verlegt wurde es 1794 durch Nägeli unter dem Titel „Aufmunterung zur Freude". Es wurde ein immenser Erfolg mit einer Vielzahl von Übersetzungen in andere Sprachen.

In einer der *damaligen* englischen Übersetzungen wird die *temporale* Lesart von weil (= solange) deutlich:

> Life let us cherish, *while* yet the taper glows … (= temporales while, nicht kausales because).

Die Konstruktion

Er blieb zuhause, vor allem weil er müde war.

ist eine elliptische Version eines Nachtrags:

Er blieb zuhause, vor allem (blieb er zuhause,) weil …

Spielart *Plausibilisierung*

338 Bei dieser Spielart bietet der kausale Konstituentensatz die Information, die die im Matrixsatz gemachte Aussage nachvollziehbar macht. Hier gibt es auffällige Stellungsbedingungen: Bei der üblichen Version

> Er ist sicher müde, wo er (doch) die ganze Nacht gefeiert hat.

kann der Nebensatz nicht vorangestellt werden. Dies gilt auch für die Stellungsvariante

> Paul war müde, hatte er *doch* den ganzen Abend intensiv geübt.

Die Finitum-Erststellung von hatte ist hier gekoppelt an ein obligatorisches doch im frühen Mittelfeld. Eine solche Finitum-Erststellung ist sonst – von den konditionalen Satzgefügen abgesehen – bei keiner der Verknüpfungsbedeutungen üblich.

Eine Konstruktion im Verknüpfungstyp D (= Satzreihe) ist möglich mit dem Konjunktionaladverb schließlich:

> Paul war müde, *schließlich* hatte er … / er hatte *schließlich* …

Spielart *Vermutung*

339 Bei dieser Spielart wird im Matrixsatz eine Vermutung geäußert (musst); der Konstituentensatz liefert den Sachverhalt, auf den sich diese Vermutung stützt.

Für den Konstituentensatz gibt es zwei Anschlussformen:

> Du musst ganz schön müde sein, dass Du *so* (langsam) arbeitest.
> Du musst ganz schön müde sein, *so* (langsam,) wie du arbeitest.

Bei der zweiten ist der Teilsatz umstellbar:

> So (langsam,) wie du arbeitest, musst du ganz schön müde sein.

Man kann zwei Paraphrasen anbieten, die diese *Vermutungs*-Beziehung mit kausalen bzw. konsekutiven Mitteln jeweils etwas anders akzentuieren:

> Du musst ganz schön müde sein. Ich *komme darauf*, weil du so (langsam) arbeitest.
> Du arbeitest so (langsam), dass ich vermute, dass du müde bist.

Die Spielart Vermutung ist nicht an das *so* – also die Ausprägung eines bestimmten Verhaltens – gebunden, sondern kann mit jedem Faktum realisiert werden:

> Du musst traurig sein, dass du nicht mitkommen willst.

340 Als kleines *Diagnosetraining* hier ein (auf den ersten Blick merkwürdiger) Beispielsatz:

> Es geht ihr gut; also geht sie fremd.

Dieser Satz bietet zwei Lesarten: Die eine ist die als global konsekutiv (= im Verknüpfungstyp C), und zwar in der Bedeutung

> Wenn es ihr gut geht, dann erlaubt sie sich fremdzugehen.

Die zweite Lesart ist Vermutungs-Kausalität (ebenfalls im Verknüpfungstyp C), und zwar mit der Bedeutung

> Wenn es ihr gut geht, ist das ein Hinweis darauf, dass sie fremdgeht.

Diese Version im Verknüpfungstyp Satzgefüge wäre:

> Sie *muss* fremdgehen, dass es ihr so gut geht.

Spielart *Bewertung*

Bei dieser Spielart liefert der Konstituentensatz die Basis für die im Matrixsatz vorgenommene bewertende Aussage. Diese Verknüpfungsbedeutung gibt es nur im Verknüpfungstyp Satzgefüge:

> Du bist dumm, dass du nicht mitmachst.

Diese Konstruktion lässt sich mithilfe einer dreiteiligen Paraphrase rekonstruieren:

> *Dass du nicht mitmachst*, ist dumm – deshalb finde ich *dich* (in diesem Punkt) dumm.

Hier wird also von einer Handlung auf die Person rückgeschlossen.

6.2.2 Konsekutive Adverbialbeziehungen

In der Bedeutungsgruppe konsekutiv werden drei Spielarten unterschieden:
- *global konsekutiv:* Er hatte den ganzen Tag gearbeitet, sodass er sehr müde war.
- *spezifisch konsekutiv:* Er war so müde, dass er sofort einschlief.
- *Folgerung:* So wie du dich benimmst, reise ich jetzt lieber ab.

Spielart *global konsekutiv*

Sätze dieser Spielart stufe ich als Verknüpfungstyp B (= weiterführendes Satzgefüge) ein. Sie bieten eine *konsekutive* Darstellung als Alternative zu einer *kausalen* (hier ebenfalls als weiterführendes Satzgefüge):

> Er hatte den ganzen Tag gearbeitet, sodass er sehr müde war.
> Er hatte den ganzen Tag gearbeitet, weshalb er sehr müde war.

Der *konsekutive* Anschluss präsentiert die Müdigkeit als *Folge* der Hauptsatzaussage, der *kausale* Anschluss präsentiert sie als durch das im Hauptsatz Ausgesagte *begründet* oder *verursacht* (und greift dazu mit dem Pronominaladverb weshalb auf diesen Hauptsatz-Sachverhalt zurück).

Zu beiden gibt es den Verknüpfungstyp weiterführende Satzreihe:

> kausal: Er hatte den ganzen Tag gearbeitet; *deshalb* war er sehr müde.
> konsekutiv: Er hatte den ganzen Tag gearbeitet; *folglich* war er sehr müde.

Spielart *spezifisch konsekutiv*

Diese Spielart unterscheidet sich in mehreren Punkten von der *global konsekutiven*:

> Er hatte so viel Ärger gehabt, dass *er hätte heulen mögen*.

Es handelt sich hier um eine Struktur im Verknüpfungstyp A. Hier füllt der Nebensatz die Stelle eines Sub-Attributs im Hauptsatz aus, die mit dem so angezeigt wird. Es ist ein bestimmtes *Ausmaß* (= hier: von Ärger), das die Folgehandlung auslöst. Die äquivalente Darstellung innerhalb eines einfachen Satzes ist

> Er hatte *zum Heulen* viel Ärger gehabt.

Der Konstituentensatz in dieser Spielart *spezifisch konsekutiv* hat also Attribut-Status.

Den strukturellen Unterschied zwischen den beiden Spielarten zeigt auch der folgende Test: Bei einer spezifisch konsekutiven Beziehung kann man den Hauptsatz negieren, ohne dass dies den Nebensatz-Anschluss berührt:

> Er hatte *so* viel Ärger gehabt, dass *er hätte heulen mögen.*
> → Er hatte nicht *so* viel Ärger gehabt, dass *er hätte heulen mögen.*

Diese Negations-Probe klappt mit den o.g. Beispielen von konsekutiv globaler und global kausaler Beziehung *nicht*:

> Er hatte den ganzen Tag gearbeitet, sodass er sehr müde war.
> *→ Er hatte nicht den ganzen Tag gearbeitet, sodass er sehr müde war.
> Er hatte den ganzen Tag gearbeitet, weshalb er sehr müde war.
> *→ Er hatte nicht den ganzen Tag gearbeitet, weshalb er sehr müde war.

Es ist zwar möglich, dass jemand müde wird, weil er *nicht* arbeitet, doch handelt es sich dann um einen *anderen Sachverhalt*.

Auch für die spezifisch konsekutiven Beziehungen gibt es die Option auf den Verknüpfungstyp C (weiterführende Satzreihe):

> Er hätte heulen mögen, so viel Ärger hatte er gehabt.

344 Für den spezifisch konsekutiven Anschluss gibt es zwei Varianten. Die modale Stelle, an der der konsekutive Anschluss ansetzt, kann zum einen eine *konkrete* qualitative oder quantitative Charakteristik sein, die *graduierbar* ist, wie so *schön* bzw. so *viele:*

> Sie sang *so schön*, dass er hätte heulen können.
> Sie besaß *so viele* Celli, dass er neidisch wurde.

Zum andern kann der Ansatzpunkt für den konsekutiven Anschluss *offen* mit so markiert werden:

> Sie sang so, dass es eine Freude war.

Hier kann man nur *rückschließen* auf die Art des Gesangs – vermutlich sehr schön.

Dieses den Ansatzpunkt markierende so kann dabei ganz weggelassen werden; diese elliptische Version ist in gesprochener Sprache an einen spezifischen Tonhöhenverlauf gebunden:

> Sie ↑sang, dass es eine ↓Freude war.

Man kann den strukturellen Unterschied von *global* konsekutiv und *spezifisch* konsekutiv im Deutschunterricht zusätzlich *rechtschreiblich* markieren, indem man im global konsekutiven Satzgefüge das sodass zusammenschreibt (sodass); das durch Komma getrennte so, dass im spezifisch konsekutiven Satzgefüge kann ohnehin nur getrennt geschrieben werden.

Spielart *Folgerung*

345 Konsekutive Teilsatzbeziehungen dieser Spielart sind den konsekutiv spezifischen zwar ähnlich, aber in topologischer wie semantischer Hinsicht hinreichend unterschieden:

> Folgerung: So wie sie sich benimmt, reise ich jetzt lieber ab.
> spezifisch konsekutiv: Sie benimmt sich so, dass ich lieber abreise.

Zu der Folgerungs-Spielart gibt es ebenfalls eine Variante:

> So x-ig, wie sie sich benimmt, reise ich jetzt lieber ab.

6.2.3 Finale Adverbialbeziehungen

In der Bedeutungsgruppe Finalität werden drei Spielarten unterschieden:
- *Eignung:* Sie hatte kein Messer, um Tomaten zu schneiden.
- *Zweck/Absicht:* Sie nahm die Tomaten, um sie klein zu schneiden.
- *ungeplant:* Er kaufte einen Schirm, um ihn wenig später irgendwo stehen zu lassen.

Spielart *Eignung*

Bei dieser Spielart geht es um Teilsatzbeziehungen wie   346
> Sie fand nirgendwo ein Messer, um Tomaten zu schneiden.

Eine Paraphrase, die helfen kann, die Bedeutung dieser Teilsatzbeziehung klarer zu machen, ist
> Sie fand nirgendwo ein Messer, mit dem sie Tomaten hätte schneiden *können*.

Es geht also nicht um die tatsächliche Absicht, Tomaten zu schneiden, sondern um die Voraussetzungen bzw. die grundsätzliche Eignung dazu.

Der Teilsatz kann nur mit dem Bezugsnomen Messer gemeinsam in Anfangsstellung gebracht werden:
> → Ein Messer, um Tomaten zu schneiden, fand sie nirgendwo.
> *→ Um Tomaten zu schneiden, fand sie nirgendwo ein Messer.

Der Teilsatz ist attributwertig. Das zeigt auch die Umformung des Ausgangsbeispiels   347
in einen einfachen Satz:
> Sie fand nirgendwo ein Messer zum Tomatenschneiden.

Das Attribut zu *Messer* lässt sich auch zum Bestimmungswort eines bedeutungsähnlichen Kompositums umformen: Sie fand nirgendwo ein Tomatenmesser.

Solche Eignungs-Voraussetzungen lassen sich auch mithilfe entsprechender Verben im Rahmen von Ergänzungsbeziehungen darstellen:
> Das Messer eignete sich (dazu), Tomaten zu schneiden.

Hier hängt die Infinitivkonstruktion vom Verb *eignen* ab, das einen Stellenplan X eignet sich zu Y mit einer semantischen Charakteristik *Eignung* eröffnet. Eine Ergänzungsbeziehung liegt auch vor bei
> Um Tomaten zu schneiden, braucht man ein gutes Messer.

Spielart *Zweck / Absicht*

In Teilbeziehungen dieser Spielart wird im Konstituentensatz angegeben, was jemand   348
mit der im Matrixsatz formulierten Handlung erreichen will:
> Die Eltern geben ihren Kindern viel Geld, damit sie in Ruhe gelassen werden.
> Die Eltern geben ihren Kindern viel Geld, damit diese sie in Ruhe lassen.

Den Konstituentensatz kann man ersetzen durch einen kausalen Teilsatz mit dem Modalverb *wollen* bzw. *sollen*:
> Die Eltern geben ihren Kindern viel Geld, weil *sie* in Ruhe gelassen werden *wollen*.
> …, weil *diese* sie in Ruhe lassen *sollen* / …, weil *sie wollen*, dass diese sie in Ruhe lassen.

349 Teilsatzwertige Infinitivgruppen sind in mehreren Hinsichten offener. Hier ist oft nicht deutlich (→ 493 ff.), wer das Subjekt zu welchen Handlungen ist:

> Er gab ihr Geld, *um* zufrieden weiterleben zu können.
> → Er gab ihr Geld, damit er? / sie? zufrieden weiterleben konnte.
> =? Er gab ihr Geld, weil *er* in Ruhe weiterleben *können* wollte (= weil er wollte, dass er … kann).
> =? Er gab ihr Geld, weil *sie* in Ruhe weiterleben *können* sollte (= weil er wollte, dass sie … kann).

Der Infinitivanschluss gibt zudem – je nach der gewählten Zeitform – eine historische Absicht oder aber eine 'Option' an:

> Wir gaben ihm Geld, um uns die Zeitung zu besorgen.
> → Wir gaben ihm Geld, weil wir *wollten*, dass er … (= *Auftrag*).
> Um ins Internet zu gelangen, wählt man den Button „Explorer".
> = Wenn man ins Internet gelangen will, wählt man … (= *Option, hypothetische* Absicht).

Spielart *ungeplant*

350 Der folgende Infinitivanschluss gilt als stilistisch heikel:

> Er zog nach Rom, um dort wenig später zu sterben.

Wenn es sich nicht um einen italophilen Selbstmörder handelt, dann entspricht der um … zu-Anschluss hier gerade *nicht* einer Adverbialbeziehung der Bedeutung 'Absicht'; aus der Perspektive dieses Subjekts ist der Tod gerade nicht erwartet (allenfalls war dies die Absicht der Götter).

351 Ich stufe diesen Anschluss als Verknüpfungstyp B (= weiterführendes Satzgefüge) ein; dazu passt auch, dass der Infinitiv nicht vor den Hauptsatz verschoben werden kann. Diese Teilsatzbeziehung ist überlagert von einer lokalen Relativbeziehung (nach Rom – dort) und einer temporalen Adverbialbeziehung (wenig später). Man kann das Ausgangsbeispiel daher sowohl in ein temporales Satzgefüge umformen

> Er starb in Rom, *schon* kurz nachdem er dorthin gezogen war.

als auch in ein lokales Relativgefüge:

> Er zog nach Rom, wo er *(aber) schon* kurz darauf starb.

Man kann es auch in eine adversative Satzreihe umformen, in der die Konjunktion aber das gewissermaßen Schicksalsträchtige der Handlungsentwicklung markiert:

> Er zog nach Rom, starb dort aber schon kurz darauf / kurze Zeit später.

In allen drei Fällen wird die spezifische Bedeutung dieses um … zu …-Anschlusses – ungeplantes Ereignis *wider* Absicht und Erwartung – ersatzweise durch *lexikalische* Mittel wie schon oder aber verdeutlicht.

6.2.4 Konditionale Adverbialbeziehungen

> *Günter Müller*
>
> revolutionär
>
> wenn man mich ließe
> wenn ich dürfte
> wenn ich könnte
> wenn ich wirklich wollte
> dann hätte ich

In dieser Bedeutungsgruppe werden zwei Spielarten von Konditionalität unterschieden (beide Beispiele hier im Verknüpfungstyp A):
- *unspezifisch konditional:* Wenn es heute Abend regnet, bleiben wir zuhause.
- *proportional konditional:* Je mehr sich Paul anstrengte, desto schlechter war das Ergebnis.

Die folgende Adverbialbeziehung wird bei den *Temporal*beziehungen eingeordnet:
   Sooft er klingelte, ertönte Hundegebell.
Sie hat im Hintergrund eine konditionale Lesart (jedes Mal wenn), im Vordergrund steht nach meiner Einschätzung aber die temporal-gleichzeitige Bedeutung. Die konditionale Charakteristik kann auch durch ein Adverbiale übernommen werden:
   Als er klingelte, ertönte *jedes Mal* Hundegebell.
Wenn die Zeitstufe gewechselt wird wie in
   Sooft du mich besuchst, werde ich dir dein Lieblingsgericht servieren,
dann wird die konditionale Charakteristik dominanter.

Spielart *unspezifisch konditional*

Beispiele dieser Spielart wie z. B.
   Wenn es regnet, spielt bitte in der Garage.
können auch temporal gelesen werden im Sinne von Solange / Sobald es regnet, ... Auch kausale Beziehungen haben Verwandtschaft mit temporal-gleichzeitigen: Eine Aussage wie
   Als der Vater nicht hinschaute, nahm Paulchen sich eine Praline.
ist mit einer kausalen Zweitbedeutung lesbar: *Weil* der Vater nicht hinschaute, ... Nicht zufällig haben sich die beiden kausalen Konjunktionen da und weil aus temporal-gleichzeitigen Konjunktionen entwickelt. Dahinter steht auch eine alltagsweltlich tief verwurzelte Annahme: Wenn zwei Vorgänge auffällig häufig *zugleich* auftreten, rechnen wir mit kausalen Zusammenhängen *zwischen* diesen beiden Vorgängen.

Die Konjunktion wenn ist im Deutschen (im Unterschied zu falls) konditional *und* temporal lesbar, nicht weil sie als Wortform zwei Lexeme – ein klar konditionales und ein klar temporales – deckt, sondern weil konditionale und temporale Beziehungen zwischen zwei Sachverhalten eine Schnittmenge haben; zudem steuern Tempuswahl und eventuelle zusätzliche Temporaladverbien wie immer oder nachher die Interpretation:

> Wenn Paul zu Besuch kam, haben wir (immer) viel gelacht.
> Als Paul zu Besuch kam, haben wir viel gelacht.

Durch wenn wird Pauls Besuch als *Bedingung* (und damit als wahrscheinlicher *Grund*) für die Vergnügtheit präsentiert, durch als wird dieser Zusammenhang nicht angesprochen (ist aber *denkbar*). Zudem wird durch wenn (zumal bei zusätzlichem immer) formuliert, dass Paul *häufiger* zu Besuch kam, bei als *kann* es sich um ein *einmaliges* Geschehen handeln. Zugleich impliziert die konditionale Beziehung wenn ... (dann) *Gleichzeitigkeit:* dass *bei* seinem Besuch viel gelacht wurde, nicht eine Woche vorher oder nur später in der Rückerinnerung.

355 In manchen Aussagen (vor allem in der Tempusprägung Präsens) ist vorrangig die konditionale Lesart gemeint:

> Wenn du mit ins Konzert willst, ruf uns an.

Hier ist wenn ohne Bedeutungsveränderung durch falls ersetzbar. In manchen Aussagen (vor allem im Zusammenspiel mit entsprechenden Temporaladverbien bzw. temporalen Adverbialien) ist demgegenüber vorrangig die temporale Lesart gemeint:

> Wenn du *gleich* kommst, dann fahren wir *direkt* zum Einkaufen.

Hier ist wenn nicht durch falls ersetzbar (schon eher durch die temporale Konjunktion sobald). In den meisten Beispielen sind aber beide Lesarten aktivierbar: Die eine der beiden Lesarten ist im Vordergrund, die andere bleibt im Hintergrund.

Historisch hat sich die Konjunktion wenn aus einer zunächst temporalen Konjunktion wann(e) entwickelt. Im Unterschied zu weil, das sich aus einer zunächst *nur* temporalen zu einer jetzt *nur* kausalen Konjunktion entwickelt hat, changiert wenn gegenwärtig zwischen temporal und konditional.

Andere Sprachen haben für jede dieser beiden Bedeutungskomponenten eine eigene Konjunktion: Das Englische hat if für die konditionale, when für die temporale Lesart, das Französische si bzw. quand, das Italienische se bzw. quando. Anders formuliert: Die genannten anderen Sprachen nötigen den Sprecher/Schreiber zu einer klaren Entscheidung zwischen temporal und konditional, das Deutsche erlaubt Offenheit in beide Richtungen.

356 Die mehrwortige Konjunktion je nachdem, ob / 'w' koordiniert *zwei* Bedingungsgefüge:

> Je nachdem, ob es regnet oder nicht, gehen wir spazieren *oder* bleiben halt hier.
> Je nachdem, wer von beiden kommt, spielen wir Canasta oder Bridge.

Man kann diese beiden Sätze folgendermaßen paraphrasieren:

> Wenn es nicht regnet, gehen wir spazieren, und wenn es regnet, bleiben wir halt hier.
> Wenn X kommt, spielen wir Canasta, und wenn Y kommt, spielen wir Bridge.

> *Eugen Gomringer*
>
> worte sind schatten
> schatten werden worte
>
> worte sind spiele
> spiele werden worte
>
> sind schatten worte
> werden worte spiele
>
> sind spiele worte
> werden worte schatten
>
> sind worte schatten
> werden spiele worte
>
> sind worte spiele
> werden schatten worte

Spielart *proportional konditional*

Teilsatzbeziehungen dieser Spielart formulieren mithilfe der mehrwortigen Konjunktion je + Komparativ ..., (desto / umso ...+ Komparativ) ein Bedingungsgefüge und erweitern es durch eine *proportionale* Charakterisierung:

> Je mehr Paul sich anstrengte, desto / umso schlechter wurde das Ergebnis.

Die konditionale Struktur ist 'wenn *mehr* Anstrengung, dann Ergebnis *weniger* gut'; der konditionale Zusammenhang von 'mehr' und 'weniger' wird zusätzlich quantitativ gekennzeichnet als *proportional* wachsend.

Steht der mit je eingeleitete Nebensatz *nach* dem anderen Teilsatz, dann kann nicht mehr die (nur rückbezüglich mögliche) Gradpartikel desto verwendet werden, sondern nur umso oder ersatzweise ein Adverb wie immer; manchmal fehlt ein Pendant zu je auch:

> Das Ergebnis wurde (umso / immer) schlechter, je mehr sich Paul anstrengte.

Dabei wird mit umso die proportionale Bedeutung bereits *vorab explizit* angezeigt, während immer zunächst nur eine *quantitative* Information bietet, die erst durch das je + Komparativ des nachfolgenden Teilsatzes als *proportional* nachdifferenziert wird.

Je ist ein interessantes Wort: Es hat eine Grundbedeutung, die eine indefinite und eine distributive (= verteilende / zuordnende) Komponente verbindet. Es wird u.a. als distributive Partikel verwendet wie in Je nach Wetterlage oder als distributive Präposition wie in Je Exemplar bekam er ... oder als an das Mittelfeld gebundene indefinit-temporale Partikel (Hast du dich je um sie gekümmert!?). In der hier angesprochenen proportionalen Funktion stufe ich je als Teil einer *komplexen Konjunktion* ein. In anderen Grammatiken wird je demgegenüber als *Gradpartikel* zu einem komparierten Bezugswort angesehen. Für die Klassifikation als Konjunktion spricht aus meiner Sicht, dass je + Komparativ (an den es in dieser Funktion fest gebunden ist) anstelle eines auch möglichen jedesmal wenn steht und insofern konjunktionsäquivalent funktioniert; hinzu kommt die feste Stellung am Teilsatzanfang und die Funktion als linke Satzklammer mit Finitum-Letztstellung.

Die Darstellung in anderen Verknüpfungstypen ist auf die weiterführende Satzreihe begrenzt:

    C   Paul strengte sich immer mehr an; desto / um so schlechter wurde das Ergebnis.

Möglich ist auch die Darstellung innerhalb eines einfachen Satzes:

    Mit wachsender Anstrengung Pauls wurde das Ergebnis (nur noch) schlechter.

> *Eckart von Hirschhausen*
> Die Leber wächst mit ihren Aufgaben

(als Trost für die Trinker unter den Leserinnen und Lesern!)

6.2.5 Konzessive Adverbialbeziehungen

In der Bedeutungsgruppe Konzessivität werden zwei Spielarten unterschieden (beide Beispiele hier im Verknüpfungstyp A):
– *unspezifisch konzessiv:* Er blieb zuhause, obwohl schönes Wetter war.
– *Irrelevanz:* Er fand das Buch nicht, wo auch immer er suchte.

Spielart *unspezifisch konzessiv*

359 Beispiele dieser Spielart geben im Konstituentensatz eine Bedingung bzw. einen Gegengrund an, der *unerwarteter Weise* unwirksam ist:

    Obwohl sich Paul intensiv mit der neuen Software befasste, begriff er nichts von ihr.

In den meisten schulischen Grammatiken und Sprach-/Arbeitsbüchern findet man für diese Teilsatzbeziehung den Terminus *unzureichender Gegengrund*. Der ist wenig geeignet, denn ein unzureichender Gegengrund könnte durchaus *vorhersehbar* unwirksam sein, also wäre die ausbleibende Wirkung nicht überraschend und es wäre kommunikativ nicht relevant, sie überhaupt anzusprechen:

    *Obwohl sich Paul nur kurz mit der neuen Software befasste, begriff er nichts von ihr.

Und auch ein Gesprächsbeitrag wie der folgende wäre – die *uns* vertrauten Umstände vorausgesetzt – sehr auffällig:

    Paul und Paula sind, obwohl strahlendes Wetter war, spazieren gegangen.

In Australien wäre er demgegenüber unauffällig.

360 Wenn der mit einer konzessiven Konjunktion eingeleitete Teilsatz *voran*geht, stehen im nachfolgenden Teilsatz häufig Korrelate:

    Obwohl Paula hundemüde war, ging sie doch / dennoch / gleichwohl / ... mit in die Stadt.

Im Verknüpfungstyp C wird das Konjunktionaladverb trotzdem verwendet:

    Paula war hundemüde. Tròtzdem ging sie mit in die Stadt.

Anstelle von trotzdem werden auch dennoch und gleichwohl verwendet, auch wenn bei diesen beiden Adverbien der Rückbezug auf den vorhergehenden Teilsatz nicht wie bei tro<u>tz</u>dem pronominal angezeigt ist.

Trotzdem wird heute standardsprachlich nur als Konjunktionaladverb im Verknüpfungstyp C gebraucht; bis in die erste Hälfte des 20. Jahrhunderts wurde es und im süddeutschen Sprachraum wird es demgegenüber im mündlichen Sprachgebrauch immer noch auch als *unterordnende* Konjunktion im Verknüpfungstyp A verwendet, dann freilich mit Betonung des pronominalen Elements (trotzdèm):

> Paula ging mit in die Stadt, trotzdèm sie hundemüde war.

Im Verknüpfungstyp A steht neben obwohl auch die zweiteilige Konjunktion wenn auch zur Verfügung. Sie kann ohne Bedeutungsunterschied entweder in Kontaktstellung (= zusammen an einer Stelle im Satz) verwendet werden

> Wenn auch Paula hundemüde war, (so) ging sie *doch* zu ihrem wöchentlichen Training.

oder in Distanzstellung (= getrennt an zwei Stellen):

> Wenn Paula auch hundemüde war, so ging sie doch zu ihrem wöchentlichen Training.

Hier kann der Nebensatz auch vor dem Vorfeld stehen:

> Wenn Paula auch hundemüde war, sie ging zu ihrem wöchentlichen Training.
> Wenn Paula auch hundemüde war – sie ging zu ihrem wöchentlichen Training.

Soll die *erwartete* Unwirksamkeit einer zunächst nur *angedachten* Handlung formuliert werden, steht die Konjunktion auch wenn zur Verfügung:

> Auch wenn du dich anstrengst, wirst du diese Aufgabe nicht lösen können.
> Auch wenn du dich anstrengst, du wirst diese Aufgabe nicht lösen können.

Diese zweiteilige Konjunktion auch wenn wird grundsätzlich in Kontaktstellung verwendet. Auch für sie gibt es die beiden Stellungsvarianten (Nebensatz als Vorfeldbesetzung oder aber außerhalb des Vorfelds); ein Korrelat ist hier anders als bei wenn auch eher die Ausnahme.

Zu den unspezifischen Teilsatzbeziehungen der Gruppe konzessiv gibt es Satzglied-Entsprechungen: trotz X; insofern sind sie satzgliedwertig.

In dem folgenden poetischen 'Sonderfall' (noch einmal Conrad Ferdinand Meyers „Füße im Feuer", hier das Ende) wird die Konzession nicht durch Konjunktion oder Konjunktionaladverb *explizit* markiert; insofern kann man diesen Sonderfall als Verknüpfungstyp E klassifizieren:

> Der Reiter lauert aus den Augenwinkeln: „Herr,
> Ihr seid ein kluger Mann und voll Besonnenheit
> und wißt, daß ich dem größten König eigen bin.
> Lebt wohl. Auf Nimmerwiedersehn!" Der andre spricht:
> „Du sagst's! Dem größten König eigen! Heute ward
> Sein Dienst mir schwer ... *Gemordet hast Du teuflisch mir*
> *Mein Weib! Und lebst* ... Mein ist die Rache, redet Gott."

Die *koordinative* Verbindung mit und betont umso stärker das 'ethisch Unerhörte' dieses Nacheinanders. Wie harmlos explizit hätte demgegenüber geklungen:

> „Du lebst, obwohl du teuflisch mir gemordet hast mein Weib!"

6 Verknüpfungsbedeutungen

Spielart *Irrelevanz*

364 Wie die *unspezifisch* konzessiven Teilsatzbeziehungen changieren auch die der Spielart Irrelevanz zwischen Konditionalität und Konzessivität:

> Was (auch) immer du tun wirst, ich werde dir helfen (= noch hypothetisch, daher *konditional*artig).
> Was (auch) immer sie tat, sie kam nicht aus der Krise heraus (= faktisch, daher *konzessiv*artig).

Trotz Voranstellung des Konstituentensatzes bleibt im Matrixsatz die Finitum-*Zweit*stellung erhalten, der Konstituentensatz besetzt hier also *nicht* das Vorfeld. Interpunktionsvarianten sind auch hier Doppelpunkt oder einfacher Gedankenstrich:

> Was immer du tun wirst: Ich werde dir helfen. / Was immer du tust – ich werde dir helfen.

365 Diese Irrelevanz-Beziehungen kann man als *kumulative* Version *konzessiver* Beziehungen auffassen und entsprechend paraphrasieren:

> Wenn du X tun wirst, werde ich dir helfen, auch wenn du dann Y tun wirst, und auch wenn du schließlich Z tun wirst usw. = Was auch immer du tun wirst, ...
> Als sie X tat, kam sie nicht aus der Krise heraus, auch als sie später Y tat, und auch als sie schließlich Z tat usw. = Was auch immer sie tat, ...

Das typische Einleitungsmittel Was (auch) immer enthält die entsprechenden drei Komponenten: Was fasst die Handlungsbemühungen X, Y und Z zusammen, *auch* deren Vergeblichkeit, *immer* die verschiedenen Zeitpunkte neuer Versuche.

Diese Irrelevanz-*Adverbial*beziehungen kann man leicht verwechseln mit *Relativ*beziehungen, die mit einem Irrelevanz-Marker versehen sind:

> Er aß, was auch immer man ihm vorsetzte (= er aß X-Beliebiges + X-Beliebiges setzte man ihm vor).

366 Eine Variante dieser Irrelevanz-Beziehungen ist:

> A   Ich helfe ihm nicht, so / wie laut er *auch (immer)* schimpft.
> A   Ich helfe ihm nicht, mag er *auch noch so laut* schimpfen.

Im ersten Beispiel liegt mit so ... auch bzw. wie ... auch eine unterordnende Konjunktion vor. Im zweiten Beispiel liegt Finitum-Erststellung vor wie bei den verwandten Konditionalbeziehungen, außerdem ein starker Irrelevanz-Marker (noch so x-ig) und als zusätzlicher Irrelevanz-Marker das Modalverb mögen.

367 Im folgenden Beispiel gibt es nur noch den zweifachen Irrelevanz-Marker:

> Ich helfe ihm nicht, er mag *noch so* laut schimpfen.

Dieses Beispiel entspricht Verknüpfungstyp D (= Satzreihe).

Der Irrelevanz-Marker kann auch als eigener fester Teilsatz realisiert werden:

> Ich helfe ihm nicht, er mag / kann schimpfen, *so viel er will*.

Während bei der o. g. Variante (= Was auch immer sie tat, ...) der außer Kraft gesetzte Gegengrund in beliebigen Handlungs*arten* lag, geht es bei dieser Version um das beliebige *Ausmaß* einer bestimmten Handlung. Das Stellungsverhalten entspricht dem der o. g. Version.

Zu den Teilsatzbeziehungen dieser Gruppe gibt es Satzglied-Entsprechungen: trotz aller X; insofern sind sie satzgliedwertig.

6.2.6 Temporale Adverbialbeziehungen

> *Gerhard Sellin*
>
> Tempusfolge
>
> nachdem er
> in Untersuchungshaft gesessen hatte
> beging er
> das Verbrechen das man
> von ihm erwartet hatte

In dieser Bedeutungsgruppe werden drei *Zeitstufen-Relationen* unterschieden: *Vorzeitigkeit, Gleichzeitigkeit* und *Nachzeitigkeit*. Ihnen entsprechend unterscheide ich drei Basis-Spielarten temporaler Teilsatzbeziehungen.

Vorzeitigkeit bedeutet, dass das im *Konstituenten*satz (bei den nachfolgenden Beispielen im Verknüpfungstyp A also: im *Neben*satz) Dargestellte *vor* dem im *Matrix*satz (also im *Haupt*satz) Dargestellten geschieht; das *Haupt*satz-Geschehen erfolgt also *nach* dem des *Neben*satzes. Die Lernenden verwechseln das leidenschaftlich gern.

Quer dazu werden drei *Spielarten von Temporalität* unterschieden: Die Konjunktionen (bzw. die Konjunktionaladverbien für den Verknüpfungstyp weiterführende Satzreihe) bieten innerhalb einzelner oder aller Zeitstufen-Relationen eine unspezifische *globale* Spielart und drei spezifische Spielarten mit *punktueller* bzw. *durativer* (= die Dauer betonender) bzw. *iterativer* (= regelmäßige Wiederholung betonender) Bedeutung an.

Der folgende Überblick erfolgt im Verknüpfungstyp Satzgefüge:
- *gleichzeitig:*
  - *global:* Während er aß, hörte er die Nachrichten.
  - *durativ:* Solange er krank ist, machen wir keine Arbeitsbesprechungen.
  - *iterativ:* Sooft er den Schalter berührte, flackerte das Licht.

  Eine Spielart *punktuell* führe ich unter *gleichzeitig* nicht an, weil eine punktuelle Version nicht über die Konjunktion als allein, sondern nur mit zusätzlichem temporalem Adverbiale wie z. B. gerade realisiert werden kann:

  Als er in den Bankraum trat, räumten dort *gerade* zwei andere Bankräuber den Safe leer.
- *vorzeitig:*
  - *global:* Nachdem sie ihre Bewerbung abgeschickt hatte, las sie einen Krimi.
  - *punktuell:* Sobald sie ihre Bewerbung abgeschickt hatte, las sie einen Krimi.
  - *durativ:* Seitdem sie ihre Bewerbung abgeschickt hatte, las sie nur noch Krimis.
- *nachzeitig:*
  - *global:* Bevor er aus England zurückkommt, sollten wir das Zimmer ausgeräumt haben.
  - *durativ:* Bis er wieder aus England zurück ist, treffen wir keine finanzielle Entscheidung.

  Eine Spielart *punktuell* führe ich unter *nachzeitig* nicht an, weil eine punktuelle Version nicht über die entsprechende temporale Konjunktion wenn allein, sondern nur mit zusätzlichem temporalem Adverbiale wie z. B. gerade sowie die Tempusprägung Futur II realisiert werden kann:

  Wenn er aus England zurückkommt, werde ich *gerade* losgefahren *sein*.

Für einige dieser Konstellationen gelten spezifische Bedingungen, die im Folgenden erläutert werden.

Spielart *gleichzeitig*

370 Gleichzeitig-*globale* Teilsatzbeziehungen wie die folgende können je nach Inhalt eine *adversative* Lesart anbieten:

> Während er ins Bett ging, feierte sie noch munter.

Das zeitliche *Neben*einander kontrastiert die Unterschiedlichkeit der parallelen Handlungen. Insofern wird die Konjunktion während noch einmal bei den adversativen Teilsatzbeziehungen behandelt (→ 390 f.). Ob die Gleichzeitigkeit oder der Kontrast dominant ist, entscheidet auch die jeweilige Betonung: Durch Akzent auf èr und Bètt (und fèierte) wird der *Kontrast* hervorgehoben.

Ähnlich bei einer koordinativen Teilsatzbeziehung wie

> Er ging ins Bett *und* sie feierte noch putzmunter;

auch hier wirkt das *verbindende* und – das das Gegensätzliche gerade *nicht* explizit ankündigt – umso drastischer *entgegensetzend*.

371 Bei den gleichzeitig-*globalen* Teilsatzbeziehungen gibt es eine *narrative* Variante:

> Wir hatten gerade mit dem Essen angefangen, als plötzlich ein lauter Knall ertönte.

Dieses Beispiel entspricht dem Verknüpfungstyp *weiterführendes* Satzgefüge (= B). Die beiden Teilsätze können nicht ohne Weiteres umgestellt werden:

> *Als plötzlich ein lauter Knall ertönte, hatten wir gerade mit dem Essen angefangen.

Zumindest müsste das Adverbiale plötzlich gestrichen werden, und auch dann ergäbe eine Umstellung eine deutlich andere Verteilung auf Geschehens-Vordergrund und -Hintergrund.

Die Umformung in eine weiterführende *Satzreihe* ergibt:

> C   Wir hatten gerade mit dem Essen angefangen, da ertönte plötzlich ein lauter Knall.

372 Der stilistische Gewinn des 'narrativen' als-Anschlusses für die Fokussierung bzw. Dramatisierung eines überraschenden Geschehens wird offensichtlich, wenn man ihn mit der Darstellung in einem nicht-weiterführenden Satzgefüge vergleicht:

> A   Als wir gerade mit dem Essen angefangen hatten, ertönte plötzlich ein lauter Knall.

Hier ist das für die erzählten Figuren überraschende Ereignis – der Knall – zu erahnen: Das Als kündigt, in diesem Beispiel verstärkt durch das nachfolgende gerade, ein punktuelles Ereignis bereits an. In der Darstellung als weiterführendes Satzgefüge

> Wir hatten gerade mit dem Essen angefangen, als plötzlich ein lauter Knall ertönte.

fehlt demgegenüber dieses ankündigende als; dadurch ist der Überraschungseffekt etwas stärker. Das gerade (das häufig in solchen Konstruktionen im Hauptsatz steht) mildert diesen Überraschungseffekt etwas, das (ebenfalls in diesen Konstruktionen häufige) plötzlich verschärft ihn wiederum.

Diese Konstruktion entspricht dem lateinischen sog. *cum inversum:* 373

> Dixerat hoc ille, <u>cum</u> puer nuntiavit venire ad eum Laelium domoque iam exisse. (Cic.rep.1,18)
> (= Gerade hatte er dies gesagt, <u>als</u> ein Sklave meldete, Laelius komme zu ihm und sei bereits aus dem Haus herausgetreten.)

Im Deutschen wie auch im Französischen (mit quand) und Italienischen (mit quando) finden sich diese inversen Temporalanschlüsse erst seit dem 15. Jahrhundert, also in der Epoche der Renaissance, vermutlich in Orientierung an dem lateinischen Vorbild.

Gottfried Keller

> Das Bild dieses Augenblickes ist mir auch geblieben gleich dem stillen Glanz eines Sternes, den man einmal in ungewöhnlich klarer Luft leuchten sah und niemals vergißt.
> Ich rang nach Worten, um das Schweigen zu unterbrechen, und Dortchen, mit dem gleichen Bestreben schneller fertig, öffnete *eben* den Mund, *als* die Wirtschafterin des Pfarrhauses wieder eintrat und nicht mehr weg ging, da sie sich berufen fühlen mochte, die junge Herrschaftsdame zu unterhalten.

Während im Lateinischen die Bezeichnung des *cum inversum* zurückgeht auf die Vertauschung der thematischen Wichtigkeit von Hauptsatz und Nebensatz, kann man für das Deutsche analog von einem *inversen als* sprechen unter Bezug auf die gegenläufige Verteilung der Teilsatzinhalte auf Haupt- und Nebensatz und auch auf die Stellungsfestigkeit des als-Anschlusses nach dem Hauptsatz. 374

In einem Arbeitsbuch wird in einer Abenteuererzählung, die (angeblich) eine Schülerin geschrieben hat, die folgende Satzfolge vorgegeben: 375

> [...] Wir langweilten uns schon. Der Wärter kam etwas früher als gewöhnlich zum Füttern des Bären. Darüber wunderten wir uns etwas. [...]

Vermutlich ahnten die Sprachbuchmacher nicht, dass sie ein sehr kompliziertes Beispiel gewählt haben, wenn sie nun diese Satz*folge* durch einen (wiederum fiktiven) Mitschüler umformen lassen in ein Satz*gefüge:*

> Wir langweilten uns schon, <u>als</u> der Wärter etwas früher als gewöhnlich zum Füttern des Bären kam.

Denn diese Umformung ist die eben diskutierte narrative Version des als-Anschlusses, also Verknüpfungstyp B. Über dieses 'inverse als' und seine stilistische Funktion bietet das Arbeitsbuch dann aber keine orientierenden Informationen.

Wenn man statt des unterordnenden als ein nebenordnendes da setzt, erhält man den Verknüpfungstyp weiterführende Satz*reihe* (C):

> Wir langweilten uns schon. <u>Da</u> kam der Wärter ...

Natürlich *kann* man das Arbeitsbuch-Beispiel auch als *unspezifischen* Anschluss lesen (Wir langweilten uns schon, als der Wärter kam / Als der Wärter kam, langweilten wir uns schon). Für die Lesart als *weiterführender* Teilsatz spricht aber die Zusatzinformation etwas früher als gewöhnlich.

Theodor Storm

Der Schimmelreiter

> [...] Es war im dritten Jahrzehnt unseres Jahrhunderts, an einem Oktober-Nachmittag – so begann der damalige Erzähler –, als ich bei starkem Unwetter auf einem nordfriesischen Deich entlang ritt.

6 Verknüpfungsbedeutungen

Spielart *vorzeitig*

376 Eine solche narrative Variante gibt es auch bei vorzeitig-globalen Temporalbeziehungen. Zunächst ein 'reguläres' Ausgangsbeispiel im Verknüpfungstyp A:

> Nachdem Paul um 17 Uhr die Hängebrücke überquert hatte, wurde sie in beiden Richtungen gesperrt.

Dieser Satz kann dargestellt werden im Verknüpfungstyp C

> Um 17 Uhr überquerte Paul die Hängebrücke, danach / darauf wurde sie in beiden Richtungen gesperrt.

und im Verknüpfungstyp B:

> Um 17 Uhr überquerte Paul die Hängebrücke, wonach / worauf sie in beiden Richtungen gesperrt wurde.

Analog zu dem weiter oben (→ 371) erläuterten weiterführenden als kann hier anstelle von wonach / worauf mit der Konjunktion bevor in stilistisch markierter Weise ein *weiterführender* Teilsatz eingeleitet werden:

> Um 17 Uhr überquerte Paul (noch) die Hängebrücke, bevor sie (dann) in beiden Richtungen gesperrt wurde.

Die in Klammern zusätzlich eingefügten temporalen Adverbiale *verdeutlichen* die Wirkung: Durch den Anschluss mit dieser Konjunktion, die an sich auf Verknüpfungstyp A spezialisiert ist, eröffnet der *Nebensatz* einen neuen Zeitabschnitt in der Ereignisfolge.

> *Deutschlandwetter: Vorhersage für Deutschland für Montag bis Mittwoch, ausgegeben am Sonntag, 7.1.07, um 15.25 Uhr:*
>
> Am Montag zieht ein ausgedehntes Regengebiet von Nordwest nach Südost über Deutschland hinweg. An den Alpen und in Südostbayern ist es anfangs noch föhnig aufgeheitert. Dort fällt erst am Abend etwas Regen. Mit 7 bis 12 Grad bleibt es recht mild. Dazu weht ein meist mäßiger, recht böiger und in freien Lagen starker bis stürmischer Süd- bis Südwestwind. In der Nacht zum Dienstag regnet es anfangs im Süden und Südosten noch etwas, bevor im Westen und Nordwesten neuer Regen einsetzt. Dabei geht die Temperatur auf Tiefstwerte zwischen 9 und 3 Grad zurück […].
>
> (Quelle: http://www.dwd.de/de/WundK/W_aktuell/D_Folgetag/index.htm)

377 Bei vorzeitig-*unspezifischen* Konjunktionen wie z. B. nachdem kann der zeitliche Bezug zwischen den beiden Teilsatzhandlungen spezifiziert werden:

> <u>Kurz nachdem</u> Paul angerufen hatte, klingelte es. / <u>Zwei Sekunden</u> nachdem …

Mit vorzeitig-*spezifischen* Konjunktionen wie sobald oder seitdem ist diese zusätzliche Spezifizierung nicht möglich, sie sind lexikalisch bereits auf eine spezifische Zeitrelation festgelegt.

Mit dem Adjektiv kurz bzw. dem adverbialen Akkusativ zwei Sekunden wird das durch die Konjunktion nachdem vorgegebene *globale* Nacheinander von Anruf und Klingeln zu einem *direkten* Nacheinander nachjustiert. Diese Justiermittel sind dabei gebunden an die *Konjunktionen* bzw. – bei Umformung in Verknüpfungstyp C – an die *Konjunktionaladverbien*

> Paul hatte angerufen, *kurz danach* klingelte es.

bzw. auch an entsprechenden *Präpositionen:*
> Paula rief uns *kurz* nach Paul an.

Sie beziehen sich dabei zwar auf den ganzen durch die Konjunktion eingeleiteten Teilsatz bzw. die durch das Konjunktionaladverb vertretene Bedeutungseinheit bzw. das präpositional eingeleitete Satzglied, syntaktisch aber betrachte ich sie als *Attribute* zu den Konjunktionen bzw. Konjunktionaladverbien bzw. Präpositionen, über die sie ihre Wirkung entfalten – auch wenn wir gewohnt sind, den Status Attribut nur bei Nomen, Adjektiven, Pronomen und Adverbien vorzusehen.

Entsprechendes gibt es für die *unspezifischen* Konjunktionen der Spielarten temporal-*nachzeitig* und temporal-*gleichzeitig:* 378
> *Zwei Sekunden* bevor Paul anrief, klingelte es an der Tür (= attributiver Adverbialakkusativ).
> → Als weiterführende Satzreihe: Paul rief an, *zwei Sekunden* davor klingelte es an der Tür.
>
> *Gerade* als ich ins Bett wollte, klingelte sie. / *Als* ich *gerade* ... (= attributives Temporaladverb).
> → Als weiterführende Satzreihe: Ich wollte *gerade* ins Bett, *da* klingelte es.

Entsprechendes gilt für andere Adverbialbeziehungen: Auch bei der *unspezifisch* kausalen Konjunktion weil oder der *unspezifisch* konditionalen Konjunktion wenn sind attributive Spezifizierungen möglich; hier spezifizieren sie die Relevanz einer Begründung
> Ich habe die Arbeit nicht fertig gestellt, *vor allem* weil niemand mir geholfen hat.

bzw. die Geltung einer Bedingung:
> *Nur* wenn die Sonne scheint, gehe ich zum Baden.
> → Als weiterführende Satzreihe: Vielleicht scheint die Sonne, *nur dann* gehe ich zum Baden.

Wenn eine Konjunktion bereits spezifiziert ist wie etwa zumal, sind solche attributiven Spezifizierungen nicht möglich (weil nicht nötig).

Vergleichsweise komplex sind die Bedingungen für die *vorzeitig-punktuelle* Spielart 379
mit dem Konjunktionalmittel kaum (dass). Zunächst ein Beispiel als Satzgefüge im Verknüpfungstyp A:
> A Das Telefon klingelte, *kaum dass* er angekommen war.

Die Reihenfolge der Teilsätze ist frei wählbar:
> A *Kaum dass* er angekommen war, klingelte (schon) das Telefon.

Diese Spielart gibt es auch als *weiterführendes* Satzgefüge (= Verknüpfungstyp B):
> B Er war *kaum* angekommen, *als* schon das Telefon klingelte.
> B *Kaum* war er angekommen, *als* schon das Telefon klingelte.

Hier liegt erneut ein *narratives* als vor. Die entsprechende weiterführende *Satzreihe* 380
(= Verknüpfungstyp C) ist
> C Er war *kaum* angekommen, *da* klingelte schon das Telefon.
> C *Kaum* war er angekommen, *da* klingelte schon das Telefon.

Das da ist hier eine obligatorische Vorfeldbesetzung im zweiten Teilsatz, dem Hauptsatz.

Auch die beiden folgenden Beispiele sind Satzgefüge (= Verknüpfungstyp A):
> A *Kaum* war er angekommen, (da) klingelte schon das Telefon.
> A Das Telefon klingelte, *kaum* war er angekommen.

Das Korrelat im ersten der beiden Sätze ist *fakultativ* (im Unterschied zu dem obligatorischen da in der weiterführenden Satzreihe); insofern ist der mit kaum eingeleitete Teilsatz hier – obwohl er Finitum-*Zweit*stellung, also Hauptsatzform, hat – dem zweiten Teilsatz untergeordnet.

Ein interessanter Hinweis, der zum Verständnis dieser strukturellen Besonderheit des kaum-Anschlusses beitragen kann, findet sich im Grimmschen Wörterbuch unter dem Eintrag kaum):

> man hat ernstlich den versuch gemacht diesz kaum vollends zur conjunction zu erheben, so HURTER im leben k. Ferdinands II. 7, 233 [gemeint ist: Hurter, Friedrich E. v.: *Geschichte Ferdinands II. und seiner Eltern*. Schaffhausen 1850–64, 11 Bde.]
>
> kaum der herzog gestorben war, wurden die katholiken theils vertrieben theils mishandelt, und öfter daselbst; sagt man in Österreich so? den übergang dazu bildet kaum dasz .. für 'als kaum ..', manche andere conjunction ist nur durch ein solches ursprünglich verbindendes, dann übergangnes dasz dazu geworden, wie damit, nachdem, währenddem, trotzdem: [...]
>
> kaum dasz ich Bacchus den lustigen habe, kommt auch schon Amor der lächelnde knabe.   SCHILLER

Spielart *nachzeitig*

> *Aus dem Wissenschaftsmagazin „Zeit Wissen":*
>
> Laut der amerikanischen Feuerwehr-Vereinigung sterben 40 Prozent der Opfer an der Vergiftung, bevor sie wieder aufwachen.
>
> („Der Spiegel" 45/2008: S. 190 – „Hohlspiegel")

381 Für *nachzeitig-durative* Teilsatzbeziehungen wie

> Er kochte die Kartoffeln, bis sie weich waren.

gibt es eine Konstruktion mit einem äquivalenten Satzglied:

> Er kochte die Kartoffeln *weich*.

Solche *resultativen* prädikativen Angaben werden bei den Satzgliedern separat behandelt (→ Bd. 2: 452).

382 Satzgefüge des Typs

> Sooft er Tee mit Sahne trank, wurde ihm leicht übel.

werden bei den Temporalbeziehungen eingeordnet. Sie haben zwar im Hintergrund eine konditionale Lesart (immer wenn), es dominiert aber die temporal-gleichzeitige Beziehung.

Demgegenüber wurden Satzgefüge des Typs

> Je heftiger er strampelte, desto fester zogen sich die Schlingpflanzen um ihn zusammen.

bei den Konditionalbeziehungen als *proportional konditional* (→ 357) eingeordnet, weil hier im Vordergrund die Angabe des Bedingungs-Zusammenhangs zwischen den beiden Vorgängen steht.

Temporal-gleichzeitige Beziehungen und konditionale Beziehungen sind ohnehin semantisch aufeinander bezogen (→ 353 ff.).

6.2.7 Modale Adverbialbeziehungen

In der Bedeutungsgruppe Modalität werden drei Spielarten unterschieden:
- *instrumental:*
    A   Er konnte sich *dadurch, dass* er den schweren Schrank vor die Tür schob, gerade noch retten.
- *Ausführung:*
    A   Er löst solche Probleme, *indem* er sich zunächst alle spontanen Lösungsideen notiert.
- *Begleitumstand:*
    B   Er briet die Gans, *wobei* er von Zeit zu Zeit Bratensaft aufgoss.
    C   Er briet die Gans; *dabei* goss er von Zeit zu Zeit Bratensaft auf.
    A   Er briet die Gans, *ohne* Bratensaft aufzugießen.

Spielart *Begleitumstand*

Diese Spielart ist in der *positiven* Version (= wobei) nicht als Satzgefüge realisierbar, sondern nur als *weiterführendes* Satzgefüge (= B) sowie als weiterführende Satzreihe (= C).

In Gesprächen, in denen die Beteiligten ihre Äußerungen nur sehr begrenzt planen (können), werden spontane Äußerungen oft nachgebessert, 'repariert'. Solche Reparaturen führen oft zu einer Vermehrung der Teilsätze; die Gesprächsbeteiligten nutzen dabei häufig den Verknüpfungstyp weiterführendes Satzgefüge, insbesondere in Kommentarstufe II (→ 462 ff.):

> Deshalb fand ich dein Verhalten mir gegenüber ziemlich überheblich – wobei überheblich vielleicht nicht ganz passt, eher ...

Bei schriftlicher Sprachverwendung würden solche *während der Produktion entdeckten* Fehlformulierungen bei der Überarbeitung getilgt. Im Mündlichen gibt es demgegenüber nur die Option einer für den Gesprächspartner *sichtbaren* Nachbearbeitung; daher werden mit solchen Nachformulierungen oft auch Image schonende Entschuldigungen angeboten:

> ..., sorry, das meinte ich nicht so, ich wollte eigentlich nur sagen, dass ...

Auch in Prüfungsgesprächen nutzen die Prüflinge oft die Option einer 'Verlängerung' des eigenen Beitrags, vor allem dann, wenn sie an den jeweiligen Höreraktivitäten der Prüfenden zu erkennen glauben, dass ihr bisheriger Beitrag aus deren Sicht noch nicht hinreichend gut ist:

> *Aus einer Magisternebenfachprüfung in Neuerer deutscher Literaturgeschichte, hier über Heines Konzept von 'Natur':*
>
> Legende:
> - Simultanes Sprechen wird durch Unterstreichen in beiden Spalten markiert.
> - Zahlen in runden Klammern „(3)" entsprechen Pausen in Sekunden.
> - Auffällige Akzentuierungen werden durch Großbuchstaben der Silbe markiert.
> - „(solchen)" entspricht dem vermuteten Wortlaut.
> - „[lachend:] Idiot |" usw. bedeutet, dass para- oder nonverbale Akte die verbalen begleiten.
> - Intonation wird bei Einheiten, die prosodisch und zugleich syntaktisch begründet sind, folgendermaßen gekennzeichnet:
>   - „ ? " entspricht hoch steigender Intonation (Frageintonation).
>   - „ , " entspricht leicht steigender Intonation.
>   - „ ; " entspricht leicht fallender Intonation.
>   - „ . " entspricht tief fallender Intonation.

Prüfer:	Prüfling:
	und in diesem zusammenhang is das (0,3) is is also die natur anzusiedeln, (0,6) ehm (0,8) des WEIteren (0,7) das motiv der reiSE? (0,7) hatte (0,6) oder (eh) hat den Sinn (0,4) ehm; (3,8) alles (1,5) [leise:] oder oder | der ReisebeSCHREIbung hat den sinn alles das (0,8) eh (0,5) WEIterzugeben was er/ was heine während seiner reisen (0,8) in jeglicher hinsicht erlebt hat; also nicht nur beschreibungen, sondern auch das was ihn selber betraf seine erFAHrungen (0,5) seine, gefühle, (0,5) eh (0,5) (w/) wodurch er sich dann auch (0,3) etwas von der reisebeschreibung (0,3) normalerweise (0,3) seiner zeit abgegrenzt hat; (0,6)
[sehr leise:] mhm; |	

Das weiterführende Satzgefüge mit wodurch (= vorletzte Zeile) ist vermutlich eine solche Verlängerung des eigenen Beitrags: Möglicherweise hat der Prüfling das Hörerverhalten seines Prüfers als Zeichen von Unzufriedenheit gedeutet; der gibt über lange Zeit keine – jedenfalls keine verbale – Hörrückmeldung, und das späte mhm ist auffällig leise gesprochen.

6.2.8 Konfrontierende Adverbialbeziehungen

385 Die Bezeichnung *konfrontierend* ist eine (auf Widerruf verwendete) Sammelbezeichnung für Verknüpfungsbedeutungen, die mit Gegensatz und Grenzziehung zu tun haben.

In dieser Bedeutungsgruppe werden sieben Spielarten unterschieden (die ersten drei Beispiele sind Satzreihen, die weiteren sind Satzgefüge):

– *alternativ / Alternativen fortführend:*

Der Prüfling macht eine mündliche Prüfung in drei Fächern oder er nimmt an einer Disputation teil. Er vereinbart in jedem der drei Fächer drei Spezialthemen bzw. er formuliert für die Disputation drei Thesen.

– *adversativ:*

Er besuchte uns (*zwar*) gestern, aber er blieb nur kurz (= Verknüpfungstyp D).

– *kontrastiv:*

Während Paul zu nachgiebig war, war Paula viel zu streng.

– *ersetzend:*

Statt zu arbeiten, sah er fern.

– *begrenzend:*

Außer dass sie manchmal den Tisch deckt, tut sie nichts.

– *reduzierend:*

Er hörte uns nicht zu, kaum dass er uns ins Zimmer ließ. / ..., geschweige (denn) dass er uns Recht gab.

Spielart *alternativ* / *Alternativen fortführend*

Alternative Teilsatzbeziehungen sind nur im Verknüpfungstyp D möglich. Die nebenordnende Konjunktion oder grenzt zwei oder mehr einander ausschließende Möglichkeiten voneinander ab.

Alternativen fortführende Teilsatzbeziehungen finden sich besonders im amtlichen Sprachgebrauch; sie liegen nur im Verknüpfungstyp D vor. Sie schließen an eine Ausgangs-Alternative an. Wenn z. B. in einer Studien- oder Prüfungsordnung alternative Möglichkeiten genannt werden, dann schließen weitere Aussagen zu jeder dieser Alternativen mit bzw. an (also *nicht* mit oder) und halten dadurch die bereits vorgenommene Differenzierung im Bewusstsein:

> Der Prüfling macht eine mündliche Prüfung in drei Fächern (Rigorosum) oder er nimmt an einer Disputation teil. Er vereinbart in jedem der drei Fächer drei Spezialthemen bzw. er formuliert für die Disputation drei Thesen.

Dieses Zusammenspiel von oder und bzw. wird in Studien- und Prüfungsordnungen nicht immer konsequent genutzt. Es heißt dann z. B.:

> Der Prüfling macht eine mündliche Prüfung in drei Fächern (Rigorosum) oder er nimmt an einer Disputation teil. Er vereinbart in jedem der drei Fächer drei Spezialthemen oder er formuliert für die Disputation drei Thesen.

Hier sieht es so aus, als würde im zweiten Satz eine *neue* Alternative präsentiert. Der zweite Satz erhält aber nur die vorher mit oder begonnene Alternative aufrecht, ordnet also jeder der bereits angelegten *zwei* Spuren (= Rigorosum bzw. Disputation) weitere Informationen zu.

Spielart *adversativ*

Adversative Teilsatzbeziehungen sind nur im Verknüpfungstyp D möglich. Die Konjunktion aber kann vor dem Vorfeld oder im Mittelfeld stehen:

> Sie war müde, *aber* sie wollte unbedingt noch ins Kino gehen.
> Sie war müde, sie wollte *aber* unbedingt noch ins Kino gehen.

Der durch die Konjunktion aber angezeigte Gegensatz kann von einem Gegenstück im anderen Teilsatz (zwar) verstärkt und zugleich angekündigt werden:

> Sie war zwar müde, *aber* sie wollte unbedingt noch ins Kino gehen.

Die adversative Konjunktion aber markiert im Gegensatz zur koordinativen Konjunktion und etwas zum vorher Gesagten Gegensätzliches. Wenn wir eine Bewertung wie

> Er ist intelligent, aber langsam.

formulieren, handeln wir offenbar nach einem psychischen Wahrnehmungsmuster (dem sog. Halo-Effekt), dem entsprechend wir nach der Angabe einer positiven Eigenschaft weitere positive erwarten; die Formulierung

> Er ist intelligent und langsam.

wäre insofern eine Verstehen *erschwerende* Formulierung, ebenso

> Er ist dumm, aber langsam,

weil man nach aber die Nennung einer – gegenüber dumm nun *positiven* – Eigenschaft erwartet. Von solchen Vexierbildern leben etliche Witze.

389 Eine adversative Teilsatzbeziehung setzt zwei *gleichrangige* Teilsätze voraus. In dem folgenden Auszug aus einer studentischen Hausarbeit gibt es daher Komplikationen:

> Die unterschiedliche Gewichtung der als diagnostisch erachteten Merkmale zeigt noch einmal, dass es zwar Unterschiede im weiblichen und männlichen Sprachverhalten gibt, jedoch ist die Gesamtmenge der stereotypen geschlechtsspezifischen Sprachmerkmale nicht zu hundert Prozent auf das jeweilige Sprachverhalten anzuwenden, da die vorhandenen Gemeinsamkeiten, genau wie die Rangfolge und Ausgeprägtheit der Merkmale auf jeden Fall zu berücksichtigen sind.

Die adversative Beziehung zwischen den beiden Teilsätzen ist auf unterschiedliche Einbettungsstufen verteilt: Der mit zwar eröffnete zweite der Teilsätze ist ein untergeordneter *Nebensatz* (er ist Konstituentensatz in einem Ergänzungs-Satzgefüge mit dem ersten Teilsatz als dem Matrixsatz); der mit jedoch eröffnete dritte ist aber ein selbstständiger *Hauptsatz*. Stünde das zwar im ersten der Teilsätze (Die unterschiedliche Gewichtung der als diagnostisch erachteten Merkmal zeigt zwar noch einmal, ...), dann wären beide mit zwar ... jedoch aufeinander bezogenen Teilsätze Hauptsätze und damit ranggleich.

Spielart *kontrastiv*

390 Kontrastive Teilsatzbeziehungen werden im Verknüpfungstyp A durch die Konjunktion während angezeigt. Teilsatzbeziehungen mit dieser Konjunktion sind oft als gleichzeitig und / oder als gegensätzlich lesbar.

Die beiden Lesarten *Gleichzeitigkeit* und *Gegensatz* liegen aber nur dann simultan vor, wenn die beiden Prädikate sich auf die *gleiche* Zeitstufe beziehen:
> Während Paul Zeitung las, kümmerte sich Paula um die Kinder.

391 Dieser Satz kann als *Gegensatz* gleichzeitiger Handlungstypen wie auch einfach als Darstellung *gleichzeitigen* Geschehens gelesen werden. Das folgende Beispiel ist demgegenüber *nur* als Gegensatz zu verstehen:
> Während früher Lesen eine Fähigkeit weniger Gebildeter war, kann heute ein Großteil der Bevölkerung lesen.

In der kontrastiven Spielart kann man die Teilsatzinhalte austauschen, ohne dass sich die Sachverhaltsbedeutung verändert. Das liegt nicht daran, dass es sich hier um ein 'heimliches' Relativsatzgefüge handelt, bei dem aus *strukturellen* Gründen eine Umpolung um das Scharnier herum möglich ist, sondern vielmehr an der spezifischen Bedeutung von Adversativität: Die beiden Teil-Sachverhalte stehen auf ein und derselben Stufe.

Bei einer Spielart wie *ersetzend* würde diese Vertauschung demgegenüber zu einer dramatischen inhaltlichen Verschiebung führen:
> Statt zu arbeiten, sah er fern. → Statt fernzusehen, arbeitete er (na bitte!).

392 Mit dieser Verknüpfungsbedeutung hängt es auch zusammen, dass eine Realisierung im Verknüpfungstyp E (= implizite Satzreihe) mühelos möglich ist – der bloße inhaltliche Kontrast reicht:
> Paul war zu nachgiebig, Paula war zu streng.

Der Kontrast kann dabei verstärkt werden, wenn man eine gekreuzte Stellung (= Chiasmus) der kontrastierten Ausdrücke verwendet:

> *Groß* war die Mühe, der Gewinn war *klein*.

Ein weiteres Beispiel für diese Konstruktion aus Schillers „Wilhelm Tell" (aus dem Dialog zwischen Tell und Parricida, 2. Szene im 5. Aufzug):

> [...] Gerächt
> Hab' ich die heilige Natur, die *du*
> geschändet [...]
> [...] Gemordet
> Hast' *du*, ich hab' mein Teuerstes verteidigt.

Weitere Mittel *impliziter* Kontrastierung sind Betonung / Prosodie und Platzierung im Vers; dies nutzen insbesondere literarische Texte. Hier ein Beispiel aus Goethes „Torquato Tasso":

> Es bildet ein Talent sich in der Stille,
> Sich ein Charakter in dem Strom der Welt.

Spielart *begrenzend*

In der Spielart *begrenzend* schränkt der im Konstituentensatz angeführte Sachverhalt die im Matrixsatz formulierte negative oder positive Behauptung ein:

> Paul war ein sehr rücksichtsvoller Mensch, außer dass er in der Küche oft Chaos hinterließ.
> Außer dass er gelegentlich abwusch, beteiligte er sich *nicht* an der Hausarbeit.

Neben Verknüpfungstyp A steht auch C (= weiterführende Satzreihe) zur Verfügung

> Er wusch gelegentlich ab, sonst beteiligte er sich nicht an der Hausarbeit.

und bedingt auch D:

> Er beteiligte sich nicht an der Hausarbeit, er wusch nur / lediglich gelegentlich ab.

Die Konstruktion nichts außer bzw. nichts (anderes / Klügeres usw.) als dient (in unterschiedlichen syntaktischen Rahmen) auch der Fokussierung; in gleicher Funktion kann auch nur benutzt werden:
– satzgliedintern:
> Sie hat die drei Wochen Gefangenschaft *mit nichts als Wasser* überlebt.
> Sie hat die drei Wochen Gefangenschaft *nur mit Wasser* überlebt.

– satzgliedbezogen:
> Sie isst im Augenblick *nichts außer Dinkelbrei*.
> Sie isst im Augenblick *nur Dinkelbrei*.

– teilsatzbezogen (Ergänzungsbeziehung):
> Ihr fiel nichts ein, außer sich hemmungslos zu betrinken.
> Ihr fiel nichts Besseres ein, als sich hemmungslos zu betrinken.
> Ihr fiel nur ein, sich hemmungslos zu betrinken.

Spielart *ersetzend*

394 In Teilsatzbeziehungen dieser Spielart werden zwei Handlungsoptionen so zueinander in Beziehung gesetzt, dass eine der beiden – meist die im Konstituentensatz – als die angemessenere erscheint:

> Statt weiter an seiner Hausarbeit zu schreiben, sah Paul den ganzen Tag fern.

Eine alternative Darstellungsoption ist eine *konzessive:*

> Obwohl Paul an seiner Hausarbeit hätte weiterschreiben *sollen*, sah er den ganzen Tag fern.

Eine dritte Möglichkeit ist eine Parataxe mithilfe der nebenordnenden *adversativen* Konjunktion sondern:

> Paul schrieb nicht an seiner Hausarbeit weiter, sondern (er) sah den ganzen Tag fern.

395 Während die normative Priorität in statt bereits *lexikalisch* impliziert ist, muss sie bei der konzessiven Version aus dem Modalverb (sollen) und Modal- und Tempusinformationen (hätte ... sollen) erschlossen werden, und das adversative sondern *allein* markiert nur den Kontrast, nicht die Verletzung eines (Selbst-)Anspruchs. Das konzessive obwohl braucht das Modalverb sollen: Es impliziert zwar einen *Erwartungs*bruch, nicht aber die mit statt angezeigte *Anspruchs*verletzung; zugleich markiert sollen das Nichtzustandekommen des Hausarbeit-Weiterschreibens – auch dies ist in statt enthalten; in der *adversativen* Version wird es durch die Negationspartikel nicht expliziert.

396 Die ersetzende und die konzessive Verknüpfungsbedeutung kann man auch kombinieren:

> Obwohl Paul seine Hausarbeit hätte weiterschreiben sollen, sah er stattdessen den ganzen Tag fern.

Dabei ist die konzessive Bedeutung im Verknüpfungstyp Satzgefüge realisiert (obwohl), die sie überlagernde ersetzende Spielart im Verknüpfungstyp weiterführende Satzreihe (stattdessen).

Man kann die Verknüpfungsbedeutung *ersetzend* auch im Verknüpfungstyp weiterführende Satzreihe (= mit stattdessen) realisieren und mit der adversativen (die ohnehin als Satzreihe realisiert ist) überlagern:

> Paul schrieb seine Hausarbeit nicht weiter, sondern (er) sah stattdessen den ganzen Tag fern.

Spielart *reduzierend*

397 Für diese Spielart stehen zwei Anschlussmittel zur Verfügung: kaum dass und geschweige (denn) dass:

> Er hörte uns nicht richtig zu, kaum dass er uns ins Zimmer ließ.
>
> Er hörte uns nicht richtig zu, geschweige (denn) dass er uns Recht gab.

Diese beiden Varianten sind spiegelbildlich aufeinander bezogen: Der im Matrixsatz angegebene Teilsachverhalt

> Er hörte uns nicht richtig zu.

bildet genau die Mittellage zwischen den Sachverhalten der beiden jeweiligen Konstituentensätze: dem mit kaum dass angeschlossenen, der angibt, was gerade noch möglich ist

> Er ließ uns ins Zimmer,

und dem mit geschweige (denn) dass angeschlossenen, der angibt, was wünschbar ist, aber völlig ausgeschlossen zu sein scheint:

> Er gibt uns Recht.

Der Anschluss mit kaum dass fokussiert also das *gerade noch Mögliche*, der alternative Anschluss mit geschweige (denn), dass das *völlig Aussichtslose*.

6.2.9 Evaluierende Adverbialbeziehungen

Die Bezeichnungen dieser Bedeutungsgruppe wie auch ihrer vier Spielarten sind unter Vorbehalt gewählt; es gibt für diese Verknüpfungsbedeutungen keine etablierte Klassifikation.

Die vier hier vorgesehenen Spielarten von Evaluierung sind (Beispiele alle im Verknüpfungstyp Satzgefüge):
– *eingrenzend:*
   Seine Arbeit ist, was den Stil angeht, gut.
– *Bemessungsbezug:*
   Seine Arbeit ist dafür, dass es seine erste Hausarbeit überhaupt ist, sehr gut.
– *explizierend:*
   Seine Arbeit ist innovativ, insofern sie einen neuen methodischen Zugang erprobt.
– *Vorbehalt:*
   Soweit ich mich auskenne, bietet seine Arbeit nichts Neues.

Das Beispiel für die Spielart *Vorbehalt* weist Gemeinsamkeiten mit dem folgenden Beispiel aus dem Abschnitt Kommentarstufen (→ 462 ff.) auf:
   Wenn ich mich nicht irre, zieht er nach Frankfurt (= konditional, Kommentarstufe I).
Beide Satzgefüge haben die Funktion, die jeweilige Sachverhaltsbehauptung (= Seine Arbeit bietet nichts Neues./Er zieht nach Frankfurt) mit einem *Geltungsvorbehalt* zu versehen (= Soweit ich mich auskenne./Wenn ich mich nicht irre).

Sie tun dies aber mit *unterschiedlichen* strukturellen Mitteln: Wenn ich mich nicht irre ist ein *konditionaler* Adverbialnebensatz, der diese Funktion übernehmen kann, wenn er in der Kommentarstufe I benutzt wird. Soweit ich mich auskenne ist demgegenüber Adverbialnebensatz einer genau auf solchen Geltungsvorbehalt *spezialisierten* Verknüpfung.

Zwar wird soweit auch ohne diese Bedeutung verwendet, aber dann gewissermaßen wörtlich und entsprechend mit Getrenntschreibung so weit im Rahmen von vergleichenden Relativbeziehungen, z. B.:
   So weit ihr Auge reichte, waren verbrannte Wiesen.

6.2.10 Moderierende Adverbialbeziehungen

Auch hier sind die Bezeichnungen unter Vorbehalt gewählt.

In dieser Gruppe ist (zunächst) nur eine Spielart vorgesehen, nämlich *thematisierend:*
   Was (nun) unseren Urlaub angeht – ich *möchte* erst mal mit dir in Ruhe ein paar Kataloge anschauen.
   Was (nun) unseren Urlaub angeht: Meine Schwester *hat* ein Haus auf Mauritius [stimmt nicht!], das sie uns zur Verfügung stellen würde.

Moderierend sind solche Teilsatzbeziehungen insofern, als sie mit (kooperativer) Gesprächssteuerung zu tun haben: Der Adverbialnebensatz startet einen Themenschwenk und bietet durch diese Ankündigung dem Gesprächspartner die Option, zu verlangen, dass erst noch das vorherige Thema weiter ausgearbeitet wird: Nee, wart noch mal kurz, ...

401 Der inhaltliche Zusammenhang zwischen Matrix- und Konstituentensatz kann dabei unterschiedlich groß sein, damit hängt die Finitumstellung im Matrixsatz und auch die Umformbarkeit in eine Satzglied-Darstellung zusammen: Im ersten Ausgangsbeispiel ist im Matrixsatz auch Finitum-*Erst*stellung möglich:

Was (nun) unseren Urlaub *angeht*, (so) *möchte* ich erst mal mit dir in Ruhe ein paar Kataloge anschauen;

ebenso eine Realisierung des Konstituentensatzes als *Satzglied*:

Bezüglich unseres Urlaubs möchte ich erst mal ...

Im zweiten Ausgangsbeispiel ist Finitum-Erststellung *nicht* möglich:

*Was (nun) unseren Urlaub angeht, *hat* meine Schwester ein Haus auf Mauritius.

Auch die Darstellung der Konstituente als Satzglied ist allenfalls mit einem Themensprung-Marker wie *apropos* und nichtintegrierter Stellung möglich:

Apropos Urlaub – meine Schwester hat ein Haus auf Mauritius.

In diesem Ausgangsbeispiel gibt es keinen direkten inhaltlichen Zusammenhang zwischen Matrix und Konstituente. Ein indirekter lässt sich aber entsprechend Kommentarstufe II herstellen:

Was (nun) unseren Urlaub angeht, *(so) möchte ich Folgendes sagen:* Meine Schwester hat ...

Diese Einstufung als Kommentarstufe II ist auch auf das erste Ausgangsbeispiel anwendbar. Insofern wird diese moderierende Adverbialbeziehung *grundsätzlich* als Kommentarstufe II eingestuft (→ 466ff.).

402 Zusätzlich gibt es Teilsatzbeziehungen wie

Hör mal zu, es ist so: Ich wollte eigentlich ... / ..., dass ich eigentlich ...,

die der Themenpräsentation dienen. Dabei dient Hör mal zu! ... der *Aufmerksamkeitssteuerung* und ... Es ist so: ... / ... Die Sache / Sachlage ist die: ... der *thematischen* Ausrichtung; grammatische Mittel dafür sind inhaltsneutrale Kopulastrukturen, und zwar wahlweise mit *formalem* Subjekt es (Es ist so: ...) oder mit neutralem *Nominal*ausdruck Die Sache ist die, ...

Spiegelbildlich dazu gibt es diese Kopulastrukturen auch als Präsentations*abschluss*:

.... So ist es. / So ist das! / Das ist die Sachlage!

403 Die Aufmerksamkeitssteuerung wird parallel bzw. vorausgreifend *nonverbal* geregelt: Wenn man z. B. auf der Straße jemanden um eine Wegauskunft bittet, nutzt man als nonverbale Mittel der Aufmerksamkeitserregung
 – *Verzögern* des eigenen Gehtempos bis zum Stillstand;
 – *Richtungsänderung* auf den Anzusprechenden hin (in der Regel nur so ausgeprägt, dass dieser die Absicht versteht; sich direkt vor den anderen zu 'pflanzen' wäre unhöflich und gälte als ultimativ);

- *Körperorientierung* auf den Anzusprechenden;
- *Blickrichtung* zum anderen (= als Zeichen von Blick*kontakt*-Bereitschaft).

6.3 Ergänzungsbeziehungen

Vorab werden die Verknüpfungsbedeutungen innerhalb der Ergänzungsbeziehungen tabellarisch dargestellt. Die Tabelle ist in Form einer Kreuzklassifikation strukturiert: horizontal nach 4 Bedeutungsgruppen und vertikal nach den drei für die Ergänzungsbeziehungen möglichen Verknüpfungstypen; zusätzlich wird auf die Realisierung als Satzglied bzw. Satzgliedteil verwiesen. 404

Bei den Ergänzungsbeziehungen besetzt der Konstituentensatz eine der Valenzen eines Verbs bzw. eines valenzhaltigen Nomens oder Adjektivs. Diese Valenzträger entscheiden darüber, welche *Grundbedeutung* in der Verbindung von Konstituentensatz und Matrixsatz vorliegt und welche der drei für Ergänzungsbeziehungen möglichen *Verknüpfungstypen* gewählt werden können. 405

Das Verb fragen z. B. bietet die Option auf den Verknüpfungstyp Satzgefüge, nicht aber auf die Verknüpfungstypen weiterführendes Satzgefüge oder weiterführende Satzreihe. Für das Satzgefüge bestehen dabei die folgenden Anschlussoptionen:

Er *fragte* sie, ob sie den Tee mit Zucker wolle.
Er *fragte* sie, wie sie den Tee wolle. / …, warum sie Tee wolle. usw.

Die semantische Charakteristik dieser Anschlüsse ist 'Offenheit eines Sachverhalts'.

Bei einem Verb wie wissen sind demgegenüber alle drei Verknüpfungstypen (Satzgefüge, weiterführendes Satzgefüge und weiterführende Satzreihe) möglich. Für das Satzgefüge bestehen dabei folgende Anschlussoptionen:

Er *wusste* (nicht), ob / wie / warum …
Er *wusste* (nicht), dass …

Auch hier ist die semantische Charakteristik 'Offenheit eines Sachverhalts'.

Bei Konstruktionen mit dem Kopula-Verb (Y ist x-ig) entscheidet zudem das semantische Profil der Adjektivergänzung x-ig über die möglichen Anschlussoptionen: 406

Es ist schön, dass / *ob / wie glücklich er ist. / Es ist schön, von ihm so empfangen zu werden.
Es ist unsicher, *dass / ob / wann / … er kommt.

Die semantische Charakteristik hängt von der gewählten Adjektivergänzung ab: Bei schön ist es 'Faktizität', bei unsicher 'Offenheit'.

Innerhalb dieser syntaktisch-semantischen Vorgaben hängt es dann von der Sachverhaltsbedeutung ab, welche der verbleibenden Anschlussoptionen gewählt wird:

Sie weiß schon, ob sie kommt. – Sie weiß schon, wann sie kommt.

6 Verknüpfungsbedeutungen

Ergänzungsbeziehungen	als Satzteil (satzgliedwertig = sg, attributwertig = a)	Satzgefüge (HS+NS oder NS+HS) und Varianten (*infinitivische* und *hauptsatzförmige* Konstituentensätze)	als Teilsatz: weiterführendes Satzgefüge (HS + w-Morphem im NS)	weiterführende Satzreihe (HS + Personale oder so oder d-Morphem im HS)
referierend:				
- direkt referierend				„Du bist", sagte sie, „richtig süß!" „Und was ist jetzt?", (so) *fragte* sie.
- indirekt referierend *inhaltszentrierende* Variante	Ihrer Behauptung nach wird sie ... (sg)	Sie behauptet, *dass* sie nach England gehen wird.	Sie wird nach England gehen, *was* sie (jedenfalls) behauptet. Sie wird, *wie* sie behauptet, nach England gehen.	Sie wird nach England gehen; *das* behauptet sie (jedenfalls). Sie wird, (*so*) *berichtet* sie, nach England gehen.
- verlaufszentriert referierend	Sie spürte genau das Ertauben des Fußes. (sg)	Paula *spürte* genau, *wie* der Fuß taub wurde.	Ihr Fuß wurde taub, *wie* Paula genau spürte.	Ihr Fuß wurde taub, Paula spürte *es* / *das* genau.
- unter Vorbehalt referierend		Es *schien* ihm, als wäre sie blass geworden.		Sie war blass geworden, *so schien* es ihm jedenfalls.
offen:				
- indirekte Frage	Er fragte sie nach einem ev. Anruf. / ... nach dem Zeitpunkt ihres Anrufs. (sg)	Er *fragte* sie, *wen* sie angerufen hatte.		
- Fraglichkeit		Er *fragte* sich, *ob* / *wann* sie ihn wohl besuchen würde.		Wen wollte sie wohl besuchen; *das* fragte er sich (inzwischen).
- selektive Klarheit		Er *wusste* genau, *ob* / *wann* sie ihn besucht hatte.		
- Klärungsirrelevanz		Für ihn ist es nicht *wichtig*, *ob* sie kommt.		*Vielleicht* kommt sie, *vielleicht* nicht; *das* ist für ihn nicht wichtig.
faktisch:				
- *unspezifisch* faktisch	Sein Wein-Mitbringsel war nett. (sg)	Es war nett, *dass* er Wein mitbrachte.	Er brachte Wein mit, *was* nett war.	Er brachte Wein mit, *das* war nett.
- *narrativ* faktisch		Er fand es schön, *als* sie plötzlich neben ihm lag.		
- *hypothetisch* faktisch	Einen Besuch von ihm fände ich schön. (sg)	*Wenn* er noch zu Besuch kommt, fände ich *das* schön.		*Vielleicht* kommt er noch zu Besuch, *das* fände ich schön.
- *exklamativ* faktisch		Es ärgert ihn, *wie oft* sie ihn um Hilfe fragt.	Sie bittet ihn *sehr oft* um Hilfe, *was* ihn ärgert.	Sie bittet ihn *sehr oft* um Hilfe, *das* ärgert ihn.
modalisierend:				
- optionale Ausführung	Sie hatte einen Autokauf vor. (sg)	Sie hatte vor, sich ein Auto zu kaufen.		
- bewertete Ausführung	Er brachte netterweise Wein mit. (sg)	Er war *so nett*, Wein mitzubringen.		Er brachte den Wein mit, er war *so nett*.

Man kann die bei Ergänzungsbeziehungen vorliegenden Verknüpfungsbedeutungen in vier Gruppierungen zusammenfassen:
- *referierend,*
- *offen,*
- *faktisch,*
- *modalisierend.*

6.3.1 Referierende Ergänzungsbeziehungen

In dieser Bedeutungsgruppe werden vier Spielarten von referierend unterschieden (die Beispiele zu *direkt referierend* sind im Verknüpfungstyp weiterführende Satzreihe, die drei weiteren im Verknüpfungstyp Satzgefüge):

407

- *direkt referierend:*
    „Du bist", sagte sie, „richtig süß!"
    „Und was ist jetzt?", (so) fragte er.
- *indirekt referierend:*
    Er behauptet, dass er von ihr betrogen worden ist / sei.
    Er behauptet von ihr betrogen worden zu sein.
- *verlaufszentriert referierend:*
    Paula *spürte* genau, wie der Fuß taub wurde.
- *unter Vorbehalt referierend:*
    Es *schien* ihm, als sei sie blass geworden.

Direkt referierend

Unter dieser Spielart sind direkte *Rede* und direkte *Frage* zusammengefasst.

408

Die Teilsatzbeziehung zwischen Matrixsatz und direkter Aussage entspricht dem Verknüpfungstyp C, also einer weiterführenden Satzreihe. Die direkten Aussagen sind dabei in der Regel *satzglied*wertig:

Sie sagte X; X = „Du spinnst!" → Sie sagte: „Du spinnst!" / „Du spinnst!", (so) sagte sie.

Das fakultative Korrelat so, das bei Mittel- und Nachstellung des Matrixsatzes möglich ist, mag auf den ersten Blick überraschen. Vertraut ist es aus historischen Texten und aus neueren Bibelübersetzungen; dort wird es auch bei Voranstellung des Matrixsatzes verwendet:

Denn so spricht der HERR: …
…, so spricht der HERR.

Es wird bei der Spielart *indirekt referierend* näher kommentiert.

Der Matrixsatz, der die direkten Aussagen syntaktisch rahmt und trägt, wird als *Redeeinleitung* oder auch als *Begleitsatz* bezeichnet.

409

Der Terminus Rede*einleitung* ist nur dann unmittelbar einleuchtend, wenn der Matrixsatz der direkten Aussage vorausgeht:

Sie sagte: „Was soll das denn!"

In den beiden anderen möglichen Stellungen

> „Ich weiß", sagte sie, „dass du mich nicht liebst."
> „Du hast gestern gesponnen", (so) sagte sie.

ist er unangemessen, jedenfalls solange man ihn wörtlich versteht. Insofern ist insgesamt der Terminus Begleitsatz passender. Spezifischer und damit aufschlussreicher wäre der Terminus *Rede*begleitsatz.

410 Interessant ist die Frage, an welchen Stellen man mit dem Matrixsatz eine *direkte* Aussage unterbricht und ob es dabei Unterschiede zu *indirekten* Aussagen gibt. Wenn wie in dem weiter oben angeführten Beispiel die direkte Aussage in sich ein *zusammengesetzter* Satz ist, liegt als Unterbrechungsstelle die Grenze zwischen den beiden Teilsätzen dieser Aussage nahe:

> „Ich weiß", sagte sie, „dass du mich nicht liebst."

Bei direkten Aussagen in Form eines *einfachen* Satzes sind mehrere Stellen möglich; die am häufigsten gewählte ist nach meinen (allerdings schmalen) empirischen Befunden die Stelle nach dem im Vorfeld platzierten Subjekt:

> „Paul", so berichtete sie hastig, „hatte uns nach dem Gewitter nicht mehr gefunden."

Nicht gewählt wird die Stelle direkt nach dem Finitum und vor nachfolgenden Objekten:

> (*)„Paul hatte", so berichtete sie hastig, „uns nach dem Gewitter nicht mehr gefunden."

Weitere Stellungen sind:

> „Paul hatte uns", so berichtete sie hastig, „nach dem Gewitter nicht mehr gefunden."
> „Paul hatte uns nach dem Gewitter", so berichtete sie hastig, „nicht mehr gefunden."

Die *direkte* Aussage wird dabei durch den Matrixsatz *an einer Satzgliedgrenze* unterbrochen, nicht *innerhalb* eines Satzglieds:

> „Paul hat mir das", sagte sie, „in einem auffällig dicken Umschlag überreicht."
> (*)"Paul hat mir das in einem", sagte sie, „auffällig dicken Umschlag überreicht."

411 Ein vergleichender Blick auf die nachfolgend behandelte Variante *indirekt* referierend: Hier kann der Einschub des Matrixsatzes auch *vor* einem rhematischen Element *innerhalb* eines Satzglieds erfolgen, und zwar bei der *inhalts*zentrierenden Variante (→ 415 ff.) zu Verknüpfungstyp B und zu C (nämlich B' bzw. C'):

> B' Paul hätte ihr das in einem, wie der Zeuge betonte, *auffällig dicken* Umschlag überreicht.
> C' Paul hätte ihr das in einem, so (sagte) der Zeuge, *auffällig dicken* Umschlag überreicht.

Vor allem Variante C' eignet sich dafür; sie ist darauf spezialisiert, die Aussageninhalte selber in den Mittelpunkt zu stellen und dabei deren Rezeption unauffällig zu steuern.

> *Rolf Sellin*
>
> Konversation
>
> Sagte die Baronin
> meinte die Tochter des Hauses
> setzte der Forstadjunkt fort
>
> der Landrat warf ein
> die Hausherrin fragte
> die Gouvernante erwiderte
>
> entgegnete die Baronin
> versetzte der Forstadjunkt
> fuhr der Baron fort ...
>
> Die Großmutter des Grafen
> winkte ihm noch lange nach.

Kommasetzung und direkte Rede

Ein Begleitsatz hat einer wörtlichen Wiedergabe gegenüber den gleichen Status wie ein Matrixsatz gegenüber einem Konstituenten-Nebensatz und wird entsprechend mit (ggf. paarigem) Komma von ihm abgetrennt (insofern nehme ich solche Begleitsätze mit zu den Matrixsätzen und verwende im Folgenden statt des in den Amtlichen Regeln verwendeten Terminus *Begleitsatz* den hier üblichen Terminus *Matrixsatz*).

„Ich bin müde", sagte er.
„Ich bin", sagte er, „ziemlich müde."

Steht der Matrixsatz am Anfang, übernimmt der Doppelpunkt wegen seines unübersehbar vorausweisenden (= kataphorischen) Charakters diese Abtrennungsfunktion:

Er sagte: „Ich bin müde", und ging schnell schlafen.

Diese kataphorische Funktion des Doppelpunkts hängt damit zusammen, dass die Teilsatzbeziehung zwischen Matrixsatz und direkter Aussage dem Verknüpfungstyp weiterführende Satzreihe (= C) entspricht; für die Teilsatzreihenfolge in diesem Verknüpfungstyp gilt regulär, dass der Matrixsatz (hier: der Begleitsatz) der *zweite* Teilsatz ist. Wenn diese Standardstellung verändert wird wie bei der direkten Rede, dann muss ein *vorausweisendes* Element stehen – und das am wenigsten aufwändige ist eben ein Doppelpunkt: Er hat mein Auto kaputtgefahren, das weiß ich → Ich weiß: Er hat mein Auto kaputtgefahren.

Für die Satzzeichen im Kontext wörtlicher Wiedergabe gelten im Einzelnen folgende Regelungen:

1. Treffen Ausrufe- und Fragezeichen (= *semantisch* markierte Zeichen) im Matrixsatz und in der wörtlichen Wiedergabe aufeinander, so überlagern sie sich störungsfrei (= *gleichrangige* semantisch markierte Zeichen konkurrieren nicht):

   Frag ihn doch mal: „Liebst du mich?"!
   Hast du ihn schon einmal gefragt: „Liebst du mich?"?

2. Ausrufe- und Fragezeichen verdrängen einen – *vorausgehenden* wie *nachfolgenden* – Punkt (= 'semantisch *markiertes* Zeichen' verdrängt *unmarkiertes*):

   Hast du ihr schon einmal gesagt: „Ich liebe dich "?
   (= kein Punkt am Ende der wörtlichen Wiedergabe, also nach dich und vor dem schließenden Anführungszeichen).
   Sie fragte ihn: „Liebst du mich?"
   (= kein Punkt am Ende des Matrixsatzes, also nach dem die wörtliche Wiedergabe schließenden Anführungszeichen).

3. Ein Komma verdrängt innerhalb des Gesamtsatzes einen (vorausgehenden) Punkt (= '*syntaktisch* markiertes Zeichen' verdrängt *unmarkiertes*):

   „Ich bin müde ", sagte er.
   (= kein Punkt am Ende der wörtlichen Wiedergabe).

4. Das Komma des (eingeschobenen) Matrixsatzes verdrängt ein Komma der wörtlichen Wiedergabe (= 'syntaktisch *ranghöheres* Zeichen' verdrängt *rangniedrigeres*):

   „Wenn ich Zeit habe ", sagte sie, „komme ich heute noch."
   (= kein Komma hinter habe, obwohl hier der Nebensatz innerhalb der wörtlichen Wiedergabe endet).

5. Der *erste* Punkt (= am Ende der wörtlichen Wiedergabe) verdrängt den *zweiten* Punkt (= am Ende des Matrixsatzes):

   Er sagte: „Ich bin müde."
   (= kein Punkt hinter dem schließenden Anführungszeichen).

   Diese Regelung 5 ist aus meiner Sicht syntaktisch inkonsequent, weil hier das syntaktisch rang*niedrigere* Zeichen das rang*höhere* verdrängt. Man hätte analog zu 4 auch hier den Punkt des ranghöheren Teilsatzes 'vorziehen' sollen:

   *Er sagte: „Ich bin müde ".

   Dann hätte man für die Satzzeichen bei wörtlicher Wiedergabe eine einzige konsistente Regel formulieren können: 'Semantisch oder syntaktisch *markierte* Zeichen verdrängen *unmarkierte*; zum *Matrixsatz* gehörende Zeichen verdrängen die zum *Konstituentensatz* gehörenden' – oder noch kürzer: 'Markiert verdrängt unmarkiert, Matrixsatz verdrängt Konstituentensatz'. – Schade.

Indirekt referierend

414 Unter dieser Spielart sind indirekte *Rede*-Wiedergabe

   Er hat (das) nie behauptet, dass er von ihr betrogen worden ist / sei.

und indirekte Wiedergabe von *Gedanken* und *Wahrnehmung* zusammengefasst:

   Er hatte schon gar nicht mehr gehofft, dass sie ihren Streit wieder bereinigen könnten.
   Er bemerkte zu seiner großen Freude schon bald, dass er wieder stark genug war.

Bei dieser Spielart sind, soweit von der Sachverhaltsaussage her sinnvoll, die Verknüpfungstypen B und C möglich:

   B   Er war wieder stark genug, was er zu seiner großen Freude schon bald bemerkte.
   C   Er war wieder stark genug – das bemerkte er zu seiner großen Freude schon bald.

Neben diesen üblichen *weiterführenden* Satzgefügen (= B) bzw. Satzreihen (= C) gibt es für die Spielart indirekten Referierens auch *nicht-weiterführende* Varianten B' bzw. C':

    B'   Er war wieder stark genug, wie er merkte.
    B'   Er war, wie er merkte, wieder stark genug.
    B'   Wie er merkte, war er wieder stark genug.
    C'   Er war, (so) merkte er, wieder stark genug.
    C'   Er war wieder stark genug, (so) merkte er.
    C'   Er merkte, er war wieder stark genug.

Da diese Varianten B' und C' *nicht* weiterführend sind, können die Matrixsätze hier im Unterschied zu B und C in End-, Mittel- oder auch Anfangsstellung stehen.

In dieser Variante dienen die Matrixsätze lediglich dazu, die in den Konstituentensätzen formulierten Inhalte in den Mittelpunkt zu stellen; deshalb haben sie in den Beispielsätzen B' und C' auch weniger Eigengewicht als in B und C. Der magere Matrixsatz in B' wäre in dieser Form für Verknüpfungstyp B nicht geeignet:

    B   (*)Er war wieder stark genug, was er merkte.

Man müsste ihn semantisch aufpäppeln, z. B. zu

    Er war wieder stark genug, was er *zum Glück (auch) (relativ schnell)* merkte.

Ich bezeichne diese Varianten B' und C' als *inhaltszentrierende* Variante. Sie bietet die Option, Aussagen, Ansichten und Wahrnehmungen auf eine stellungsbewegliche und wenig vom Inhalt ablenkende Weise zu rahmen:

    A   In der Pressekonferenz gab Maier bekannt, dass der Verein seine negative Bilanz bis zum Jahresende ausgleichen werde.
    B'   Der Vorstand wolle, wie Maier sagte, in 2007 keine neuen Spieler einkaufen.
    C'   Vielmehr, so (sagte) Maier, werde man mit den vorhandenen Pfunden wuchern.
    C'   Maier betonte, er werde alles Menschenmögliche für den Verein tun.

Dabei wirkt insbesondere die *Mittelstellung* (= im zweiten und im dritten Satz) per se 'beiseite-sprechend', und die zwei Ebenen – die der Rahmung und die der Fremdaussage – werden durch diese Platzierung und entsprechende Stimmführung sauber und zugleich unaufwändig getrennt. Journalistisch besonders elaboriert ist vor allem die elliptische Version *ohne* sagte im dritten Satz.

Sowohl in der *regulären* Version der Wiedergabe wie auch in der *inhaltszentrierenden* Version sind die in den Konstituentensätzen formulierten Aussagen syntaktisch sichtbar *abhängig*. Es gibt demgegenüber die Option einer syntaktisch *nicht* abhängigen Wiedergabe: zum einen durch sog. *berichtete Rede*, zum anderen durch sog. *erlebte Rede*.

Die *berichtete Rede* kann im Gefolge einer *indirekten* Rede starten (insbesondere, wenn diese die Variante C' nutzt und daher bereits mit einem *hauptsatzförmigen* Konstituentensatz arbeitet):

    Er behauptete, er sei von ihr betrogen worden. *Sie habe ihm zwar einmal entsprechende Andeutungen gemacht. Auf seine Frage aber habe sie immer alles bestritten.* ...

Der durchlaufende Modus Konjunktiv hält in Erinnerung, dass diese syntaktisch selbstständigen Aussagen perspektivengebunden sind. Der Ausstieg aus berichteter Rede kann über eine Passage *direkter* Redewiedergabe erfolgen:

    ... *Auf seine Frage aber habe sie immer alles bestritten.* „Und jetzt reicht es mir!", *schloss er.*

Die *erlebte Rede* kann ebenfalls aus einer Passage indirekter Gedanken-Wiedergabe heraus beginnen:

> Er hoffte, dass sie ihren Streit wieder bereinigen könnten. *Vielleicht sollten sie einfach einmal ein Wochenende wegfahren. Das könnte die Chance für ein neues Interesse aneinander eröffnen.* ...

Berichtete Rede und erlebte Rede sind ihrerseits nicht an komplexen Satzbau gebunden; sie werden darum hier nicht näher behandelt.

Aus der Hamburger Vergleichsstudie „Aspekte der Lernausgangslage und der Lernentwicklung – Klassenstufe 9 (LAU 9)" – Ende des 8. Schuljahrs, September 2000 durchgeführt (der Textauszug stammt aus Heinrich von Kleists Erzählung „Sonderbarer Rechtsfall in England"):

Beispielaufgabe 5: „Wie lautet der Satz ,..., dass, ehe vierundzwanzig Stunden vergingen, ihn sein Betragen reuen solle.' korrekt in direkter Rede?"
(a) Ehe vierundzwanzig Stunden vergingen, soll ich sein Betragen reuen.
(b) Ehe vierundzwanzig Stunden vergehen, soll ihn sein Betragen reuen.
(c) Ehe vierundzwanzig Stunden vergangen sind, soll dein Betragen dir reuen.
(d) Ehe vierundzwanzig Stunden vergangen sein werden, soll dein Betragen dich reuen.

Diese Aufgabe war als sehr schwierig ermittelt worden (= Rasch-Skalenwert 154, der durchschnittliche Schwierigkeitsgrad lag bei 112). Nur 1,3 Prozent der Schülerinnen und Schüler haben sie angemessen beantwortet.

Importieren von Dritt-Wissen

418   Indirekte Redewiedergabe, ihre inhaltszentrierende Variante B' und C' sowie berichtete Rede lassen sich gut nutzen für eine der Kernaufgaben in der Ausbildung wissenschaftlichen Wissens bei Schülern: den Umgang mit Dritt-Wissen.

Wer in argumentativen Texten – in Schule oder Hochschule oder als Text-Profi, z. B. als Journalist – Aussagen Dritter in eigene Texte integrieren will bzw. muss, muss mit diesen Importen gut umgehen lernen; solche *Formulierungsansprüche* sind:
- Beim Import und seiner Nutzung für den eigenen Text muss
    - die importierte *Aussage* sauber und erkennbar referiert und
    - ihr *Status* im Kontext der Quelle deutlich sein.
- Der *Zweck* dieses Imports im *eigenen* Kontext muss deutlich sein (= Stärkung oder Differenzierung oder 'Gegenwind' für die eigene Argumentation?).

Folgende *Formulierungsvarianten* stehen zur Verfügung:
- *Quelle*-fokussierend (dadurch erhöht diese Variante *grundsätzlich* die syntaktische Komplexität um 1 Stufe):

    A *Maier behauptet, dass* Grammatikkenntnisse für Textüberarbeitung hilfreich sind / *seien*.
    B Grammatikkenntnisse sind für Textüberarbeitung hilfreich, *was (jedenfalls) Maier (in seinem Beitrag) behauptet*.
    C Grammatikkenntnisse sind für Textüberarbeitung hilfreich, *das behauptet (jedenfalls) Maier (in seinem Beitrag)*.

– *Import*-fokussierend
  – *mit* syntaktischer Komplexitätserhöhung:
    B' Grammatikkenntnisse sind, *wie Maier behauptet*, für Textüberarbeitung hilfreich.
    (elliptisch) C' Grammatikkenntnisse sind, (so) *behauptet Maier,* für Textüberarbeitung hilfreich.
    elliptisch (C') Grammatikkenntnisse sind, *so Maier,* für Textüberarbeitung hilfreich.
  – *ohne* syntaktische Komplexitätserhöhung:
    Grammatikkenntnisse sind *Maier zufolge* für Textüberarbeitung hilfreich.
    Grammatikkenntnisse sind *laut Maier* für Textüberarbeitung hilfreich.
    Nach Maier sind Grammatikkenntnisse für Textüberarbeitung hilfreich.

Und nach einem dieser Quellen anzeigenden Sätze kann man einige Aussagen lang auch *berichtete Rede* nutzen:

Maier behauptet, dass Grammatikkenntnisse für Textüberarbeitung hilfreich seien. Sie seien insbesondere hilfreich für die Vermeidung von Doppeldeutigkeiten; diese lägen in ungeschickten Satzgliedstellungen begründet. ...

Ein interessantes Beispiel aus der Leistungsnachweisarbeit einer Germanistik-Studentin: 419

[...] Ob Konflikte sich entfalten können und dürfen, hänge, nach Schank, zunächst von der Einstellung gegenüber Konflikten überhaupt ab [...].

Hier sind zwei Wiedergabe-Möglichkeiten gekreuzt:
  [...] hängt(,) nach Schank(,) [...
und
  [...] hänge – so Schank – [...].

Sowohl der Konjunktiv hänge als auch die präpositionale Struktur nach X binden die Perspektive an Schank. Wird also der Konjunktiv verwendet, darf der Verweis auf Schank nur als *Parenthese* erfolgen, während die präpositionale Struktur nur mit dem *Indikativ* gekoppelt werden darf.

Werden wie in der zitierten Hausarbeit beide Muster *kombiniert,* dann stellt die präpositionale Struktur den Bezug zu Schank her, und dadurch scheint der dafür nicht nötige Konjunktiv auf einen ominösen Dritten zu verweisen, der sich seinerseits zu Schank bzw. Schanks Aussagen geäußert hat.

Verlaufszentriert referierend

Diese Spielart ist gebunden an Verben der Wahrnehmung wie bemerken, spüren, sehen, 420 hören:
  A   Er hörte mit Entsetzen, wie jemand die Tür zu öffnen versuchte.

Sie richtet den Fokus auf den Verlauf des wiedergegebenen Geschehens; das macht der Vergleich mit dem *nicht* verlaufszentrierten Anschluss deutlich:
  A   Er hörte mit Entsetzen, dass jemand die Tür zu öffnen versuchte.

Nur im Verknüpfungstyp A ist diese Spielart durch das spezifische Anschlussmittel wie angezeigt. Die Verknüpfungstypen B und C sind demgegenüber 'unauffällig':
  B   Jemand versuchte die Tür zu öffnen, was er mit Entsetzen hörte.
  C   Jemand versuchte die Tür zu öffnen, das hörte er mit Entsetzen / er hörte es mit Entsetzen.

Für beide Verknüpfungstypen sind auch die inhaltszentrierten Varianten B' bzw. C' mit ihren Stellungsfreiheiten möglich:

> B'   Jemand versuchte die Tür zu öffnen, wie er mit Entsetzen hörte.
> B'   Jemand versuchte, wie er mit Entsetzen hörte, die Tür zu öffnen.
> B'   Wie er mit Entsetzen hörte, versuchte jemand die Tür zu öffnen.

Unter Vorbehalt referierend

421   Zu dieser Spielart gehören Verben wie sein oder scheinen. Sie bieten die Option auf einen Konstituentensatz mit als ob / als / wie wenn ... + Konjunktiv, der deutlich hält, dass die Aussage unter dem Vorbehalt der Fehleinschätzung präsentiert wird; überwiegend wird Konjunktiv II verwendet (auch geschriebensprachlich), Konjunktiv I ist aber möglich:

> Ihm war, als hätte (/ als habe) er hinter dem Baum jemanden gesehen.
> Es schien, als wäre niemand zuhause.
> Es scheint, als hätte uns Paul vergessen.

422   Diese Anschlüsse gleichen in ihrer strukturellen Oberfläche den *Relativ*beziehungen, und zwar dort den Vergleichsbeziehungen:

> Er sang, als hätte er schon sein ganzes Leben lang gesungen.
> → Er sang (so), wie er singen würde, *wenn* er schon sein ganzes Leben lang gesungen hätte.

Wenn man versucht, die erste der beiden Ergänzungsbeziehungen nach diesem Modell zu paraphrasieren, wechselt man (versehentlich) das Konstruktionsprinzip und macht aus der Ergänzungsbeziehung eine Pseudo-Relativbeziehung:

> *Ihm war es so, wie es ihm wäre, wenn er hinter dem Baum jemanden gesehen hätte.

Joseph von Eichendorff

Mondnacht

Es war, als hätt' der Himmel
Die Erde still geküßt,
Daß sie im Blüten-Schimmer
Von ihm nun träumen müßt'.

Die Luft ging durch die Felder,
Die Ähren wogten sacht,
Es rauschten leis die Wälder,
So sternklar war die Nacht.

Und meine Seele spannte
Weit ihre Flügel aus,
Flog durch die stillen Lande,
Als flöge sie nach Haus.

6.3.2 Offene Ergänzungsbeziehungen

In dieser Bedeutungsgruppe werden vier Spielarten unterschieden (Beispiele hier alle im Verknüpfungstyp Satzgefüge): Zunächst – als gewissermaßen neutrale Spielart – die

— *indirekte Frage:*

> Er *fragte* sie, ob / wann sie ihn angerufen hatte.
> *Direkte* Fragen sind in der Gruppe *direkt referierend* eingeordnet.

Dann drei spezifische Spielarten:

— *Fraglichkeit:*

> Er *fragte sich*, ob / wann sie ihn wohl besuchen würde.

— *selektive Klarheit:*

> Er *wusste* genau, ob / wann sie ihn besucht hatte.

— *Klärungs(ir)relevanz:*

> Für ihn ist es (nicht) *wichtig*, ob sie mitkommt.

Bei den Spielarten *indirekte Frage* und *Fraglichkeit* kann man die Konstituentensätze als indirekte Fragesätze einstufen. Bei der indirekten Frage geht es um eine Frage an jemand anderen, bei Fraglichkeit um 'Fragen' an einen selbst.

Zu beiden Spielarten gibt es Varianten einer syntaktisch *nicht* abhängigen Wiedergabe. Die *eine* ist die (analog zur *berichteten Rede* so bezeichnete) *berichtete Frage*. Sie kann im Gefolge einer indirekten Frage auftreten:

> Er fragte sie, warum sie ihn nicht mehr sehen wolle. *Ob sie ihn nicht mehr liebe oder ob sie jemand anderen hätte. Was er denn aus ihrer Sicht tun könne, um sie wiederzugewinnen.* …

Der durchlaufende Modus Konjunktiv hält in Erinnerung, dass diese syntaktisch selbstständigen Aussagen *perspektivengebunden* sind. Der Ausstieg aus dieser Perspektive kann über eine Passage direkter Fragewiedergabe erfolgen:

> … *Was er denn aus ihrer Sicht tun könne, um sie wiederzugewinnen.* „Hast du mich denn gar nicht mehr lieb?" fragte er, fast kindlich.

Die andere Variante ist die (unter den Begriff der erlebten Rede subsumierbare) 'erlebte Fraglichkeit'. Auch sie kann aus einer Passage der Spielart *Fraglichkeit* starten:

> Er fragte sich, warum sie ihn nicht mehr sehen wollte. *Liebte sie ihn nicht mehr oder hatte sie jemand anderen? Was sollte er aus ihrer Sicht wohl tun, um sie wiederzugewinnen?* …

Während bei der berichteten (Entscheidungs-)Frage die Fragekonjunktion ob notwendig ist, ist sie im Rahmen erlebter Fraglichkeit allenfalls fakultativ.

Berichtete Frage und erlebte Fraglichkeit sind ihrerseits nicht an komplexen Satzbau gebunden; darum werden sie hier nicht näher behandelt.

In Beispielen der Spielart *selektive Klarheit* wie

> Er *wusste* genau, ob / wann sie ihn besucht hatte.

kann man ob / wann noch als Interrogativum ansehen, insofern zwar die im Subjekt des Matrixsatzes bezeichnete Person (Er) Klarheit hat, der Sachverhalt aber als für *Dritte* noch fraglich dargestellt ist.

Zur Spielart *Klärungs(ir)relevanz* gehören auch Teilsatzbeziehungen wie die folgenden:

> Für Paul war es nicht wichtig / unwichtig, wer von uns ihm helfen würde.
> Für Paula spielt es eine große Rolle, ob Paul mitkommt.

Die Bedeutung dieses Anschlusstyps lässt sich folgendermaßen paraphrasieren: Die Klärung der Frage (hier: wer von uns bzw. ob ... (oder nicht)) ist wichtig bzw. unwichtig.

6.3.3 Faktische Ergänzungsbeziehungen

426 In dieser Bedeutungsgruppe werden vier Spielarten unterschieden (Beispiele hier alle im Verknüpfungstyp Satzgefüge):

– *unspezifisch:*
> Es war nett, dass er Wein mitbrachte.

– *narrativ:*
> Er fand es schön, als sie plötzlich neben ihm lag.

– *hypothetisch:*
> Wenn er noch zu Besuch kommt, fände ich das schön.

– *exklamativ:*
> Es ärgert ihn, wie oft sie ihn um Hilfe fragt.

In den beiden Spielarten *narrativ* und *hypothetisch* wird ein Fakt als erzählbares Ereignis (= narrativ) bzw. als noch nicht eingetretene Möglichkeit (= hypothetisch) präsentiert. In beiden Fällen muss im Matrixsatz (der hier zugleich Hauptsatz ist) ein es (insbesondere bei *Voran*stellung des Matrixsatzes) bzw. das (insbesondere bei *Nach*stellung des Matrixsatzes) stehen. Bei den Spielarten *unspezifisch* und *exklamativ* ist dies nicht nötig. Man kann diese Pro-Elemente als Hinweis auf folgende zugrunde liegende Struktur nehmen:

> Als sie plötzlich neben ihm lag, fand er *das* (= dass sie neben ihm lag) schön.
> Wenn er noch zu Besuch kommt, fände ich *das* (= dass er zu Besuch kommt) schön.

Die narrative und die hypothetische Spielart wären also elliptische Versionen dieser 'Langform'.

Solche Struktur verdeutlichenden Langformen haben oft etwas Künstliches; das liegt daran, dass sie unnötig redundant sind und daher dem Grice'schen Prinzip kooperativer Knappheit widersprechen. Äußerungen sollten – nach den Grice'schen Maximen – grundsätzlich nur so lang sein wie (unbedingt) nötig.

427 Konstruktionen der Spielart *exklamativ* wie

> Mich hat überrascht, *wie* schön du singen kannst.
> ..., *wo* du schon (alles) warst.
> ..., *wen* du alles kennst.

könnten auf den ersten Blick zu den Fraglichkeits-Beziehungen gerechnet werden, sie gehören aber zur Gruppe der *faktischen* Ergänzungsbeziehungen. Das Gemeinsame in diesen Beispielen ist, dass ein – hier: unerwartet *hoher* – *Ausprägungsgrad* (= von Stimmschönheit bzw. Reiseerfahrung bzw. Sozialkontakten) vorliegt, der mit Erstaunen festgestellt wird.

Im folgenden Beispiel ist die hervorgerufene Reaktion Empörung/Ärger und die Ausprägung nicht hoch, sondern niedrig, aber die Charakteristik 'unerwarteter Ausprägungsgrad' ist die gleiche:

Mich hat geärgert, *wie* wenig du dich auskennst.

Die w-Wörter haben also nicht primär mit Frage oder Fraglichkeit zu tun, sondern sie markieren den jeweiligen thematischen Ansatzpunkt der Reaktion. Es sind Exklamativpronomen (wen) (→ Bd. 1: 229, 268–272) bzw. Exklamativadverbien (wie und wo) (→ Bd. 1: 386, 409).

6.3.4 Modalisierende Ergänzungsbeziehungen

In dieser Bedeutungsgruppe werden zwei Spielarten von modalisierend unterschieden (Beispiele hier alle im Verknüpfungstyp Satzgefüge):

– *optionale Ausführung:*
  Sie hatte vor, sich ein Auto zu kaufen.
– *bewertete Ausführung:*
  Er war so nett, Wein mitzubringen.

In der Gruppe der modalisierenden Ergänzungsbeziehungen werden vorzugsweise nebensatzwertige *Infinitiv*-Anschlüsse verwendet.

Ergänzungsbeziehungen der Spielart *optionale Ausführung* wie

  Er plante fest, mit ihr zusammenzuziehen.
  Ich wünsche mir sehr, dass ich in der nächsten halben Stunde nicht gestört werde.
  Sie verbot uns nachdrücklich, diese Geschichte jemandem weiterzuerzählen.

enthalten im Konstituentensatz eine nicht bzw. noch nicht realisierte Handlung. Dazu passt, dass häufig Infinitivanschluss gewählt wird.

Durch die Charakteristik 'nicht realisiert' gibt es für eine Darstellung als weiterführendes Satzgefüge oder weiterführende Satzreihe Komplikationen: In den Konstituentensatz muss eine Anzeige eingebaut werden, dass die betreffende Handlung (noch) nicht realisiert ist:

  Er plante fest, mit ihr zusammenzuziehen.
  → Er *würde vielleicht* mit ihr zusammenziehen, was er *jedenfalls* fest plante.
  → Er *würde vielleicht* mit ihr zusammenziehen; *jedenfalls* plante er das fest.

Im zweiten und dritten der drei Ausgangsbeispiele ist dies nicht möglich.

Ein zweiter Blick auf Goethes „Leiden des jungen Werthers" (→ 237):

6 Verknüpfungsbedeutungen

> Er kam nach Hause, nahm seinem Burschen, der ihm leuchten wollte, das Licht aus der Hand, und gieng allein in sein Zimmer, weinte laut, redete aufgebracht mit sich selbst, gieng heftig die Stube auf und ab, und warf sich endlich in seinen Kleidern auf's Bette, wo ihn der Bediente fand, der es gegen Eilf wagte hinein zu gehn, um zu fragen, ob er dem Herrn die Stiefel ausziehen sollte, das er denn zuließ und dem Diener *verbot*, des andern Morgens *nicht* in's Zimmer zu kommen, bis er ihm rufte.

Hieran ist aus heutiger Sicht – einmal abgesehen von der abweichenden Valenz von rufen (... *ihm rufte*) und dessen ablautloser Flexion (rufte) – die Ergänzungsbeziehung ... *er dem Diener verbot, ... nicht in's Zimmer zu kommen* auffällig: Wir erwarten eigentlich den Infinitivanschluss *ohne* Negation, da verbieten nur auf der Basis der negationsfreien Aussage operieren kann (sonst würde diese Ergänzungsbeziehung genau das Gegenteil bedeuten: Werther hätte den Diener verpflichtet, *unbedingt* am nächsten Morgen ins Zimmer zu kommen).

Auch knapp 30 Jahre später verwendet Goethe in „Die Natürliche Tochter" (1803) im Zweiten Aufzug, Fünfter Auftritt diesen Anschluss:

> Soll ich die Neugier dies Geschenk zu sehn
> Vor dir umsonst bezähmen! – Hab' ich doch
> Den Schlüssel hier! – Der Vater zwar verbot's.
> Doch was *verbot* er? Das Geheimnis *nicht*
> Unzeitig zu entdecken; doch dir ist
> Es schon entdeckt.

431 Aus heutiger Sicht ist dieser Anschluss also grammatisch falsch, weil doppelt negiert. Dazu merkte bereits Adelung in seinem Wörterbuch (Ausgabe 1808) an:

> Da in diesem Zeitworte [= verbiethen] schon eine Verneinung liegt, so darf dieselbe in dem Nachsatze ordentlich nicht wiederhohlet werden, daher diejenigen Wörter, welche dergleichen enthalten, wie nicht, nichts, kein, niemand, hier eigentlich fehlerhaft sind. Ich verbiethe dir, es nicht zu thun, besser, ich befehle dir, es nicht zu thun, oder, ich verbiethe dir, es zu thun. Es ist verbothen, niemanden etwas davon zu sagen, besser, jemanden. Ich verbiethe dir, keinem etwas davon zu sagen, oder, daß du keinem etwas davon sagest, besser, jemanden etwas davon zu sagen. Christus verboth seinen Jüngern, daß sie niemanden sagen sollten u. s. f. Joh. 6, 15. Marc. 9, 9. Kap. 5, 43. und in andern Stellen mehr. Daher sich denn auch das Bindewort daß nur selten ohne Mißlaut mit diesem Zeitworte verbinden lässet, indem es in den meisten Fällen eine Verneinung nach sich haben müßte. Aber auch, wo diese fehlt, wird in den meisten Fällen der Infinitiv mit dem Wörtchen zu schicklicher seyn. Es scheinet, daß diese Construction mit verneinenden Wörtern noch ein Überbleibsel der alten ersten Bedeutung des Befehlens ist.
> (Adelung, Band 4, Sp. 994 – Adelung markiert die Beispielswörter nicht)

Bis ins Neuhochdeutsche hinein hatte verbieten aber sowohl die intensivierende Bedeutung zu bieten (also wie gebieten) als auch die gegenläufige Bedeutung, die sie heute ausschließlich hat.

Diese von Adelung angesprochene zweifache Verschiebung – die Einschränkung der Verbbedeutung von verbieten auf untersagen und der Trend zum Infinitivanschluss – lässt sich gut an den Versionen des Bibel-Textes erkennen; hier anhand ein und derselben Aussage aus „Das Bekenntnis des Petrus" im Evangelium nach Matthäus (16,20) in vier Versionen:

(1) Die Bibel in Luthers letzter handschriftlicher Version (1545); seine Übersetzung bezieht sich auf das altgriechische Original des Neuen Testaments; griechisch liegt das Verb diastellō (= ich befehle) zugrunde:

> Da verbot er seinen Jüngern / Das sie niemand sagen solten / das er Jhesus / der Christ were.

(2) In der Version der Luther-Bibel von 1912:

> Da verbot er seinen Jüngern, daß sie niemand sagen sollten, daß er, Jesus, der Christus wäre.

(3) In der Version der „Schlachter Bibel" (1951):

> Da gebot er seinen Jüngern, daß sie niemand sagen sollten, daß er der Christus sei.

(4) In einer neuen Übersetzung (2003):

> Anschließend schärfte Jesus seinen Jüngern ein, niemand zu sagen, dass er der Messias sei.

Zugleich wird die Dopplung von Eigenname (Jesus) und Titel (Christus / Messias) reduziert; Gegenstand des Verbots ist nur der Titel.

Ergänzungsbeziehungen der Spielart *bewertete Ausführung* wie

> Er war *so* freundlich, mir zu helfen
> (auch: so nett / rührend / rücksichtsvoll /... bzw. auch: so frech / unverschämt /...).
> Er hatte *die Freundlichkeit*, mir zu helfen
> (auch: die Nettigkeit bzw. auch: die Frechheit / Unverschämtheit /...).

enthalten als *eine* Bedeutungskomponente eine Ergänzungsbeziehung der Gruppe faktisch (und zwar: unspezifisch faktisch)

> Dass er mir geholfen hat, *war freundlich / eine Freundlichkeit*.

und als *zweite* Bedeutungskomponente eine *Feststellung*:

> Er *hat* mir geholfen.

Man könnte das Ausgangsbeispiel also paraphrasieren mit

> Er hat mir geholfen und das war freundlich.

Man darf diesen Anschluss nicht verwechseln mit einer Eignungsaussage im Rahmen einer *Konsekutiv*-Beziehung:

> Er war *so* freundlich, mir zu helfen.
> *= Er war sò nett, dass er mir half.

Diese Spielart kann in der *adjektivischen* Version (= erstes Ausgangsbeispiel) auch im Verknüpfungstyp C realisiert werden:

> A Er war *so* freundlich, mir zu helfen.
> C Er half mir, er wàr so freundlich.

Es gibt sie auch in einer *imperativischen* Version:

> (Bitte) hilf mir, sèi so freundlich!

Und die folgende Version kann man als Verknüpfungstyp D einstufen (auch wenn dieser Verknüpfungstyp für Ergänzungsbeziehungen in der Regel nicht genutzt wird):

> (D) Er war so freundlich *und* half mir.

Auch dazu gibt es eine Imperativversion:

> Sèi so nett *und* hilf mir!

7 Teilsatz-Stellungen

434 Im Verknüpfungstyp A sind bei Adverbialbeziehungen für den (nebensatzförmigen) Konstituentensatz Anfangs-, Mittel- und Endstellung weitgehend frei wählbar möglich.

> Weil Paul müde war, blieb er zuhause.
> Paul blieb, weil er müde war, zuhause.
> Paul blieb zuhause, weil er müde war.

Bei Ergänzungsbeziehungen sind für *attributive* Konstituentensätze alle drei Stellungen möglich:

> Mich hat seine Bemerkung sehr gekränkt, dass ich unloyal gehandelt hätte.
> Mich hat seine Bemerkung, dass ich unloyal gehandelt hätte, sehr gekränkt.
> Seine Bemerkung, dass ich unloyal gehandelt hätte, hat mich sehr gekränkt.

Soll der Teilsatz noch vor den Valenzträger gesetzt werden, von dem er abhängt, dann ist dies hier nur mit stilistischen Einbußen möglich:

> (*)Dass ich unloyal gehandelt hätte, diese seine Bemerkung hat mich sehr gekränkt.

Man wählt dann statt des Possessivums eher ein präpositionales Attribut: …, diese Bemerkung von ihm …

435 Demgegenüber *ist bei satzgliedwertigen* Konstituentensätzen Mittelstellung nur bedingt möglich:

> (*)Paul hat, dass ich schon da war, mit Überraschung bemerkt.

Sie sind dann möglich, wenn der Konstituentensatz eine *Präpositionalobjektstelle* füllt, auf die im Matrixsatz mit *Korrelat* hingewiesen wird:

> Paul hat sich *darüber*, dass ich ein neues Cello bekommen habe, kein bisschen gefreut.

436 Im Verknüpfungstyp B sind bei Ergänzungsbeziehungen wie Adverbialbeziehungen die w-Teilsätze an die Endstellung gebunden.

Man kann die Voranstellbarkeit von w-Teilsätzen im Gesamtsatz geradezu als Indikator bzw. als Test dafür benutzen, ob es sich um eine Ergänzungs- bzw. Adverbialbeziehung handelt oder um eine Relativbeziehung:

> Auch Paul blieb *(deshalb)* zuhause, *weshalb* ich zuhause blieb (nämlich *aus Angst vor einem Gewitter*).
> → Weshalb ich zuhause blieb, (deshalb) blieb auch Paul zuhause.

Aber

> Es regnete sehr stark, weshalb ich zuhause blieb.
> → *Weshalb ich zuhause blieb, regnete es sehr stark.

Beim ersten Beispiel ist die Teilsatzumstellung möglich, also kann es sich nicht um Verknüpfungstyp B handeln; vielmehr liegt eine kausale *Relativ*beziehung vor

(= Relativbeziehungen sind grundsätzlich umpolbar). Beim zweiten Beispiel dagegen ist die Teilsatzumstellung nicht möglich; hier liegt eine kausale *Adverbial*beziehung im Verknüpfungstyp B vor.

Bei dem folgenden Beispiel scheint eine solche Umstellung einer kausalen Adverbialbeziehung vorzuliegen, freilich mit veränderter Reihenfolge im Hauptsatz:

> Weshalb ich zuhause blieb: Es regnete sehr stark.

Hier liegt aber eine elliptische Version einer Thematisierungsstruktur X (ist) Y vor:

> Weshalb ich zuhause blieb[, war (Folgendes)]: Es regnete sehr stark.

Die Kopula ist – wie in vielen vergleichbaren Fällen – weggelassen, der Doppelpunkt (ersatzweise auch ein Gedankenstrich) übernimmt allein die Verdeutlichung der Zuordnung (im Mündlichen geschähe dies durch ein entsprechendes Muster aus Stimmverlauf und Pausensetzung).

Kommasetzung an der Grenze zwischen nebenordnender und unterordnender Konjunktion

Wenn ein Nebensatz unmittelbar nach einer nebenordnenden Konjunktion eingebaut wird, wird – nach der früheren Duden-Vorgabe ebenso wie nach den Amtlichen Regeln von 2004 und denen von 2006 – das den Nebensatz eröffnende der beiden Kommas vor die nebenordnende Konjunktion *verschoben*.

Ich erläutere diese Sonderregelung (§ 74 E1) an einem passenden Beispiel, bei dem die nebenordnende Konjunktion und an sich kein Komma verlangt:

> Er arbeitete lange und *bei gutem Wetter* ging er noch ein wenig bummeln.

Ersetzt man jetzt das konditionale Adverbiale bei gutem Wetter durch einen satzgliedwertigen Adverbialsatz, dann würde man erwarten, dass dieser auf beiden Seiten durch Komma abgetrennt wird:

> → (*)Er arbeitete lange und, *wenn gutes Wetter war*, ging er noch ein wenig bummeln.

Nach den Amtlichen Regeln muss das eröffnende Komma vor wenn aber vor die erste der beiden Konjunktionen, also vor und, verschoben werden:

> → Er arbeitete lange, und *wenn gutes Wetter war*, ging er noch ein wenig bummeln.

Ich habe mit dieser Regelung zwei Probleme: eins mit dem Regel*inhalt* (= der grammatischen *Sache*) und eins mit der *Regelformulierung*.

Zunächst zur grammatischen Sache:

Die nebenordnende Konjunktion und steht syntaktisch betrachtet *zwischen* den beiden Sätzen:

> Er arbeitete lange | und | wenn gutes Wetter war, ging er noch ein wenig bummeln.

Der zweite durch und verbundene Satz ist seinerseits ein Satzgefüge. Im mündlichen Sprachgebrauch wird die Konjunktion und – ohne Pause oder stimmliche Abgrenzung – so gesprochen, als hätte sie sich an den nachfolgenden Teilsatz angelehnt und dort 'syntaktischen Gast-Status' erhalten.

Welchen Gebrauch soll man von dieser Regelvorgabe für Fälle des folgenden Typs machen?

> Ich habe ihn oft besucht(,?) und,(?) wenn gutes Wetter war, lange mit ihm draußen gesessen.

Hier bildet der konditionale Nebensatz nicht wie eben das Vorfeld eines mit ihm beginnenden zweiten *vollständigen* Hauptsatzes, sondern der Hauptsatz Ich habe ... läuft weiter. Dieser Beispieltyp wird in der alten Regelformulierung des Duden *ausdrücklich* nicht berücksichtigt, in den Amtlichen Regeln *implizit* nicht, nämlich durch die Beispielwahl. Ich würde hier folgende Kommasetzung praktizieren:

> Ich habe ihn oft besucht und, wenn gutes Wetter war, lange mit ihm draußen gesessen.

und nicht etwa die zu § 74 E1 passende:

> Ich habe ihn oft besucht, und wenn gutes Wetter war, lange mit ihm draußen gesessen.

440 Auch der folgende Beispieltyp, in dem das gleiche Problem syntaktisch eine Ebene tiefer eingebettet wird, taucht weder in der alten Regelung des Duden noch in den Amtlichen Regeln auf:

> Du weißt, dass ich ihn oft besucht und, wenn gutes Wetter war, lange mit ihm draußen gesessen habe.

Auch hier fände ich die zu § 74 E1 passende Regelung *nicht* angemessen:

> Du weißt ja, dass ich ihn oft besucht, und wenn gutes Wetter war, lange mit ihm draußen gesessen habe.

Eine Regelung des Aufeinandertreffens von neben- und unterordnender Konjunktion sollte aber alle diese Konstruktionsvarianten umfassen.

441 Wenn man Testpersonen auffordert, in solchen zusammengesetzten Sätzen statt des strittigen paarigen Kommas den paarigen Gedankenstrich zu verwenden, dann wählen alle – und zwar in allen drei Konstruktionsvarianten – einheitlich die folgende Platzierung:

> Er arbeitete lange, <u>und</u> *wenn gutes Wetter war,* ging er noch ein wenig bummeln.
> Er arbeitete lange <u>und</u> – *wenn gutes Wetter war* – ging er noch ein wenig bummeln.

Also nicht etwa:

> Er arbeitete lange – <u>und</u> *wenn gutes Wetter war* – ging er noch ein wenig bummeln.

Entsprechend für die beiden anderen Ausgangsbeispiele:

> Ich habe ihn oft besucht(,?) und,(?) wenn es warm war, lange mit ihm draußen gesessen.
> Ich habe ihn oft besucht und – wenn es warm war – lange mit ihm draußen gesessen.
> Du weißt, dass ich ihn oft besucht(,?) und,(?) wenn es warm war lange mit ihm draußen gesessen habe.
> Du weißt, dass ich ihn oft besucht und – wenn es warm war – lange mit ihm draußen gesessen habe.

Entsprechend bei der Ersetzung durch Klammer:

> Er arbeitete lange <u>und</u> (*wenn gutes Wetter war*) ging er noch ein wenig bummeln.

Nicht etwa:

> Er arbeitete lange (<u>und</u> *wenn gutes Wetter war*) ging er noch ein wenig bummeln.

Angesichts der funktionalen Gleichwertigkeit von paarigem Komma und paarigem Gedankenstrich bzw. Klammer sprechen diese Tests für eine andere Regelung als die in den Amtlichen Regeln gewählte.

442 Nun zur Regel*formulierung;* diese lautet in § 74 E1:

> Besteht die Einleitung eines Nebensatzes aus einem Einleitewort und weiteren Wörtern, so gilt: (1) Man setzt das Komma vor die ganze Wortgruppe:
> Ich habe sie selten besucht, aber wenn ich bei ihr war, saßen wir bis spät in die Nacht zusammen.
> Er rannte, als ob es um sein Leben ginge, über die Straße. Sie rannte, wie wenn es um ihr Leben ginge.
> Ein Passant hatte bereits Risse in den Pfeilern der Brücke bemerkt, zwei Tage bevor sie zusammenbrach.

Die Regelformulierung arbeitet mit drei Beispielen ganz *unterschiedlicher* Konstruktion: Im ersten Beispiel – dem Fall, um den es hier geht – bildet aber wenn nicht, wie die

Regel angibt, eine zweiteilige „Einleitung eines Nebensatzes", sondern die beiden Konjunktionen aber und wenn gehören zu hierarchisch *unterschiedlichen* Ebenen. *Zwischen* ihnen verläuft die Grenze zwischen den syntaktischen Ebenen von Hauptsatz und Nebensatz, daher gehört syntaktisch gesehen ein Komma *zwischen* die beiden Konjunktionen.

In diesem Fall hilft ein historischer Rückgriff auf die alte Kommaregelung und ihre Erläuterung im Rechtschreib-Duden, um die Formulierung der aktuellen Regelung besser zu verstehen. Der Rechtschreib-Duden führte in R 118 folgendes Beispiel an:

„Ich habe ihn oft besucht, und wenn er in guter Stimmung war, dann saßen wir bis spät in die Nacht zusammen".

Die dort genannte Regel verlangte, vor und ein Komma zu setzen – dies war unsinnig, da hier nach der früheren Duden-Regelung ohnehin ein Komma stehen musste –; demgegenüber sollte das an sich notwendige Komma *nach* und, also das erste der beiden den konditionalen Nebensatz abgrenzenden Kommas, weggelassen werden, wofür keinerlei Begründung gegeben wurde.

In den aktuellen Amtlichen Regeln von 2006 (wie schon in denen von 2004) wird nun aber – bei gleicher Argumentation – mit einem zu dieser Regelformulierung nicht passenden Beispiel gearbeitet:

Besteht die Einleitung eines Nebensatzes aus einem Einleitewort und weiteren Wörtern, so gilt: (1) Man setzt *das* Komma vor die ganze Wortgruppe [kursiv markiert von mir, W. B.]:
Ich habe sie selten besucht, *aber wenn* ich bei ihr war, saßen wir bis spät in die Nacht zusammen.

Da vor der Konjunktion aber ohnehin ein Komma stehen muss, ganz gleich, ob danach noch weitere konjunktionale Elemente folgen oder nicht, wird an diesem Beispiel die Komma-*Verschiebung* gerade *nicht* deutlich (allenfalls das *Doppelkomma*-Verbot, das aber ohnehin generell gilt).

Heinrich von Kleist

Sonderbarer Rechtsfall in England

[…] Zwei Gentlemen, die einige Meilen von London lebten, hatten in Gegenwart von Zeugen einen sehr lebhaften Streit miteinander; der eine drohte dem andern, und setzte hinzu, *daß ehe* vier und zwanzig Stunden vergingen, ihn sein Betragen reuen solle. […]

Was sagen Sie hier zu Kleists Kommasetzung? Hat er an der kursiv markierten Stelle versucht, die Amtlichen Regeln anzuwenden?

7.1 Parenthesen

Bei Ergänzungs- und Relativbeziehungen im Verknüpfungstyp C wird häufig Mittelstellung verwendet:

Mein Onkel hat, *das* find ich sehr schade, das alte Cabrio verschenkt.
Mein Onkel – *er* ist Filialleiter einer Bank hier in Frankfurt – kennt sich sehr gut aus in Kreditfragen.

Solche im Mittelfeld platzierten Teilsätze werden als *Parenthese* oder *Einschub* bezeichnet, gelegentlich auch als *Schaltsatz*.

Die Bezeichnung *Parenthese* kommt von griechisch parenthesis = Einschub. Diese Metapher betont das Nicht-Dazugehören des Eingeschobenen. Gelegentlich werden solche Einschübe auch als *Extraposition* bezeichnet, also als Stellung *außerhalb* des üblichen Stellungsbereichs.

Der Bezeichnung *Schaltsatz* kann man einen sinnvollen pragmatischen Bedeutungsrahmen zuweisen: Sie könnte sich auf die spezifische kommunikative Funktion eines Schaltsatzes beziehen, dass nämlich der Schreiber / Sprecher sich mit einem aus seiner Sicht relevanten Detail (= Relativbeziehung) bzw. Kommentar (= Ergänzungsbeziehung) metakommunikativ in die eigene laufende Aussage 'einschaltet'.

445 In vielen Definitionen von *Schaltsatz* wird betont, der Schaltsatz sei *syntaktisch* nicht mit dem umgebenden Satz verbunden.

Natürlich handelt es sich dabei nicht um Teilsätze, die für den umgebenden Satz syntaktisch notwendig wären oder von diesem ihrerseits so abhängen, wie es die Konstituentensätze im Verknüpfungstyp A tun. Aber wenn es sich bei dem Schaltsatz um den Teilsatz einer Ergänzungsbeziehung handelt, ist zumindest das obligatorische Pro-Element (z. B. ... – das finde ich sehr schade – ...) ein klarer Indikator für eine syntaktische Verknüpfung im Verknüpfungstyp C (= weiterführende Satzreihe). Leichter übersehen wird vermutlich bei den Relativbeziehungen das Personale (z. B. Mein Onkel – er ist Filialleiter – ...) als Indikator für Verknüpfungstyp C.

446 Die Einschubstellung bietet im Vergleich zur Endstellung Vorteile:

Zum einen trennt das Hineinschieben besonders klar zwischen Basisaussage und Kommentar.

Zum anderen ermöglicht die Einschubstellung dem Sprecher / Schreiber, ein relevantes Detail oder einen wichtigen Kommentar in die noch laufende Aussage hinein zu platzieren und damit die Rezeption des Hörers / Lesers *unterwegs* zu steuern.

Zum Dritten kann man zwar den eingeschobenen Teilsatz auch ans Ende verschieben, dann verliert man aber die Option auf frühe Einflussnahme und kann zudem nicht mit dem nachfolgenden Satz direkt an den vorhergehenden Teilsatz anschließen, der Kommentarsatz würde den Textfluss unterbrechen. Eine Gegenüberstellung der beiden Versionen macht dies deutlich:

Paul – *ich habe es Dir schon erzählt* – ist Bauer in Münster. Dort lebt er mit seiner Frau, ...
Paul ist Bauer in Münster, *ich habe es Dir schon erzählt*. Dort lebt er mit seiner Frau, ...

Entsprechend für die Relativbeziehung:

Paul – *er ist Bauer in Münster* – hat mich gestern besucht. Wir wollen eine Bergtour machen ...
Paul hat mich gestern besucht, *er ist Bauer in Münster*. Wir wollen eine Bergtour machen, ...

447 In der *gesprochenen* Sprache wird der eingeschaltete Teilsatz (gleich ob er im Verknüpfungstyp A oder C realisiert ist) mit einer eigenen Stimmhöhen-Fläche realisiert, oft zudem in abweichender Frequenz (= etwas schneller oder etwas langsamer); zusätzlich werden die Ränder des Einschubs durch (kleine) Pausen markiert.

Geschriebensprachlich kann man den Schaltsatz in Klammern oder in Gedankenstriche setzen, dann entsteht ein ähnlicher Effekt:

A Paul (der Bauer in Münster ist) hat mich vorhin besucht. / Paul – der Bauer in Münster ist – ...
C Paul (er ist Bauer in Münster) hat mich vorhin besucht.

Bei solchen satzförmigen Einschüben ist paariges Komma oder ersatzweise paariger Gedankenstrich (oder Klammer) *notwendig*, während es bei formelhaften Einschüben wie in

> Ich habe dir (–) weiß Gott (–) oft genug geholfen!

von den Amtlichen Regeln *freigestellt* ist.

Bei den *Ergänzungs*beziehungen kann man als Einschub statt eines Teilsatzes im Verknüpfungstyp C auch Teilsätze im Verknüpfungstyp B nutzen, und zwar sowohl die reguläre B-Version wie in

> Mein Onkel hat – *was* ich sehr schade finde – das alte Cabrio verschenkt.

als auch die spezifische *inhaltszentrierende* wie-Variante (= B'):

> Paul ist, wie ich Dir schon erzählt habe, Bauer in Münster. Dort ...

Diese inhaltszentrierende B'-Variante wird häufiger in paariges Komma gesetzt als die B-Variante und hat weniger als diese den Status einer *Parenthese*, eines Einschubs.

Bei den *Relativ*beziehungen (bei denen es keinen festen Verknüpfungstyp B gibt) kann man alternativ nonrestriktive Satzgefüge verwenden:

> Paul – der Bauer in Münster ist – hat mich ...

In ähnlicher Funktion werden auch elliptische Konstruktionen verwendet:

> Mein Onkel hat – in meinen Augen eine Fehlentscheidung – seinen Prokuristen gefeuert.

Solche Konstruktionen gehen meistens auf eine Prädikationsstruktur X ist Y in Verknüpfungstyp C zurück:

> Mein Onkel hat – [das ist] in meinen Augen eine Fehlentscheidung – seinen Prokuristen gefeuert.

Ob es sinnvoll ist, auch den Einschub in

> Die Recherchen von Paul Klon – einer unserer pfiffigen neuen Mitarbeiter – zeigen deutlich den neuen Trend.

wegen der nicht vollzogenen Kongruenz (einer statt einem) als Ellipse zu

> ... – er ist einer unserer pfiffigen neuen Mitarbeiter – ...

anzusehen und *nicht* als Apposition mit lax gehandhabter Kongruenz, ist fraglich. Ich lasse es offen.

7.2 Teilsatz-Verschränkungen

Bei den Ergänzungsbeziehungen gibt es *diskontinuierliche* Teilsatzrealisierungen, die der Topikalisierung/Rhematisierung dienen: Bei einer Ergänzungsbeziehung (= Verknüpfungstyp A) wie

> Er hoffte(,) die Sachen von ihm wiederzubekommen.

kann man den Matrixsatz (= unterstrichen) in den Konstituentensatz (hier eine satzwertige Infinitivgruppe) einbetten

> Von ihm hoffte er die Sachen wiederzubekommen.

oder umgekehrt den Konstituentensatz in den Matrixsatz (zur Verdeutlichung der Einbettung wurde hier ein Beispiel mit *zweiteiligem* Prädikat gewählt):

> Er hatte die Sachen von ihm wiederzubekommen gehofft.

451 Solche Verschränkungen im Verknüpfungstyp A sind bei *infinitivischen* Konstituenten leichter möglich als bei *teilsatzförmigen:*

>Er hofft, dass er mit meiner Hilfe mehr Geld verdienen wird.
>→ Mit meiner Hilfe hofft er mehr Geld zu verdienen.
>*Mit meiner Hilfe hofft er, dass er mehr Geld verdienen wird.

In der geschriebensprachlichen Version würde das Komma nach dem Matrixsatz (also nach hofft er) die Lesart erzwingen, dass Mit meiner Hilfe ein Satzglied im *Matrix*satz ist, nicht im *Konstituenten*satz (= ich würde ihm beim Hoffen helfen).

Demgegenüber ist im Verknüpfungstyp C' eine solche Teilsatz-Verschränkung mühelos möglich; hier hilft das obligatorische paarige Komma beim Sortieren:

>Mit meiner Hilfe, (so) hofft er, wird er mehr Geld verdienen.

452 In bestimmten Fällen gibt es im Verknüpfungstyp A *nur* die verschränkte Version. Zunächst die Realisierung innerhalb des einfachen Satzes mithilfe eines kommentierenden Adverbiales:

>Wer hat deiner Meinung nach mein Auto geklaut?

Bei diesem komplexen Sachverhalt wird zu einer Frage (die der Sprecher und/oder Dritte haben) die Aussage eines anderen eingeholt.

Realisierung im Verknüpfungstyp A:

>Wer(,) glaubst Du, dass mein Auto geklaut hat.

Bei der Entscheidung, ob nach dem Interrogativum wer ein Komma stehen soll/muss oder nicht, gerät man in eine Zwickmühle: Setzt man ein Komma, gibt es *Satzglied*-Salat im *Konstituenten*satz (Wer [ ] dass mein Auto geklaut hat); setzt man *kein* Komma, gibt es *Kasus*-Salat im *Matrix*satz (Wer glaubst du). Die Amtlichen Regeln geben dazu keine Hinweise.

In B ist diese Teilsatzbeziehung nicht möglich.

Im Verknüpfungstyp C' ist nur Mittelstellung möglich; die Kommasetzung ist hier unproblematisch:

>Wer, meinst Du, hat mein Auto geklaut?

Versucht man im Verknüpfungstyp C den Matrixsatz an den Anfang oder ans Ende zu platzieren, muss man aus dieser Teilsatzbeziehung eine Frage-*Staffel* machen:

>Wer hat mein Auto geklaut, was meinst du (dazu)?
>Was meinst du: Wer hat mein Auto geklaut?

Das Korrelat (dazu) ist fakultativ; seine Funktion wird in der zweiten Stellungsversion im *Schrift*sprachgebrauch durch den Doppelpunkt übernommen, im *mündlichen* Sprachgebrauch durch stark absinkenden Intonationsverlauf (Was ↓meinst ↓↓du – ...).

453 Mit dem gleichen Konstruktionstyp kann man auch eine (erstaunte) Rückfrage zu einer Aussage des Gesprächspartners stellen:

>„Paul hat das getan!" – „↓↑↑Wèr, sagst du, hat das getan!?"

Teilsatz-Verschränkung ist dabei auch mit *infinitivischem* Konstituentensatz möglich:

>Von wèm, behauptest du, hast du das bekommen!?
>Von wèm behauptest du das bekommen zu haben!?

7.3 Topologische Auffälligkeiten

Im Bereich der Teilsatzbeziehungen gibt es eine Reihe auffälliger Satzteil- bzw. Teilsatzreihenfolgen. Drei Fälle sollen hier etwas näher betrachtet werden.

Der erste Fall: In gesprochener Sprache kann weil außer mit Finitum-Letztstellung auch mit Finitum-Zweitstellung verwendet werden: 454
> Ich komme nicht mit ins Kino, weil ich heute lieber früh ins Bett gehe.
> Ich komme nicht mit ins Kino, weil ich gehe heute lieber früh ins Bett.

Im Mündlichen nimmt dieser Gebrauch zu; geschriebensprachlich wird weil – zumal in formellen Textsorten (Wissenschaft, Recht) – regulär nach wie vor mit Finitum-Letztstellung verwendet.

Interessanter als eine normative Stellungnahme ist der Versuch einer funktionalen Betrachtung:

Sind wir Zuschauer (und Beteiligte) eines Sprachwandels, der damit begonnen hat, in der deutschen Sprache die Finitum-Letztstellung zugunsten durchgängiger Finitum-Zweitstellung abzuschaffen – vielleicht als späte Konzession an Mark Twain, der so harsch über den 'deutschen syntaktischen Sonderweg' der Nebensätze mit Finitum-Letztstellung hergezogen ist? Für Deutschlerner mit romanischer oder englischer oder slawischer Erstsprache wäre dies ein Geschenk. Und handelt es sich dabei um einen Sonderweg der Mündlichkeit, die bequemer – oder vielleicht schlicht klüger – in Bezug auf sprachliche Ökonomie – ist und daher diesen Sprachwandel schneller vollzieht?

Oder vollzieht sich – zunächst nur im Mündlichen – ein Wechsel der Konjunktion weil ins Lager der nebenordnenden Konjunktionen (wie denn)?

Parallel zu solchen implizit oder explizit *sprachwandel*bezogenen Hypothesen gibt es 455 eine auch *synchron* einleuchtende Hypothese. Die Konjunktion weil funktioniert innerhalb eines *rationalen* (= erstes Beispiel) und eines *prozessualen* (= zweites Beispiel) Kausal-Musters: Im ersten Beispiel ist der Kausalzusammenhang ('kein Kino, weil müde') von vornherein in die Aussage fest eingeplant (= one step); im zweiten wird die begründende Information im aktuellen Äußerungsverlauf erst noch konzipiert, das weil kündigt diese Präsentation zunächst nur an und liefert zunächst nur den kausalen Rezeptionsrahmen, der anschließend in einem *eigenen* Sprechakt – und in Hauptsatzform – ausgearbeitet wird (= two steps). Bei dieser Sicht wäre es angemessen zu sagen, dass nach diesem Kausalität ankündigenden weil eine Aussage in Hauptsatzform kommt, nicht aber, dass weil einen Hauptsatz einleitet.

Durch diese topologische Besonderheit von weil wird der ohnehin vorhandene Distributionsunterschied zwischen weil und da (→ 335) vergrößert: Für da gibt es diese prozessuale Option nicht.

Mit nachfolgender Hauptsatzstellung kann weil in mündlichem Sprachgebrauch auch noch in 456 einer anderen Funktion verwendet werden:
> Es hat geregnet, weil – die Straße ist ganz nass.

Der erste Teilsatz hat hier den Status einer *Vermutung;* dieser Status kann, muss aber nicht, durch entsprechende Adverbialien oder Modalverben angezeigt werden:

> Es hat *offenbar* geregnet, ... / Es *muss* geregnet haben, ...

Das nachfolgende weil markiert den anschließenden zweiten Teilsatz als Begründung / Plausibilisierung der *Vermutung* (also nicht des Faktums 'Regen'). Für diese topologisch besondere Verwendung von weil gibt es ein *eigenes* Anschlussmittel (→ 339 ff.):

> Es *muss* geregnet haben, <u>dass</u> die Straße nass ist.

457 Im konzessiven Bereich gibt es diese prozessuale Option bei der Konjunktion obwohl mit erheblich weiter gehenden Bedeutungsänderungen:

> Ich komme heute Abend nicht zum Essen zu Dir, obwohl ich eigentlich Lust darauf habe.
> Ich komme heute Abend nicht zum Essen zu Dir, obwohl – eigentlich habe ich Lust darauf.

Hier wird der nicht wirksame Gegengrund überhaupt erst im Äußerungsvollzug entdeckt und ausgearbeitet, und es ist nicht klar, ob es ein *nicht* wirksamer Gegengrund bleiben wird oder ob die vorschnelle Entscheidung, nicht zu kommen, rückgängig gemacht wird.

In geschriebensprachlicher Verwendung (z.B. in einer Zu- oder Absage-Mail) entfällt dieser Grund spontaner Strukturwahl; hier kann man sich in Ruhe in der Sache festlegen.

458 Man kann diese zweischrittige Produktion in mündlicher Sprachverwendung auch bei weiteren Konjunktionen bzw. bei Konjunktionaladverbien beobachten:

> Ich würde dir ja gern helfen, <u>nur</u> – wie soll ich das machen?
> O.k., ich mach das für dich, <u>wobei</u> – eigentlich bist du alt genug, das selber zu regeln!

Die Konjunktionen / Konjunktionaladverbien haben hier die Funktion, für die nachfolgenden Aussagen einen *logisch-pragmatischen* Rahmen zu schaffen, der die Rezeption steuern hilft.

459 *Epistemische* Formeln wie Ich denk oder Ich mein können in diese rezeptionssteuernde Funktion eingeordnet werden:

> Ich mein, wir sind halt inzwischen ziemlich enttäuscht.

Syntaktisch gesehen ist Ich mein(e) X Matrixsatz des nachfolgenden Teilsatzes; ich gehe davon aus, dass Sätze mit dieser Formel durchweg dem Verknüpfungstyp Satzreihe entsprechen, und zwar in der weiter oben (→ 415 f.) erläuterten *inhaltsfokussierenden* Version C'; d.h. die Konstituentensätze haben *Hauptsatzform*, sie sind morphologisch schwach integriert und tragen die relevante Aussage. Das Ich mein bietet vorab eine Herabstufung der Geltung oder Relevanz der nachfolgenden Aussage an.

Formelhafte *Einstellungsbekundungen* wie ehrlich gesagt berühren sich ihrer Funktion nach mit den Adverbialbeziehungen der Kommentarstufe II (→ 466 f.):

> Ehrlich gesagt – ich habe wenig Lust darauf!
> = Wenn ich ehrlich bin – ich habe wenig Lust darauf!

460 Der zweite Fall: Ist eine Adverbialnebensatz-Stelle doppelt besetzt, kann es zu Stellungsdivergenzen kommen:

> *Als* der Junge in den Laden *kam* <u>und</u> die Verkäuferin *war* nicht da, nahm er sich ganz schnell Geld aus der Kasse.
> *Als* der Junge in den Laden *kam* <u>und</u> die Verkäuferin nicht da *war*, nahm ...

Standardsprachlich korrekt ist nur die zweite Version: Hier liegt in beiden über die Konjunktion als gekoppelten Teilsätzen die reguläre Finitum-Letztstellung vor, während bei der ersten Version die Konstruktion im zweiten Teil in die Hauptsatz-Stellung wechselt (= Finitum-Zweitstellung).

Auch die Konditional-Satzgefüge verführen Schreiber häufig zu Stellungsirrtümern:

*Wenn du in die Praxis kommst und musst noch warten, dann mach schon mal die Aufgaben.
Wenn du in die Praxis kommst und noch warten musst, dann ...

Denkbar – obwohl meines Wissens nicht benutzt – ist eine korrekte dritte Version:

Wenn du in die Praxis kommst und musst du noch warten, dann ...

Hier hat jeder der beiden mit und kombinierten Teilsätze *eine* der beiden möglichen konditionalen Nebensatzstrukturen: der erste Konjunktion mit Finitum-Letztstellung, der zweite Finitum-Erststellung ohne einleitende Konjunktion.

Der dritte Fall: Auch die Reihenfolge zweier gleichrangiger Teilsätze innerhalb des Gesamtsatzes kann auffällig sein:

> *Johann Wolfgang Goethe*
>
> Faust I – Szene „Der Nachbarin Haus":
>
> Mephistopheles
>
> > Ich wollt' ich hätt' eine frohere Mär'!
> > Ich hoffe sie lässt mich's drum nicht büßen:
> > Ihr Mann ist tot und läßt sie grüßen.

Die Teilsatzreihenfolge folgt nicht dem zeitlichen Nacheinander einer komplexen Handlung, sondern kehrt es um. Wird diese Reihenfolgevertauschung als Gestaltungsmittel eingesetzt, spricht man von Hysteron proteron (griechisch = 'das Spätere als Früheres').

8 Kommentarstufen

462 Bei den Adverbialbeziehungen gibt es Teilsatzbeziehungen, die nicht als *tatsächlicher* Bezug zwischen den beiden Teilsatz-Sachverhalten verstanden werden können:

    I   Wenn ich mich nicht irre, zieht mein Freund nach Frankfurt.
    II Sie sind, wenn Sie mir ein offenes Wort gestatten, ein ziemlicher Dummkopf.
    III Wir hatten, wenn Sie sich an Kapitel I erinnern, Haupt- und Nebensatz unterschieden.

Als *reguläre* Konditionalbeziehung wäre das Beispiel I
    Wenn ich mich nicht irre, zieht mein Freund nach Frankfurt.
allenfalls im Kontext von Jauchs „Wer wird Millionär" interpretierbar: Wenn ich richtig rate, dann gewinne ich so viel Geld, dass ich den Umzug des Freundes nach Frankfurt finanzieren kann.

463 Zwar sind auch diese Beispiele I bis III in gewisser Hinsicht *Konditionalbeziehungen* in dem Sinne, dass die Geltung des Sachverhalts im einen Teilsatz von dem Sachverhalt im anderen Teilsatz abhängt. Doch müssen bei ihrer sachlichen Analyse *zwischen* die beiden Sachverhalte zusätzliche explizierende Brückenkonstruktionen eingeschoben werden:

    I   Wenn ich mich nicht irre, *trifft folgende Einschätzung zu:* Mein Freund zieht nach Frankfurt.
    II Wenn Sie mir ein offenes Wort gestatten, *mache ich folgende Aussage:* Sie sind ein ziemlicher Dummkopf.
    III Wenn Sie sich an Kapitel I erinnern, *können Sie die folgende Aussage nachvollziehen:* Wir hatten Haupt- und Nebensatz unterschieden.

464 Es handelt sich hier nicht um vereinzelte strukturelle Merkwürdigkeiten, die man als Sonderfälle deklarieren und damit entsorgen kann, sondern um ein *strukturiertes* Angebot an zusätzlichen Bedeutungsoptionen.

Insofern ziehe ich für die *Adverbial*beziehungen zusätzlich zu dem System der (maximal) fünf Verknüpfungstypen ein zweites, *sekundäres* System ein, das ich als *Kommentarstufen* bezeichne:

    unmarkiert = *normale* Teilsatzbeziehung;
    Kommentarstufe I = *Gültigkeit* einer Aussage;
    Kommentarstufe II = *Äußerungsrahmen* einer Aussage;
    Kommentarstufe III = *Nachvollziehbarkeit* einer Aussage.

Diese Kommentierungsfunktionen spielen in der (mündlichen wie schriftlichen) Sprachverwendung eine wichtige Rolle.

465 Kommentarstufe I bezieht sich auf die Verantwortung für die *Richtigkeit einer Aussage*.

Adverbialbeziehungen dieser Kommentarstufe behalten die Stellungsoptionen der unmarkierten Variante:

    Er ist in Frankfurt, wenn ich mich nicht irre.
    Er ist, wenn ich mich nicht irre, in Frankfurt.
    Wenn ich mich nicht irre, <u>ist</u> er in Frankfurt.

Für diese kommunikative Aufgabe stehen auch die Matrixsätze einiger Ergänzungsbeziehungen zur Verfügung, und zwar die der Gruppe *referierend*:

> Ich glaube, _dass_ er in Frankfurt ist.

Auf der Satzglied-Ebene gibt es äquivalente Mittel, um die Subjektbindung und damit die Irrtums-Anfälligkeit einer Aussage vorsorglich anzuzeigen:

> *Meines Wissens* ist er in Frankfurt.

Kommentarstufe II hat insbesondere mit der kommunikativen Aufgabe der *Imagewahrung* zu tun: Es geht um rituelle Bitten um Erlaubnis wie in

> Wenn Sie mir ein offenes Wort gestatten – ich fand Ihr Verhalten vorhin ziemlich unprofessionell.

Die eigene kritische Aussage über den Gesprächspartner wird an dessen Erlaubnis gebunden – diese Erlaubnis wird aber nicht tatsächlich vorher eingeholt, sondern als erteilt vorausgesetzt. Wenn sich der Gesprächspartner dann an der Kritik verletzt, kann man sich gewissermaßen auf seine Zustimmung zur Äußerung dieser Kritik berufen.

Es geht hier vor allem um den gesprächsöffentlichen Nachweis, dass man Image schädigende Aussagen wohl überlegt und nicht etwa leichtfertig tut:

> Deine neue Freundin ist, _um_ ganz ehrlich _zu_ sein, ziemlich nervend.

Mit *um ehrlich zu sein* motiviert man vorsorglich die eigene kritisch bewertende Aussage als der Absicht verpflichtet, ehrlich zu sein. Dieses Bemühen um Aufrichtigkeit beugt dem möglichen Vorwurf des Gesprächspartners vor, man sei rücksichtslos.

Bei Teilsatzbeziehungen dieser Kommentarstufe sind zwar wie bei der unmarkierten Variante End-, Mittel- und Anfangsstellung des Nebensatzes möglich:

> Sie sind ein rücksichtsloser Mensch, wenn ich ganz offen sein darf.
> Sie sind, wenn ich ganz offen sein darf, ein rücksichtsloser Mensch.
> Wenn ich ganz offen sein darf, Sie _sind_ ein rücksichtsloser Mensch.

Bei Anfangsstellung aber zählt der Nebensatz nicht als reguläre Vorfeldbesetzung; der nachfolgende Hauptsatz muss in sich Hauptsatzstellung aufweisen. Nicht möglich wäre also

> *Wenn ich ganz offen sein darf, _sind_ Sie ein rücksichtsloser Mensch.

Auf der Basis dieser topologischen Besonderheiten kann man herausfinden, ob eine Teilsatzbeziehung Kommentarstufe I oder II zugehört:

> Ich bin in der Cafeteria, wenn jemand nach mir fragt.

Der Test auf Vorfeldstellung und Satzgliedwert ergibt:

> Wenn jemand nach mir fragt: Ich _bin_ in der Cafeteria (also: Kommentarstufe II).
> Paraphrase: Wenn jemand nach mir fragt, _sage_: Ich bin in der Cafeteria.

Es gibt satzgliedwertige Äquivalente zu diesen Teilsatzbeziehungen der Kommentarstufe II, nämlich dialogbezogene *Adverbialien* wie mit Verlaub. Topologisch verhalten sie sich wie die Teilsatzbeziehungen: Sie gelten nicht als reguläre Vorfeldbesetzung und müssen daher mit Komma abgetrennt werden, der nachfolgende Matrixsatz muss in sich Hauptsatzstellung aufweisen:

> Mit Verlaub, Sie _sind_ ein Schwein,

nicht

> *Mit Verlaub _sind_ Sie ein Schwein.

*Nicht*sprachliche Mittel für das Verhaltensdisplay 'Rücksichtnahme' sind z. B. Aussage-Verzögerungen, Pausen u. Ä.:

> „Wie findest du meine neue Freundin?" – „Ich finde sie, äh, hm, ja äh (Pause), ja – es geht so; also nicht dass du denkst, ich fände sie ganz blöd, aber …".

469 Aussagen auf Kommentarstufe III dienen der *gesprächsorganisatorischen* Steuerung (hier: von Aufmerksamkeit und Gruppenformation); ihr inhaltlicher Zusammenhang mit den sachverhaltsbezogenen anderen Aussagen kann relativ schwach ausgeprägt sein, z. B.

> Dieses Bild, wenn Sie vielleicht etwas näher treten, ist eines der berühmten Bilder aus der Blauen Periode Picassos.

Der Zusammenhang kann so expliziert werden:

> <u>Wenn</u> Sie etwas näher treten, <u>dann</u> *können Sie Folgendes wahrnehmen:* Dieses Bild …

Relevant ist an solchen Aussagen vor allem die indirekte (und durch vielleicht zusätzlich abgeschwächte) Aufforderung, näher an das Bild heranzutreten.

Auch bei Teilsatzbeziehungen dieser Kommentarstufe bildet der Nebensatz bei Anfangsstellung keine reguläre Vorfeldbesetzung; der Hauptsatz muss in sich Hauptsatzstellung aufweisen:

> Wenn Sie etwas näher treten, dieses <u>ist</u> eines der berühmten Bilder Picassos.
> *Wenn Sie etwas näher treten, <u>ist</u> dieses eines der berühmten Bilder Picassos.

Zu diesen Teilsatzbeziehungen gibt es keine Satzgliedäquivalente.

470 Es gibt ein und dieselbe Kommentarstufe (hier für die Kommentarstufe II) für verschiedene Verknüpfungs*bedeutungen*:
  – konzessiv:
      II   Deine neue Freundin ist, <u>obwohl</u> ich Dir damit vielleicht weh tue, ziemlich nervend.
      II   <u>Auch wenn</u> ich Dir vielleicht Unrecht tue – ich finde dich richtig gierig!
      (= beide im Verknüpfungstyp Satzgefüge)
  – final (Absicht):
      II   Deine neue Freundin ist, <u>um</u> ganz ehrlich <u>zu</u> sein, ziemlich nervend.
      II   Sie sind, <u>damit</u> das von vornherein klar ist, nicht mein Traumkandidat.
      (= beide im Verknüpfungstyp Satzgefüge)
  – modal (Begleitumstand):
      II   Sein neues Buch ist ziemlich traditionell, <u>wobei</u> ich „traditionell" nicht nur negativ meine.
      (= Verknüpfungstyp weiterführendes Satzgefüge)

471 Zum anderen gibt es ein und dieselbe Kommentarstufe (hier II) auch in verschiedenen Verknüpfungs*typen* zu ein und derselben Verknüpfungs*bedeutung* (hier zu *konzessiven* Teilsatzbeziehungen):
  – als weiterführende Satzreihe:
      C   Ich rede ungern schlecht über andere; <u>trotzdem</u> – er ist ein Schwein!
  – als Satzreihe:
      D   Deine neue Freundin ist ziemlich nervend; <u>freilich</u> tue ich Dir damit vielleicht weh.

Zudem sind manche Adverbialbeziehungen *grundständig* als Kommentierung aufzufassen, entweder der Kommentarstufe I 472

> Soviel / Soweit ich weiß, arbeitet Paul nicht mehr bei uns
> = Verknüpfungsbedeutung: evaluierend (Urteilsvorbehalt), Verknüpfungstyp: Satzgefüge.

> Zu dieser kommentierenden Adverbialbeziehung gibt es auch eine Satzglied-Version:
> Meines Wissens arbeitet Paul nicht mehr bei uns.

oder Kommentarstufe II:

> Was nun Paul angeht, so scheint er mir ziemlich unfähig zu sein
> = Verknüpfungswert: evaluierend (thematisierend), Verknüpfungstyp: Satzgefüge.

Ein solches *System* von Kommentarstufen vorzusehen ist – auch wenn es zunächst 473 eine Komplexitäts*steigerung* bedeutet – auf die Dauer ökonomischer und vor allem transparenter, als die entsprechenden Beispiele als einzelne Sonderfälle oder Ausnahmen zu behandeln (oder gar das Besondere dieser Teilsatzbeziehungen zu verschweigen oder solche Konstruktionen gar nicht erst anzusprechen).

9 Infinitivkonstruktionen

474 Insbesondere bei den Ergänzungsbeziehungen spielen Infinitivkonstruktionen eine wichtige Rolle. Sie sind teilsatzwertig und man kann sie prinzipiell ebenso umfangreich mit Ergänzungen und Angaben ausstatten wie Teilsätze.

Die Darstellung ist in drei Abschnitte gegliedert: Infinitivkonstruktionen *ohne* die Infinitivpartikel zu, *mit* Infinitivpartikel und mit zusätzlichen konjunktionalen *Erweiterungen* wie um oder (an)statt.

9.1 Konstruktionen mit Infinitiv ohne Infinitivpartikel

475 Modalverben werden als Prädikatsteil behandelt. In dem Satz

Er kann gut singen.

ist er das Subjekt, kann ist Finitum, singen ist infiniter Prädikatsteil, gut ist modale Angabe.

In dem folgenden komplexeren Beispiel

Er geht heute Abend essen.

kann man demgegenüber *zwei* Subjekte unterscheiden: er ist das *direkte* Subjekt zu geht und zugleich das *indirekte* Subjekt zu essen; die beiden Subjekte müssen sich auf dieselbe Person beziehen. Der Infinitiv essen ist dem finiten Verb gehen untergeordnet. Diese Konstruktion ist mit einigen Verben der Fortbewegung wie gehen, laufen, fahren, kommen möglich.

In diesen Konstruktionen wird der Infinitiv (mit den ggf. von ihm abhängenden Satzteilen) nicht mit Komma abgetrennt.

476 Dadurch kann es zu Verstehensproblemen kommen. Bei Er geht heute Abend essen ist die temporale Angabe heute Abend syntaktisch auf das Prädikat gehen bezogen, dadurch gilt sie für die Handlung Essen mit (es sei denn, der Weg ist so weit, dass er erst am nächsten Mittag zum Essen kommt). Schwieriger wird es bei Beispielen wie

Er geht heute mit Paul tanzen.

Gehen die beiden in eine Disco und tanzen mit anderen, die sie dort antreffen? Dann gehört mit Paul zum Einzugsbereich des Prädikats gehen. Oder tanzt er mit seinem Freund Paul? Dann gehört dieser Präpositionalausdruck zum Einzugsbereich von tanzen. Ähnlich bei

Er kommt vermutlich Paula helfen.

Ist sein *Kommen* noch nicht sicher oder ist noch nicht klar, ob er Paula oder jemand anderem helfen wird? Im mündlichen Sprachgebrauch regelt die Platzierung des Akzents, welche Lesart gemeint ist (= auf helfen oder auf Paula).

Bestimmte Verben, die eine obligatorische Akkusativergänzung haben (z. B. Verben der Wahrnehmung), können statt mit dass-Teilsatzanschluss auch mit Infinitivkonstruktion verwendet werden:

> Ich sehe Paul. + Paul arbeitet im Garten.
> Ich sehe, dass / wie Paul im Garten arbeitet.
> *Ich sehe Paul im Garten arbeiten.*

Wie im Lateinischen und den romanischen Sprachen bindet das Verb sehen Paul als sein Akkusativobjekt und hängt an dieses Objekt den Infinitiv an, dessen Subjekt Paul zugleich ist. Diese Konstruktionen werden als *AcI*-Konstruktionen bezeichnet (= die Abkürzung der lateinischen Bezeichnung accusativus cum infinitivo).

Die beiden Komponenten dieser Konstruktion können miteinander verschränkt werden, dann entstehen manchmal Zweideutigkeiten:

> Paul sehe ich *oft* im Garten arbeiten.

Hier ist unklar, ob die temporale Angabe oft zum Einzugsbereich von sehen gehören soll oder zu dem von arbeiten; da AcI-Konstruktionen grundsätzlich nicht durch Kommas gegliedert werden dürfen, gibt es keine Zuordnungshilfe. Daher sind die beiden folgenden unverschränkten Versionen möglich:

> Ich sehe *oft* Paul im Garten arbeiten (= Ich sehe oft, dass Paul im Garten arbeitet).

oder

> Ich sehe Paul *oft* im Garten arbeiten (= Ich sehe, dass Paul oft im Garten arbeitet).

Auf den ersten Blick könnte man die folgende Konstruktion analog zum AcI als DcI – als dativus cum infinitivo – bezeichnen:

> Gestern Abend half ich ihm Kuchen backen.

Wie bei Verben mit AcI-Anschluss ist auch hier die Zerlegung in

> Gestern Abend half ich ihm. + Er backte Kuchen.

möglich. Diese Zerlegung stimmt aber nicht ganz: Ich habe nämlich mitgebacken, während bei einer AcI-Konstruktion wie

> Ich sah sie leiden.

(zunächst) nur *sie* leidet (wahrscheinlich leide ich dann auch mit, aber das ist meine Entscheidung und ein neuer Sachverhalt, der im AcI selber nicht dargestellt ist).

Zudem gibt es zu dem DcI-Anschluss Varianten:

> Gestern half ich ihm (dabei), Kuchen zu backen.

Das ist ein Infinitivanschluss mit Infinitivpartikel zu, wie er für bedeutungsähnliche Verben wie unterstützen vorgegeben ist:

> Gestern unterstützte ich ihn dabei, Kuchen zu backen.

Insofern sehe ich keinen Grund, zusätzlich zum AcI auch ein Anschlussmuster DcI zu eröffnen, sondern nehme die Konstruktion 'helfen + Infinitiv' als Variante des weiter unten behandelten Infinitivanschlusses *mit* Infinitivpartikel.

Neben dem AcI-Anschluss gibt es weitere Infinitivanschlüsse mit Akkusativ-Gruppe, die aber anders strukturiert sind.

Dies sind zum einen Konstruktionen mit machen:

> Du machst mich lachen.

Hier ist nicht wie bei den AcI-Konstruktionen die Zerlegung in *Du machst mich + ich lache möglich. Bedeutungsgleich funktioniert ein Satzgefüge mit Nebensatz:
> Du machst, *dass* ich lache.

Gebräuchlicher ist eine Konstruktion zum Verb bringen: Du bringst mich zum Lachen (wörtlich genommen eine schöne Metapher!) oder auch als Teilsatzbeziehung:
> Du bringst mich immer dazu, dass ich lache.

Im Englischen und in den romanischen Sprachen ist die Infinitivkonstruktion erheblich geläufiger als im Deutschen:
> You make me smile.
> Mi fai morire! Tu me fais mourir!

Die Alternative mit Nebensatz gibt es im Englischen nicht: *You make that I smile.

480 Ein weiterer Infinitivanschluss mit Akkusativ-Gruppe ist der zu lassen. Hier sind die Verhältnisse komplexer:
> Ich lasse vorlesen.
> Ich lasse ihn eine Geschichte vorlesen.
> Ich lasse ihm eine Geschichte vorlesen.
> Ich lasse ihn ihm eine Geschichte vorlesen.

lassen hat zwei Bedeutungen: etwas zulassen und etwas veranlassen. Insofern haben diese vier Beispiele alle in analoger Weise zwei Bedeutungen: Ich lasse etwas zu bzw. Ich veranlasse etwas. In diesen beiden Lesarten unterscheiden sich die vier Beispiele in ihrem Festlegungsgrad: Im ersten Beispiel ist offen, *wer wem* vorliest; im zweiten ist offen, *wem* er die Geschichte vorliest; im dritten ist offen, *wer* ihm vorliest; erst das vierte Beispiel führt sowohl Vorleser als auch Nutznießer auf. Komma ist nicht zulässig.

> *Aus der „Schwäbischen Zeitung":*
> 79-Jährige lässt sich Tasche rauben
> („Der Spiegel" 8/2008, S. 170 – „Hohlspiegel")

9.2 Konstruktionen mit Infinitiv und Infinitivpartikel

481 Die Infinitivpartikel zu hat bei Infinitivanschlüssen wie in
> Paul versucht *zu* helfen.

keine *lexikalische* Bedeutung; zudem verhält sie sich *topologisch* anders als prototypische Konjunktionen:
> Paul versucht, mir mithilfe seiner Freunde möglichst schnell zu helfen.

Hier steht die Infinitivpartikel zu direkt vor der Infinitivform des Verbs, und bei trennbaren Verben steht sie – analog zum *Flexions*morphem -ge- des Partizips II (abgenommen) – zwischen Verbzusatz und Stamm:
> Paul versucht, mir möglichst viel Arbeit abzunehmen.

Die Infinitivpartikel zu wird manchmal auch als Infinitiv*konjunktion* bezeichnet. Die 482
hier angesprochenen semantischen wie topologischen Besonderheiten sprechen
jedoch dafür, zu nicht als Konjunktion zu klassifizieren, sondern als Infinitivpartikel,
und es zum *Prädikat* zu rechnen: Man unterscheidet dann eine erweiterte Infinitivform *mit* Infinitivpartikel und eine nicht-erweiterte *ohne* Infinitivpartikel. Die Infinitivform ohne Infinitivpartikel wird in Kombination mit sog. Modalverben und
AcI-Konstruktionen usw. verwendet; die Infinitivform mit Infinitivpartikel bei den
restlichen Infinitivanschlüssen.

Wenn man die Bezeichnung 'Infinitivkonjunktion' nutzen will, dann sollte man sie für *konjunktional erweiterte* Anschlüsse wie um … zu oder anstatt … zu reservieren (→ 497 f.).

Während Modalverben wie müssen ohne Infinitivpartikel verwendet werden, gibt es
modalisierende und *modalisierend benutzte* Verben, die mit der Infinitivpartikel verwendet werden.

Die modalisierenden Verben wie vermögen und brauchen entsprechen *semantisch* den 483
Modalverben, verhalten sich *morphologisch* aber wie Vollverben und fordern die Infinitivform mit Infinitivpartikel:

 Sie vermag nichts Näheres zu sagen (= kann).
 Er braucht nur streng zu gucken, dann kuscht der Hund schon (= muss).

Das Verb brauchen wird auch als komplementäres Verb zum Modalverb müssen verwendet: Wenn
man den Satz

 Du musst dein Zimmer aufräumen.

negiert, dann hat man je nach beabsichtigter Bedeutung zwei Optionen:

 Du brauchst dein Zimmer nicht aufzuräumen (= Befreiung vom Auftrag 'Zimmer aufräumen!').
 Du musst dein Zimmer nicht aufräumen.

(= Der Status 'Zwang' wird bestritten, und zwar durch eine dritte Person oder durch den
Auftraggeber selbst, *dann* wäre folgende Weiterführung möglich: … – aber es wäre natürlich
schön!)

Modalisierende Infinitivkonstruktionen sind auch mit den Verben haben und sein möglich:

 Er hat zu kommen.

Hier liegt eine modale Struktur vor wie bei Er muss kommen. Insofern kann man diese
Form als Ersatzkonstruktion zu müssen ansehen.

Konstruktionen wie 484

 Das ist (für ihn) zu schaffen.
 Das ist (von ihm) zu schaffen.

kann man als zwei Varianten *modaler Passiv*-Ersatzkonstruktionen sehen:

 Das *kann* (von ihm) geschafft werden.
 Das *muss* (von ihm) geschafft werden.

Entsprechend kann man diese Konstruktionen als Ersatzkonstruktionen im Kontext
der Passivbildung mit ansprechen (→ Bd. 2: 170 f.).

Demgegenüber sind Verben wie versprechen, drohen, pflegen Vollverben, können aber in *modalisierender* Funktion gebraucht werden:

485 Bei pflegen gibt es die Option, einen Infinitiv anzuschließen, nur für die *modalisierende* Version:

    Sie pflegte abends ein Glas Wein zu trinken.

pflegen hat hier die Bedeutung etwas gewohnheitsmäßig tun. Eine teilweise gleiche Grundbedeutung hat das Verb in nicht-infinitivischen Konstruktionen wie

    Sie pflegt ihre Schuhe (= sich um etwas gut kümmern).
    Sie pflegt ihre Hobbies (= sich einer Sache regelmäßig zuwenden).

Demgegenüber gibt es zu drohen und zu versprechen sowohl nicht-modalisierende Infinitivanschlüsse wie auch modalisierende. Beide Verben enthalten die epistemische Grundbedeutung es ist wahrscheinlich, dass ..., bewerten diesen wahrscheinlichen Sachverhalt aber entgegengesetzt: drohen als negativ, versprechen als positiv.

486 drohen in Verbindung mit modalisierendem Infinitivanschluss bedeutet 'auf bedrohliche Weise' bald:

    Sie drohte ihr Bewusstsein zu verlieren.
    Sie drohte (damit), ihr Bewusstsein zu verlieren.

Das zweite Beispiel ist eindeutig *nicht* modalisierend (*inhaltlich* setzt diese Lesart freilich voraus, dass die betreffende Person mit ihren Schwächeanfällen strategisch umgehen kann).

487 versprechen bedeutet in Verbindung mit modalisierendem Infinitivanschluss 'erfreulicherweise sehr wahrscheinlich geschehen':

    Sie versprach eine gute Ärztin zu werden.

Dieses Beispiel ist doppeldeutig. Sobald man im Matrixsatz eine (für das Verb drohen fakultative) Dativergänzung einfügt (Sie versprach ihrer Mutter, ...), kippt die Bedeutung in die nicht-modalisierende Lesart.

Alle drei Verben importieren auch in diese modalisierende Lesart einige ihrer semantischen Merkmale. Man kann also beispielsweise modalisierendes drohen nicht auf einen mit Freude erwarteten Vorgang anwenden

    (*)Er drohte viel Geld zu gewinnen.

(außer es handelt sich um einen gefürchteten einflussreichen Kriminellen, der mit diesem Geld weitere Untaten ausführen könnte); umgekehrt ist

    *Er versprach bald zu sterben.

nicht möglich (allenfalls aus der Sicht gieriger Erben).

488 Gelegentlich werden diese Verben auch *Halbmodalverben* genannt. Worauf sich das Bestimmungswort *Halb-* beziehen soll, ist dabei nicht eindeutig: dass diese Verben halb als Vollverben (auch dies eine interessante Metapher!) und halb als Modalverben gebraucht werden? Oder dass diese Verben im Unterschied zu den 'echten' Modalverben den Infinitiv wie die 'Vollverben' mit der Infinitivpartikel zu bilden, also *morphologisch* Vollverben, *semantisch* – in modalisierendem Gebrauch – Modalverben sind? Beides zusammengenommen müsste man sie als 'Viertelmodalverben' bezeichnen.

Auf den ersten Blick scheinen Verben wie drohen zwar *morphologisch eingeschränkt* zu sein, da sie z. B. keine Verwendung in der Infinitivform zulassen:
> *Paul wird zu ersticken drohen.

Hier springt die Bedeutung um in eine nicht-modalisierende Lesart: Paul wird mit psychosomatischen Problemen drohen. Auf den zweiten Blick handelt es sich dabei aber nicht um *morphologische* Begrenztheiten, sondern um *semantisch* begründete Einschränkungen: Die modalisierende Verwendung von drohen ist an die Geschehenszeit 'unmittelbar bevorstehend' gebunden; dazu passt kein Prädikat im Futur. Wählt man Kontexte, die zu der modalisierenden Funktion passen, ist Infinitiv möglich, z. B. in einer hypothetischen Präsentation eines szenischen Sachverhalts:
> Ihre Sorge war: Paul würde sich beim Fischessen wieder einmal verschlucken; er würde zu ersticken drohen, und dann würde irgendein selbsternannter Arzt einen laienhaften Luftröhrenschnitt probieren.

Hinsichtlich der Kommasetzung bei solchen Infinitivkonstruktionen sollte man die Regelungsfreiheit nach § 75 E2 der Amtlichen Regeln dazu nutzen, die modalisierende Verwendung *ohne*, die jeweils andere Verwendung *mit* Komma zu schreiben:
> Er versprach ein guter Mitarbeiter zu werden (= modalisierend).
> Er versprach (uns) (feierlich), ein guter Mitarbeiter zu werden (= *nicht* modalisierend).

Gegenüber solchen modalisierend *benutzbaren* Verben ist scheinen ein reguläres Vollverb mit einer *grundsätzlich* epistemischen Bedeutung. Konstruktionen mit dem Verb scheinen stellen eine sehr spezifische Infinitivkonstruktion dar:
> *Er* schien zu schlafen.

Die Infinitivkonstruktion ist ersetzbar durch ein Satzgefüge:
> *Es* schien, dass *er* schlief.

Hier zeigt sich, dass scheinen eine semantisch gesehen subjekt*lose* Struktur eröffnet: Es schien, dass ... In diese semantisch leere Subjektstelle wird also bei der Infinitivkonstruktion das Subjekt aus der von scheinen abhängigen Infinitivkonstruktion übernommen ('Subjekt-Klau' oder 'Aufsteiger'?).

Da dieses Subjekt aus dem rang*niederen* Teilsatz stammt, wird eine solche Subjektverschiebung aus dem Konstituentensatz in den Matrixsatz in der Fachsprache als *Anhebung (raising)* bezeichnet.

Ein Blick zurück auf drohen zeigt, dass auch dieses in der *modalisierenden* Version eine Verbbedeutung hat, die nur formal-syntaktisch, nicht aber semantisch mit dem Subjekt verbunden ist:
> *Er drohte* ohnmächtig zu werden.

Demgegenüber ist drohen in der nicht-modalisierenden Version eine kommunikative Tätigkeit des Subjekts:
> *Er drohte* (damit), mich zu verprügeln.

Auch bei modalisierendem Gebrauch von drohen kann man wie bei scheinen eine nebensatzförmige Konstruktion wählen:
> *Es* drohte, dass *er* ohnmächtig wurde.

Solche Subjektverschiebungen sind also an *modalisierende* bzw. modalisierend *verwendete* Verben gebunden, die keine Aktivität des entsprechenden Subjekts bezeichnen. Das ist bei scheinen grundsätzlich der Fall (abgesehen von scheinen² wie in Die Sonne scheint), bei drohen, versprechen und pflegen je nach Lesart, bei versuchen, sich bemühen usw. nie.

492 Wieder anders ist die Konstruktion bei

> Er beabsichtigt(,) morgen zu kommen.

Hier füllt die Infinitivkonstruktion insgesamt eine Ergänzungsstelle im Valenzmuster von beabsichtigen: X beabsichtigt Y (Y = morgen zu kommen). Das Adverbiale morgen gehört zur Infinitivgruppe. Man trennt regulär die Infinitivkonstruktion nicht mit (ggf. paarigem) Komma ab, *darf* dies aber nach § 75 E2 der Amtlichen Regeln tun, „um die Gliederung deutlich zu machen bzw. um Missverständnisse auszuschließen".

Implizite Subjekte

493 Bei Infinitivgruppen fehlt ein explizites Subjekt, es muss erschlossen werden. Bei einigen Verben gibt die Bedeutungs- und Valenzstruktur des jeweiligen Matrixverbs das implizite Subjekt des Infinitivausdrucks vor. Bei anderen Verben lässt die Bedeutungs- und Valenzstruktur einen Spielraum, innerhalb dessen man dann mit Hilfe des Kontextes eine plausible Festlegung trifft:

> Ich versprach (ihm), (ihm / ihr) zu helfen.
> Ich gewann ihn dafür, (ihr) zu helfen.

Im ersten Beispiel kann das implizite Subjekt der Infinitivgruppe nur das das Versprechen abgebende Subjekt des Matrixsatzes sein, unabhängig von den (fakultativen) Dativergänzungen in Matrixsatz und Infinitivgruppe: Ein Versprechen kann ich nur für mich selber bindend abgeben. Im zweiten Beispiel kann nur die Person, die im Akkusativobjekt des Matrixsatzes bezeichnet ist, das implizite Subjekt der Infinitivgruppe sein: Ich gewinne jemanden dafür, etwas aus Überzeugung zu tun.

494 Demgegenüber bleibt in den folgenden Beispielen ein Spielraum für die Festlegung des impliziten Subjekts:

> Ich schlug vor, ihr zu helfen.
> Ich schlug ihm vor, ihr zu helfen.
> Ich schlug ihm vor, ihm zu helfen.

Im ersten Beispiel bleibt offen, wer helfen würde: der Vorschlagende selber und/oder die Angesprochenen und/oder Dritte; gesellschaftlich üblich ist, dass der Vorschlagende sich an der Hilfe beteiligt. Im zweiten Beispiel ist ebenfalls nicht eindeutig festgelegt, wer helfen soll: Eine Lesart ist, dass der Angesprochene *allein* hilft; eine zweite ist, dass Sprecher und Angesprochener *gemeinsam* helfen.

Eine *dritte* Lesart könnte sein, dass der Vorschlag einer Autoritätsperson (= ihm) unterbreitet wird, dann wäre offen, wer die Hilfe anbieten könnte, ggf. der Vorschlagende selber oder Dritte, denen die Autoritätsperson den Auftrag gibt.

Im dritten Beispiel kommt – sofern mit den beiden ihm die gleiche Person, nämlich der Angesprochene, gemeint ist – als Helfer wiederum nur der Sprecher infrage.

Diese Frage, was die Festlegung des impliziten Subjekts von Infinitivgruppen regelt, wird in manchen Grammatiken unter dem Fachterminus *Kontrolle* diskutiert. In der Regel wird dabei nur zwischen Subjektkontrolle und Objektkontrolle unterschieden: Bei Subjektkontrolle 'kontrolliert' das *Subjekt* des Matrixsatzes den Infinitiv und dessen implizites Subjekt (wie bei versprechen), bei Objektkontrolle ein *Objekt* im Matrixsatz (wie bei jemandem für X gewinnen). Diese Unterscheidung reicht für Konstruktionen wie im dritten Beispiel (mit jemandem etwas vorschlagen) freilich noch nicht aus.

Zudem finde ich diesen metaphorischen Begriff und seine Auslegung irreführend: Wir selber 'kontrollieren' als Lesende/Hörende mithilfe von Bedeutung und Valenzstruktur des Matrixverbs und in Kenntnis des in der Aussage entworfenen Tableaus von Personen und ihren gesellschaftlichen Rollen, wer wohl das implizite Subjekt ist.

Reflexive Besetzungen

Wie innerhalb des einfachen Satzes muss auch in bestimmten Infinitivkonstruktionen geregelt sein, wie man *reflexive* und *nicht*-reflexive Pronominalformen auf *referenzidentische* Ausdrücke in einem Satz verteilt. Zunächst einige Beispiele mit dem Verb lassen (hier in der Bedeutung von veranlassen gebraucht, nicht von zulassen); die hochgestellten Indices geben die Personzuordnungen an:

Paul ließ sich^p von Fritz vorstellen.
Paul ließ Fritz ihn^p vorstellen.
Paul ließ Fritz sich^f vorstellen.

In allen drei Beispielen ist Paul derjenige, der die Handlung veranlasst, und Fritz der, der das Vorstellen übernimmt.

Bei den beiden ersten Beispielen läuft der Sachverhalt auf das Gleiche hinaus: Fritz stellt Paul vor. Im dritten Beispiel stellt Fritz sich selbst vor.

Die syntaktische Struktur des ersten Beispiels unterscheidet sich aber von der Struktur des zweiten und dritten, und davon hängt ab, ob das Reflexivum sich oder das Personale ihn gewählt wird:
– Im ersten Beispiel veranlasst Paul die Handlung des Vorstellens (die von Fritz ausgeführt wird); er ist 'Agent' der Handlung. Da er selber der Vorgestellte ist, wird das auf ihn rückbezogene Reflexivum sich gewählt.
– Im zweiten und dritten Beispiel beauftragt Paul Fritz, dadurch wird Fritz 'Agent' der Handlung des Vorstellens (die er selber vornimmt). Im zweiten Beispiel stellt Fritz jemand *anderen* vor (= Paul), daher steht hier das Personale ihn; im dritten stellt er *sich selbst* vor, daher wird das Reflexivum sich gewählt.

Diese Struktur gälte auch dann, wenn im zweiten bzw. dritten Beispiel statt Fritz ein Indefinitum wie irgendjemanden stünde.

Inhaltlich kann man das zweite und das dritte Beispiel koppeln:

Paul ließ Fritz sich und ihn vorstellen.

Konjunktional erweiterte Infinitive

497 Bei Infinitivanschlüssen mit um ... zu, ohne ... zu, (an)statt ... zu, außer ... zu und als ... zu wird die Infinitivform mit Infinitivpartikel noch einmal um ein konjunktionales Element erweitert. Dieses konjunktionale Element hat eine klare semantische Kontur und verhält sich topologisch *prototypisch konjunktional:* Es steht an der Spitze des Infinitivausdrucks und bildet die linke Satzklammer.

> Er war eine Woche in Frankfurt gewesen, ohne mich zu besuchen.

498 Terminologisch gibt es hier zwei Optionen: Entweder man spricht – wie ich hier – von konjunktional erweiterten Infinitivanschlüssen; dabei wird der Infinitivanschluss mit zu als *Standard*-Anschluss angesehen. Oder man bezeichnet diese Erweiterungen selbst (also um, ohne, anstatt; nicht um ... zu bzw. ohne ... zu bzw. anstatt ... zu *insgesamt*) als Infinitiv*konjunktionen;* dann hätte man Infinitivformen *ohne* Infinitivpartikel, Infinitivformen *mit* Infinitivpartikel und Infinitivformen mit Infinitivpartikel und *zusätzlicher* Infinitivkonjunktion zu unterscheiden.

Zweideutig ist das Reden vom erweiterten *Infinitiv:* Dabei ist unklar, ob es sich auf den Infinitiv*anschluss* bezieht oder auf die Infinitiv*gruppe* insgesamt, in der vom Infinitiv dann (mindestens) ein weiterer Satzteil abhängen müsste (wie mich im obigen Beispiel). Der Gegenbegriff dazu ist *bloßer* Infinitiv.

499 Anstelle solcher konjunktional erweiterter Infinitivanschlüsse ist auch eine komplexe Konjunktion mit Nebensatz möglich:

> Er war ..., ohne dass er mich besucht hatte.

Infinitivkonstruktionen mit um ... zu, ohne ... zu, (an)statt ... zu und außer ... zu (nicht aber die mit als ... zu) gehören insofern zu den entsprechenden Adverbialbeziehungen (→ 346 ff., 383, 393, 394).

9.3 Kommasetzung bei Infinitivgruppen

500 In den Amtlichen Regeln gibt es einen eigenen Paragraphen, der die Kommasetzung bei Infinitiven regelt (§ 75). Er enthält die folgenden Regelvorgaben.

Bei Infinitivgruppen *muss* man in folgenden drei Fällen (ggf. paariges) Komma setzen:

1. wenn die Infinitivgruppe mit um, ohne, statt, anstatt, außer, als eingeleitet ist:

    Er lebt offenbar nur, um zu arbeiten.

2. wenn die Infinitivgruppe von einem Substantiv abhängt:

    Den Plan, heimlich abzureisen, hatte er schon lange gefasst.

    Ist der von dem Substantiv abhängige Infinitiv *nicht* erweitert wie in
    Den Plan(,) abzureisen(,) hatte er schon lange gefasst,
    kann man das Komma auch weglassen.

    Mir scheint diese Vorgabe der Amtlichen Regeln für nomenabhängige Infinitivgruppen – die in der aktuellen Version von 2006 neu hinzugekommen ist – sehr sinnvoll; unverständlich ist mir, dass man nicht auch Infinitive mit (ggf.) paarigem Komma abgrenzen soll, die von einem *Adjektiv* abhängen wie bei

> Sie scheint mir besonders geeignet, uns bei diesem Projekt zu begleiten.

Nomen wie Plan und Adjektive wie geeignet sind Valenzträger, die eine Ergänzungsbeziehung eröffnen können. Insofern sollte man solche valenzgebundenen Infinitivgruppen *generell* durch paariges Komma abgrenzen.

3. wenn auf die Infinitivgruppe ein Korrelat im Matrixsatz verweist, und zwar

*rück*verweisend (anaphorisch) wie in

> Ihm zu helfen, das finde ich schön.

oder *voraus*verweisend (kataphorisch):

> Ich finde es schön, ihm zu helfen.

Dass hier ein Komma gesetzt werden muss, ist syntaktisch einleuchtend: Man hätte sonst im Matrixsatz syntaktische Doppelgänger, im vorausgehenden Satz z. B. zwei Akkusativergänzungen zum Verb 'etwas x-wie finden', nämlich es und ihm zu helfen.

Liegt keine Infinitiv*gruppe* vor, sondern ein *nicht*-erweiterter Infinitiv wie in

> Ich finde es schön(,) zu helfen.

dann *kann* man den Amtlichen Regeln zufolge das Komma trotz des Korrelats weglassen.

Man *kann* freilich auch in anderen Infinitiv-Konstruktionen ein paariges Komma setzen, wenn man die Teilsatzwertigkeit der Infinitivgruppe betonen oder ihr insgesamt mehr Aufmerksamkeit sichern will:

> Er hat sich sehr bemüht(,) mir in dieser Angelegenheit zu helfen.

Man *sollte* immer dann paariges Komma setzen, wenn dadurch mögliche Missverständnisse *verhindert* werden können

> Sie versprach ihm zu helfen.
> → Sie versprach, ihm zu helfen.
> → Sie versprach ihm, zu helfen.

oder zumindest *verringert:*

> Sie ist bereit zu allem ein paar einführende Worte zu sagen.
> Sie ist bereit, zu allem ein paar einführende Worte zu sagen.

Ein Komma sollte man besonders dann setzen, wenn die Zuordnungen doppeldeutig sind. In dem Satz

> Er befahl ihm zu helfen.

kann ihm – da die beiden Verben eine Ergänzung im *gleichen* Kasus Dativ fordern – zu *jedem* der beiden Prädikatsverben (befehlen bzw. helfen) gehören. Daher sollte man je nach beabsichtigter Bedeutung ein Komma nach befahl oder nach ihm platzieren. In dem Satz

> Er befahl ihm ihm zu helfen.

braucht man dagegen kein Komma, die Konstruktion ist eindeutig.

Auch die Konstruktion

> Er bat ihn zu putzen.

ist nicht eindeutig: ihn kann sowohl die Person sein, die das Putzen (irgendwelcher Räume oder Gegenstände) übernehmen soll, als auch die Person bzw. der Gegenstand, die/der (von der Person X) geputzt werden soll. Daher sollte man entweder nach bat oder nach ihn ein Komma setzen.

> Er bat ihn ihn zu putzen.

Diese Konstruktion ist eindeutig, also ist kein Komma nötig. Eindeutig ist auch die Konstruktion
> Er befahl ihn zu putzen,

weil ihn als Akkusativ nur zu putzen gehören (also nicht der Befehlsempfänger sein) kann. Bei
> Er bat ihm zu helfen.

ist zwar die Zugehörigkeit des Dativobjekts ihm eindeutig (daher ist kein Komma nötig), es bleibt freilich die Unklarheit, ob dieses ihm reflexiv oder nicht reflexiv gemeint ist.

503 Für Infinitivgruppen, die von dem Verb im übergeordneten Teilsatz abhängen und dabei mit diesem übergeordneten Teilsatz *verschränkt* sind, sehen die Amtlichen Regeln keine explizite Regelung vor. Und da in der Erläuterung E2 zu § 75, nämlich

> E2: In den Fällen, die nicht durch § 75 (1) bis (3) geregelt sind, kann ein Komma gesetzt werden, um die Gliederung deutlich zu machen bzw. um Missverständnisse auszuschließen,

ein optionales Komma an zwei spezifische Zwecke gebunden ist (Gliederungsverdeutlichung und Missverständnisvermeidung), kann man die Empfehlung herauslesen, dass keine Kommas gesetzt werden sollten (in den folgenden Beispielen sind die zur Infinitivgruppe gehörenden Teile unterstrichen):

> Mir *glaubte* er *damit zu* helfen.
> Seitdem er *vor mir Angst zu haben behauptet,* ...
> Er wird mir sicher *versuchen* zu helfen.
> Mir wird er sicher zu helfen *versuchen*.
> Er wird mir sicher zu helfen *versuchen*.
> Mir wird er sicher bei den Hausaufgaben *versuchen* zu helfen.
> Er wird mir sicher bei den Hausaufgaben zu helfen *versuchen*.

Kommasetzung beim Aufeinandertreffen von nebenordnender Konjunktion und Infinitivkonjunktion

504 Angesichts der analogen Funktion von adverbialen Teilsätzen wie in

> Er hatte verschlafen, und *weil er nicht zu spät zum Dienst kommen wollte,* nahm er ein Taxi.

und teilsatzwertigen adverbialen Infinitivgruppen wie in

> Er hatte verschlafen(,?) und(,?) *um nicht zu spät zum Dienst zu kommen,* nahm er ein Taxi.

liegt es nahe, hier auch mit der Regelung der Kommasetzung analog umzugehen:

505 Für das erste Beispiel (= mit nebensatzförmigem Teilsatz) ist die Kommasetzung in den Amtlichen Regeln explizit geregelt:

> § 74 E1: Besteht die Einleitung eines Nebensatzes aus einem Einleitewort und weiteren Wörtern, so gilt: (1) Man setzt das Komma vor die ganze Wortgruppe.

Diese Regel, die ich in ihrer Substanz wie ihrer Darstellung für problematisch halte, ist weiter oben (→ 437 ff.) bereits diskutiert worden. Da aber in den Amtlichen Regeln die Infinitivkonstruktionen nicht systematisch im Rahmen der Teilsatzbeziehungen mit behandelt werden, gibt es eine Reihe von nicht explizit geregelten Kommafragen, die man – per Analogie und ansonsten syntaktisch plausibel – selber regeln muss/ kann.

506 Eine dieser Kommafragen ist die Kommasetzung im zweiten Ausgangsbeispiel. Hält man sich an die Vorgaben von § 75

Infinitivgruppen grenzt man mit Komma ab, wenn eine der folgenden Bedingungen erfüllt ist:
(1) Die Infinitivgruppe ist mit um, ohne, statt, anstatt, außer, als eingeleitet […],

dann muss das eröffnende Komma vor der konjunktionalen Erweiterung des Infinitivanschlusses, also vor um platziert werden. Hält man sich aber an die für das erste Ausgangsbeispiel (= nebensatzförmige Teilsätze) formulierte Kommaregel, dann muss das eröffnende Komma vor die nebenordnende Konjunktion (hier: und) gesetzt werden.

Wie bei den Teilsatzbeziehungen gibt es auch hier bei den Infinitivkonstruktionen weitere Fälle, für die ich mir in den Amtlichen Regeln eine syntaktisch *transparente* Grundregel wünschte, die Lehrende (und Lernende) selber intelligent auf weitere Einzelfälle anwenden könnten, z. B. die folgenden:

Er hatte verschlafen und(,?) um nicht zu spät zum Dienst zu kommen, ein Taxi genommen.
(= Hier schließt die nebenordnende Konjunktion nicht an ein selbstständiges Satzgefüge an, sondern der Hauptsatz läuft nach dem eingeschobenen Teilsatz als Hauptsatz-Zwilling weiter.)

Er erzählte, dass er verschlafen und(,?) um nicht zu spät zum Dienst zu kommen, ein Taxi genommen hatte.
(= Die ganze Konstruktion wird eine Abhängigkeitsstufe tiefer angesetzt; es handelt sich jetzt um einen Nebensatz-Zwilling, in dessen zweiten Teil ein untergeordneter satzwertiger Infinitiv eingebaut ist.)

Ich habe jeweils die mir syntaktisch angemessen erscheinenden Kommas gesetzt, das Fragezeichen soll Raum für Dissens bieten.

Diese und weitere Fälle sind weder in der alten noch in der neuen Kommaregelung berücksichtigt.

Man könnte aber in der betreffenden Regelformulierung mit wenig Mehraufwand statt von „Nebensatz" einfach von „Nebensatz *oder satzwertiger Infinitivgruppe*" sprechen. Und wenn man in einem Aufwasch gleich noch analoge Partizipialkonstruktionen (→ 90 ff., 96 ff.) und partizipial ergänzbare Konstruktionen einbeziehen und Anschlussvarianten bei den Teilsätzen berücksichtigen wollte, dann ergäbe sich daraus folgende Gesamtregelformulierung (die in dieser kompakten Form natürlich noch nicht zum allgemeinen Gebrauch geeignet wäre):

Wenn ein untergeordneter Teilsatz (oder eine satzwertige Infinitiv-, Partizipial- oder Adjektiv- bzw. Nomengruppe) ein vollständiges, selbstständiges Satzgefüge eröffnet und dabei *unmittelbar* hinter einer nebenordnenden Konjunktion (wie und, oder, denn usw.) steht, die dieses Satzgefüge an einen vorausgehenden Teilsatz anschließt, dann wird das eröffnende Komma statt vor den *Teilsatz* (bzw. die *teilsatzwertige Wortgruppe*) vor die das *Satzgefüge* anbindende nebenordnende Konjunktion gesetzt.

Bei dieser Regelformulierung wären die beiden von mir aufgeführten Beispiele mit *nicht* vollständigem bzw. mit *nicht* selbstständigem Satzgefüge also von dieser Kommaverschiebung ausgenommen, und die von mir vorgesehenen eröffnenden Kommas wären 'rechtens'.

10 Elliptische Satz-Konstruktionen

509 Der Begriff der Ellipse legt die Annahme nahe, elliptischen Äußerungen fehle etwas. Solche sprachlichen Sparmaßnahmen sind aber vielmehr als funktional kluger Umgang mit begrenzter Aufmerksamkeit und begrenzter Zeit in zwischenmenschlicher Verständigung zu sehen.

Ich unterscheide bei elliptischen Konstruktionen Kürzungen und Fragmente: Bei *Kürzungen* stehen die gekürzten Äußerungsteile innerhalb der *Äußerung selbst* bzw. im *vorausgehenden Sprecherbeitrag* zur Verfügung, bei *Fragmenten* stehen sie nicht im sprachlichen Kontext zur Verfügung, sind aber aus dem Situationszusammenhang bzw. aus unserem kommunikativen Betriebswissen erschließbar.

10.1 Kürzungen

510 Bei Kürzungen lassen sich zwei Ebenen unterscheiden: *semantische* und *syntaktische* Kürzungen.

Bei *semantischen* Kürzungen wird eine Aussage aus dem vorhergehenden (Teil-)Satz bzw. aus der Äußerung des vorhergehenden Sprechers mithilfe von Pro-Formen entdifferenziert und damit in ihrer Bedeutungsstruktur neutralisiert:

Wenn du ihm bei seiner Arbeit helfen willst, dann tu das *ordentlich!*

Hier wird die (unterstrichene) Teilaussage im zweiten Teilsatz durch das Pro-Verb tun und das Demonstrativum das inhaltsleer repräsentiert; dadurch bleibt die im ersten Teilsatz entworfene Aussagenstruktur intakt und die relevante neue Information (ordentlich) kann am Satzende umso auffälliger eingebracht werden.

511 Bei einer *syntaktischen* Kürzung würde die betreffende Teilaussage komplett gekürzt:

Wenn du ihm bei seiner Arbeit helfen willst, dann *ordentlich!*

Ebenso im folgenden Beispiel:

A: „Ich repariere solche tiefen Löcher immer mit Moltofill." – B: „Das tu *ich auch.*"

Hier bringt Sprecher B die relevante neue Information ich und auch ein: das ich, weil zwar die Äußerung von A schon ein ich enthielt, dieses ich aber mit dem Wechsel des Dialogpartners auch seine Referenz wechselt; das auch, weil es die relevante neue Information Bs enthält (= für B ist hier offenbar der Beitritt zu dem Handlungsmuster von A wichtig – sei es aus Anhänglichkeit oder aus Konkurrenz).

Bei einer *syntaktischen* Kürzung würde die Antwort lauten:

A: ... – B: *„Ich auch."*

Auch bei einer so weit gehenden syntaktischen Kürzung wird eine eventuelle *Negation* in der vorausgehenden Äußerung des Gesprächspartners durch das *auch* nicht zwingend mitkopiert, sondern in der Regel erneut ausgesprochen:

    A: „Bei solchen Reparaturen verwende ich eigentlich nie Kleber oder so was." – B: „Ich auch nicht."
    A: „Ich verwende bei solchen Reparaturen keinen giftigen Kleber." – B: „Ich auch nicht."

Kürzungen gibt es – teilweise grammatikalisiert – auf allen Komplexitätsebenen des Sprachgebrauchs:

Komplexitätsebene *Wort*: Bei Kompositum-Mehrfachbesetzungen mit gleichem *Grund*wort wie z. B.   512

    Einnahmenrechnung und Ausgabenrechnung

wird der *erste* dieser Grundwort-Zwillinge gekürzt:

    Einnahmen- und Ausgabenrechnung.

Komplexitätsebene *einfacher Satz*: Bei einer Satzglied-Mehrfachbesetzung mit gleicher präpositionaler Einleitung wird die Präposition im *zweiten* Satzglied-Zwilling meist nicht erneut gesetzt: 513

    Sie hat sich *mit* Kameras und Blitzgeräten noch nie befasst.

Komplexitätsebene *zusammengesetzter Satz:* Bei einer Teilsatz-Reihung werden die im ersten Teilsatz gesetzte Konjunktion und ggf. weitere gemeinsame Satzteile im zweiten Teilsatz gekürzt wie in   514

    Er blieb zuhause, weil er müde war und (weil) (er) noch etwas arbeiten wollte,

außer wenn der Sachverhalt im zweiten Teilsatz hervorgehoben werden soll:

    Er blieb zuhause, weil er müde war und *weil er* noch etwas an seiner neuen Oper arbeiten wollte.

In Fällen wie dem folgenden ist die Kürzung eines ganzen Teilsatzes bereits *grammatikalisiert*, lediglich ein Korrelat verweist noch auf die gekürzte Komponente:

    Wenn du morgen kämest, würde mich das [= *dass* du morgen kommst] freuen.

In Beispielen wie dem folgenden ist die Dublettenkürzung grammatikalisiert, *ohne* dass hier noch ein Korrelat auf die gekürzten Komponenten verweisen würde:

    Er warf den Ball, so weit er [ihn werfen] konnte.

Die Rekonstruktion einer syntaktisch 'kompletten' Struktur wie

    Er warf den Ball, so weit er *ihn werfen* konnte.

oder

    Er warf den Ball so weit, *wie er ihn werfen* konnte.

erschiene hier bereits künstlich. Die Kurzversion *ist* komplett.

Im folgenden Beispiel wird ein ganzer Teilsatz bis auf das Relativadverb wie gekürzt, weil er eine Dublette wäre: 515

    Er sang, wie wenn er betrunken wäre.

Auch diese Kurzversion ist bereits grammatikalisiert, eine 'komplette' Version würde künstlich wirken:

> Er sang, wie *er singen würde,* wenn er betrunken wäre.

☞ *Aus einer studentischen Mail:*
> Die Informationen zur mündlichen Prüfung habe ich gelesen und klären schon mal die ein oder andere organisatorische Frage.

Kürzungen in dialogischen Sequenzen

516 Auch auf der Komplexitätsebene *Dialog* gibt es Kürzungsoptionen bzw. -pflichten: Sprachliche Elemente, die der Gesprächspartner in seinem Beitrag bereits ins Gespräch eingebracht hat und die damit für die Rezeption des *nachfolgenden* Sprecherbeitrags bzw. für simultane sprachliche Aktivitäten in der Hörerrolle zur Verfügung stehen, werden in der Regel weggelassen. Solche Weglassungen stehen grundsätzlich unter dem *Kooperations*-Prinzip.

517 Einsparungen nimmt zum einen der jeweilige Sprecher an seinem Beitrag vor, und zwar unter Rückbezug auf das Äußerungsformat des jeweils vorausgehenden Sprecherbeitrags des Gesprächspartners. Dafür zwei Beispiele:

(1) Auf die Frage
> Willst Du lieber einen Apfel oder eine Apfelsine?

wäre eine Antwort in *kooperativem* Format
> Lieber eine Apfelsine;

d. h. man fügt seine Antwort in die syntaktische Struktur ein, die der Gesprächspartner zur Verfügung gestellt hat.

Kooperativ sind solche Ersparungen zum einen, weil sie dem anderen keine unnötige Verstehensarbeit abfordern, zum anderen, weil sie helfen, das Neue (hier: Apfelsine) zu identifizieren.

518 Die Antwort
> Eine Apfelsine.

wäre zwar noch sparsamer, könnte aber als zu direktiv verstanden werden, während das wiederholte lieber den Entscheidungsspielraum des anderen demonstriert.

Würde die Antwort demgegenüber die komplette syntaktische Struktur präsentieren, also
> Ich will lieber eine Apfelsine.

oder sogar
> Ich möchte eine Apfelsine haben,

wäre dies sichtbar unkooperativ: Die antwortende Person zeigt sich demonstrativ syntaktisch autonom, also als 'syntaktisch nicht auf den anderen angewiesen'; solche *syntaktischen* Abgrenzungen können als Zeichen demonstrierter *sozialer* Abgrenzung verstanden werden.

519 (2) Ein Beispiel aus einem privaten konflikthaltigen Gespräch (Irene ist die frühere Freundin von A):

Sprecher A:	Sprecherin B:
Ich hab Irene das Buch gegeben.	Irene?

Die für Bs Rückfrage zentrale Informationseinheit (= Irene) wird durch Reduktion des Hintergrunds deutlicher fokussiert. Demgegenüber wäre eine nicht-elliptische Wiederholung wie

Sprecher A:	Sprecherin B:
Ich hab Irene das Buch gegeben.	Du hast Irene das Buch gegeben?!?

Indikator einer Kooperationsverweigerung: Damit würde die komplette Aussage zurückgegeben (= 'Annahme verweigert') mit der Aufforderung zu erläuternder 'Wiedervorlage'.

Zum anderen beziehen sich Ersparungen auf das *Simultan*sprechen in der *Hörer*-Rolle. Ich führe als Beispiele drei Varianten von Einwürfen der gerade zuhörenden Person an, die alle drei der Verständigungssicherung dienen:

(1) Mit-dem-anderen-zu-Ende-Sprechen als *Empathiesignal*:

Klientin:	Therapeutin:
[...] Und eigentlich ging es immer nur um meine Schwester. Zum Beispiel der Ring von meiner Oma, den ich mir immer so gewünscht hab. Den hat sie neulich genommen und hat ihn einfach so meiner Schwester geschenkt. [...]	hm hm Schwester geschenkt

Hier zeigt die Therapeutin gerade *nicht* den Anspruch, etwas Eigenes, Neues zu sagen, sondern lässt in der Ausrichtung auf die Klientin deren Aussage zur Geltung kommen. Sie ahnt, was die Klientin sagen wird, und tritt mit Schwester geschenkt deren Aussage bei. Man spricht hier von *joining*.

Solches Joining ist nichts für die Gesprächsbeteiligten Auffälliges; es ist ein Zeichen, dass man die Aufmerksamkeit ungeteilt auf den gerade Sprechenden richtet (und sich nicht schon innerlich mit eigenen Sprechabsichten befasst), und damit ein Zeichen für Empathie. Das Beispiel stammt nicht zufällig aus der Gesprächspraxis der Klientenzentrierten Therapie, für die Empathie eine der Grundtugenden von Therapeuten ist.

(2) Umfangsreduktion bei *verständnissichernden* Einwürfen:

Anruferin:	Domian:
[...] und zwar ist das mit meinem Freund, mit dem bin ich schon zwei Jahre zusammen,	

> | | |
> |---|---|
> | [0] und also der hat eigentlich so zu Hause eigentlich ziemlich Probleme und ich halt auch, weil mein Vater halt Alkoholiker ist und so | hm |
> | [0] und wir halt im Moment total in der Scheidung drin stecken [1] und ja die Eltern [0] und da ist halt oft ziemlich Terror zu Hause [0] und bei meinem Freund isses halt so, wir sind halt seit zwei Jahren zusammen, wir waren auch schon mal verlobt [...] | die Eltern hm |

Domian wählt für seinen Einwurf die Eltern – mit dem er vermutlich nicht in seiner Ratgeber-Rolle eine für ihn selber entstandene Unklarheit beseitigen will, sondern in der *Moderatoren*-Rolle einem möglichen Verstehensproblem des Publikums vorbeugen will – das knappest mögliche Format, um die Anruferin, die noch mitten in ihrer Problemerzählung steckt, möglichst wenig zu stören. Man vergleiche das von ihm gewählte Format mit dem folgenden:

> Es sind die Eltern, die in der Scheidung drinstecken, oder?

522 (3) Umfangsreduktion bei *rechtfertigenden* Einwürfen:

> | Moderator: | Studiogast: |
> |---|---|
> | [...] Da bin ich mal gespannt auf die Reaktion Ihrer Parteifreunde! Sie haben vorhin über Ihren Parteivorsitzenden gesagt, er sei in diesen Fragen schlicht inkompetent und solle / doch doch [...] | Hab ich nicht gesagt! |

In dem Einwurf des Studiogastes wird das pronominale Akkusativobjekt das weggelassen, weil die Behauptung des Moderators, auf die es sich zurückbezieht (= der Parteivorsitzende sei in diesen Fragen inkompetent), unmittelbar vorausgeht und somit für beide (und für das Publikum) noch präsent ist. Je kürzer der unterbrechende Einwurf ist, desto zielsicherer kann er platziert werden und desto leichter ist er im Äußerungs-Getümmel identifizierbar.

10.2 Fragmente

> *Aufdruck auf Zigarettenautomaten:*
> Mit Karte. Ohne kompliziert.

523 Unter Fragmenten verstehe ich Weglassungen, bei denen die weggelassenen Komponenten weder in der umgebenden Äußerung selbst noch in ihrem dialogischen Kontext vorliegen (und daher nicht *wörtlich* ergänzt werden könnten). Fragmente gibt es auf mehreren Komplexitätsebenen.

Ein *geschriebensprachliches* Fragment auf der Komplexitätsebene *einfacher Satz* ist z. B.:

> Bin gleich zurück (= Notizzettel auf der Tür).

Die Reduktion des Subjekts reduziert den Lese- (und den Schreib-) Aufwand. Das *ich* liegt weder in dieser Äußerung noch in dem unmittelbaren Kontext vor, kann aber aufgrund der Flexionsform des Finitums erschlossen werden.

Auf der Komplexitätsebene *komplexer Satz* lassen sich zwei Arten von *Teilsatz*-Fragment unterscheiden: Matrixsatz-Fragmente und Konstituentensatz-Fragmente.

Ein Beispiel für *Matrixsatz*-Fragmente ist:

> Eine richtige Gemeinheit, dass er nicht gekommen ist!

Dieser nominale Ausdruck lässt sich als Verkürzung eines Matrixsatzes (= in diesem Beispiel zugleich Hauptsatz) einer Kopulastruktur X ist Y rekonstruieren, die zu den *Ergänzungs*beziehungen gehört. In dieser Struktur ist die Subjektstelle (= X) durch den Teilsatz (= dass er … ist) realisiert, das Prädikat fehlt, der Matrixsatz ist auf die Nominativergänzung Y (= Gemeinheit) reduziert. Die unverkürzte Version wäre:

> [Es / Das ist] eine richtige Gemeinheit, dass er nicht gekommen ist!

Eine Version im Verknüpfungstyp C ist

> Er ist mal wieder nicht gekommen, [das ist] eine richtige Gemeinheit!

und in C mit parenthetischer Mittelstellung:

> Er ist – [das ist] eine Unverschämtheit ersten Ranges – mal wieder nicht gekommen.

Man bezeichnet solche Fragmente auch als *absolute Nominative*. Diese Bezeichnung ist wenig strukturtransparent: Das Adjektiv *absolut* legt nahe, dass diese Nominalgruppen nicht syntaktisch eingebunden wären. Zudem suggeriert dieser Terminus eine strukturelle Parallelität zu den sog. absoluten Akkusativen wie

> Er stand, *die Hand in der Tasche*, verloren in einer Ecke des Partyraums.

Diese sind aber Fragmente von teilsatzwertigen *partizipial* ergänzbaren Konstruktionen (die Hand in der Tasche haltend) und gehören zu den *Adverbial*beziehungen (= Verknüpfungsbedeutung *modal: Begleitumstand* → 96ff., 103, 383). Außerdem müsste man für analoge *adjektivische* Wortgruppen wie

> Ganz schön *doof*, dass er sich nicht gemeldet hat! (= Verknüpfungstyp A)
> Er hat sich wieder nicht gemeldet, *ganz schön doof!* (= C)

ebenfalls eine eigene Bezeichnung finden („absolute Adjektive"?). Ich halte es für durchsichtiger, die strukturelle Verwandtschaft mit den entsprechenden Teilsatzbeziehungen zu verdeutlichen.

Um ein Matrixsatz-Fragment handelt es sich auch bei Satzgefügen aus *drei* Teilsätzen:

> Was mich ↑stört – dass er nicht wenigstens ↓anruft!

Auch solchen Konstruktionen liegt eine Kopulastruktur X (ist) Y zugrunde. Dieser Relativnebensatz – der in der Regel *vorangeht* – dient der *Thematisierung*. Hier sind *beide* Valenzstellen des weggelassenen Matrixverbs sein durch Teilsätze realisiert: die Subjektstelle (= X) durch den dass-Nebensatz, die Prädikativumstelle Y durch einen restriktiven Relativnebensatz (Was …). Von dem Matrixsatz bleibt also nichts *Sichtbares* übrig, nur der spezifische *Tonhöhen*verlauf (in der geschriebensprachlichen Wiedergabe notdürftig durch Gedankenstrich oder Doppelpunkt repräsentiert) leistet die Zuordnung der beiden Teilsätze zueinander.

Ein vorsorglicher Hinweis: Der mit was eingeleitete Nebensatz ist nicht Teil einer *zweiten Ergänzungs*beziehung, sondern Teil einer *Relativ*beziehung; vgl. Das, was ..., ist ... Eine Struktur mit *zwei Ergänzungs*beziehungen wäre demgegenüber:

> Dass er nicht mehr kommt, bedeutet, dass er mich nicht mehr liebt.

Die Ergänzungsbeziehung kann auch im Verknüpfungstyp C realisiert sein; dabei geht der Matrixsatz dem Konstituentensatz voraus und muss daher mit Doppelpunkt bzw. Folgendes arbeiten:

> Was mich stört, ist (Folgendes): Er hat sich noch kein einziges Mal nach meinem Befinden erkundigt.

Oder, in der Fragment-Version:

> Was mich stört – er hat sich noch kein einziges Mal nach meinem Befinden erkundigt.

527 Ein Beispiel für *Konstituentensatz*-Fragmente ist etwa das folgende Satzgefüge:

> Er wusste nicht mehr, was tun.

Ein solches Fragment findet sich auch in der *späten* Fassung von Schillers „Die Theilung der Erde" von 1799/1800:

> Was thun! spricht Zeus, die Welt ist weggegeben,
> Der Herbst, die Jagd, der Markt ist nicht mehr mein.
> Willst du in meinem Himmel mit mir leben
> So oft du kommst, er soll dir offen seyn!

In der *frühen* Fassung von 1795 (in der einige der später durchgängig 5-hebigen Zeilen noch 6-hebig sind) findet sich noch die grammatische Vollform:

> Was kann ich thun, spricht Zevs. Die Welt ist weggegeben,
> ...

In der späten Fassung ist das Frage-Fragment mit einem Ausrufezeichen versehen – damit markiert der Autor *möglicherweise* die Äußerung als Ausruf; dieser Status *Ausruf* 'heilt' wiederum den Fragment-Zustand (der seinerseits primär *rhythmischen* Absichten des Autors dient).

Nach den Amtlichen Regeln müsste – von den Anführungszeichen abgesehen – nach dem Ausrufezeichen ein Komma stehen: „Was thun!", spricht Zeus, ... Das wusste aber weder Zeus noch Schiller.

528 Auch auf der Komplexitätsebene *Dialog* finden sich Fragment-Bildungen; hier einige Beispiele:

In Gefahrensituationen ist ein Äußerungsfragment wie

> Schnell weg!

funktional kurz. Es wird von den Adressaten je nach Situation verstanden als

Geht *(ihr)* schnell weg!

oder

Lasst *uns* schnell weggehen,

also mit oder ohne Einbezug des Sprechers.

Auch Zeitdruck im Kontext gemeinsamer Handlungen führt oft zu Fragmenten:

Den Hammer!

Faktoren wie etwa Zeitdruck und zusätzlich erhöhter *Geräuschpegel* können zur Fragmentierung eines ganzen Gesprächsmusters führen. In dem folgenden kurzen Gespräch bittet ein Autofahrer durch das geöffnete Beifahrerfenster einen Passanten um Auskunft:

Autofahrer:	*Passant:*
[schreiend:] Zum Dammtor-Bahnhof?!	
	(zeigt mit ausgestrecktem Arm nach vorn) Dreihundert Meter!

Hier werden einige der unter normalen Umständen ausgeführten rituellen Schritte des Gesprächsmusters Wegauskunft weggelassen: die Klärung der Kenntnisvoraussetzungen („Kennen Sie sich hier aus?"), die wechselseitige Vergewisserung, dass die Auskunft verständlich und ausreichend war, der Dank an den Auskunft gebenden Gesprächspartner (der die unbezahlte kommunikative Arbeit geleistet hat).

11 Korrelate

530 Bei Ergänzungs- und Adverbialbeziehungen wie auch bei Relativbeziehungen findet sich bei Realisierungen im Verknüpfungstyp A (*nicht* in den Verknüpfungstypen B und C) im Matrixsatz oft ein Pro-Element, das auf die als Teilsatz ausgelagerte Konstituente verweist. Diese Pro-Elemente werden meist als *Korrelat* bezeichnet (→ Bd. 1: 218, 386, 415 ff.):

> Dass du nicht gekommen bist, (das) hat mich ziemlich ärgerlich gemacht.
> (Es/Das) hat mich ziemlich ärgerlich gemacht, dass du nicht gekommen bist.

> Weil es so kalt ist, (deshalb) bleibe ich zuhause.
> Ich bleibe (deshalb) zuhause, weil es so kalt ist.

> Wer/Der das gemacht hat, (der) soll sich melden.
> Der soll sich melden, der das gemacht hat.

531 Korrelate sind es und weitere Personalia sowie Demonstrativa (das usw.) und Präpositionaladverbien (davon usw.). Ihre Funktion ist es, dem Hörer/Leser durch syntaktische Orientierung die Rezeption zu erleichtern: Sie geben vorab (= kataphorisch, ankündigend) oder rückwirkend (= anaphorisch, wiederaufnehmend) einen Hinweis, wie der nachfolgende bzw. vorausgehende Teilsatz in das Satzgefüge eingepasst ist.

Diese Korrelate sind die gleichen Wortformen, die im Verknüpfungstyp C die rückbezogene Verbindung herstellen:

> A   Weil es so kalt ist, deshalb bleibe ich zuhause.
> C   Es ist sehr kalt, deshalb bleibe ich zuhause.

532 Korrelate sind Phänomene *zwischen* (Teil-)Sätzen, also innerhalb des *komplexen* Satzbaus. Zwischen Satzteilen ein und desselben (Teil-)Satzes gibt es keine 'Korrelate'. Phänomene wie der sog. Subjektplatzhalter in dem Satz

> Es lebte einmal in einem kleinen Häuschen am Rand des dunklen Waldes *ein altes Mütterlein*.

haben eine andere Funktion und laufen deshalb unter einem eigenen Fachterminus.

Zwar bezieht sich dieser Platzhalter es auf das später im Satz erscheinende Subjekt *ein altes Mütterlein*; aber seine Funktion ist eine rein *topologische:* Es besetzt 'der Ordnung halber' das Vorfeld – wo normalerweise das Subjekt steht –, damit das eigentliche Subjekt in die Rhema-Position am Satzende gesetzt werden kann. Korrelate haben demgegenüber die Funktion, einen vorausgehenden oder nachfolgenden (Teil-)Satz nachträglich oder vorgreifend *syntaktisch* zu verankern. Sie haben zudem einen eigenen syntaktischen Platz im Satz, während Subjektplatzhalter syntaktische Dubletten sind und 'verschwinden', sobald das eigentliche Subjekt im Vorfeld auftaucht:

> Ein altes Mütterlein lebte einmal in einem kleinen Häuschen am Rand des dunklen Waldes.

Korrelate sind in der Form (Pronomen bzw. Pronominaladverbien), nicht aber in der syntaktischen Funktion identisch mit den Pro-Formen, die innerhalb von Links- und Rechtsherausstellung im erweiterten einfachen Satz die Wiederaufnahme bzw. die Ankündigung leisten:

> Dass er kommt, freut mich. → Dass er kommt, das freut mich (= Korrelat im komplexen Satz).
>
> Sein Kommen freut mich. → Sein Kommen, das freut mich (= Linksherausstellung).

Zwar dienen auch in diesem zweiten Beispiel die Pro-Formen der rück- bzw. vorauszeigenden 'Vernetzung' von referenzidentischen Einheiten im Satz. Während aber Korrelate außer in bestimmten Sonderfällen weglassbar sind, würde das Weglassen dieser Pro-Formen zum Verschwinden der Links- bzw. Rechtsherausstellung und ihrer spezifischen Wirkung führen.

11.1 Korrelate bei Ergänzungsbeziehungen

Bei satzgliedwertigen Ergänzungsbeziehungen werden relativ häufig Korrelate verwendet:

> Sie hatte (es / das) schon geahnt, dass er sie verlassen würde.
> Dass er sie verlassen würde, (das) hatte sie schon geahnt.
> Er hat sich (darüber) gewundert, dass ich gekommen bin.
> Er hat sich darauf verlassen, dass ich noch komme.

Das Korrelat es wird nur kataphorisch benutzt, also wenn der Konstituentensatz in einem Satzgefüge nachfolgt wie im ersten Beispiel. Bei anaphorischer Verwendung – also bei Rückbezug auf einen vorausgehenden Konstituentensatz wie im zweiten Beispiel – muss man auf ein Demonstrativum wie das zurückgreifen, das in sich eine stärkere Verweiskraft hat.

Wenn bei Ergänzungsbeziehungen der Konstituentensatz die Valenz einer *Präpositional*ergänzung besetzt, sind die Korrelate meist obligatorisch; das leuchtet ein, insofern diese Korrelate – alles Präpositionaladverbien – die Präposition mit abdecken, die sonst fehlen würde.

Bei *Voran*stellung des Ergänzungsnebensatzes *muss* das Korrelat stehen; dies sichert *nachträglich* die Integration des vorangestellten Teilsatzes in das Verb-Valenzmuster:

> Dass ich gekommen bin, *darüber* hat er sich gewundert.

Bei dieser Voranstellung kann das Korrelat auch mit ins Vorfeld gestellt werden, auf diese Weise sichert es bereits *vorab* die Identifikation des präpositionalen Valenzmusters:

> *Darüber*, dass ich gekommen bin, hat er sich gewundert.

Insofern ist dieses spezifische Stellungsverhalten bei Präpositionalergänzungs-Nebensätzen nicht weiter verwunderlich. Es ist jedenfalls kein hinreichender Grund, um bei Korrelatvoranstellung (Darüber, dass …) den Teilsatz als *Attributsatz* zum Korrelat aufzufassen, während er ohne diese Korrelatstellung als *satzglied*wertig eingestuft würde. Grundsätzlich beziehen sich die Korrelate auf die Teilsätze, nicht etwa die Teilsätze auf ihre Korrelate. Dies gilt unabhängig davon, ob die Korrelate obligatorisch oder fakultativ sind.

Wenn es wie bei sich erinnern *zwei alternative* Valenzmuster gibt, nämlich

Er erinnerte sich (daran / dessen), dass er sie schon einmal gesehen hatte. / sie schon einmal gesehen zu haben,

dann wird nur durch das entsprechende Korrelat – dessen bzw. daran – angezeigt, um welche der beiden Valenzmuster-Varianten es sich handelt.

537 Bei *attributwertigen* Ergänzungssätzen sind keine Korrelate möglich:

Die Behauptung, dass ich gelogen habe, hat mich sehr erschreckt.

Wenn innerhalb des Matrixsatzes hinter dem *attributwertigen* Teilsatz ein Pro-Element steht, dann handelt es sich nicht um ein Korrelat zu diesem Teilsatz, sondern um Linksherausstellung (= Prolepse → 4 ff.) zu seinem Bezugsausdruck inklusive dieses attributiven Teilsatzes:

Die Behauptung, dass ich gelogen habe, die hat mich sehr erschreckt.

Man vergleiche mit

Diese Behauptung, die hat mich sehr erschreckt.

Nominale Korrelate?

538 Unter Korrelaten sind bislang nur Pronomen (es, das) oder Pronominaladverbien (wie darüber) aufgeführt worden:

Dass er nicht gekommen ist, das ärgert mich. / …, darüber ärgere ich mich.

Wie analysiert man den folgenden Beispieltyp?

Die Tatsache, dass er nicht gekommen ist, ärgert mich.

Soll man hier von einem attributiven Ergänzungssatz zum *nominalen* Valenzträger (= 'Matrixnomen' Tatsache) ausgehen? Oder sieht man – was mein Vorschlag ist – Tatsache als *nominale* Variante der sonst meist *pronominalen* Korrelate an?

Ich führe ein paar topologische Varianten an, die diese Sicht vielleicht plausibilisieren helfen; zunächst Anfangsstellung des Konstituentensatzes für pronominales und nominales Korrelat:

Dass er nicht gekommen ist, das ärgert mich.
Dass er nicht gekommen ist, diese Tatsache ärgert mich.

Dass er nicht gekommen ist, darüber ärgere ich mich.
Dass er nicht gekommen ist, über diese Tatsache ärgere ich mich.

Für die präpositionshaltigen Korrelate des zweiten Beispielpares ist es möglich, die Korrelate mit ins Vorfeld zu setzen:

Darüber, dass er nicht gekommen ist, ärgere ich mich.
Über die Tatsache, dass er nicht gekommen ist, ärgere ich mich.

Diese Platzierung des Korrelats mit im Vorfeld ist bei dem *pronominalen* Korrelat des ersten Beispielpaars allenfalls mit spezifischer Intonationsgestalt möglich:
> Ja! Genau dies, dass er nicht gekommen ist, ärgert mich!

Bei *nominalem* Korrelat ist sie dagegen ohne besondere Bedingungen möglich:
> Die Tatsache, dass er nicht gekommen ist, ärgert mich.

Man kann diese Konstruktion mit *zusätzlicher* Linksherausstellung realisieren:
> *Die Tatsache, dass er nicht gekommen ist,* die ärgert mich.

Hier ist die kursiv markierte Passage – also das nominale Korrelat *mitsamt* dem nachfolgenden Ergänzungsnebensatz – nach links herausgestellt; das Pronomen die kongruiert mit dem nominalen Korrelat (= die Tatsache).

Solche nominalen Korrelate können semantisch 'neutral' sein (wie die Tatsache) oder auch 'bewertend':
> Dass er nicht gekommen ist, diese Unverschämtheit ärgert mich.
> Die Unverschämtheit, dass er nicht gekommen ist, ärgert mich.

539

Für die Analyse als nominale Korrelate spricht, dass sie weglassbar sind, ohne dass – über die semantische Entdifferenzierung der Aussage hinaus – Bedeutungsveränderungen entstehen.

In jedem Fall liegen hier andere Strukturen vor als in
> *Die Freude,* dass sein neues Cello so schön klingt, war leicht zu erkennen.

In diesem Beispiel ist der Nebensatz von dem nominalen Valenzträger Freude (über X) abhängig; eine Rückführung dieses Matrixnomens auf das zugrunde liegende Verb ergäbe hier eine *dreifache* Teilsatzstaffel:
> → Es war leicht zu erkennen, dass N.N. (= vermutlich der Besitzer) sich darüber *freute,* dass sein neues Cello so schön klingt.

Für das obige Beispiel mit nominalem Korrelat
> *Die Tatsache, dass er nicht gekommen ist, ärgert mich.*

wäre eine solche Umformung *nicht* möglich:
> → *Mich ärgert, dass es eine Tatsache ist, dass er nicht gekommen ist.

Hier könnte man stattdessen *zwei zweifache* Teilsatzstaffeln ansetzen:
> Es ist eine Tatsache, dass er nicht gekommen ist. + Mich ärgert, dass er nicht gekommen ist.

Umgekehrt wäre für das Beispiel mit Matrixnomen diese doppelte Zweifach-Staffel nicht möglich:
> *→ Es war leicht zu erkennen, dass N.N. sich (über X) freut. + *Es war leicht zu erkennen, dass sein neues Cello schön klingt.

Insofern ist Die Freude auch nicht – wie oben die Tatsache oder die Unverschämtheit – ohne Bedeutungsbruch weglassbar:
> Die Freude, dass sein neues Cello so schön klingt, war leicht zu erkennen.
> *→ Dass sein neues Cello so schön klingt, war leicht zu erkennen.

Freilich ist der *inhaltliche* Unterschied zwischen nominalem Korrelat und nominalem Valenzträger zu einem Ergänzungssatz manchmal relativ gering:
> Mir leuchtete die Behauptung nicht ein, dass ich schuld sei.
> = Mir leuchtete nicht ein, dass ich schuld sei.

540

Das liegt in diesem Beispiel daran, dass der Status 'Behauptung' durch das Zitatsignal Konjunktiv (sei) hinreichend markiert ist. In einem Beispiel wie

> Ich finde die Vorstellung schön, dass ich bald sehr reich sein werde.

ist dieser Unterschied hingegen (leider) relativ groß:

> Ich finde schön, dass ich bald sehr reich sein werde.

541 Diese Überlegungen zum Phänomen *nominaler* Korrelate lassen sich für Ergänzungsbeziehungen im Verknüpfungstyp weiterführende Satz*reihe* fortsetzen:

> Er ist nicht gekommen, das ärgert mich.

Anstelle dieses neutralen Rückbezugs durch das Pronomen das ist auch ein *nominaler* Rückbezug möglich, mit dem der vorausgehende Konstituentensatz zugleich einer Bewertung unterzogen wird:

> → Er ist nicht gekommen, diese Tatsache / Unverschämtheit ärgert mich.

Im Verknüpfungstyp weiterführendes Satz*gefüge* ist die Verwendung nominaler Formen des Rückbezugs demgegenüber nur möglich, wenn der weiterführende Teilsatz in eine elliptische Relativbeziehung (= eine Tatsache, die ...) eingebaut wird:

> Er ist nicht gekommen, was mich ärgert.
> → Er ist nicht gekommen, [was] eine *Tatsache* [ist], *die* mich ärgert.

542 Auch satzwertige Äußerungen wie

> Sein Nichterscheinen – eine unerfreuliche Tatsache!
> Eine unerfreuliche Tatsache, sein Nichterscheinen!

gehören in diesen Erklärungskontext. Freilich scheint es mir in diesem Fall angemessener, von einer elliptischen Kopulastruktur (x ist y) auszugehen:

> Sein Nichterscheinen [ist] eine unerfreuliche Tatsache.

bzw. in einer Variante mit *Rechtsherausstellung*:

> [Das ist] eine unerfreuliche Tatsache, sein Nichterscheinen.

11.2 Korrelate bei Adverbialbeziehungen

543 Auch bei den Adverbialbeziehungen gibt es zu den meisten Verknüpfungsbedeutungen Korrelate. Sie sind hier aber im Unterschied zu den Ergänzungsbeziehungen grundsätzlich fakultativ, auch dann, wenn man die Adverbialnebensätze voranstellt:

> Paul blieb (deshalb) zuhause, weil er müde war.
> Weil er müde war, (deshalb) blieb Paul zuhause.

Da ich die unspezifischen Konsekutivbeziehungen

> Das Haus brannte, sodass wir es nicht betreten konnten.

nicht als Verknüpfungstyp A, sondern als weiterführendes Satzgefüge (= B) einstufe, sind hier keine Korrelate möglich.

544 Bei einigen Adverbialbeziehungen kann die mehrteilige Konjunktion wahlweise auf beide Teilsätze verteilt werden:

> Sein Job war insofern schwierig, als er unter zwei verfeindeten Vorgesetzten arbeitete.
> Sein Job war schwierig, insofern als er unter zwei verfeindeten Vorgesetzten arbeitete.

Bei insofern im ersten Beispiel handelt es sich also – auch wenn es ein vorausweisendes Element (ins<u>o</u>fern) enthält – nicht etwa um ein Korrelat, sondern um den ersten Teil der zweiteiligen Konjunktion.

Bei einigen Adverbialbeziehungen ist *kein* Korrelat möglich, beispielsweise bei den eben angesprochenen Adverbialbeziehungen mit aufgeteilter Konjunktion, aber auch bei den konfrontierenden Adverbialbeziehungen der Spielart *ersetzend*: 545

    Außer dass er hier schlechte Stimmung verbreitet, tut er nichts.

Bei anderen ist ein Korrelat nur dann möglich, wenn der Konstituentensatz in Anfangs- oder Mittelstellung steht, z. B. bei den Konzessivbeziehungen:

    Obwohl es regnete, ging er (<u>dennoch</u>) spazieren.
    Er ging, obwohl es regnete, (<u>dennoch</u>) spazieren.
    *Er ging <u>dennoch</u> spazieren, obwohl es regnete.

Adverbialbeziehungen der Kommentarstufe I können wie die kommentarfreien Versionen Korrelate haben: 546

    I Wenn ich mich nicht irre, (<u>dann</u>) wohnt sie in Frankfurt.

In den Kommentarstufen II und III sind demgegenüber keine Korrelate möglich:

    II *Wenn Sie mir meine Offenheit nicht übelnehmen, <u>dann</u> sind Sie ein Idiot.
    → Wenn Sie mir meine Offenheit nicht übelnehmen – Sie sind ein Idiot.
    II *Obwohl ich dir ungern weh tue: Deine Freundin ist <u>dennoch</u> unausstehlich.
    → Obwohl ich dir ungern weh tue: Deine Freundin ist unausstehlich.
    III *Wenn Sie einmal etwas näher herantreten – dies ist <u>dann</u> eines der schönsten Bilder Klees.
    → Wenn Sie einmal etwas näher herantreten – dies ist eines der schönsten Bilder Klees.

Dieser Unterschied hängt damit zusammen, dass die Konstituentensätze der Kommentarstufen II und III stärker als die der Kommentarstufe I *metakommunikative* Funktion haben; aus dem gleichen Grund können zwar bei Stufe I, nicht aber bei Stufe II und III die Konstituentensätze das Vorfeld einnehmen.

Auch bei den Adverbialbeziehungen gehe ich wie bei den Ergänzungsbeziehungen von der Option *nominaler* Korrelate aus. Das folgende Beispiel bietet zunächst ein *Pronominal*adverb als Korrelat: 547

    Er kam (<u>deswegen</u>) nicht mit zum Badminton, weil seine Eltern zu Besuch kamen.

Bei einem Beispiel wie

    Er kam (<u>aus dem Grund</u>) nicht mit zum Badminton, weil seine Eltern zu Besuch kamen.

kann man die Präpositionalgruppe als nominales Korrelat ansehen. Die beiden Korrelate sind bedeutungsgleich, während bei den Ergänzungsbeziehungen die *nominalen* Korrelate gegenüber den pronominalen grundsätzlich semantisch *spezifiziert* waren.

    Man kann eine solche Spezifizierung hier aber durch entsprechende attributive Füllung der Nominalgruppe nachreichen:

    Er kam <u>aus dem *ärgerlichen / erfreulichen* Grund</u> nicht mit zum Badminton, weil …

Die nominalen Korrelate bieten gegenüber den pronominalen diese Option, dass sie eine syntaktische Plattform für solche Spezifizierungen anbieten.

Entsprechendes gilt für Korrelate bei Finalbeziehungen:

> Sie gab dem Kind Schokolade, *damit* es mit Quengeln aufhörte.
> Sie gab dem Kind *nur zu dem Zweck* Schokolade, *damit* es mit Quengeln aufhörte.

548 Nominale Korrelate wie im letzten Beispiel markieren den im Konstituentensatz folgenden Sachverhalt *vorankündigend* als kausal bzw. final. Sie werden daher in der Regel nur dann verwendet, wenn der Konstituentensatz *nach* dem Matrixsatz steht. Bei vorausgehendem Konstituentensatz werden Pronominaladverbien verwendet:

> (*)Weil seine Eltern zu Besuch kamen, aus diesem Grund kam er nicht mit zum Badminton.
> → Weil seine Eltern zu Besuch kamen, deshalb kam er nicht mit zum Badminton.

549 Bei den Adverbialbeziehungen können solche nominalen Ausdrücke mit der Konjunktion dass zusammen als komplexe Konjunktionen operieren. Bei weil-Anschluss mit nominalem Korrelat wie in

> Er kam aus dem Grund nicht mit zum Badminton, *weil* seine Eltern zu Besuch kamen.

kann man – zumindest mit Umstellung des (Ex-)Korrelats – einen korrelatfreien Satz mit komplexer Konjunktion machen:

> Er kam nicht mit zum Badminton aus dem Grund, dass seine Eltern zu Besuch kamen.

Dies gilt entsprechend für potentielle nominale Korrelate bei finalen Adverbialbeziehungen:

> Sie gab dem Kind *nur zu dem Zweck* Schokolade, dass es mit Quengeln aufhörte.

550 Bei den konditionalen Beziehungen operiert die Nominalgruppe unter der Bedingung / Voraussetzung nicht als nominales Korrelat, sondern nur als Teil einer komplexen Konjunktion:

> Ich komme dann mit zum Badminton, wenn ich das Auto kriege.
> Ich komme mit zum Badminton unter der Bedingung, dass ich das Auto kriege.
> *Ich komme mit zum Badminton unter der Bedingung, wenn ich das Auto kriege.

Auch für die Adverbialbeziehungen gibt es die Option nominaler Korrelate bei weiterführenden Satzreihen: Neben einem Pronominaladverb wie in

> Er war sehr müde, deshalb kam er nicht mit zum Badminton.

ist auch ein nominales Korrelat möglich:

> Er war sehr müde, aus diesem Grund kam er nicht mit zum Badminton.

Dieser nominale Ausdruck lässt sich dann – fast beliebig umfangreich – mit kommentierenden Informationen füllen:

> Er war sehr müde, aus diesem *nun wirklich ziemlich lächerlichen* Grund kam er nicht mit zum Badminton.

Für weiterführende Satzgefüge sind nominale Korrelate demgegenüber allenfalls im Einzelfall möglich:

> Er war völlig erschöpft, aus welchem Grund er denn auch alle Verabredungen absagte.

11.3 Korrelate bei Relativbeziehungen

Bei Relativgefügen können Korrelate dann stehen, wenn es sich um satzgliedwertige restriktive Beziehungen handelt. Hier sind Korrelate nicht nur bei den unspezifischen, sondern auch bei den lokalen, modalen, kausalen und temporalen Beziehungen möglich.

551

    Wer den Schlüssel mitgenommen hat, (d̲er) soll ihn wieder zurückbringen.
    D̲er soll sich bloß melden, der den Schlüssel mitgenommen hat!

Korrelate dienen dazu, explizit das Satzglied-Scharnier zu markieren, auf das sich die beiden Teilsätze beziehen.

Wenn bei neutralen Relativbeziehungen der Nebensatz vorausgeht, ist das Korrelat fakultativ:

552

    D̲er/Wer den Schlüssel mitgenommen hat, (d̲er) soll sich bloß melden!

Bei Voranstellung des Hauptsatzes und einem Relativpronomen der d-Reihe ist es obligatorisch:

    D̲er soll sich bei uns melden, d̲er den Schlüssel mitgenommen hat!
    *Bei uns soll sich melden, d̲er den Schlüssel mitgenommen hat!

Bei Voranstellung und einem Relativpronomen aus der w-Reihe kann kein Korrelat stehen:

    Bei uns soll sich melden, w̲er die Fahrt im Sammeltaxi nutzen will.
    *D̲er soll sich bei uns melden, w̲er die Fahrt im Sammeltaxi nutzen will.

Bei einem lokalen Relativgefüge wie
    Dort, wo jetzt Häuser stehen, war früher Wald.
gibt es zwei Analyse-Optionen: Man sieht dort als ein deiktisches lokales *Adverb* in der Funktion eines *Adverbiale* an, auf das sich der (aus dieser Sicht: *non*restriktive) lokale Relativsatz rückbezieht; der Relativsatz ist dann *attributwertig*. Oder man sieht dort als ein weglassbares *Korrelat* zu dem (aus dieser Sicht: restriktiven) lokalen Relativsatz an; dann ist der Relativsatz satzgliedwertig. Ich gehe von der zweiten Option aus.

Bei *attribut*wertigen Relativsätzen sind keine Korrelate möglich:

553

    Die Katze, deren Fauchen uns erschreckt hatte, war verschwunden.

Wenn wie im folgenden Beispiel innerhalb des Matrixsatzes hinter dem *attribut*bezogenen Teilsatz ein Pro-Element steht, dann handelt es sich nicht um ein Korrelat, sondern um eine Linksherausstellung (= Prolepse → 4ff.):

    Die Katze, deren Fauchen uns erschreckt hatte, d̲ie war verschwunden.

Man vergleiche:

    Die Katze, d̲ie war verschwunden.

Auch im folgenden Beispiel kann man nun besser diagnostizieren, welche Konstruktion vorliegt:

Der das getan hat, <u>der</u> soll sich melden (= <u>der</u> als Korrelat).
<u>Der</u>, der das getan hat, soll sich melden (= <u>der</u> als Korrelat).
<u>Der</u>, der das getan hat, *der* soll sich melden (= <u>der</u> als Korrelat; *der* als wiederaufnehmendes pronominales Subjekt in einer Links-Herausstellung).

554 Auch bei den Relativbeziehungen ist zu klären, ob man hier von der Option *nominaler* Korrelate ausgehen will oder nicht. Das folgende Beispiel bietet ein pronominales Korrelat:

<u>Der</u>, der das getan hat, soll sich melden!

In einem Beispiel wie

<u>Der Mann</u>, der das getan hat, soll sich melden.

kann man entweder von einem restriktiven Relativanschluss zu Mann ausgehen oder – wie ich es vorschlage – von einer *nominalen* Version des Korrelats. Neben Mann, das das beiden Teilsätzen gemeinsame Scharnier auf 'männlich' und 'erwachsen' festlegt, sind auch *bewertende* nominale Korrelate möglich wie z. B.

<u>Der blöde Typ</u>, der das getan hat, soll sich melden.

Entsprechend lassen sich bei den Satzreihen die *neutral* wiederaufnehmenden pronominalen Anschlüsse wie

Paul hatte wieder einmal alles vermasselt. *Er* hatte vergessen, seine Chefin zu informieren, ...

durch *bewertende* nominale Anschlüsse ersetzen:

Paul hatte wieder einmal alles vermasselt. *Der Schussel* hatte vergessen, ...

⌐

Aus einem Entschuldigungsschreiben:

Mein Sohn kann heute nicht zur Schule kommen. Das Schwein wird geschlachtet.

⌐

Kommentare zu den Materialien

Im Folgenden kommentiere ich die in die Kapitel *Erweiterter Satz* und *Zusammengesetzter Satz* eingebauten themengebundenen kleinen Texte – poetische Texte bzw. Textausschnitte, Witze und Witziges, Pannen, Werbungsbeispiele und Textauszüge verschiedener Herkunft – in knapper Form unter dem sie betreffenden grammatischen Fokus.

Einige der abgedruckten Texte habe ich unterwegs bereits angesprochen – sie bleiben hier ausgespart. Einige oder viele der Beispiele brauchten – je nach grammatischer 'Professionalität' der Lesenden – vermutlich keine Kommentierung; ich erläutere sie hier dennoch kurz, gewissermaßen vorsorglich. Einige bleiben ganz unkommentiert.

Ich gebe die Absatznummer und die Überschrift oder ein Stichwort an; dann kann man – zumal wenn mehr als ein Textchen auf einer Seite steht – den betreffenden Kommentar schnell identifizieren.

Was man mit diesen oder ähnlichen Textchen – über die eigene Gaudi und Anregung hinaus – evt. im Deutschunterricht Sinnvolles machen kann, mögen die Lesenden selber entscheiden. Ich gebe hier also keine sprach*didaktisch* orientierten Empfehlungen.

Wenn Sie – als Leserin, als Leser – selber weitere oder aus Ihrer Sicht bessere 'Leckerbissen' entdecken oder schon haben, würde ich mich über Text-Geschenke von Ihnen sehr freuen.

Materialien im Kapitel *Erweiterter Satz*

2 – Der Kaiser: Das Dativobjekt Dir wird durch drei erweiternde Zusätze (Appositionen) ausgebaut; sie beziehen sich alle einzeln auf das Dativobjekt (also nicht etwa gestaffelt auf den jeweils vorausgehenden Zusatz). Dieser schrittweise Ausbau des Dativobjekts folgt dem Prinzip der wachsenden Glieder (→ Bd. 2: 64, 528):
   - Dir,
   - dem Einzelnen,
   - dem jämmerlichen Untertanen,
   - dem winzig vor der kaiserlichen Sonne in die fernste Ferne geflüchteten Schatten.

Der Kontrast zwischen dem Kaiser und dem 'Winzling' wird dabei schrittweise aufwändiger ausgearbeitet. Semantische Einschüchterung des Adressaten?

Nach dem Ende dieser Appositionenfolge wird mit gerade Dir die vorhergehende Aussagenfülle noch einmal gebündelt und die Konstruktion neu angesetzt. Diese Wiederaufnahme der Konstruktion verläuft spiegelbildlich: Der Kaiser hat Dir – Dir hat der Kaiser. (Würde das Komma nach Schatten und gerade Dir fehlen, läge eine Apokoinu-Konstruktion vor; → Bd. 2: 85 ff.)

Noch ein Detail: dem winzig vor der kaiserlichen Sonne in die fernste Ferne geflüchteten Schatten ist eine grammatische Abweichung: Erwartbar wäre dem winzigen ... Schatten, also ein attributives – und daher flektiertes – Adjektiv. Da es unflektiert vorliegt, müsste es *adverbial* zu lesen sein und sich als *sekundäres* Attribut auf das (= seinerseits attributive) Partizip geflüchteten beziehen. Das ist semantisch schwer zu verdauen: Wie kann man 'winzig fliehen'? Komplexer, aber semantisch und syntaktisch plausibler wäre eine andere Lesart: winzig als partizipial ergänzbare Wortgruppe, also winzig seiend. Die könnte sich dabei verbünden mit der Präpositionalgruppe vor der kaiserlichen Sonne, so dass die Passage so zu lesen wäre: Der Kaiser ... hat Dir, ... dem winzig vor der kaiserlichen Sonne seienden in die fernste Ferne geflüchteten Schatten, ... Knifflig!

26 – Puppe: Dies ist ein Fall von Rechtsherausstellung aus einem *elliptischen* Hauptsatz. *Nicht* elliptisch wäre:
   Die ist natürlich nicht schlecht fürs Geschäft, die Geschichte mit der Puppe.

Auffällig ist das fehlende Komma hinter Geschäft, das zu dieser Rechtsherausstellung gehört. Ich vermute folgenden Grund für diesen Kommafehler: Aufgrund der Ellipse ist nur ein sichtbares

Subjekt vorhanden; daher ist ein Komma, das bei Herausstellungen ja den jeweiligen *Doppelgänger* aus dem Teilsatz ausgrenzen soll, auf den ersten Blick nicht nötig.

36 – die Krone der Schöpfung: Benn bringt hier die alte Selbstvergewisserungsformel Der Mensch ist die Krone der Schöpfung zum Absturz. Die Rolle der Zusätze: Die klassische Umformung in eine Nominalgruppe – Der Mensch, die Krone der Schöpfung – ist ein *erweiternder* Zusatz (vgl. Der Mensch – er ist ...); die Umformung, die Benn seiner Formulierung zugrunde legt, ist ein *identifizierender* Zusatz: Die Krone der Schöpfung, der Mensch (vgl. Die Krone ... – es ist ...). Diese Konstruktion mit identifizierendem Zusatz traktiert er mit einem eingeschobenen zweiten Zusatz – einem *erweiternden:* Die Krone der Schöpfung, das Schwein, der Mensch, paraphrasierbar zu: Die Krone der Schöpfung (= der Mensch) ist ein Schwein.

Alternativ hätte Benn schreiben können: Die Krone der Schöpfung, der Mensch, das Schwein. Dann wäre die zweite Apposition eine erweiternde: Der Mensch – er ist ein Schwein.

In der von Benn gewählten Konstruktion wird also die traditionelle Zuordnung 'Krone der Schöpfung = Mensch' bereits in ihrer *Etablierung* gestört, nicht erst *nachträglich* abgewertet.

56 – BahnCard: Der untere Werbetext präsentiert in seinem Ausgangssatz das zentrale Angebot: halber Fahrpreis. In den folgenden vier jeweils durch Punkt abgesetzten Wortgruppen werden Geltungsbedingungen nachgereicht; man könnte jede dieser Wortgruppen auch durch Komma und und zwar an das Vorausgehende anschließen:

> Mit der BahnCard sparen Sie die Hälfte des normalen Fahrpreises, und zwar ein Jahr lang, und zwar in ganz Deutschland, und zwar in jedem Zug (innerhalb der Verkehrsverbünde nur in Zügen des Fernverkehrs), und zwar in der 2. Klasse.

Die Reihenfolge dieser Nachträge ist pfiffig gewählt. Die ersten beiden enthalten *attraktive* Bedingungen für die Gültigkeit dieser BahnCard: Eine Gültigkeit für ein Jahr ('ein ganzes Jahr!') ist ein relatives Maximum, es gibt ansonsten *Monats-* und *Wochen-* und *Wochenend-*Angebote; auch die Gültigkeit in ganz Deutschland enthält keine Einschränkung. Der dritte Nachtrag enthält eine erste Einschränkung in *Klammern,* der vierte enthält eine massive Begrenzung auf eine der beiden Klassen (und beißt sich insofern mit der Ankündigung in der Werbe-Headline Für alle).

In der Headline ist die Basisaussage ein Fragment; man kann es vor dem Hintergrund 1 Jahr lang gibt es Deutschland (zum Billigtarif) lesen oder z.B. auch als satzwertige Wortgruppe 1 Jahr in Deutschland (herumfahren). Auch hier schließen Nachträge an, hier sind es zwei. Die Informationen sind gegenüber dem unteren – längeren – Werbetext reduziert und anders aufgereiht.

78 – Waschmaschine: Hier hat ein Mensch von der Hausverwaltung das Akkusativobjekt 'irgendwie' hervorheben wollen. Als nicht versierter Schreiber hat er dafür das Verfahren der Heraushebung durch paariges Komma gewählt; das ist aber auf Ergänzungen nicht anwendbar. Möglich wären in diesem Fall graphische Instrumente gewesen: Fettdruck, Unterstreichung, Färbung, größere Typen – was die Maschine halt hergibt.

82 – Locarno: In dem folgenden Auszug aus dem zitierten Auszug finden sich sechs Fälle von Heraushebungen (= unterstrichen):

> ...: ein Schloß mit hohen und weitläufigen Zimmern, in deren einem einst, auf Stroh, *das man ihr unterschüttete,* eine alte kranke Frau, die sich bettelnd vor der Tür eingefunden hatte, von der Hausfrau aus Mitleiden gebettet worden war. Der Marchese, der, bei der Rückkehr von der Jagd, zufällig in das Zimmer trat, wo er seine Büchse abzusetzen pflegte, befahl der Frau unwillig, aus dem Winkel, in welchem sie lag, aufzustehen und sich hinter den Ofen zu verfügen. Die Frau, da sie sich erhob, glitschte mit der Krücke auf dem glatten Boden aus, und beschädigte sich, auf eine gefährliche Weise, das Kreuz; dergestalt, daß sie zwar noch mit unsäglicher Mühe aufstand und quer, wie es ihr vorgeschrieben war, über das Zimmer ging, hinter dem Ofen aber, unter Stöhnen und Ächzen, niedersank und verschied. Mehrere Jahre nachher, da der Marchese, durch Krieg und Mißwachs, in bedenkliche Vermögensumstände geraten war, fand sich ein florentinischer Ritter bei ihm ein, der das Schloß, seiner schönen Lage wegen, von ihm kaufen wollte.

Diese Heraushebungen würden, striche man die paarigen Kommas, alle als reguläre Satzglieder in den Satzverband zurückfallen. Interessant ist die erste Heraushebung: Da sich der (kursiv markierte) Relativsatz auf dieses herausgehobene Satzglied bezieht, gehört er streng genommen mit zur Heraushebung (und hätte unterstrichen werden müssen). Kleist ist Profi für diese häufigen den Textfluss unterbrechenden Heraushebungen.

Ein kleiner Seitenblick auf ein Kleistsches Komma, das aus heutiger Sicht nicht regelkonform ist: Die Frau ... glitschte ... auf dem glatten Boden aus, und beschädigte sich ... das Kreuz. Die in den Amtlichen Regeln in § 73 eingeräumte Option, ein nicht notwendiges Komma zur Verdeutlichung der Struktur dennoch zu setzen, gilt hier nicht – sie ist auf „selbständige" Teilsätze beschränkt; hier ist durch die Kürzung des Subjekts der zweite Teilsatz aber nicht selbstständig.

84 – armer Tor: Hier ist – der Originalinterpunktion folgend – die eingeschobene Interjektion ach! nur *vorn* durch Komma abgetrennt; offenbar übernimmt für Goethe das Ausrufezeichen die hintere Abgrenzung (Goethe ahnte noch nichts von der Paarigkeit der Kommas bei Einschüben).

Interessant ist hier auch noch die Abgrenzung der Präpositionalgruppe mit heißem Bemühn durch Komma; sie wäre *ohne* abgrenzendes Komma eine auffällige Ausklammerung, *mit* Komma rechne ich sie zu den Nachträgen (= ..., und zwar mit ...) oder zu den Heraushebungen.
Ich armer Tor! ist eine Rechtsherausstellung. Wie bei ach! fehlt das schließende Komma, auch hier übernimmt vermutlich das Ausrufezeichen die Funktion der Abgrenzung; der Satz geht anschließend weiter (= die Großschreibung von Und liegt an der *generellen* Großschreibung des Zeilenanfangs).

95 – Dreamsack: Die Wortgruppe 100% aus Seide ist eine partizipial *ergänzbare* Wortgruppe: 100% aus Seide seiend, bietet der DREAMSACK mehr Wärme ... Die Bedeutung dieser Wortgruppe kann mit einem kausalen Nebensatz verdeutlicht werden: Da der DREAMSACK 100% aus Seide ist, bietet er mehr Wärme ... Diese Wortgruppe passt nicht in die üblichen Schemata (absoluter *Nominativ*, absoluter *Akkusativ* usw.); aber wenn man – wie ich es vorschlage – ohnehin alle diese Konstruktionen *gemeinsam* als partizipial ergänzbare Wortgruppen einstuft und die Bedeutung jedes Einzelfalls von dem jeweiligen Hintergrundsverb aus klärt, dann spielt das morphologische Erscheinungsbild nur eine sekundäre Rolle. Diese Präpositionalgruppe (100%) aus Seide ist bezogen auf das Hintergrundsverb sein eine präpositionale *Modal*ergänzung.
Meiner ist übrigens dunkelblau.

103 – auf knien: Diese Präpositionalgruppe lässt sich satzwertig paraphrasieren zu Wenn man auf Knien ist, verkleinert sich (für einen) der Horizont. In der *Bedeutung* also eine Kritik an einer Form von Glauben, die einen eng macht. In der *syntaktischen Machart* eine partizipial ergänzbare Wortgruppe; freilich bietet – im Unterschied zu den anderen vorher behandelten Wortgruppen – der (Teil-) Satz, in dem sie operiert, kein *sichtbares* Subjekt, in der Paraphrase ist es in Klammern ergänzt: für einen.

117 – Bakke, bakke Kuchen: Und jetzt wollen Sie von mir wissen, wie er schmeckt?

122 – Klima-Dichtung: Hier liegt eine standardsprachlich nicht korrekte Kürzung des Suffixes -lich bei einer Adjektiv-Reihung aus schriftlich und mündlich vor.
Auffällig – aber vom System her ok – ist auch Reimerei(e)n: Es ist eine deverbale Suffixbildung reim[en] + -erei; solche Suffixbildungen enthalten in der Regel Abwertungen.

128 – Preislisten: Das syntaktische Gerüst lautet: Die effektiven Autorenkosten mindern sich um (a) die Ausschüttung ... und (b) *das* Autorenhonorar. Dass statt dem von sich mindern um X vorgegebenen *Akkusativ* hier der *Dativ* dem Autorenhonorar gewählt wurde, geht vermutlich auf den 'Kasus-Sog' des vorausgehenden präpositionalen Attributs in Höhe von ca. 380.00 EUR zurück: Die Präposition von regiert den Dativ (vgl. in Höhe von einem EUR).

131 – Schmalreh: War der Spaziergänger von dem Anblick des verletzten Rehs so geschockt, dass er den Gnadenschuss bekam? Das grammatische Problem ist hier: ein klagendes, ... verletztes Schmalreh ist *Akkusativobjekt*, vakant vor musste ist aber das *Subjekt*, also tritt die einzige in diesem Satz verfügbare Nominativgruppe in diese Subjektstelle ein – und also erwischt den Spaziergänger. So tödlich kann Grammatik sein.

135 – Selbständige Schule: Hier wird über das Relativpronomen das – das aber im ersten Teilsatz Akkusativobjekt, im zweiten Subjekt ist – eine Kopplung vorgenommen. Korrekt wäre, wenn das das nach der Kopplungs-Konjunktion und *erneut* – jetzt nämlich in seiner *anderen* syntaktischen Funktion – angeführt würde.

139 – Du schwarz: Dieser brillante Witz entsteht durch den Kontrast zwischen sprachlicher Form und syntaktischer Funktion: Auf den ersten Blick scheint es sich um ein symmetrisches Nebeneinander zweier sprachlich defekter Äußerungen zu handeln (Paraphrase: „Du schwarz!" – „Nein, ich weiß!!"). Auf den zweiten Blick wird die doppelte Asymmetrie zwischen den beiden Gesprächspartnern deutlich: „Du schwarz!" ist eine sprachlich defekte und zugleich sozial unhöflich-diskriminierende Äußerung – „Ich weiß" ist eine elaborierte und zugleich den potentiellen Konflikt deeskalierende Antwort. En détail: Die Auslassungen in der ersten Äußerung sind ungrammatisch: Spricht hier ein Mensch weißer Hautfarbe so, weil er selber geringe sprachliche Kompetenzen hat? Oder glaubt er, sein Gesprächspartner könne allenfalls gebrochen Deutsch, und stellt sich vorauseilend auf das bei diesem vermutete Sprachniveau ein? Der Gesprächspartner – der Mensch mit schwarzer Hautfarbe – erweist sich mit seiner Antwort als sprachlich wie sozial überlegen: Er ergänzt stillschweigend die *ungrammatisch* verkürzte Erstäußerung des anderen zu Du bist schwarz und antwortet selber *dialogisch regulär* verkürzend mit Ich weiß (das).

Materialien im Kapitel *Zusammengesetzter Satz*

145 – **Samariter:** Die erste Zeile zeigt die klassische Einstellung eines Samariters: Ich sehe einen Notleidenden – ich helfe ihm. Diese Einstellung wird – in drei Linien sprachlicher Veränderungen sichtbar – zu der des 'modernen' Samariters: (1) vom direkten Handeln zum Selbstanspruch (= zweite Zeile), (2) vom ich zum man (= dritte Zeile) und (3) vom Tun zu seiner logistisch aufwändigen Vorbereitung (= ab der vierten Zeile). Also: Rückzug des Einzelnen von seiner sozialen Verantwortung. Mit diesem Rückzug in kollektive, planerische Prozesse wird etappenweise auch der Satz komplexer: Der letzte Satz (= die letzten drei Zeilen) umfasst bereits eine Konstruktion mit fünf Teilsätzen, die zwei Relativ-Satzgefüge (Tagung, in der / Kommission, in der) und zwei Ergänzungs-Satzgefüge umfasst (berät, welche / diskutiert, wie).

150 – **Voyeur:** Da Infinitivkonstruktionen wie um sich sexuell zu erregen *implizite* Subjekte haben, also deren Charakteristik – u. a. deren Genus – nicht anzeigen können, kann man sie an alles anschließen, was Subjektvoraussetzungen bietet, also Nominativ und – wegen der semantischen Charakteristik von sich erregen – hier auch [+human]; dafür kommen in diesem Satz Voyeur und auch Besucherin infrage. Da im Zweifelsfall der dem Infinitiv näher stehende Subjektausdruck gewählt wird, nimmt man hier versehentlich (zunächst) eine Besucherin als implizites Subjekt an. – Hoffentlich war das Gericht in der Findung des Urteils aufmerksamer als in dessen Formulierung.

156 – **der Mensch denkt:** Dieser zusammengesetzte Satz ist doppeldeutig. Bei der traditionellen Lesart sind die beiden Teilsätze gleichrangig, ein Hauptsatz-Zwilling, durch einzelnes Komma voneinander getrennt (das gleiche Muster läge z. B. vor bei Paul plant, Paula entscheidet). Bei der zweiten Lesart liegt ein Satzgefüge vor, in dem der abhängige Teilsatz Hauptsatzform hat, nicht die uns vertrautere Nebensatzform wie in der Version Der Mensch denkt, dass Gott lenkt.

Der Spruch hat eine lange Tradition und geht vermutlich auf Sprichwörter 16,9 zurück. In der Vulgata (= der im Mittelalter überwiegend benutzten Bibelübersetzung) lautet er: cor hominis disponit viam suam sed Domini est dirigere gressus eius; die deutsche Version in der Schlachter Bibel 1951: Des Menschen Herz denkt sich einen Weg aus; aber der HERR lenkt seine Schritte.

Es gibt diesen Spruch in zahllosen Versionen – in unterschiedlichen *Verb*kontrasten und meistens in einer konjunktional *verdeutlichenden* Form mit sed in lateinischsprachigen und aber in deutschsprachigen Versionen; hier drei Beispiele von vielen – zwei lateinischsprachige
  Nam homo proponit, sed Deus disponit.
= Thomas von Kempen in „De imitatione Christi" (= „Über die Nachfolge Christi"), Anfang 15. Jahrhundert verfasst, einem der meistverbreiteten spätmittelalterlichen Bücher. Die kontrastierten Finita proponit – disponit unterscheiden sich nur im Präfix der Verben. Die Bedeutung von proponere ist vorschlagen, also nicht im engeren Sinn denken

  Homo enim cogitat, sed Deus ordinat. (Chronica de gestis principium, 75 (= eine bayerische Chronik aus dem 14. Jahrhundert).

und eine deutschsprachige Version:
  Der mentsch nümpt im für, aber der allmechtig ordnets und schaffts nach seinem willen.
= Froben Christof von Zimmern in der „Zimmerischen Chronik" (= Mitte 16. Jahrhundert verfasst) IV, 186.

Die Gegen-Lesart wird z. B. von Bertolt Brecht in „Mutter Courage und ihre Kinder" (1941 uraufgeführt) verwendet, und zwar in dem von Mutter Courage gesungenen „Lied von der großen Kapitulation", dort steht am Ende des Refrains Der Mensch denkt: Gott lenkt – Keine Red davon! Hier liefern der Doppelpunkt und der explizite Ablehnungskommentar (Keine Red davon!) die verstehenssichernde Eindeutigkeit.

Der besondere Charme der *Ausgangsversion* ist für mich, dass hier ohne jeglichen Formaufwand zwei maximal gegensätzliche Bedeutungen erzeugt werden.

163 – **man muß was tun:** Die vier Zeilen der ersten Strophe liest man als je einzelne, einfache Sätze; sie unterscheiden sich nach der Satzform: erste Zeile = Aussagesatzform, zweite = Entscheidungsfragesatzform, dritte = Ergänzungsfragesatz, vierte = Aussagesatzform mit markierter Satzteilstellung (= infiniter Prädikatsteil im Vorfeld).

Auch die zweite Strophe liest man zunächst als Nacheinander je *einfacher* Sätze; dann wäre der erste Satz in Aussagesatzform, der zweite vielleicht in Wunschsatzform, der dritte in Ergänzungsfragesatzform, der vierte irritierenderweise eine Dublette des zweiten. *Jetzt* erst entwickelt man möglicherweise Lesarten, nach denen je zwei aufeinander folgende Zeilen ein uneingeleitetes *Konditionalgefüge* bilden: durch die fehlenden Konjunktionen und durch fehlende Interpunktion wird der Übergang von einer Folge einfacher Sätze in der ersten Strophe zu zwei (bzw.

drei) Konditionalsatzgefügen in der zweiten Strophe nur schrittweise entdeckt. Mit passender Interpunktion:
> Man hätte was getàn, hätte man was getan
> Wàs hätte man getan, hätte man was getan?

Auch die zweite und dritte Zeile kann man als Konditionalgefüge lesen:
> Hätte man was getan: Wàs hätte man getan?

163 — Risiken: Abgesehen von dem irreführend klein geschriebenen Possessivpronomen ihre fehlt hier ein schließendes Komma an der Grenze zwischen den rangunterschiedlichen Teilsätzen. Vermutlich verführt auch hier die Erinnerung an die schulische Faustregel, dass 'Wörter wie und und sowie das Komma in Aufzählungen ersetzen', zu diesem Irrtum.

168 — Relativsätze: Dieses Wort Relativsätze ist das auf den *Inhalt* und zugleich auf die *Machart* bezogene Stichwort: Es geht um Beziehungen (darunter auch verwandtschaftliche) und es geht um einen zusammengesetzten Satz, in den drei Relativnebensätze rekursiv stufenförmig eingebaut sind. Der resultierende Gesamtsatz hier in einer 'bereinigten' und damit zugleich entzauberten Version:
> Der Mann, der der Frau, die die Kinder, die das Haus hüten, gebar, Geld gab, starb.

Jeder dieser drei Relativsatzanschlüsse wird dabei in drei Anläufen konstruiert: zunächst das jeweilige Bezugsnomen aus dem übergeordneten Satz (z. B. Frau); dann das darauf bezogene Relativpronomen (in diesem Fall Frau, die); dann der bestimmte Artikel (also Frau, die die) des nachfolgenden Objekts (hier: Kinder), das seinerseits Bezugsnomen für den nächsten Relativsatz wird. Durch die Formengleichheit von Relativpronomen und bestimmtem Artikel wird eine in ihrer syntaktischen Stimmigkeit zunächst nicht erkennbare 'stotternde' Gangart erzeugt: der Mann der der / die Frau die die.

176 — Flüchtlinge: Wenn die politisch-menschliche Wirklichkeit, um die es hier geht, nicht so erschreckend wäre, könnte man über diesen gescheiterten Berichtsversuch lachen. So wie in der FAZ formuliert, werden die europäischen Soldaten keine große Hilfe sein, wenn sie selber Hals über Kopf ihren Einsatzort verlassen. Möglicherweise wollte der Schreiber den Relativsatz die zu Tausenden ... sind nicht unmittelbar hinter den Bezugsausdruck der Flüchtlinge platzieren, um Komplexität rauszunehmen. Hat nicht geklappt!

184 — Vollzugsbeamte: Wo ist das Problem, wenn doch die Mieter offenbar seit langer, langer Zeit tot sind (= Skelette)? Irgendwie herrscht hier Karl-May- und Wüsten-Stimmung. Die Geier sind schon weitergezogen.

Der grammatische Auslöser dieser Gaudi ist der doppeldeutige Anschluss des Relativsatzes: Anschluss an Dienstwohnungen ist gemeint, aber Anschluss an Vollzugsbeamte liegt topologisch nahe. Man kann nicht einfach den Relativsatz umstellen zu ... müssen zunächst die ehemaligen Dienstwohnungen, deren Skelette bereits in den Himmel ragen, der Vollzugsbeamten weichen, denn das Genitivattribut der Vollzugsbeamten muss direkt seinem Bezugsausdruck Dienstwohnungen folgen. Also integriert man entweder das Genitivattribut als Bestimmungswort in das Kompositum Vollzugsbeamtenwohnungen, an das dann der Relativsatz anschließt: ..., müssen zunächst die ehemaligen Vollzugsbeamtendienstwohnungen weichen, deren Skelette ... (ist aber nicht sehr elegant). Oder man löst zu einer Satzfolge auf: ... weichen. Teilweise sind diese Wohnungen schon abgerissen. Dadurch erhält diese Aussage freilich relativ großes Gewicht. Eine dritte Option wäre daher, die dramatische Metapher Skelette herunterzufahren auf ein Attribut wie die teilweise bereits abgebrochenen ehemaligen Dienstwohnungen der Vollzugsbeamten.

192 — Wer da glaubt: Die erste der beiden Zeilen ist die gekürzte Version von Markus 16,16: „Wer da glaubt und getauft wird, der wird selig werden; wer aber nicht glaubt, der wird verdammt werden" (nach der Lutherbibel von 1984). Die zweite Zeile sieht wie eine flapsige Dublette der ersten Zeile aus, wird aber im Alltag als spöttischer Kommentar zu Annahmen / Behauptungen anderer genommen, die man für naiv oder für unaufrichtig hält; syntaktisch ist das enklitische -s in wers das Personalpronomen es in der Rolle als Akkusativergänzung; die bezieht sich dabei zurück auf eine vorausgehende Aussage eines anderen; damit liegt also eine Ergänzungsbeziehung in Verknüpfungstyp C vor: Wer X glaubt, wird selig. In dem Nacheinander dieser beiden Zeilen erweist sich nun aber die zweite als spöttische Aussage über die Naivität des Bibelzitats in der ersten Zeile: Die erste Zeile *insgesamt* ist das X, das durch das klitisierte es als Konstituente wieder aufgenommen wird: *Wer da glaubt, der wird selig werden;* wer es (= das) glaubt, wird selig. Das Ganze in Verknüpfungstyp A: Wer glaubt, dass, wer da glaubt, selig werden wird, wird selig.

196 — Fliegen: Der Werbespruch operiert an der Grenze zwischen einfachem Satz (Fliegen als Akkusativobjekt) und komplexem Satz: Hier ist fliegen die reduzierte Ausführung eines teilsatzwer-

tigen Infinitivanschlusses Wir lieben (es) zu fliegen. Die Amtlichen Regeln (= § 57 E3: bloße Infinitive können wahlweise klein oder großgeschrieben werden) erlauben in diesem Fall Klein- oder Großschreibung: fliegen / Fliegen. Wäre Fliegen attribuiert (Wir lieben schnelles Fliegen) oder mit Pronomen versehen (Wir lieben das Fliegen), dann wäre es eindeutig als Nomen gebraucht, also eine syntaktische Konversion (→ Bd. 1: 668, 736 ff., 752 ff.), und *müsste* groß geschrieben werden.

Dass die Firma ausgerechnet Fliegen als Werbeträger einbezieht, ist überraschend, denn die Gemeine Stubenfliege (Musca domestica) gilt beim gemeinen Volk nicht gerade als Sympathieträger; sie ist – bei aller Achtung vor ihrer hoch entwickelten Flugkunst – als Nervensäge und Krankheitsüberträgerin eher unerwünscht. Die Firma Tuifly hat sich nach ihrer Übernahme von Condor – ihrem eigenen Firmennamen folgend – auf Fliegen statt auf Geier festgelegt.

206 – mit Verstand: Dieser Slogan operiert mit der strukturellen Doppeldeutigkeit des Nebensatzes – eine die beiden Lesarten verdeutlichende Paraphrase ist:

>Sie haben Ihr Geld mit (Ihrem) Verstand verdient, geben Sie es (daher) auch mit Verstand aus.
>
>Sie haben es (wirklich) verdient, dass Sie Ihr Geld mit Verstand ausgeben.

Lesart (1): Hier ist eine modale Satzgliedstelle im Hauptsatz mit dem Korrelat so vorläufig besetzt; auf diese Stelle bezieht sich der vergleichende Relativsatz (wie Sie es verdient haben) – es bezieht sich dabei auf Ihr Geld; *gefüllt* wird diese Stelle erst anschließend von einem spezifizierenden Zusatz – der modalen Präpositionalgruppe mit Verstand. Dieser Zusatz ist nicht mit bloßem Komma oder mit explizitem nämlich angeschlossen, sondern mit Doppelpunkt. In diesem Satz überlagern sich also störungsfrei eine vergleichende Relativbeziehung und ein Adverbiale.

Lesart (2): Hier ist der Skopus des Nebensatzes umfangreicher: Er bezieht sich auf die Grundaussage Geben Sie Ihr Geld mit Verstand aus *insgesamt*. Dabei bezieht sich das es hier auf Geben Sie Ihr Geld aus, also nicht nur auf Ihr Geld wie in Lesart (1). Die Grundaussage selber ist wie in Lesart (1) konstruiert: mit Verstand ist identifizierender Zusatz.

Vermutlich sind die Audi-Motoren aber noch erheblich komplexer konstruiert als ihre Werbung.

216 – der Sultan: Die Teilsatzbeziehung in der letzten Zeile wird – nach dem vorhergehenden Text – *kausal* interpretiert: Die Karawane zieht weiter, *weil* der Sultan Durst hat (= von Oase zu Oase, bis eine von ihnen schließlich etwas Angemessenes für den Sultan zu trinken hat). Es liegt also Verknüpfungstyp E vor.

225 – Endausscheidung: Die beiden Sätze gehören zu einer Ergänzungsbeziehung im Verknüpfungstyp C. Dafür bezieht sich auf das Davorliegende. Unklar ist dabei aber, worauf es sich genau bezieht: auf den *ersten* Teilsatz, also darauf, dass die Teilnehmenden relativ weit gekommen sind, oder auf den *zweiten*, also ihr Scheitern, oder auf den ganzen ersten Satz *insgesamt*, also Leistung *und* Kummer? Naheliegend ist die erste der drei Lesarten; wäre die dritte zutreffend, gebührte der „Stuttgarter Zeitung" unser besonderer Respekt.

237 – Leiden: Hier liegt mit das er denn zuließ eine Ergänzungsbeziehung im Verknüpfungstyp B vor, Anschlussmittel ist hier aber nicht die w-Version des Relativpronomens (…, was er denn zuließ), sondern das reguläre Relativnebensätze einleitende das. In der Zeit üblich? Oder 'Lex Goethe'?

Interessant ist (von der aus heutiger Sicht überraschenden Dativ-Valenz von rufen, nämlich *ihm* rufte, und dessen überraschender Tempus- bzw. Modusform rufte einmal abgesehen), dass der weiterführende Teilsatz seinerseits als Ausgangspunkt für die Mehrfachbesetzung und dem Diener verbot, … genommen wird, obwohl *dieser* Teilsatz-Zwilling sich nicht auch auf das Vorhergehende bezieht. Wir würden nach heutigen Normen hier einen Konstruktionsfehler sehen, ähnlich wie bei der sog. Kaufmannsinversion (→ 134). Es müsste 'korrekt' heißen:

>…, ob er dem Herrn die Stiefel ausziehen sollte, das er denn zuließ; und er verbot dem Diener, …

Auch hierfür gilt: Um beurteilen zu können, ob diese mehrfach auffällige Syntax ein poetologisches Mittel ist (gewissermaßen eine grammatische Spiegelung des Dekompensationsprozesses von Werther selber) oder nur historisch Übliches, brauchte ich ein gezieltes Wissen in historischer Syntax.

240 – Nebenzimmer: Hier sind zwei Lesarten möglich: als Relativbeziehung (= das Kind stört mich) oder als Ergänzungsbeziehung im Verknüpfungstyp weiterführende Satzreihe (Verknüpfungstyp A zu dieser Lesart ist: Dass dort von einem Kind gespielt wird, stört mich).

250 – Hummer: An Ort und Stelle sind die wichtigen Hinweise schon gegeben. Interessant ist, dass diese Abweichungen von schriftsprachlichem Standard als unterschiedlich schwere Abweichungen eingeschätzt werden. Der durch Punkt unterbrochene Relativanschluss … sondern voller Fleisch sein dürfte. Das seinen … gilt als stark abweichend, der abgetrennte um-zu-Infinitiv als weniger

stark abweichend, der Was-Anschluss (= Ergänzungsbeziehung im Verknüpfungstyp B) als kaum auffällig. Generalisierbar ist sicher, dass weiterführende Satzgefüge (= B) weniger auffällig durch Punkt abgetrennt werden können als Satzgefüge (= A).

285 – Stop: Jeder der beiden Dreizeiler ist ein Teilsatz-Zwilling, und zwar handelt es sich bei dem jeweils ersten der Zwillinge um satz*förmige* Wortgruppen (= Imperativ), bei dem jeweils zweiten um teilsatz*wertige*: Stop ist für sich satzfähig, ebenso nur für Herren (bzw. nur für Damen). Da zwischen die beiden Zwillinge kein trennendes Komma gesetzt worden ist, könnte man diesen Hinweis als eine *einzige* satzwertige Konstruktion auffassen, in der dann Stop Nomen wäre und die Subjektstelle in einem insgesamt fragmentarischen Satz innehätte: [Der] Stop [gilt] nur für Herren – dann dürften nur Damen in die Herrenumkleide (und umgekehrt).

Vermutlich glaubten die Verfasser, das Zeilenende wirke bereits abgrenzend genug (dann hätten sie freilich konsequenterweise nur großschreiben müssen).

305 – der Klient: Zunächst: Es fehlt ein Komma nach verstehen.

Der Autor wechselt aus dem mittleren der drei Sätze bei der Verwendung referenzidentischer Ausdrücke für Klient von pronominalen (= dem Personale ihm und dann dem Possessivum seine) zum wieder *nominalen* (= den Klienten) und innerhalb der als Zitat markierten Wortgruppe erneut zum nominalen (= der Klient). Für Therapeut wird dieses Nomen *erneut* verwendet (= indem der Therapeut). Wenn man diese – auffällige – Version vergleicht mit einer, bei der keine nominalen wiederaufnehmenden Ausdrücke verwendet würden, ergäbe sich:

> Der *Therapeut* dient lediglich dazu, *ihm* zu helfen, *seine* Gefühle und Einstellungen besser zu verstehen und *ihn* zu ermutigen, diese zu äußern, indem e̲r̲ „den Inhalt dessen, was e̲r̲ gesagt hat, wiederholt und klärt".

Denkbar wäre – schon in der Originalversion –, dass seine Gefühle und Einstellungen sich auf den *Therapeuten* beziehen soll bzw. so (miss-)verstanden wird: Dann wäre die Therapie für den *Therapeuten* hilfreich (zusätzlich zum Honorar); zwar ist es oft so, dass man sich als Therapeut im Gefolge der Arbeit mit dem Klienten auch selber in manchen Facetten neu sieht oder besser versteht, das darf aber allenfalls Nebeneffekt sein, nicht Ziel. Das lediglich spricht freilich gegen ein solches Verständnis.

Bei dieser durchgängig pronominalen Version machte nur das er - er ein Problem. Hier wären außer der gemeinten Lesart (= der Therapeut wiederholt die Klient-Äußerungen) zwei Missverständnisse möglich: Der Klient wiederholt die Therapeuten-Äußerungen bzw. der Therapeut wiederholt seine eigenen Äußerungen. Also müsste man hier – wie im Original – Klient einfügen; das erste er ist dann eindeutig auf den Therapeuten bezogen.

311 – Flughafen: Hier geht es – wie bei allen weiterführenden Satzreihen, bei denen im zweiten Satz ein verweisendes Wort (hier: dort) den Rückbezug auf den ersten Satz leisten muss – um potentielle Uneindeutigkeiten. Bei dieser lokalen Relativbeziehung im Verknüpfungstyp C kann sich dort korrekterweise nur auf auf dem Hamburger Flughafen beziehen (= vielleicht gibt es dort Schnellschulungsangebote zur Verkürzung der Wartezeit), nur bedingt auf Deutschland, weil solche Rückläufer wie dort den 'erstbesten' Bezugspunkt ansteuern (und das ist eben auf den … Flughafen); und keinesfalls kann es sich auf Hamburger beziehen, weil dieses *attributive* Adjektiv mit der Bedeutung '*Zugehörigkeit*' nicht Bezugspunkt für ein *lokales Adverbiale* sein kann. Es sollte aber genau Hamburg sein (Kurtulus hat sich an der dortigen Schauspielschule ausgebildet). Nächstes Mal!

324 – dieser Frau: Aus einer bis dahin und danach beweglichen mittelkomplexen Satzstruktur startet mit der Einführung dieser angeblich 'tödlichen' Frau ein Satzknäuel mit allein sieben Relativanschlüssen und weiteren sechs Satzgefügen; vier der Relativnebensätze sind – auch mithilfe eines Nachzeitigkeitsmarkers dann – weiterführend: dieser Frau, die̲ dann …, der̲ dann …, die̲ dann …, die̲ dann …, der̲ …, der̲ …, der̲ … Ich versuche keine poetologischen Kommentare. Es ist eines meiner allerliebsten Bücher.

351 – revolutionär: Eines von zahlreichen ähnlichen Textchen zum Thema *Irreale Konditionalbeziehungen* – rechtfertigende Angeberei eines, der angeblich ein Revolutionär hätte sein können. Die hinderlichen Umstände werden von außen nach innen angeordnet: 'nicht daran gehindert werden' – 'die Erlaubnis dazu kriegen' – 'die Fähigkeit dazu haben' – 'es überhaupt ernsthaft wollen'. Und um welche revolutionären Ziele es dabei hätte gehen sollen, spielt für ihn ohnehin keine Rolle.

356 – worte sind schatten: Ein paar Hinweise zur Mach-Art: In den beiden ersten Strophen werden semantische Voraussetzungen geschaffen: worte wird mit schatten (= in der ersten) und mit spiele (in der zweiten Strophe) in Beziehung gesetzt, zwei mal zwei einfache Sätze. Ab der dritten Strophe werden die Aussagen der ersten Strophe mit denen der zweiten systematisch gekreuzt, es gibt vier Konditionalgefüge, die *einige* der möglichen Folgerungen konstruieren (= je als eine eigene Strophe).

Denkbar ist auch, dass es sich ab der dritten Strophe um einfache Sätze in der Funktion von Fragen handelt. Die in den beiden ersten Strophen vollzogenen Gleichsetzungen würden hier systematisch in Frage gestellt. Beide Lesarten (und dritte) bleiben Optionen, vor allem auch, weil fehlende Konjunktionen und fehlende Interpunktion syntaktische Orientierung entziehen.

Ob man hier gleich schweres diagnostisches Geschütz auffahren muss, wie es gelegentlich geschehen ist – z. B. Platons Höhlengleichnis (worte sind schatten) und Wittgensteins Sprachspiel-Konzept (worte sind spiele) –, bezweifle ich. Vielleicht arbeitet Gomringer hier nicht tiefgründig, sondern oberflächengründlich.

367 – Tempusfolge: Der Autor spielt in der Zuordnung dieses Titels Tempusfolge selber mit der Unterscheidung von grammatischer Zeit und Geschehenszeit. Hier ist zwar die Tempusfolge in diesem temporal-vorzeitigen Satzgefüge in sich richtig, sie passt aber nicht zu dem zeitlichen Nacheinander der Teilsatz-Inhalte: Traut man dem Text, dann *wird* man durch die Methoden der Strafverfolgung erst zum Täter.

375 – Deich: Dieser als-Anschluss ist ein Fall von 'narrativem' als, also ein weiterführendes Satzgefüge. Er bietet die Möglichkeit, zu Beginn der 'Erzählung in der Erzählung' in drei Schritten auf das aktuelle Ereignis zu zoomen: zunächst – in der Totale – die grobe historische Einordnung im dritten Jahrzehnt unseres Jahrhunderts, dann – in mittlerer Naheinstellung – die Einordnung innerhalb der Erlebenseinheit *Tag* an einem Oktobernachmittag und dann – in der Mikroeinstellung – die dramatische Ereigniszeit als ich ... entlangritt.

Der gleiche Anschluss im Verknüpfungstyp *weiterführende Satzreihe* ist: ..., da ritt ich .... Welche dieser beiden Versionen der Autor wählt, hängt auch mit den Fokussierungsoptionen zusammen, die die beiden unterschiedlichen Prädikatsstellungen bieten: Bei der weiterführenden Satzreihe kommt das Prädikat früh (..., da ritt ich ...), beim weiterführenden Satzgefüge kommt es am Ende (..., als ... entlangritt).

376 – neuer Regen: Ich stufe den Anschluss bevor im Westen und Nordwesten neuer Regen einsetzt, als *narrative* Version ein. In meiner Wahrnehmung wird dieser Anschluss *verdeutlicht* (nicht *verändert*), wenn man ein dann einfügt: ..., bevor *dann* im Westen und Nordwesten neuer Regen einsetzt.

Eine Umstellung des Ausgangsbeispiels ist zwar möglich, macht aber aus diesem spezifischen narrativen Temporalanschluss einen ganz 'normalen':

Bevor im Westen und Nordwesten neuer Regen einsetzt, regnet es in der Nacht zum Dienstag anfangs im Süden und Südosten noch etwas.

Der narrativen Version äquivalent ist die weiterführende Satzreihe:

In der Nacht zum Dienstag regnet es anfangs im Süden und Südosten noch etwas, dann setzt im Westen und Nordwesten neuer Regen ein.

378 – Feuerwehr: Da sieht man wieder einmal, wie zäh die Amis sind – sie wachen auf, obwohl 40% von ihnen schon gestorben sind. Zu der (vermutlich) gemeinten Bedeutung passt die Formulierung: ... sterben 40 der Opfer, ohne vorher das Bewusstsein wiedererlangt zu haben, an einer Vergiftung. Die Endstellung des temporalen Teilsatzes lädt ein zu einer Lesart als *narrative* Version (→ 376): ..., bevor sie *dann* wieder aufwachen.

411 – Konversation: Es muss eine *bezaubernde* Unterhaltung gewesen sein, wenn die Großmutter dem Baron noch lange nachgewinkt hat! Der Autor führt – konversations-kritisch – nur die Rede*rahmen* auf, die Rede*inhalte* spielten offenbar keine Rolle.

417 – zwei Gentlemen: Hier ist die Aufgabenformulierung in zwei Hinsichten Mitursache an dem desolaten Test-Ergebnis:

Zum einen erschwert das nur ausschnittsweise Zitieren die Orientierung der Lernenden bei der Aufgabenbearbeitung: Wenn man sich nur an die in der Aufgabenstellung vorgegebene indirekte Rede hält, dann kann auch (b) als zutreffende Umformung in die direkte Rede erscheinen; es würde sich dann um eine Person A handeln, die B gegenüber eine Drohung an die Adresse C (= ihn) richtet; wäre der ganze nach dem Semikolon beginnende Satz in die Aufgabenstellung einbezogen worden (der eine drohte dem andern, und setzte hinzu, ...), dann wäre durch das der eine dem andern klar geworden, dass die direkte Rede an B adressiert formuliert werden muss, dann kommt nur (d) infrage; zumindest hätte die Aufgabenstellung noch einmal auf die Textstelle von Kleist verweisen müssen, die den Schülern vorlag:

[...] Zwei Gentlemen, die einige Meilen von London lebten, hatten in Gegenwart von Zeugen einen sehr lebhaften Streit miteinander; der eine drohte dem andern, und setzte hinzu, dass, ehe vier und zwanzig Stunden vergingen, ihn sein Betragen reuen solle. (= Heinrich von Kleist: „Sonderbarer Rechtsfall in England").

Zum andern ist der Bezug der normativen Vorgabe von korrekt nicht eindeutig: Meint es lediglich die 'korrekte' Umformung von *indirekter* zu *direkter* Rede? Oder – was hier offenbar der Fall war

– meint es die Korrektur der von Kleist vorgegebenen *Tempusform* bei dieser Umformung? Kleist verwendet das Erzähltempus Präteritum, dem entspräche die in (a) und (b) angebotene Tempusform Präsens. In (d) wird für das Prädikat die nach schriftsprachlichen Standards korrekte Tempusform Futur II gewählt, die für gesprochene Sprache unüblich ist. Es handelt sich also um *zwei* Aufgaben, und die Schüler müssten ausdrücklich autorisiert werden, an Kleists Tempusvorgaben zu drehen. Sonst erscheint ihnen aufgrund der aufwändigen Tempusform (d) gerade *nicht* angemessen.

Schaut man sich die drei Distraktoren (a) bis (c) an, dann ist (c) nur für Schüler verlockend, die kasusunsicher sind und reuen auch mit Dativergänzung akzeptieren. (a) ist nur attraktiv für jemand, der den Sachverhalt nicht begriffen hat (und auf gut Glück in den vier Lösungsangeboten stochert).

422 – Mondnacht: Ein wunderschöner Text!
Auch wenn dieses Gedicht längst von tausenden ko-romantischer Interpretationen überzogen ist, ist eine kurze Vergewisserung der Teilsatz-Struktur sinnvoll: In der ersten Strophe ist der Daß-Anschluss in der dritten Zeile als konsekutiv-global anzusehen (= sodass). Weniger eindeutig ist der Anschluss der vierten Zeile in der zweiten Strophe: Viele Interpretationen legen – ohne nähere grammatische (Selbst-)Reflexion – eine konsekutiv-spezifische Beziehung zum vorausgehenden Teilsatz zugrunde, die im Verknüpfungstyp C vorliegt; die entsprechende Darstellung in A (= Satzgefüge) wäre:
Die Nacht war *so* sternklar, dass die Wälder leis rauschten (sorry für diese vorübergehende Entzauberung!).
So wird z.B. davon gesprochen, das Rauschen der Wälder (und ggf. auch die Luft und das Wogen) sei eine „Antwort" auf die Sternklarheit der Nacht (= im Rahmen einer Interpretation, nach der auch in dieser zweiten Strophe das geheimnisvolle wiedervereinigende Beziehungsspiel zwischen Himmel und Erde aus der ersten Strophe weitergeführt werde). „Antwort" wäre das *interpretative* Pendant zu einer *grammatischen* Untersuchung der Mach-Art dieses Textes, die der Interpretierende nicht beherrscht oder meiden will (falls ja: warum?). Naturgesetzlich gibt es keinen Grund für eine *konsekutive* Lesart: Sternklarheit hat nicht (direkt) etwas mit Wind zu tun.

Eine andere Lesart für die vierte Zeile wäre eine *exklamative:* Das lyrische Ich nimmt berührt wahr, wie wunderbar klar die Nacht ist; das *so* wäre dabei – wie ein *wie* auch – ein *Exklamativadverb.* Bei dieser Lesart kommen alle vier Teilsätze der vier Zeilen *nebeneinander* zu stehen; es gibt dann keine grammatischen Beziehungen zwischen ihnen. Erst die Aussage der vierten Zeile ist – bei exklamativer Lesart – dann wieder an die Perspektive des Ich gebunden; und von hier aus ergibt sich der Übergang in die dritte Strophe, die auf das Ich fokussiert.

443 – Gentlemen II: Sie kennen diesen Textauszug schon aus der weiter oben kommentierten Hamburger Vergleichsarbeit. In der Version, die die Hamburger Schüler erhalten haben, ist daß zu dass verändert und ein eröffnendes Komma vor der Konjunktion ehe eingefügt worden. Die Konjunktion ehe eröffnet einen eigenen Nebensatz (nämlich ehe vier und zwanzig Stunden vergingen) und dass eröffnet einen anderen, ranghöheren Nebensatz (der ist Matrixsatz zu dem durch ehe eingeleiteten); insofern gehört dass nicht mit zur Nebensatzkonjunktion ehe, also trifft § 74 E1 hier nicht zu.

480 – 79-Jährige: Hier geht es um die Bedeutung lassen = zulassen. Für den Spiegel war vermutlich verwunderlich, dass die Schwäbische Zeitung – implizit vorwurfsvoll – berichtet, dass die Oma den Diebstahl *zugelassen* hat: Hätte sie also nach Meinung der tapferen Schwaben einfach zuschlagen und den oder die Diebe gleich noch zur Polizeistation zerren sollen?

Interessant ist aufgrund der zwei Bedeutungen von lassen eine zweite Lesart: Hat die alte – sorry: die ältere – Frau vielleicht veranlasst, dass man ihr die Tasche klaut – evt. damit ihre Versicherung eine neue bezahlt? Das würfe natürlich ein anderes Licht auf die Geschichte.

514 – Prüfung: Hier ist offenbar Kürzung nicht zulässig, weil es sich zwar um identische Wortformen, aber um eine andere syntaktische Funktion der Wortgruppe Die Informationen handelt: Im ersten Vorkommen ist sie Akkusativobjekt, im zweiten Subjekt. Es muss also heißen: ... und sie klären schon mal ... Es sei denn, man wählt für den ersten Teilsatz eine Passivversion, dann ist die Wortgruppe Die Informationen in *beiden* Vorkommen Subjekt und kann daher beim *zweiten* Vorkommen gekürzt werden: Die Informationen ... wurden von mir gelesen und klären schon mal ... (Das fände ich freilich stilistisch schwächer als den ersten Korrekturvorschlag mit Subjektwiederholung).

522 – Mit X: Die parallele Konstruktion Mit X. Ohne Y hat bei mir an der Stelle Y die Erwartung eines zweiten *Nomens* ausgelöst; geliefert wird stattdessen ein *Adjektiv.* Präpositionen greifen aber nicht auf Adjektive zu; insofern habe ich beim Lesen routinemäßig eine Formulierung wie Ohne

kompliziert zu handeln ergänzt. Eine zweite Lesart, auf die ich nicht gekommen bin: *Ohne* [Karte ist es] kompliziert (denn man braucht eine EC-Karte oder einen Führerschein zur Altersprüfung). Dann wäre Teil zwei des Spruchs eine prädikatlose Konstruktion.

So oder so: Diese Konstruktion ist ein Fragment. Liegt hier der Versuch vor, jugendliche und erwachsene Raucher für den erhöhten Arbeitsaufwand beim Zigarettenziehen mit Sprachwitz zu entschädigen? Denn die Kürze allein hätte man auch mit Aufdrucken wie Mit Karte. Ohne Probleme bzw. bei der zweiten Lesart: Mit Karte. Ohne geht's nicht erreichen können. Oder glaubte der Spruchmacher vielleicht, er ködere *jugendliche* Nachwuchsraucher mit einer solchen willentlich *defekten* Konstruktion? Dann war er wohl mehrfach vernebelt.

554 – Das Schwein: Für diese Satzfolge gibt es zwei Lesarten.

Bei der einen geht es um das Hausschwein, bei dessen Schlachtung der Sohn mithelfen muss. Bei der anderen geht es (= im Rahmen einer Relativbeziehung im Verknüpfungstyp C) um den Rückbezug zu Sohn: Der wird im zweiten Satz mit Das Schwein *bewertend nominal* wieder aufgenommen (und *er* soll geschlachtet werden). In der ersten Lesart würde Das Schwein den Akzent tragen, in der zweiten geschlachtet. Die fehlende stimmlich gesicherte Eindeutigkeit kann man schriftsprachlich durch Unser Schwein bzw. eben durch Er kompensieren. Die Option auf Missverständnis ist an den *bestimmten* Artikel gebunden – hieße es Wir schlachten ein Schwein / Ein Schwein wird geschlachtet, gäbe es nichts zu lachen. An sich ist die Wahl des bestimmten Artikels in der ersten Lesart nicht regelkonform: Ein noch nicht eingeführter Bedeutungsträger (hier: das Schwein) wird – von bestimmten Sonderfällen abgesehen – mit dem *unbestimmten* Artikel eingeführt; für die schreibende Person ist dieses Tier aber vermutlich längst vertraut und / oder die Familie hat nur eins; beim Schreiben ist die Verstehensperspektive des Lesers nicht voll berücksichtigt – oder aber dieses angeblich echte Entschuldigungsschreiben stammt aus einer Region, wo die Eltern beim Lehrer bzw. bei der Schulleitung Vertrautheit mit den Verhältnissen voraussetzen (können).

In beiden Lesarten liegt zudem eine implizit kausale Beziehung vor (= Verknüpfungstyp E); sie lässt sich durch ein nämlich im zweiten Satz verdeutlichen.

Hier schreibt offensichtlich jemand, die bzw. der wenig Erfahrung mit schriftlichem Sprachgebrauch hat und daher mit dem Wegfall der durch Betonung geschützten Eindeutigkeit nicht gerechnet hat. Lachen ist erlaubt, wenn es in Empathie mit den Schreibenden und in Kenntnis der Hintergründe solcher Abweichungen geschieht.

Quellen

Bei den folgenden Quellenangaben sind immer die Seitenzahlen der genauen Fundstellen angegeben. Gedichte ohne Titel werden anhand des Gedichtanfangs in eckigen Klammern und Anführungszeichen vermerkt. Anonyme Texte sind unter ihrem Titel alphabetisch eingeordnet.

Adelung, Johann Christoph: Grammatisch-kritisches Wörterbuch der Hochdeutschen Mundart, […] Mit D. W. Soltau's Beyträgen, revidirt und berichtiget von Franz Xaver Schönberger […], gedruckt bey Anton Pichler, Wien 1808, Band 4, Sp. 994 (http://www.ub.uni-bielefeld.de/diglib/adelung/grammati/)
Benn, Gottfried: Arzt II, aus: Gottfried Benn: Sämtliche Werke, Band 1. Klett-Cotta Verlag, Stuttgart 1956, S. 14 f.
Bibeltext: Mk 16,16:
 – Luther 1912: http://www.bibel-online.net/buch/41.markus/16.html
Bibeltext: Mt 16,20:
 – Luther 1545: http://www.bibel-online.net/bibel_4/40.matthaeus/16.html;
 – Luther 1912: http://www.bibel-online.net/buch/40.matthaeus/16.html;
 – Schlachter Bibel 1951: http://www.bibel-online.net/bibel_2/40.matthaeus/16.html;
 – Neue evangelistische Übersetzung (2003): http://www.bibel-online.net/bibel_5/40.matthaeus/16.html
Bibeltext: Spr 16,19
 – Schlachter Bibel 1951: http://www.bibel-online.net/bibel 2/20.sprueche/16.html
 – Vulgata: http://www.bibelserver.com/index.php
Brecht, Bertolt: Mutter Courage und ihre Kinder – „Das Lied von der großen Revolution", aus: Bertolt Brecht: Gesammelte Werke in 20 Bänden, Band 4. Suhrkamp Verlag, Frankfurt a.M. 1967, S. 1395
Chronica de gestis principium, aus: Georg Leidinger (Hg.): Scriptores Rerum Germanicum, Bd. 19: Bayerische Chroniken des XIV. Jahrhunderts. Hahnsche Buchhandlung, Hannover und Leipzig 1918, S. 75
Deutsche Rechtschreibung. Regeln und Wörterverzeichnis. Entsprechend den Empfehlungen des Rats für deutsche Rechtschreibung. Überarbeitete Fassung des amtlichen Regelwerks 2004. Zitiert nach der Textversion der Website des Rats für deutsche Rechtschreibung: http://www.rechtschreibrat.com (Stand 26.3.2009)
Duden: Die Deutsche Rechtschreibung. Meyerscher Lexikonverlag, Mannheim u. a. = 1991 (20. Aufl.)
Duden: Die Deutsche Rechtschreibung. Dudenverlag, Mannheim u. a. 1996 (21. Aufl.)
Duden: Die Deutsche Rechtschreibung. Dudenverlag, Mannheim u. a. 2001 (22. Aufl.)
Duden: Die Deutsche Rechtschreibung. Dudenverlag, Mannheim u. a. 2006 (24. Aufl.)
Eckenga, Fritz: Klima-Dichtung. Geschichte, Vermächtnis und Auftrag, aus: Fritz Eckenga: Prima ist der Klimawandel auch für den Gemüsehandel. Gedichte. Verlag Antje Kunstmann, München 2007, S. 8
Eichendorff, Joseph von: Mondnacht, aus: Joseph von Eichendorff: Werke in sechs Bänden, Band 1. Deutscher Klassiker Verlag, Frankfurt a. M. 1987, S. 322 f.
Erhardt, Volker: Auch der Kannibale schätzt den Menschen am höchsten. Aphorismen. Projekte-Verlag, Halle 2006, S. 6
Goethe, Johann Wolfgang: Die natürliche Tochter, aus: Johann Wolfgang Goethe: Sämtliche Werke. Briefe, Tagebücher und Gespräche (vierzig Bände), I. Abteilung, Band 6. Deutscher Klassiker Verlag, Frankfurt a.M. 1993, S. 334
Goethe, Johann Wolfgang: Faust – Eine Tragödie, aus: Johann Wolfgang Goethe: Sämtliche Werke. Briefe, Tagebücher und Gespräche (vierzig Bände), I. Abteilung, Band 7/1. Deutscher Klassiker Verlag, Frankfurt a.M. 1994, S. 33; 125

Goethe, Johann Wolfgang: Torquato Tasso, aus: Johann Wolfgang Goethe: Sämtliche Werke. Briefe, Tagebücher und Gespräche (vierzig Bände), I. Abteilung, Band 5. Deutscher Klassiker Verlag, Frankfurt a. M. 1988, S. 741

Goethe, Johann Wolfgang: Die Leiden des jungen Werthers, aus: Johann Wolfgang Goethe: Sämtliche Werke. Briefe, Tagebücher und Gespräche (vierzig Bände), I. Abteilung, Band 8. Deutscher Klassiker Verlag, Frankfurt a. M. 1994, S. 222

Gomringer, Eugen: [„worte sind schatten"], aus: Eugen Gomringer: worte sind schatten – die konstellationen 1951–1968. Rowohlt Verlag, Reinbek bei Hamburg 1969, S. 58

Grimm, Jacob / Grimm, Wilhelm: Deutsches Wörterbuch (16 Bände in 32 Teilbänden). S. Hirzel Verlag, Leipzig 1854–1971, Band 11, Sp. 358 (http://germazope.uni-trier.de/Projects/WBB/woerterbuecher/dwb/wbgui?lemid=GA00001)

Hirschhausen, Eckart von: Die Leber wächst mit ihren Aufgaben. Kurioses aus der Medizin. Rowohlt Taschenbuch Verlag, Reinbek bei Hamburg 2008

Kafka, Franz: Eine kaiserliche Botschaft, aus: Franz Kafka: Gesammelte Werke in zwölf Bänden, Bd. 1. Fischer Verlag, Frankfurt a. M. 1994, S. 221

Keller, Gottfried: Der grüne Heinrich (zweite Fassung), aus: Gottfried Keller: Sämtliche Werke in sieben Bänden, Band 3. Deutscher Klassiker Verlag, Frankfurt a. M. 1996, S. 814

Kleist, Heinrich von: Das Bettelweib von Locarno, aus: Heinrich von Kleist: Sämtliche Werke und Briefe in vier Bänden, Bd. 3. Deutscher Klassiker Verlag, Frankfurt a. M. 1990, S. 261 f.

Kleist, Heinrich von: Sonderbarer Rechtsfall in England, aus: Heinrich von Kleist: Sämtliche Werke und Briefe in vier Bänden, Band 3. Deutscher Klassiker Verlag, Frankfurt a. M. 1990, S. 382

Meyer, Conrad Ferdinand: Die Füße im Feuer, aus: Conrad Ferdinand Meyer: Sämtliche Werke (in 15 Bänden), Erster Band. Benteli-Verlag, Bern 1963, S. 384

Mon, Franz: [„man muß was tun"], aus: Franz Mon: Gesammelte Texte (in vier Bänden), Gesammelte Texte 2. Janus-Press Verlag, Berlin 1995, S. 206

Müller, Günter: revolutionär, aus: Rudolf Otto Wiemer (Hg.): bundes deutsch – lyrik zur sache grammatik. Peter Hammer Verlag, Wuppertal 1974, S. 143

Müller, Herta: Niederungen. Rotbuch Verlag, Berlin 1988, 26 f.

Rankin, Ian: Puppenspiel, Goldmann Verlag, München ³2004, S. 162

Schiller, Friedrich: Wilhelm Tell, aus: Friedrich Schiller: Schillers Werke – Nationalausgabe, zehnter Band. Hermann Böhlaus Nachfolger Verlag, Weimar 1980, S. 193; 272

Schiller, Friedrich: Theilung der Welt (Fassung 1795), aus: Friedrich Schiller: Schillers Werke – Nationalausgabe, erster Band. Hermann Böhlaus Nachfolger Verlag, Weimar 1943, S. 268.

Schiller, Friedrich: Theilung der Welt (Fassung 1800), aus: Friedrich Schiller: Schillers Werke – Nationalausgabe, zweiter Band, Teil I. Hermann Böhlaus Nachfolger Verlag, Weimar 1983, S. 406 f.

Sellin, Gerhard: Relativsätze, aus: Rudolf Otto Wiemer (Hg.): bundes deutsch – lyrik zur sache grammatik. Peter Hammer Verlag, Wuppertal 1974, S. 141

Sellin, Gerhard: Tempusfolge, aus: Rudolf Otto Wiemer (Hg.): bundes deutsch – lyrik zur sache grammatik. Peter Hammer Verlag, Wuppertal 1974, S. 68

Sellin, Rolf: Konversation, aus: Rudolf Otto Wiemer (Hg.): bundes deutsch – lyrik zur sache grammatik. Peter Hammer Verlag, Wuppertal 1974, S. 72

Storm, Theodor: Der Schimmelreiter, aus: Theodor Storm: Sämtliche Werke in vier Bänden, Band 3. Deutscher Klassiker Verlag, Frankfurt a. M. 1988, S. 634

Thomas von Kempen: De imitatione Christe – Nachfolge Christi und vier andere Schriften (Lateinisch und deutsch). Kösel Verlag, München 1966, S. 82

Tieck, Ludwig: Wunder der Liebe, aus: Ludwig Tieck: Schriften in zwölf Bänden, Band 7. Deutscher Klassiker Verlag, Frankfurt a. M. 1995, S. 154 f.

Usteri, Johann Martin: Gesellschaftslied: Freut euch des Lebens, aus: Max Friedlaender: Das deutsche Lied im 18. Jahrhundert, zweiter Band. Cotta'sche Buchhandlung, Stuttgart und Berlin 1902, S. 373 f.

Voltaire, François Marie Arouet: Kandide (übers. von Wilhelm Christhelf Siegmund Mylius), aus: Otto Julius Bierbaum: Die Bücherei der Abtei Thelem (in 31 Bänden), zehnter Band, München 1912, S. 30 (Erster Theil)

Zimmern, Froben Christof von: Zimmerische Chronik, neu herausgegeben von Paul Hermann, vierter Band F.W. Hendel Verlag, Meersburg und Leipzig 1932, S. 186

Zöpfl, Helmut: Barmherziger Samariter modern, aus: Helmut Zöpfl: Dem Leben einen Sinn geben. Rosenheimer Verlagshaus, Rosenheim 1996, S. 68

Register

Als Fundstellen werden die jeweiligen Absatz-Nummern angegeben. Auf besonders geeignete Textstellen wird durch Kursivdruck einer oder mehrerer Absatz-Nummern verwiesen.

Bei alternativen Fachtermini, die ich im Text zwar anspreche, aber nicht weiter benutze, wird – ausschließlich (= → 99) oder zusätzlich (= ansonsten → 99) auf die von mir verwendeten Fachtermini verwiesen.

Komplex aufgebaute Fachtermini (z. B. Linksherausstellung) finden sich oft nicht als eigener Eintrag, sondern als Subeintrag unter dem Oberbegriff (hier: Herausstellung).

Weitere Fachtermini, die in diesem Band zwar benutzt, aber nicht erläutert werden, finden sich in dem Gesamtregister, das online auf der Homepage des Verlags zur Verfügung steht.

Bei einigen dieser Fachtermini wird bereits im Text auf die entsprechenden Absatznummern in einem der beiden Parallelbände verwiesen.

Accusativus absolutus 98
AcI-Konstruktion 476 f.
Adverbialbeziehung 171, 195, 200–203, 204–206, 277, 300 f., 324, 433, 542–549
- evaluierende Adverbialbeziehung 324 (Tabelle), 397 f.
  - Bemessungsgrund 324 (Tabelle), 397
  - eingrenzend 324 (Tabelle), 397
  - explizierend 324 (Tabelle), 397
  - Vorbehalt 324 (Tabelle), 397 f.
- finale Adverbialbeziehung 324 (Tabelle), 344
  - Absicht 324 (Tabelle), 344, 347 f.
  - Eignung 324 (Tabelle), 344, 345 f.
  - ungeplant 324 (Tabelle), 344, 349 f.
  - Zweck 324 (Tabelle), 344, 347 f.
- kausale Adverbialbeziehung 324 (Tabelle), 331–333
  - Plausibilisierung 324 (Tabelle), 333, 337
  - unspezifisch kausale Adverbialbeziehung 324 (Tabelle), 333, 334–336
  - Vermutung 324 (Tabelle), 333, 338 f.
- konditionale Adverbialbeziehung 324 (Tabelle), 351
  - proportional konditionale Adverbialbeziehung 324 (Tabelle), 351, 356 f.
  - unspezifisch konditionale Adverbialbeziehung 324 (Tabelle), 351, 352–355
- konfrontierende Adverbialbeziehung 324 (Tabelle), 384
  - adversativ 324 (Tabelle), 384, 386–388
  - alternativ / Alternativen fortführend 324 (Tabelle), 384, 385
  - begrenzend 324 (Tabelle), 384, 392
  - ersetzend 324 (Tabelle), 384, 393–395
  - kontrastiv 324 (Tabelle), 384, 389–391
  - reduzierend 324 (Tabelle), 384, 396
- konsekutive Adverbialbeziehung 324 (Tabelle), 340
  - Folgerung 324 (Tabelle), 340, 344
  - global konsekutive Adverbialbeziehung 324 (Tabelle), 340, 341
  - spezifisch konsekutive Adverbialbeziehung 324 (Tabelle), 340, 342 f.
- konzessive Adverbialbeziehung 324 (Tabelle), 357
  - Irrelevanz 324 (Tabelle), 357, 363–366
  - unspezifisch konzessive Adverbialbeziehung 324 (Tabelle), 357, 358–362
- modale Adverbialbeziehung 324 (Tabelle), 381
  - Ausführung 324 (Tabelle), 381
  - Begleitumstand 324 (Tabelle), 381, 382 f.
  - instrumental 324 (Tabelle), 381
- moderierende Adverbialbeziehung 324 (Tabelle), 399–402
- temporale Adverbialbeziehung 324 (Tabelle), 366–368
  - gleichzeitig temporale Adverbialbeziehung 324 (Tabelle), 368, 369–378
  - nachzeitig temporale Adverbialbeziehung 324 (Tabelle), 368, 379–381
  - vorzeitig temporale Adverbialbeziehung 324 (Tabelle), 368
Äquivalenz 147
anaphorisch 13
Apokoinu 291–294
Apposition 36, 49 (auch → Zusatz)
- enge Apposition 49
- lockere Apposition 49
- Teilsatz-Apposition 43–47

Einschub 2, *83 f.*, 85, 443
Ellipse 136
Ergänzungsbeziehung 171, 195, *196–199*, 204–206, 265, 276, 300–302, *403–405*, 433, 533 f.
- faktische Ergänzungsbeziehung 404 (Tabelle), *425 f.*
  - exklamativ faktische Ergänzungsbeziehung 404 (Tabelle), *425 f.*
  - hypothetisch faktische Ergänzungsbeziehung 404 (Tabelle), *425*
  - narrativ faktische Ergänzungsbeziehung 404 (Tabelle), *425*
  - unspezifisch faktische Ergänzungsbeziehung 404 (Tabelle), *425 f.*
- modalisierende Ergänzungsbeziehung 404 (Tabelle), *427*
  - bewertende Ausführung 404 (Tabelle), *427, 431 f.*
  - optionale Ausführung 404 (Tabelle), *427, 428–430*
- offene Ergänzungsbeziehung 404 (Tabelle), *422–424*
  - Fraglichkeit 404 (Tabelle), *422 f.*
  - indirekte Frage 404 (Tabelle), *422 f.*
  - Klärungsirrelevanz 404 (Tabelle), *422, 424*
  - selektive Klarheit 404 (Tabelle), *422, 424*
- referierende Ergänzungsbeziehung 404 (Tabelle), *406*
  - direkt referierende Ergänzungsbeziehung 404 (Tabelle), *406, 407–410*
  - indirekt referierende Ergänzungsbeziehung 404 (Tabelle), *406, 413–418*
  - unter Vorbehalt referierende Ergänzungsbeziehung 404 (Tabelle), *406, 419*
  - verlaufszentriert referierende Ergänzungsbeziehung 404 (Tabelle), *406, 420 f.*

Fragment 522, 527 f.
- Matrixsatz-Fragment *523–525*
- Konstituentensatz-Fragment *526*
Freies Thema 15 f. (ansonsten → *Linksherausstellung*)

Heraushebung 2, *75–79*, 80 f.
Herausstellung 2, 4, 6, 8, 12, 21–24
- Linksherausstellung 5, 7, *8 f., 12–15, 18–26*, 27–29
- Rechtsherausstellung *6 f., 10 f.,* 22, 24, 29 f.
Hypotaxe 158, 220, 249 (auch → *Satzgefüge*)
Hysteron Proteron 460

Infinitiv, erweiterter 157
Infinitivkonstruktion 473
- Infinitivkonstruktion mit Infinitivpartikel *480–495*
- Infinitivkonstruktion ohne Infinitivpartikel *474–479*
- konjunktional erweiterter Infinitiv *496–498*

kataphorisch 13
Kommaregelung *27–34*, 47 f., *50–55, 58–74*, 80 f., 85, *104–112, 140–143, 164–168, 285–290*, 411 f., *436–442*, 488, *499–507*
Kommentarstufe *461–463*, 472
- Kommentarstufe I *463 f.*, 471, 545
- Kommentarstufe II 463, *465–467, 469–471*, 545
- Kommentarstufe III 463, *468*, 545
Konnektor 102, 220, 247
Korrelat 31, *529–532, 533–536, 542–549, 550–553*
- nominales Korrelat *537–541*, 546 f., 553
Kürzung *119–139*, 509, 511–521
- semantische Kürzung *509*
- syntaktische Kürzung *510*

Mehrfachbesetzung 3, *113–118*, 119–139, 285–290

Nachtrag 2, 52, *56*, 58 f., 68–74
- spezifizierender Nachtrag 56 f.
Nebenordnung *221–224*
Nominativus absolutus[1] 17 (ansonsten → *Linksherausstellung*)
Nominativus absolutus[2] 95, 99 (ansonsten → *partizipial ergänzbare Konstruktion*)

Parataxe 158, 220, 249 (auch → *Satzreihe*)
Parenthese *443–448*
partizipial ergänzbare Konstruktion 88, 93–95, *96–103*
- kausale partizipial ergänzbare Konstruktion 94, 102
- konditionale partizipial ergänzbare Konstruktion 94, 102
- konzessive partizipial ergänzbare Konstruktion 94, 102
- modale partizipial ergänzbare Konstruktion 94, 102
- temporale partizipial ergänzbare Konstruktion 94
Partizipialgruppe *89 f.*, 92, 96 (auch → *Partizipialkonstruktion*)
Partizipialkonstruktion 2, *88*
Periode 160
Prolepse / Prolepsis 14 (ansonsten → *Linksherausstellung*)

Relativbeziehung 171, *172–174*, 189, 204–206, 241, 260, 265, 278, 303, 304 (Tabelle), 550–553
- instrumentale Relativbeziehung 304 (Tabelle), *318*
- kausale Relativbeziehung 304 (Tabelle), *317*
- lokale Relativbeziehung 304 (Tabelle), *310*
- neutrale Relativbeziehung 186, 300, *304–309*, 304 (Tabelle)

- nicht-neutrale Relativbeziehung 186, 300
- nonrestriktive Relativbeziehung 176, 177–182, 278
- restriktive Relativbeziehung 175, 177 f., 182
- satzgliedwertige Relativbeziehungen 190–193
- temporale Relativbeziehung 304 (Tabelle), 319–321
- vergleichende Relativbeziehung 304 (Tabelle), 311–316

Satz 146
- Attributsatz 173, 257 f., 260
- einfacher Satz 152
- Gesamtsatz 159
- Gliedsatz 254–256, 258
- Hauptsatz 153, 249
- Kausalsatz 169 f., 267
- Kernsatz 155
- Konjunktionalsatz 169 f.
- Konstituentensatz 207 f., 249, 256, 300 f., 404
  - attributiver Konstituentensatz 433
  - satzgliedwertiger Konstituentensatz 434
- Matrixsatz 207 f., 249, 301 f.
- Nebensatz 154–156, 158, 249, 254, 256, 267
- Objektsatz 169 f., 260
- Relativsatz 169 f., 263 f.
  - freier Relativsatz 190
  - weiterführender Relativsatz 169 f., 180 f., 235–238
- Schachtelsatz 160
- Schaltsatz 443 f. (ansonsten → *Parenthese*)
- Spannsatz 154
- Stirnsatz 154
- Subjektsatz 259 f.
- Teilsatz 144 f., 152, 158
- zusammengesetzter Satz 151, 159, 163
Satzfolge 160, 248, 250 f.

Satzgefüge 158 f., 252, 251, 304 (Tabelle), 324 (Tabelle), 404 (Tabelle)
- weiterführendes Satzgefüge 235–238, 324 (Tabelle), 404 (Tabelle)
Satzreihe 158 f., 253, 324 (Tabelle)
- implizite Satzreihe 324 (Tabelle)
- weiterführende Satzreihe 304 (Tabelle), 324 (Tabelle), 404 (Tabelle)
Spaltsatz 306 f.
Syllepsis 129

Teilsatz-Verschränkung 449–452

Verknüpfungsbedeutung 218, 325 f.
- finale Verknüpfungsbedeutung 327 f.
- kausale Verknüpfungsbedeutung 327–329
- konditionale Verknüpfungsbedeutung 327, 329
- konsekutive Verknüpfungsbedeutung 327 f.
- konzessive Verknüpfungsbedeutung 327, 329 f.
Verknüpfungstyp 209, 210–219, 225
- Verknüpfungstyp A 210–212, 217, 225, 241, 272, 274, 276 f., 279 f., 282, 284, 433
- Verknüpfungstyp B 210, 212 f., 217, 225, 241, 273 f., 276, 279–284
- Verknüpfungstyp B' 230–232, 234, 414–418
- Verknüpfungstyp C 210, 213, 217, 225, 243, 246, 277, 283 f.
- Verknüpfungstyp C' 230–233, 414–418
- Verknüpfungstyp D 210, 214, 217, 245, 277
- Verknüpfungstyp E 210, 215, 217, 246
Versetzung 12 (ansonsten → *Herausstellung*)

Zeugma 129
Zusatz 2, 35–37, 48–50
- erweiternder Zusatz 20 f., 37–42, 48 f., 52
- identifizierender Zusatz 37–39, 42, 49, 52

www.ingramcontent.com/pod-product-compliance
Lightning Source LLC
Chambersburg PA
CBHW081329230426
43667CB00018B/2880